臺灣史研究名家論集

（三編）

尹章義　林滿紅　林翠鳳

武之璋　孟祥瀚　洪健榮

張崑振　張勝彥　戚嘉林

許世融　連心豪　葉乃齊

趙祐志　賴志彰　闞正宗

蘭臺出版社

作者簡介（依姓氏筆劃排序）

尹章義 社團法人臺灣史研究會理事長、財團法人福祿基金會董事、財團法人兩岸關係文教基金會執行長。中國文化大學民國 106 年退休教授，輔仁大學民國 94 年退休教授，東吳、臺大兼課。出版專書 42 種（含地方志 16 種）論文 358 篇（含英文 54 篇），屢獲佳評凡四百餘則。

赫哲人，世居武昌小東門外營盤（駐防），六歲隨父母自海南島轉進來臺，住臺中水湳，空小肄業，四民國校、省二中、市一中畢業，輔仁大學學士，臺灣大學碩士，住臺北新店。

林滿紅 專攻歷史學，國立臺灣大學歷史學系學士與碩士、國立臺灣師範大學歷史研究所博士、美國哈佛大學歷史與東亞語文研究所博士；1990 年之後擔任中央研究院近代史研究所研究員與國立臺灣師範大學歷史學系教授，2008-2010 年間曾任中華民國國史館館長，2015 年迄今擔任中央研究院與陽明醫學大學合開人文講座課程兼任教授，2021 年轉任中央研究院近代史研究所兼任研究員；研究課題包括：近代中國或臺灣的口岸貿易與腹地變遷、晚清的鴉片觀與國內供應、十九世紀中國與世界的白銀牽繫、亞太商貿網絡與臺灣商人（1860—1961）、亞太歷史與條約：臺海，東海與南海等。

林翠鳳 臺灣彰化人。國立中山大學中文研究所博士，國立臺中科技大學應用中文系教授。曾任國立臺中科技大學應用中文系主任。主要研究方向：臺灣文學、民俗信仰等。著作：《陳肇興及其陶村詩稿之研究》《黃金川集》《鄭坤五及其文學研究》《施梅樵及其漢詩研究》等專書。主編《臺灣旅遊文學論文集》《宗教皈依科儀彙編》等十餘種。擔任《田中鎮志》《大里市史》《媽祖文化志》《登瀛書院簡史》等史志單元編纂。已發表期刊論文數百篇。

武之璋 河南孟縣（現孟州市）人，1942 年生，1949 年七歲隨父母赴台，淡江大學外文系畢業，曾經營紡織、營造業多年，從商期間自修經濟學，常發表財經論文，為當局重視，曾擔任台北市界貿易中心常務董事、行政院經濟改革委員會務顧問，多次參與台灣財經政策討論，後從商場退休，專心治學，範圍遍及中國近代史、台灣史及儒家學說，曾經出版《二二八真相解密》、《策馬入林》、《中庸研究》、《解剖民進黨》、《台灣光復日產接收研究》、《二二八真相與謊言》、《原來李敖騙了你》、《武之璋論史》、《外省人的故事》等書，近年

　　致力兩岸和平統一，強力反對民進黨文化台獨，並組織「藍天行動聯盟」，從文化、思想各方面與民進黨展激烈戰鬥。

孟祥瀚　國立中興大學歷史學系兼任副教授，國立臺灣師範大學歷史系博士，曾任臺灣古文書學會理事長。研究領域為臺灣區域史、臺灣原住民史、台灣方志學與台灣古文書研究等。主要關注議題在於清代與日治時期國家力量對於地方與族群發展的影響，如清末至日治初期，國家政策對於東台灣發展的形塑，清代封山禁令下番界政策對於中台灣東側番界開發的影響等。方志與古文書的研究，則是企圖透過在地生活的豐富紀錄，以思考與探討台灣基層社會運作的實際面貌。本書所收各篇，大致回應了上述的學思歷程。

洪健榮　臺灣臺南市人，籍貫澎湖縣。省立臺南一中畢業，輔仁大學歷史學系學士、清華大學歷史碩士、臺灣師範大學歷史博士。曾任僑生大學先修班、臺師大歷史學系、明志科大通識教育中心、中央大學歷史研究所、臺北科大通識教育中心、輔大歷史學系兼任教師、國立故宮博物院圖書文獻處助理研究員，現職國立臺北大學歷史學系教授兼海山學研究中心主任。主要研究領域為臺灣社會文化史、臺灣方志學、臺灣區域史、臺灣族群史，著有《龍渡滄海：清代臺灣社會的風水習俗》、《西學與儒學的交融：晚明士紳熊人霖《地緯》中的世界地理書寫》，發表相關學術論文五十餘篇，另曾主編《五股志》、《延平鄉志》、《新屋鄉志》、《續修五股鄉志》、《續修新竹縣志卷九·人物志》。

張崑振　1970 年生於台北木柵，成大建築系畢業，成大建築博士，現任北科大建築系副教授，兼文化部、台北市及地方政府文資委員。曾擔任北科大創意設計學士班創班主任 2005-2008、北科大建築系主任2016-2019。專長為建築史與理論、傳統建築與風土、遺產與都市保存，二十多年來一直從事台灣文化資產的保存、修復研究工作，主持六十餘件古蹟、聚落、文化景觀、產業遺產、遺址等類型文化資產調查研究計畫，近年也擔任古蹟修復設計及再利用策展工作。近年著有 2020《再尋冷戰軌跡-臺糖南北平行預備線文化資產價值研究》、2016《找尋曾經艱困的時代輪廓》、2015《傳家─新埔宗祠的故事》、2015《關渡宮─宮廟與文化景觀》等書。

張勝彥　臺灣大學歷史學學士、碩士，日本京都大學博士。先後任東海大學歷史系教授、日本京都大學文學部外國人招聘教授、中央大學歷史研究所教授兼所長、日本私立關西大學經濟學部外國人招聘教授、臺北大學歷史系教授兼民俗藝術研究所所長、及人文學院院長等教職。此外曾任臺灣歷史學會會長、內政部古蹟評鑑小組委員、臺中

縣志總編纂、續修臺中縣志總編纂、續修臺北縣志總編纂等職。現為臺北大學兼任教授、續修新竹縣志總編纂。已出版之學術著作有《南投開拓史》、《清代臺灣廳縣制度之研究》、《認識臺灣（歷史篇）》、《臺灣開發史》、《台中市史》、《臺灣史》等著作。

戚嘉林　Dr. Chi Chia-lin，中國統一聯盟前主席，1951 年生於台灣（原籍湖北沔陽/仙桃），輔仁大學商學士、中國文化大學經濟研究所碩士、南非首都比勒陀利亞大學（University of Pretoria）國際關係學博士。台灣外事人員特考及格，任職駐外單位、退休后曾任中國統一聯盟主席、並在世新大學授課。現為《祖國》雜誌發行人兼社長，社團法人台灣史研究會理事長，著有《台灣史》《台灣二二八大揭秘》《李登輝兩岸政策十二年》《台灣史問與答》《謝南光-從台灣民眾黨到中國共產黨》，及主編《坎坷復興路》等書。

許世融　雲林縣口湖鄉人，1966 年生，臺灣師範大學歷史學系博士，現任臺中教育大學區域與社會發展學系副教授兼系主任。先後於嘉義農專、國空大、建國科大、清華大學歷史研究所擔任兼任講師、助理教授；陸續進行過科技部諸多專題研究案。2011-2013 年並參與京都大學經濟學部堀和生教授主持的「東アジア高度成長の史的研究一連論から東アジア論へ一」跨國研究計畫。主要學術專長：臺灣經濟史、社會史、族群史等。博士論文〈關稅與兩岸貿易（1895-1945）〉曾獲得彭明敏文教基金會臺灣研究最佳博士論文獎。

連心豪　福建省仙遊縣人，1954 年 3 月生於安溪縣文廟廖厝館，旋移居泉州市區。廈門大學歷史學碩士，歷任廈門大學歷史學系教授，廈門大學中國海關史研究中心主任，福建省連橫文化研究院院長，福建省文史研究館研究館員，中國海關博物館顧問。專攻中國近代海關史，兼治閩臺關係史、閩南民間信仰與譜牒學。著有《近代中國的走私與海關緝私》、《水客走水》、《中國海關與對外貿易》，主編《閩南民間信仰》、《福建連氏志》、《仙遊鳳阿阿頭連氏譜牒》等書。

葉乃齊　1960 年出生於嘉義。1982 年自文化大學建築系畢業，1987-1989年曾就讀於台灣大學土木研究所交通乙組，1989 年曾於文化大學造園景觀系兼任執教，1990-1993 年服務於行政院文建會，從事古蹟保存業務。1993 年就讀台灣大學建築與城鄉研究所博士班，2002年 7 月獲台大城鄉所博士學位，曾擔任南亞技術學院建築系專任助理教授及華梵大學建築學系專任助理教授。2005 年 8 月接任華梵大學建築學系主任、所長，於 2008 年 1 月卸任。曾參與王鴻楷教授主持之研究案有《澎湖天后宮之彩繪》等五案。及夏鑄九教授主

持之研究案有《新竹縣三級古蹟新埔褒忠亭整修計畫》等七案。專業研究規劃案有近二十五本著作,個人代表著作有博士論文《台灣傳統營造技術的變遷初探--清代至日本殖民時期》,碩論《古蹟保存論述之形成—光復後台灣古蹟保存運動》及近百篇論文與著述。

趙佑志　1968 年,臺北人,臺灣師範大學歷史系學士、碩士、博士。現任新北高中教師兼任學務主任、清華大學歷史研究所兼任助理教授、真理大學人文與資訊學系兼任助理教授、淡江大學師培中心兼任助理教授,曾參與《沙鹿鎮志》、《梧棲鎮志》、《桃園市志》、《續修臺北縣志》、《高中歷史教科書》的編纂。著有:《日據時期臺灣商工會的發展(1895—1937)》、《日人在臺企業菁英的社會網絡(1895—1945)》、《續修臺北縣志》卷八文教志、〈躍上國際舞臺—清季中國參加萬國博覽會之研究〉等近百篇論文。

賴志彰　臺灣彰化人,逢甲建築系學士,國立臺灣大學建築與城鄉研究所碩、博士,長期參與文化資產保存工作,從最早的內政部到目前幾個市縣的文化資產諮詢委員,深入研究霧峰林家的歷史與建築,研究臺灣地方民居(包括新北、桃園、苗栗、臺中縣、彰化、嘉義市等),碩博士論文攢研臺中市的都市歷史,研究過新莊迴龍樂生療養院、臺灣古地圖、佳冬蕭宅、彰化縣志的公共藝術與工藝篇等。目前服務於國立臺南大學文化與自然資源學系臺灣文化碩士班,担任副教授,指導超過 180 篇以上的碩士論文。

關正宗　1961 年出生於臺灣嘉義,成功大學歷史學博士。1985 年起年從事新聞編採工作,進而主持佛教出版社、雜誌社。長年從事佛教寺院及文物的田野調查,二十餘年間完成有關佛寺、人物田野調查專著、合著十餘冊。1996 年起先後出版《臺灣佛寺導遊》九冊、《臺灣佛教一百年》、《臺灣佛寺的信仰與文化》、《重讀臺灣佛教——戰後臺灣佛教(正續編)》、《臺灣佛教史論》、《中國佛教會在臺灣——漢傳佛教的延續與開展》、《臺灣日治時期佛教發展與皇民化運動——「皇國佛教」的歷史進程(1895-1945)》、《臺灣佛教的殖民與後殖民》、《臺灣觀音信仰的「本土」與「外來」》等學術著作。除臺灣佛教史研究之外,研究領域尚延伸至臺灣宗教、中、臺、日三邊佛教交涉、日本文化等研究領域。曾任法鼓佛教學院、玄奘大學宗教研究所兼任助理教授,現任佛光大學佛教學系副教授。

《臺灣史研究名家論集》——總序

　　《臺灣史研究名家論集》即將印行，忝為這套叢刊的主編，依出書慣例不得不說幾句應景話兒。

　　這十幾年我個人習慣於每學期末，打完成績上網登錄後，抱著輕鬆心情前往探訪學長杜潔祥兄，一則敘敘舊，問問半年近況，二則聊聊兩岸出版情況，三則學界動態及學思心得。聊著聊著，不覺日沉西下，興盡而歸，期待半年後再見。大約三年前的見面閒聊，偶然談出了一個新企劃。潔祥兄自從離開佛光大學教職後，「我從江湖來，重回江湖去」（潔祥自況），創辦花木蘭出版社，專門將臺灣近六十年的博碩士論文，有計畫的分類出版，洋洋灑灑已有數十套，近年出書量及速度，幾乎平均一日一本，全年高達三百本以上，煞是驚人。而其選書之嚴謹，校對之仔細，書刊之精美，更是博得學界、業界的稱讚，而海峽對岸也稱許他為「出版家」，而不是「出版商」。這一大套叢刊中有一套《臺灣歷史文化叢刊》，是我當初建議提出的構想，不料獲得彼首肯，出版以來，反應不惡。但是出書者均是時下的年輕一輩博、碩士生，而他們的老師，老一輩的名師呢？是否也該蒐集整理編輯出版？

　　看似偶然的想法，卻也是必然要去做的一件出版大事。臺灣史研究的發展過程，套句許雪姬教授的名言「由鮮學經顯學到險學」，她擔心的理由有三：一、大陸學界有關臺灣史的任務性研究，都有步步進逼本地臺灣史研究的趨勢，加上廈大培養一大批三年即可拿到博士學位的臺灣學生，人數眾多，會導致臺灣本土訓練的學生找工作更加雪上加霜；二、學門上歷史系有被社會科學、文學瓜分，入侵之虞；三、在研究上被跨界研究擠壓下，史家最重要的技藝——史料的考訂，最後受到影響，變成以理代証，被跨學科的專史研究壓迫得難以喘氣。另外，中研院臺史所林玉茹也有同樣憂慮，提出五大問題：一、是臺灣史研究受到統獨思想的影響；二、學術成熟度仍不夠，一批缺乏專業性的人可以跨行教授臺灣史，或是隨時轉戰研究臺灣史；三、是研究人力不足，尤其地方文史工作者，大多學術訓練不足，基礎條件有限，甚至有偽造史料或創

造歷史的情形，他們研究成果未受到學術檢驗，卻廣為流通；四、史料收集整理問題，文獻資料躍居成「市場商品」，竟成天價；五、方法問題，研究者對於田野訪查或口述歷史必須心存警覺和批判性。

十數年過去了，這些現象與憂慮仍然存在，臺灣史學界仍然充滿「焦慮與自信」，這些焦慮不是上文引用的表面問題，骨子裡頭真正怕的是生存危機、價值危機、信仰危機，除此外，還有一種「高平庸化」的危機。平心而論，臺灣史的研究，不論就主題、架構、觀點、書寫、理論、方法等等。整體而言，已達國際級高水準，整個研究已是爛熟，不免凝固形成一僵硬範式，很難創新突破而造成「高平庸化」的危機現象。而「高平庸化」的結果又導致格局小、瑣碎化、重複化的現象，君不見近十年博碩士論文題目多半類似，其中固然也有因不同學門有所創見者，也不乏有精闢的論述成果，但遺憾的是多數內容雷同，資料重複，學生作品如此；學者的著述也高明不到哪裡，調研案雖多，題材同，資料同，析論也大同小異。於是乎只有盡量挖掘更多史料，出版更多古文書，做為研究創新之新材料，不過似新實舊，對臺灣史學研究的深入化反而轉成格局小、理論重複、結論重疊，只是堆砌層累的套語陳腔，好友臺師大潘朝陽教授，曾諷喻地說：「早晚會出現一本研究羅斯福路水溝蓋的博士論文」，誠哉斯言，其言雖苛，卻是一句對這現象極佳註腳。至於受統獨意識形態影響下的著作，更不值得一提。這種種現狀，實在令人沮喪、悲觀，此即焦慮之由來。

職是之故，面對臺灣史這一「高平庸化」的瓶頸，要如何掙脫困境呢？個人的想法有二：一是嚴守學術規範予以審查評價，不必考慮史學之外的政治立場、意識形態、身分認同等；二是返回原點，重尋典範。於是個人動了念頭，很想將老一輩的著作重新整理，出版成套書，此一構想，獲得潔祥兄的支持，兩人初步商談，訂下幾條原則，一、收入此套叢書者以五十歲（含）以上為主；二、是史家、行家、專家，不必限制為學者，或在大專院校、研究機構者；三、論文集由個人自選代表作，求舊作不排除新作；四、此套書為長期計畫，篩選四、五十位名家代表

作，分成數輯分年出版，每輯以二十位為原則；五、每本書字數以二十萬字為原則，書刊排列起來，也整齊美觀。商談一有結論，我迅即初步擬定名單，一一聯絡邀稿，卻不料潔祥兄卻因某些原因而放棄出版，變成我極尷尬之局面，已向人約稿了，卻不出版了。之後拿著企劃書向兩家出版社商談，均被婉拒，在已絕望之下，幸得蘭臺出版社盧瑞琴女史遞出橄欖枝，願意出版，才解決困局。但又因財力、人力、市場的考慮，只能每輯以十人為主，這下又出現新困擾，已約的二十幾位名家如何交代如何篩選？兩人多次商討之下，盧女史不計盈虧，終於同意擴大為十五位，並不篩選，以來稿先後及編排作業為原則，後來者編入續輯。

　　我個人深信史學畢竟是一門成果和經驗累積的學科，只有不斷累積掌握前賢的著作，溫故知新，才可以引發更新的問題意識，拓展更新的方法、理論，才能使歷史有更寬宏更深入的研究。面對已成書的樣稿，我內心實有感發，充滿欣喜、熟悉、親切、遺憾、失落種種複雜感想。我個人只是斗膽出面邀請同道之師長友朋，共襄盛舉，任憑諸位自行選擇其可傳世、可存者，編輯成書，公諸同好。總之，這套叢書是名家半生著述精華所在，精彩可期，將是臺灣史研究的一座豐功碑及里程碑，可以藏諸名山，垂範後世，開啓門徑，臺灣史的未來新方向即孕育在這套叢書中。展視書稿，披卷流連，略綴數語以說明叢刊的成書經過，及對臺灣史的一些想法、期待與焦慮。

卓克華

2016.2.22 元宵　於三書樓

《臺灣史研究名家論集》——推薦序

　　《臺灣史研究名家論集》這套書本身就是一種臺灣史研究。其性質與意義，可以我擬編的另一套書來做說明。

　　相對於大陸，臺灣學界個性勝於群性，好處是彰顯個人興趣、自由精神；缺點是不夠關注該學科的整體發展，很少人去寫年鑑、綜述、概括、該學科的資料彙編或大型學人論著總集。

　　所以我們很容易掌握大陸各學科的研究發展狀況，對臺灣則不然。比如哲學、文學、社會學、政治學都各有哪些學派、名家、主要著作，研究史又如何等等，個中人也常弄不清楚，僅熟悉自己身邊幾個學校、機構或團體而已。

　　本來名家最該做這種事，但誰也不願意做綜述、概括這等沒甚創見的勞動；編名家論集嘛，既抬舉了別人，又掛一漏萬得罪人，何必呢？

　　我在學生書局時，編過一些學科綜述，頗嘗甘苦。到大陸以後，也曾想在人文與社會學科中，每學科選二十位名家，做成論文集，以整體呈現臺灣二十世紀下半葉的學術成果，遷延至今，終於未成。所以我看卓克華兄編成的這套《臺灣史研究名家論集》特有會心、特深感慨。

　　正如他所說，現在許多學科都面臨大陸同行的參與，事實上也是巨大的壓力。大陸人數眾多，自成脈絡。臺灣如果併入其數量統計中去，當然立刻被淹沒了。他們在許多研究成果綜述中，被視野和資料所限，也常不會特別關注臺灣。因此我們自己的當代學術史梳理就特別重要、格外迫切。

　　《臺灣史研究名家論集》從這個意義上說，本身就是一種臺灣學術史的建構。所選諸名家、各篇代表作，足以呈現臺灣史這個學科的具體內容與發展軌跡。

　　這些名家，與我同時代，其文章寫作之因緣和發表時之情境，讀來歷歷在目，尤深感慨。

　　因為「臺灣史」這個學科在臺灣頗有特殊性。

　　很多人說戒嚴時期如何如何打壓臺灣史研究，故臺灣史尟有人問津；

後來又如何如何以臺灣史、臺灣文學史為突破口，讓臺灣史研究變成了顯學。克華總序中提到有人說臺灣史從「鮮學變成顯學」，然後又受政治影響，成了險學，就是這個意思。

但其實，說早年打壓臺灣史，不是政治觀點影響下的說詞嗎？卷帙浩繁的《臺灣風物月刊》、《臺北文獻季刊》、《臺灣文獻季刊》、臺灣銀行《臺灣文獻叢刊》等等是什麼？《臺灣文獻季刊》底下，十六種縣市文獻，總計就有四億多字，怎麼顯示五十年代到八十年代中期政府打壓了臺灣史的資料與研究？我就讀的淡江大學，就有臺灣史課程，圖書館也有專門臺灣史料室，我們大學生每年參加臺灣史蹟源流會的夏令營，更是十分熱門。我大學以後參與鄉土調查、縣誌編撰、族譜研究，所感受的暖心與熱情，實在不能跟批評戒嚴時期如何如何打壓臺灣史研究的說詞對應起來。

反之，對於高談本土性、愛臺灣、反殖民的朋友所揭櫫的臺灣史研究，我卻常看到壓迫和不寬容。所以，他們談臺灣文學時，我發現他們想建立的只是「我們的文學史」。我辦大學時，要申辦任何一個系所都千難萬難，得提前一兩年準備師資課程資料及方向計畫去送審；可是教育部長卻一紙公文下來，大開後門，讓各校趕快開辦臺灣史系所。我們辦客家研討會，客家委員會甚至會直接告訴我某教授觀點與他們不合，不能讓他上臺。同樣，教師在報端發表了他們不喜歡的言論，各機關也常來文關切……。這時，我才知道有一個幽靈，在監看著臺灣史研究群體。

說這些，是要提醒本叢刊的讀者：無論臺灣史有沒有被政治化，克華所選的這些名家，大抵都表現了政治泥沼中難得的學術品格，勤懇平實地在做研究。論文中匕鬯不驚，而實際上外邊風雨交加。史學名家之所以是名家，原因正要由此體會。

但也由於如此，故其論文多以資料梳理、史實考證見長。從目前的史學潮流來看，這不免有點「古意盎然」。他們這一輩人，對現時臺灣史研究新風氣的不滿或擔憂，例如跨學科、理論麾指史料、臺灣史不盡

為史學系師生所從事之領域等等，其實就由於他們古意了。

　　古意，當然有過時的含義；但在臺灣，此語與老實、實在同意。用於臺灣史研究，更應做後者理解。實證性史學，在很多地方都顯得老舊，理論根基也已動搖，但在臺灣史這個研究典範還有待建立，假史料、亂解讀，政治干擾又無所不在的地方，卻還是基本功或學術底線。老一輩的名家論述，之所以常讀常新，仍值得後進取法，亦由於此，特予鄭重推薦。

龔鵬程

《臺灣史研究名家論集》——推薦序

臺灣，在許多大陸人看來是一個地域相對狹小、自然資源有限、物產不夠豐富、人口不夠眾多且孤懸於海外的一個島嶼之地。對於這座寶島的歷史文化、社會風貌、民間風俗以及人文地貌等方面的情況知之甚少。然而，當你靜下心來耐心地閱讀由臺灣蘭臺出版社出版的《臺灣史研究名家論集》（已出版三編）之後，你一定會改變你對臺灣這個神奇島嶼的認知。

《臺灣史研究名家論集》到目前為止，已經輯錄了近五十名研究臺灣史的專家近千萬字的有關臺灣史的研究成果。這些研究成果大都以臺灣這塊獨特的地域空間為載體，以發生在這塊神奇土地上的歷史事件、人物故事、社會變遷、宗教信仰、民間習俗、行政建制、地方史志、家族姓氏、外族入侵、殖民統治、風水習俗以及建築歷史等等為研究內容，幾乎囊括了臺灣的自然與社會生活的方方面面。例如，尹章義的《臺灣移民開發史上與客家人相關的幾個謎題》，林滿紅的《清末臺灣與我國大陸之貿易型態比較（1860-1894）》，林翠鳳教授的《臺灣傳統書院的興衰歷程》，武之璋先生的《從純史學的角度重新檢視二二八》，洪健榮的《明鄭治臺前後風水習俗在臺灣社會的傳佈》，張崑振的《清代臺灣地方誌所載官祀建築之時代意義》，張勝彥的《臺灣古名考》，戚嘉林的《荷人據台殖民真相及其本質之探討》，許世融的《日治時期彰化地區的港口變化與商貿網絡》，連心豪的《日本據臺時期對中國的毒品禍害》，葉乃齊的《臺灣古蹟保存技術發展的一個梗概》，趙祐志的《日治時期臺灣的商工會與商業經營手法的革新（1895—1937）》，賴志彰的《台灣客家研究概論—建築篇》，闞正宗的《清代治臺初期的佛教（1685-1717）——以《蓉洲詩文稿選集》、《東寧政事集》為中心⋯⋯

上述各類具體的臺灣史研究，給讀者全面、深刻、細緻、準確地瞭解臺灣、認知臺灣、理解臺灣、並關注臺灣未來的發展，提供了「法國年鑒學派」所說的「全面的歷史」資料和「完整的歷史」座標。這套叢書給世人描摹出一幅幅臺灣社會、文化、經濟、生態以及島民心態變遷

的風俗畫。它們既是臺灣社會的編年史、也是臺灣的時代變遷史，還是臺灣社會風俗與政治文化的演變史。

《臺灣史研究名家論集》在史學研究方法上借鑒了法國年鑒學派以及其他現代史學流派的諸多新的研究方法，給讀者提供了新的研究視角，使得史學研究能夠從更加廣闊、更加豐富的空間與視角上獲取歷史對人類的啟示。《臺灣史研究名家論集》的許多研究成果，印證了中國大陸著名歷史學家章開沅先生對史學研究價值的一種「詩意化」的論斷，章開沅先生曾經說過，**「從某種意義上說，史學應當是一個沉思著的作者在追撫今夕、感慨人生時的心靈獨白。史學研究的學術的價值不僅在於它能夠舒緩地展示每一個民族精神的文化源流，還在於它達到一定境界時，能夠闡揚人類生存的終極意義，並超越時代、維繫人類精神與不墮……」**

閱讀《臺灣史研究名家論集》，能夠讓讀者深切感受到任何一個有限的物理空間都能夠創造出無限的精神世界，只要這塊空間上的主人永遠懷揣著不斷創造的理想與激情。我記得一位名叫唐諾（謝材俊）的臺灣作家曾經說過，由於中國近代歷史的風雲際會，使得臺灣成為一個十分獨特的歷史位置。**「在很長一段時間裡，臺灣是把一個大國的靈魂藏在臺灣這個小小的身體裡面……」**，的確，近代以來的臺灣，在某種程度上來講成就驚人。它誕生過許多一流的人文學者、一流的史學家、一流的詩人、一流的電影家、一流的科學家。它曾經是「亞洲四小龍」之一。

臺灣之所以能夠取得如此驚人的文化成就，離不開諸如《臺灣史研究名家論集》裡的這些史學研究名家和**臺灣蘭臺出版社**這樣的文化機構以及**一大批「睜眼看世界」的仁人志士們**持之以恆的辛勤耕耘和不畏艱辛的探索。是這些勇敢的探尋者**在看得見的地域有限物理空間拓展並創造出了豐富多彩的浩瀚精神宇宙。**

為此，我真誠地向廣大讀者推薦《臺灣史研究名家論集》這套叢書。

王國華　2021 年 6 月 7 日於北京

《臺灣史研究名家論集》——編後記

　　我在〈二編後記〉中曾慨嘆道，編此《論集》有三難：邀稿難、交稿難、成書難。在《三編》成書過程中依然如此，甚且更加嚴重，意外狀況頻頻發生，先是新冠肺炎疫情耽誤了近一年，而若干作者交稿、校稿拖拖拉拉，也有作者電腦檔案錯亂的種種問題，也有作者三校不足，而四校，五校，每次校對又增補一些資料，大費周章，一再重新整理，諸如此類狀況，整個編輯作業延誤了近一年，不得已情商《四編》的作者，將其著作提前補入《三編》出版，承蒙這些作者的同意，才解決部分問題。

　　如今面對著《三編》的清樣，心中無限感慨，原計畫在我個人退休前將《臺灣史研究名家論集》四輯編輯出版完成，而我將於今年（2021）七月底退休，才勉強出版了《三編》，看來又要耗費二年歲月才能出版《四編》，前後至少花了十年才能夠完成心願，十年，人生有多少個十年？！也只能自我安慰，至少我為臺灣史學界整理了乙套名家鉅作，留下一套經典。

卓克華　　于三書樓

2021.6.7

孟祥瀚

臺灣史研究名家論集

蘭臺出版社

目　錄

《臺灣史研究名家論集》——總序　卓克華 IX

《臺灣史研究名家論集》——推薦序　龔鵬程 XII

《臺灣史研究名家論集》——推薦序　王國華 XV

《臺灣史研究名家論集》——編後記　卓克華 XVII

一、清代臺灣東部之拓墾與發展 5

二、由「卑南天后宮置產碑記」論清末臺東社會與經濟的發展 43

三、清代臺東成廣澳的拓墾與發展 57

四、日據初期東臺灣的部落改造：以成廣澳阿美族為例 93

五、日治時期東臺灣成廣澳的林野整理與土地調查 123

六、社會教化與地方控制：以日治時期東臺灣新港郡社會教化組織為例 ...157

七、日治時期花蓮地區客家移民的分布 185

八、藍張興庄與清代臺中盆地的拓墾 221

九、清代臺中盆地東側阿拔溝沿岸番界的研究 257

十、軸線翻轉-由日治時期萬春宮七媽會看大墩街的變與不變 287

十一、國家體制下的民間團體--以一九三五年中部大地震為例 315

十二、林爽文、天地會與大里杙 337

十三、清季西大墩廖有富案與牡丹社事件的交錯 345

十四、2010年區域史研究的回顧 359

清代臺灣東部之拓墾與發展

一、前言

　　目前臺灣史的研究，蔚然成風，成果燦備。唯就研究之空間而言，多偏重本省西部地區。對於佔全臺四分之一面積的東部地區，則論者鮮矣！使東部地區在臺灣史的研究領域裡長期缺席，殊為可惜。與全臺其他地方相比，東部地區實係一開發較為遲緩之地，至割臺時，僅有漢人3,000餘，墾地2,000餘甲，餘皆蕃社之地，開發狀態甚為原始。造成東部地區開發遲緩的原因，除了當地地理環境的限制外，清初以來對臺實施的若干政策，亦為延遲東部地區發展的因素。本文擬就此加以敘述與討論，以明瞭清代東部地區發展的情況。

　　清初為全臺治安計，不僅限制大陸人民來臺開墾，在島內更嚴禁漢人越界至番地。海禁與山禁有如二道藩籬，限制了漢人在臺的活動空間，而且由於山禁的實施，使在臺地方官對山禁以外之地，以化外視之，不加聞問。在清末外人謀我日亟，屢次藉端生事之際，東部地區遂成外人肇釁之藉口，殆臺灣事件後，清廷方幡然警悟東部地區對我東南海防之重要性，開始銳意經營，東部地區之發展方日益千里。本文之寫作，即在山禁與清廷對番地態度之脈絡上，分成三個階段來討論。

　　第一個時期為清初實行封山禁令之前，主要討論清廷東部地區之態度與東部地區番社和清方之關係。

　　第二個時期討論封山時期東部地區發展的狀況。討論的重點在於民間私入東部地區貿易開墾對東部地區發展的影響。另一方面，討論清廷對番地不加聞問的態度，所引發之國際危機與清廷在此教訓下，對全臺，特別是東部地區政策的大幅轉變。

　　第三個時期為開山撫番時期。討論在開山撫番之大前提下，歷任主臺事者不同之施政重點對東部地區開發的影響與限制。

　　在行文之前，並先討論東部地區之地理環境與人文背景，以了解漢

人入墾前的大概情況以及當地發展所受的先天條件的限制。由於本文在性質上屬通論性質，若干問題未能在文中做更精細之討論，容待日後資料更加充足後，再為補充。文中對原住民之稱呼，為行文方便，仍沿用史料之「番」字，特予聲明。

二、地理環境與人文背景

本區位於中央山脈以東，清代稱為「山後」或「後山」。按所謂「山後」有二種說法，一是廣義的，泛稱所有中央山脈以東地區，《平臺紀略》云：「臺灣山後，（有）蛤仔難、崇爻、卑南覓等社……。」[1]《東槎紀略》亦云：「嘉慶中，又開噶瑪蘭，遂及山後，增幅員百里。」[2]蛤仔難與噶瑪蘭即今之宜蘭，崇爻即今之花蓮，卑南覓即今之臺東。可知「山後」指的是整個中央山脈以東之地區，包括今之宜蘭、花蓮、臺東三縣。二是狹義的專指蛤仔難以南地區，《臺灣輿圖》云：「後山自蘇澳以南至得其黎，……，至新城、岐萊，……，歷花蓮港、吳全城、大巴籠、周塱社而至水尾得所謂秀姑巒者，……，由水尾東至沿海大港，西至璞石閣而歷平埔大庄、石牌以達卑南，……，此則後山大略情形也。」[3]《吳光祿使閩奏稿選錄》亦云：「臺灣後山南起恆春八瑤灣，北至蘇澳。」[4]可知後山指的是中央山脈東側，蘇澳以南至屏東的部分。無論是廣義或狹義的，本地區均是在清代所謂山後之內。其範圍若以今之行政區域言之，則包括花蓮、臺東二縣，面積共計 8143.82 平方公里，佔全省總面積的22.77%。

本區地形以山地為主，次為平原、海岸與島嶼，茲分述如後。本省中央山脈北起蘇澳南端之烏巖角，南止恆春之鵝鑾鼻，略呈東北西南走向，長約 320 公里。自南湖大山至大武山山峰遙連成線，為中央山脈主

1　藍鼎元，《平臺紀略》（臺北：臺灣銀行經濟研究室，1958），頁 30。
2　姚瑩，《東槎紀略》（臺北：臺灣銀行經濟研究室，1957），頁 38。
3　夏獻綸，《臺灣輿圖》（臺北：臺灣銀行經濟研究室，1959），頁 75。
4　吳贊誠，《吳光祿使閩奏稿選錄》（臺北：臺灣銀行經濟研究室，1966），頁 25。

要分水所在。且烏巖角逼近海岸，大武山以南，山嶺直下鵝鑾鼻，使東部地區成為一完整而封閉的地理環境。

再由於中央山脈主軸偏東，致使整個東部主要為山地。若以 500 公尺為平原與山地之分界，則東部地區平原約占 38%，山地 62%。[5]在此山地袤廣而且又呈封閉的情況下，本地區不僅對外交通連絡不便，開發較為遲緩；而且也因耕地面積狹小，使整個東部地區在面積上，雖佔全省 22.77%，唯耕地面積僅佔全省耕地面積的 5.6%。人口的分布因此而不均衡，70%人口集中在平原，造成本區各地在經濟、社會發展程度的極不均勻。非僅整個地區無法與本省西部相比，即使在本區之內，山地亦較平地相差甚遠。[6]

本區的平原，主要由許多沖積扇所組成，分布於中央山脈與臺東海岸山脈之間。由北而南分別為：（一）大濁水溪三角洲，得其黎溪三角洲，主要由花蓮溪水系沖積而成；（二）縱谷平原，主要由秀姑巒溪水系及新武呂溪沖積而成；（三）臺東三角洲，由卑南溪水系沖積而成。東部地區平原雖由許多沖積扇連接而成，在土地利用之理論上原應是聚落與耕地的所在，但由於河谷二側坡度過於陡峭，豪雨過後，山洪暴發，洪水挾帶大量砂石注入河谷平原，造成廣大的礫石堆積。再加上河床不穩，常造成房屋農田的流失，因此平原地帶聚落與耕地的分布，常不在沖積扇的正面而退到靠山較高較安全的所在，土地利用反而受到限制。本區河川也因過於短促，坡度過大，水量不穩，急雨時山洪暴發，天旱時涓滴細流，毫無舟楫之利，反成交通障礙。

東部地區海岸因受海岸山脈近逼，且山脈走向與海岸平行，故呈直線，除花蓮、成功、臺東外，並無良好港灣，船隻難於停泊，使整個東部地區對外的交通，仍以陸路為主。外海之二島，綠島（原稱火燒島）與蘭嶼（原稱紅頭嶼），位於臺東東南方海面上。此二島均於光緒 2 年（1876）收入版圖，隸恆春縣，13 年（1887），改併入臺東直隸州。[7]

5 陳正祥，〈臺灣的地理區域〉，《臺灣銀行季刊》8：1（1956.3），頁 2。。

6 同上。

7 臺灣省文獻委員會，《臺灣省通志・土地志》（臺中：臺灣省文獻委員會，1970），卷 1，

　　本地區高溫多雨，是典型的亞熱帶氣候，應對植物的生長十分有利，但由於雨量多集中夏季，且多為颱風雨，經常造成屋舍農田及作物的損失。冬季時，臺東且有缺水乾旱的跡象。雖有三水系流經其間，但在水利系統未能建立的情況下，縱有優良的氣候條件，亦難發揮作用。故本地區的農業開發與水利系統地能否建立，有莫大關係。

　　總括言之，整個東部地區僻處中央山脈東側，由於山坡陡峭及海岸平直，造成交通不便，開發遲緩，再加上地形的限制，可資利用之平地不多，僅有一狹長之縱谷平原及南北散步的各個三角州似可開發為農耕之地，為因河川急湍短小，水量不夠穩定，既無舟楫之利，甚至豪雨成災，沖積扇正面亦難成聚落與耕地的所在，河水所帶來的大量礫石，更使其土地利用價值減小，故就農業土地具有之情況而言，實係一貧瘠之地。

　　上述的這些自然條件，在清代科技知識落後，人民觀念保守的情況下，遂成為東部地區及早興快速開發的重大阻礙。這是造成何以遲至19 世紀後期，本地區仍未開發的根本原因。故在正式進入本文之前，先介紹其地理環境，俾了解其對日後各項開發所產生的助力與阻力。

　　高山族是臺灣東部地區最早的開墾者，在東部開拓史上自有其貢獻與影響。在歷史文獻上臺灣原住民向被分成生、熟二種，《平臺紀略》云：「臺灣土番有生熟二種，其深居內山，未服教化者為生番，……，其雜居平地，遵法服役者為熟番，相安耕鑿，與民無異。」[8]生番或被稱為高山族，熟番或被稱為平埔族，此是因其所居地區不同而予命名，並不代表民族學上的分類。其中生番又因是否納餉輸誠而分成歸化生番與野番。《蠡測彙鈔》：「夫輸餉之社，歸化社也；不輸餉之社，野番也。」[9]但輸餉之社「不薙髮，不衣冠，依然狉狉榛榛。」[10]平埔族多分布本省西部地區，間或有移徙東部者。

頁 42 下。

[8] 藍鼎元，《平臺紀略》，頁 63。

[9] 鄧傳安，《蠡測彙鈔》（臺北：臺灣銀行經濟研究室，1958），頁 10。

[10] 同上書，頁 1。

臺灣高山族的分布，除賽夏族與曹族外，幾乎全與東部地區有關。以下就分布於東部地區的高山族做一介紹。

泰雅族：其住居於花蓮者，自稱賽德克（Sedeq）。係自南投越中央山脈而東者，主要分在於得其黎溪與木瓜溪流域。

布農族：亦係由中央山脈西側遷移而來。主要分布於搭比拉溪、拉古拉溪至新武洛溪一帶。

魯凱族：清時，與南部排灣族之拉瓦爾亞族（Raval）和布曹爾亞族（Butsul）共稱「傀儡番」。主要分布在高屏溪支流濁口溪與隘寮南北二溪流域以及大南溪上游山地。

排灣族：分布在魯凱族以南的山地全域。其布曹爾亞族之拍利達利敖群（Parilarilao）清代稱之「瑯嶠十八社」。與卑南族、阿美族混居。很早便與東部地區發生關係。

卑南族：主要分布於臺東卑南鄉卑南村、南王村、知本村、溫泉村、建和村和利家村等地。並向海岸延伸至太麻里、屏東滿州鄉一帶。本族荷據時期便與荷人有所往來。康熙時更曾受諭賞，其勢最強，曾以卑南王稱雄於縱谷平原。其後阿美族之來，必先結好卑南族方得入墾。[11]

阿美族：主要分布在花蓮至臺東之縱谷平原及臺東海岸山脈外側之平地。本族分布地區南北狹長，北受泰雅族影響，中路與布農族比鄰，南路則服屬卑南族，三路間又為各族獵場隔開，故阿美族文化受到上述各族影響甚大，三路各有其特色。[12]

雅美族：居住於蘭嶼，生活習慣自成一格。生活方式為本島諸土著族中唯一以漁獵維生者。在語言上，與菲律賓北方的依巴丹群島（Ivantan）有深厚淵源。[13]

以上諸族可謂是最早至東部拓墾者。在荷據以前東部地區鮮為人知。尾崎秀真在其書《三百年前の東臺灣》提及，日慶長 13 年（明神宗萬曆 36 年，1608）曾有「バニチセー」國遣使者至，希能通好。按

---

[11] 幣原坦，〈卑南大王〉，《南方土俗》1：1（1931.3）。

[12] 臺灣省文獻委員會，《臺灣省通志・同胄志 1》（臺中：臺灣省文獻委員會，1972），頁 6-9。

[13] 同上書，頁 18-19。

「バニチセー」音與阿美族自稱「Pangtash」者相同，故安倍名義云其國在今東部花蓮一帶，且云「高砂云」（タカサゴ）為當時臺灣西部通稱，東部地區或許早便與外界有所交通。[14]

三、同光時期以前的拓墾

1624 年（明天啟 4 年）荷人據臺後，由於臺灣東部有產金之說，引發荷人注意。蓋傳說臺灣東部產金，早在荷人入臺前便已為人所知，且有至其地與土著交易者。[15]荷蘭人既知有此利源，逐企圖前往探勘開採，1636 年適值瑯嶠番社頭目向臺灣荷蘭當局表示親善之意，並請荷人助其與東海岸之卑南覓媾和，荷蘭當局因知卑南覓距產金處約有 4 日行程，故先派中尉 Jan Jeuriaensen 往瑯嶠及卑南覓一帶瞭解情況，其後並派佐理商務官員 Marten Wesselingh 長駐卑南覓，一方面探訪金礦所在，另方面亦在瞭解當地情況。[16]

其後 Wesselingh 等為卑南覓附近之 Tammuloccau（太巴六九社，今卑南鄉太平村）與 Nicalon（呂家社，今卑南鄉利家村）眾所殺，荷人駐臺長官乃決議伐此二番社，並趁機探勘金礦所在。故自 1642 年起數度大規模用兵東部地區，結果除剿毀上述二社外，於尋覓金礦一事卻無所獲。但其探金行動卻加緊了對東部的控制。

荷人在其勢力範圍內，分設北部、南部、淡水及東部四行政區，下設地方會議（Landdagh）由番社頭目組成，並受荷蘭人監督。[17]1644 年，北部、南部及東部地方行政會議集中於赤崁城舉行，當時東部地區即有 11 個村落的頭目及其隨員與會。[18]對於未歸附或不友善的村落，荷人常

---

[14] 尾崎秀真，《三百年前の東臺灣》（國立臺灣圖書館典藏油印本）；另見安倍明義，《臺灣地名研究》（臺北：蕃語研究會，1938），頁 307-308。

[15] 中村孝治著，許粵華譯，〈十七世紀荷蘭人在臺灣的探金事業〉，見《臺灣經濟史》5（臺北：臺灣銀行經濟研究室，1967），頁 101-124。

[16] 郭輝編譯，《巴達維亞城日記》（臺中：臺灣省文獻委員會，1970），頁 192。

[17] 陳虹，〈明末臺灣山地行政的研究〉（上），《臺灣文獻》25：3（1974.9），頁 21。

[18] 郭輝編譯，《巴達維亞城日記》，頁 411。

以武力討伐，前述 1644 年的會議，東部地區除卑南覓附近村落外，大都未出席會議，駐卑南覓之荷蘭監督 Cornelis Vander Hinden 且被殺。[19] 因而，荷人在臺長官主張立即加以懲罰（征討）。

荷人對其所控制的村落，曾行戶口調查，對了解當時個村落的情況甚有助益。如 1650 年的調查，全臺共有 315 個村落，其中東部地區計有 61 個，約占 19.37%，但其中承認荷人主權者，僅有 27 個。[20]至 1655 年的調查，東部地區歸附的村落增至 43 個，共 1,306 戶，[21]若每戶以 4 人計算，當逾五千人。荷人在東部的勢力範圍也較前擴大。唯由於難以推知荷據時代戶口表上所列社名究係今日何地，故無法知其確切控制的地區。造成荷人在東部地區勢力擴展的因素，應當與荷人數度前往征討和探查金礦有關。

荷人除了因探金而加強對東部地區的控制外，在經濟上，復利用鹿皮專賣制度，進一步控制東部地區的利源。蓋當時臺灣的鹿皮正大量外銷日本，[22]如實施專賣，則每年收入甚為可觀，因此有贌社制度產生，以控制鹿皮及貨源。《諸羅縣志》：「贌社亦起自荷蘭，就官承餉，曰社商、曰頭家。八、九月起，集夥督番捕鹿，曰出草，計腿易之以布，前後尺數有差，臂為脯，筋皮統歸焉，惟頭及血臟歸之捕者，至來年四月盡而止，俾鹿得孳息，曰散社。」[23]《臺海使槎錄》亦云：「臺灣南北番社，以捕鹿為業，贌社之商，以貨物與番民交易，肉則做脯發賣，皮則交官折餉。」[24]這種制度使荷蘭人透過商人即可獲得鹿皮，商人亦得以至各社貿易，唯這種貿易方式並不僅限於西部，東部地區亦有漢人至其他貿易，《巴達維亞城日記》中即有漢人至卑南覓及附近村落貿易的記載。[25]

19　郭輝編譯，《巴達維亞城日記》，頁 413。

20　中村孝志著，〈蘭人時代の蕃社戶口表〉（一），《南方土俗》4：1（1936.7）。

21　中村孝志著，〈蘭人時代の蕃社戶口表〉（二），《南方土俗》4：3（1937.5）。

22　中村孝志著，許粵華譯，〈十七世紀臺灣鹿皮之出產及其對日貿易〉，《臺灣銀行季刊》10：2（1958.12），頁 131-147。

23　周璽，《彰化縣志》（臺北：成文出版社，1983），頁 1050。

24　黃叔璥，《臺海使槎錄》（臺北：臺灣銀行經濟研究室，1957），頁 164。

25　郭輝，前引書，頁 520。

按在當時包稅制度下，某地番社僅許贌社商人前往，這些在卑南覓附近貿易的商人無疑地應為社商。可知當時東部地區亦如荷人控制的其他土著地區，在政治上駐以商務專員並設地方會議加以控制與監督；在經濟上，則以鹿皮專賣建立其贌社制度。既有利於番社，復可因鹿皮對外的貿易而增加財政收入以濟餉項。就開發的意義而言，其消極面便是漢人與東部後山的關係，自此建立，透過社商逐漸瞭解東部概況，但積極地前往拓墾，則仍未聞。

明鄭時期對於土著的控制仍沿荷據時期的方式，於各社設立土官以領其眾，官府但令其自治而不設官治理，當時改隸的 46 社中，卑南覓亦在焉。[26]這是東部南路的情況，至此北路（今花蓮一帶），則未隸其間，可知明鄭時期與南路卑南覓一帶之關係較為密切。

經濟上，明鄭亦行贌社制度，惟應注意的是此時贌社制度的內涵已經轉變。《裨海紀遊》云：「曩鄭氏於諸番徭賦頗重，……，秋成輸穀似易，而艱於輸賦，彼終世不知白鏹為何物，又安得此以貢其上？於是仍沿包社之法，郡縣有財力者，認辦社課，名曰社商。社商又委通事夥長輩，使居社中，凡番人一粒一毫，皆有籍稽之。射得麖鹿，盡取其肉為脯，并收其皮，日本人亟需其皮，有賈舶收買，脯以鬻漳郡人，二者輸賦有餘。」[27]此時與荷據時期不同的是：一、荷據時期贌社的目的，是以之為執行鹿皮專賣的工具，以濟稅裕餉，社商的任務是幫助荷蘭人收集鹿皮。明鄭時期則是透過此制度向番社徵收賦稅，顯然明鄭對番社的控制與管理較荷據時期為嚴，已視番社為其領土故予征收賦稅。二、課稅的對象雖同為社商，但是荷據時期社商僅是收購鹿皮的代理人，其利益來自與各社貿易；明鄭時期社商則有較大的貿易權，政府則向社商課徵番社的賦稅，亦即社商包攬番社的賦稅。

在此情形下，明鄭時期年徵社銀 16,228.08 兩，其中卑南覓各社年銀 140.4 兩，約佔 8.65%。[28]對各番社徵收的賦稅是一種以社為單位的

---

[26] 陳虹，〈明末臺灣山地行政的研究〉（下），《臺灣文獻》25：4（1974.12），頁 36。

[27] 郁永河，《裨海紀遊》（臺北：成文出版社，1983），頁 75。

[28] 陳純瑩，《明鄭時期對臺灣的經營》（臺北：國立臺灣師範大學歷史研究所碩士論文，1986），

直接稅，但在徵收方式上，為一種包稅制，一切由社商負責。其積極的意義在於東部地區各社透過輸賦納餉的形式與中國建立更密切的關係。

康熙 22 年（1683 年）平臺後，清廷用施琅議，將臺灣納入版圖，設臺廈道以經理之，下轄一府三縣。但政令所至，僅「府沿百餘里，鳳山諸羅皆惡毒瘴地，令其邑者不敢至。」[29] 此時清廷官方對東部地區的瞭解，十分模糊，康熙 24 年纂修之《臺灣府志》記東部地區情形云：[30]

> 到瑯嶠，沙馬磯頭而山始盡，深山之中，人跡罕至，其間人形獸面，鳥喙鳥嘴，鹿豕猴獐，涵淹卵育，魑魅魍魎，山妖水怪，亦時出沒焉。相傳有金山，每啓人以涎羨之情，然在層巒叠嶂之內山，外係化外野番。野番巢穴，番獰路險，人踪罕到，亦不知山在何處，與山之高大幾何也。

對於山後番社，亦僅知其大概：「南路之傀儡山，內有野番七十餘種，（卑）南覓社下通直腳宣，與北路接壤，其內深林障蔽，數百里不見日色。」[31] 北路的情況，則「山朝山（在雞籠鼻頭山東南有土番山朝社，其南即哈仔難三十六社），有買豬末山（在山朝山南，……，南即哆囉滿社，出金者兆，即山朝社離三日路程），有黑沙晃山（在買豬末山南，……，其東南即直腳宣五社）。」[32] 而高拱乾修之《臺灣府志》則稱：「至於東方，山外青山，迤南互北，皆不奉教，生番出沒其中，人跡不經之地。」[33]

清初官方與東方地區的聯繫，主要仍是沿襲荷據明鄭時期的贌社制度。康熙 34 年（1695），北路崇爻（今花蓮市一帶）等 9 社便已歸附，[34] 餉項附於阿里山社內繳納。[35] 次年，南路卑南覓等 65 社亦歸附納餉，[36] 歲

頁 182-183。

[29] 藍鼎元，《平臺紀略》，頁 30。

[30] 蔣毓英，《臺灣府志》（北京：中華書局，1985），頁 30。

[31] 同上書，頁 243。

[32] 同上書，頁 39。

[33] 高拱乾，《臺灣府志》（臺北：成文出版社，1983），頁 154-155。

[34] 周鍾瑄，《諸羅縣志》（臺北：成文出版社，1983），頁 151。

[35] 同上書，頁 318。

[36] 王瑛曾，《重修鳳山縣志》（臺北：成文出版社，1983），頁 221。

徵餉 68.8 兩。[37]按此時對各番社所徵之銀兩仍稱社餉，或稱陸餉。但其內涵又與前述荷據明鄭時期有所不同，清代課稅的精神不再著眼於貿易，而是一種對人丁直接課徵的人頭稅。《重修鳳山縣志》云：[38]

> 按唐初嶺南諸州稅米，番人內附者稅錢，上戶丁十文，次戶五文，下戶免。經附二年以上者，上戶輸羊二口，次戶一口，下戶三戶共一口，此番餉所由始也。臺屬番民荷蘭時貢鹿皮，鄭氏繼之，餉無成額，每年於調社日輕重其餉於贌社者之手，苛削殊甚，自入版圖後，每丁徵米折粟，始沐休養。

所謂番人內附者稅錢，便是計丁稅錢的人頭稅，後謂「每丁徵米折粟」指的是番人耕種者，歲抽米糧若干，類似田賦。可知按丁徵銀或徵米、粟是並行的，但因當時東部地區土著尚未以耕稼為主，[39]故只抽丁稅。而繳納的方式仍由社商代繳，此項賦稅，極有可能是社商以包稅名義繳納，實則社商自行負擔，而向政府取得至番社貿易的特權。

此時已有漢人零星前往東部地區貿易或土番自負貨物至前山交易者。康熙年間，雞籠地方通事賴科自淡水翻越群山而來，週歷各社。陳文、林侃亦至當地貿易。[40]《平臺紀略》云：「傀儡內山，臺灣山後，蛤仔難、崇爻、卑南覓等社，亦有漢人至其地與之貿易。」[41]東部地區情況漸為人知。

清初東部地區對外的交通，主要以水路為主。蓋因一來東西部間有中央山脈阻隔，攀登不易；再因沿途俱為各社生番盤據，行經其間，或被殺殞命的危險。當時由水路至東部地區的路徑有二：

一、由雞籠「候夏月風靜，用小船沿海墘而行，一日至山朝社，三

---

[37] 李丕煜，《鳳山縣志》（臺北：成文出版社，1983），頁 307。

[38] 王瑛曾，《重修鳳山縣志》，頁 357。

[39] 如藍鼎元《東征集》（臺北：臺灣銀行經濟研究室，1958），頁 90，謂北路崇爻一帶「八社之番，黑齒紋身，野居草食，皮衣草帶，不種桑田。」南路卑南一帶情形，則如黃叔璥，《臺海使槎錄》頁 153 云「種薯、芋、黍、米以充飢。」

[40] 連橫，《臺灣通史》（臺北：成文出版社，1983），頁 908。

[41] 藍鼎元，《平臺紀略》，頁 30。

日至蛤仔難，三日至哆囉滿，三日至直腳宣，以外則人跡不到矣。」[42]這是水路由北而南的路徑。

　　二、南路則由安平鎮大港出口，「沿海邊而行，⋯⋯，至沙馬磯頭，水道十二更，又向東轉行山背，當用南風，過蟒卒、老佛、大紫、高肅、馬間、卑南覓山外，水道十更，復至薄辦社，水道三更，⋯⋯，沿海而北，直至崇爻之石門港口，水道九更。」[43]

　　也有不辭艱苦，不畏險阻由陸路而至者，其路徑有三：一、由雞籠而南者：康熙34年（1695），雞籠地方通事賴科等晝伏夜行，越度萬山，迤達崇爻。[44]二、由諸羅越山而東者：《諸羅縣志》云：「由斗六門山口東入，⋯⋯，有路可通山後哆囉滿。」[45]或「有至崇爻者，自倒咯嘓用土番指引，盤山逾嶺，涉澗穿林，計程五日夜方至。⋯⋯或云由水沙連過湖，⋯⋯，（至）描里眉，二日至斗截，半日至倒喀國，過大大山數重，四日夜可抵崇爻社。」[46]前述高山族有自西越中央山脈而東遷者，漢人依其指引，循舊道而抵後山。

　　三、自瑯嶠沿海岸行至卑南覓者。《臺海使槎錄》云：「瑯嶠山後一日至貓丹，又二日過丹哩溪口至老佛，又一日至大鳥萬社，又三日過加仔難社、朝貓離社，至卑南覓。」[47]由陸路往山後路極崎嶇，難於跋涉，若遇陰雨水漲，更難計程。再加上生番經常出草，故鮮有人行。無論經水路或路道，目的地均不外崇爻或卑南覓，蓋此二處番社歸化較早，常有社商至其地貿易，故較為人所熟知。中路一帶，各番社多未歸附，故鮮有漢人至者。

　　隨著前後山交通日盛，清廷對後山的情況也益發急於了解。康熙60年（1721），朱一貴起事，清廷慮其遺黨遁跡後山，故檄淡水守備謝周派大雞籠社夥長許略，干豆門媽祖宮廟祝林助，山後頭家劉裕、蛤仔

---

[42] 余文儀，《續修臺灣府志》（臺北：臺灣銀行經濟研究室，1962），頁11。

[43] 藍鼎元，《東征集》，頁91。

[44] 郁永河，《裨海紀遊》，頁71-72。

[45] 周鍾瑄，《諸羅縣志》，頁763。

[46] 黃叔璥，《臺海使槎錄》，頁122。

[47] 同上書，頁160。

難夥長許拔四人前往山後北路一帶巡查。這四人皆能通番語，且曾親自跋涉其地瞨社和番，熟悉山後路徑的情形。[48]南路則遣千總鄭惟蒿、林天祚與通事章旺至卑南覓，諭賞卑南覓大土官文結以帽靴、補服、衣袍等，命其調遣崇爻七二社番眾協力捕捉朱一貴餘黨。[49]這是清代官方第一次勘履後山，其意義不僅表示後山對全臺治安的重要，也代表清廷官方勢力伸入東部地區。唯因此時全臺對後山尚無土地的需求，官方但懼漢人出沒其間，伺機謀亂，若與番眾相結，製造事端，更非清廷所樂見。故在政策上不得不籠絡番眾，使之聽命於官府，只要治安上能保安寧，清廷對後山仍採不加聞問的態度。另一方面，此次清朝官員踏查後山，係由社商、通事為嚮導，這些人均曾親往瞨社貿易，熟知後山路徑，並通番語。除了經濟的作用外，並扮演著官方與番社溝通、前後山民番聯繫的媒介。在早期東部地區的發展上，有其重要的角色。

朱一貴事件後，清廷對生番的政策有了很大的轉變。前此，對於生番希望能先威而後恩，制之以方，望其歸化輸誠，成為良民。但朱亂後，清廷因懼匪徒潛匿後山，釀為亂事，竟有遷民劃界之議，企圖阻絕民番的交通，以為如此可保安寧。此議後經藍廷珍力爭而未果，清廷的態度卻轉向採取隔絕漢番的隔離政策。先是康熙 60 年，福建巡撫楊景素下令沿山設隘，番界立石，禁止民番跨越。後則陸續於鳳山至諸羅間設隘達 56 處。[50]乾隆年間更有議停止招撫生番，聽其自便，不必施以教化，以免啟其智巧，並設立番屯，以嚴密番界。[51]此一隔禁政策，其用意本在治安，卻延誤了東部地區的發展與全臺山地的開發。

雍正年間，勸誘番社輸誠納餉的工作，並未因山禁而停頓，雍年 2 年（1724）4 月、8 月，分別有傀儡山生番 3 批共 10 社歸化。[52]同年 11 月，臺灣總兵林亮、臺廈道吳昌祚委守備吳崑帶同卑南覓土番遍歷後山

---

[48] 藍鼎元，《東征集》，頁 25。

[49] 藍鼎元，《東征集》，頁 22。

[50] 溫吉編譯，《臺灣番政志》（臺中：臺灣省文獻委員會，1958），頁 467-470。

[51] 林岡，〈論清政府對臺灣土著族的隔離政策〉，《福建論壇》6（1986）。

[52] 故宮博物院，《宮中檔雍正朝奏摺》（臺北：故宮博物院，1978），巡臺御史禪濟布、丁士一奏摺，雍正 2 年 8 月 24 日。

各社，歸附者達 65 社。[53]規模之大，前所未有。可知康熙末年清廷之番界立隘，其目的但在隔阻漢番來往，用意在治安，對招撫生番的工作則未有影響。清廷對生番的態度仍是積極地欲其歸順，向化於清廷。雍正7 年（1729），因卑南覓社長直里直以甘心向化呈請，故「**仍准其通商貿易**」，年徵銀 68 兩 7 錢。[54]乾隆 13 年（1748），再許其歸輸。[55]可知清廷對於番眾前來貿易是時禁時開，視為一種懷柔手段，與歷史上封關絕市不同，並非是一成不變的。但大體而言，此種貿易方式是實施封禁政策後，幾乎唯一的合法貿易。可是在財賦上由於實行封禁政策，不許漢人社商前往，番課無法繳納，如卑南覓的社餉即因無法催繳，只好由官府墊解。[56]乾隆 31 年（1766）復從總督蘇昌請，設立南北二路理番同知，[57]崇爻及卑南覓各社分隸諸羅、鳳山二縣輸餉，遙隸理番同知之下。從此前、後山間的交通與番務，名義上有了專責管理的機構。

此時前後山間的貿易方式也有改變。陳英〈臺東志〉云：「**生番所射之鹿茸及各獸皮等，番頭自帶番眾，往前山枋寮兌換，……，由是賣買日久，番頭漸與人親。**」[58]可知此時之貿易方式是由番頭自攜貨物前往前山求售，與從前漢人入山貿易者有所不同。歲銀復自行繳納，無需再經社商之手。此後社商之地位即為通事所取代，通事成為漢番之間的媒介，對日後東部地區的開發，佔有舉足輕重的地位。唯就文化的同化立場或山地的開發而言，似乎番民來前山貿易的意義，遠不及漢民入山地為大。蓋漢人入番界非僅可促進對番界的了解，又可接觸更多番眾；番目來前山貿易則不然，彼此之間的接觸僅能限於少數人。

清廷封山政策雖在禁止民番交易往來，但漢人卻屢次私入番界，使政令到後來全成具文。雍正 7 年（1729），再度申禁人民偷越番境墾地、

53　黃叔璥，《臺海使槎錄》，頁 153。
54　王瑛曾，《重修鳳山縣志》，頁 238。
55　王瑛曾，《重修鳳山縣志》，頁 99。
56　林岡，前引文。
57　《大清高宗純(乾隆)皇帝實錄》（臺北：華文書局，1964），頁 3 下，乾隆 2 年正月甲午條。
58　陳英，〈臺東志〉，見胡傳，《臺東州採訪冊》（臺北：臺灣銀行經濟研究室，1960），附錄。

抽藤、捕鹿及私運貨物。[59]乾隆 29 年（1764）《續修臺灣府志》云：「凡
商漁船往崇爻販賣貨物，乾隆□年示禁，如有藉端越販，照偷越番境例，
從重治罪。其社丁應納番餉，責成通事由陸路輸納。」[60]可知乾隆年間
雖屬禁封山，但仍有商、漁民前往後山一帶貿易；且崇爻各社社丁仍舊
繳納番餉，顯示後山地區仍歸理番同知管轄，並非無主之地。《彰化縣
志》亦云：「近時郡城有小船私到山後向番擺流（按：擺流者，即漢語
交易）者，即卑南覓也，所出鹿茸、鹿脯等貨亦多，番與漢人交易不用
銀錢，但以物易物而已。」[61]可見後山南北二路，均有漢人私自前往貿
易，久之，遂有前往開墾者。

　　乾隆以後，漢人至東部者日眾。此時漢人之來，已不再是純粹以貿
易為目的，獲取土地開墾漸成為一項重要的動機。儘管封山禁令猶在，
但漢人東來已成不可遏阻之勢。嘉慶 17 年（1812），宜蘭人李享、莊找
以「布值五千餘元，與荳蘭、薄薄、美樓、拔便、七腳川諸頭目，易地
拓墾。」[62]道光 8 年（1828），臺北地方豪戶吳全夥同蔡伯玉於噶瑪蘭招
募 2,800 餘人前往開墾，自蘇澳由海道南下至新城上岸，吳專營今花蓮
志學一帶，當時為防禦木瓜番（泰雅族一支）的攻擊，築土城以禦之，
當地遂稱「吳全城」。後因吳全病死，所募民眾又多係遊惰之人，再加
上環境惡劣，故相繼走之，使此次開墾功虧於一簣。[63]咸豐年間，臺北
富農閩人黃阿鳳者，集資數萬圓，募窮民 2,000 餘人前往今花蓮北端得
其黎溪畔及米崙山西北處開墾，地分十六股、三仙河、武暖、沙崙、十
八鬮五部分。[64]自為總頭人，狀若官府，其餘頭人數十人，各分地拓墾。
但數月後黃阿鳳病逝，眾頭人未能合作，五年後貲漸盡，且為番人殺害
者眾，終於棄地而去。[65]

---

[59] 《欽定吏部則例》（臺北：成文出版社，1966），頁 18。

[60] 余文儀，《續修臺灣府志》（臺北：成文出版社，1983），頁 805。

[61] 周璽，《彰化縣志》，頁 172。

[62] 駱香林主修，《花蓮縣志稿·卷 1》（花蓮：花蓮縣文獻委員會，1957），頁 4。

[63] 伊能嘉矩，《大日本地名辭書-臺灣之部》（東京：富山房，1909），頁 178。

[64] 陳季博編譯，〈臺東移住民史〉，《臺灣文獻》10：3（1959.9），頁 111-116。

[65] 連橫，《臺灣通史》，頁 815，臺東拓殖列傳，黃阿鳳條。此條敘事、文字均與陳培桂《淡
　　水廳志》（臺北：成文出版社，1983）頁 454-455 引雞籠老人林賢口述者相同，故此條應本

南路一帶，咸豐年間已有漢人前來開墾。如香蘭（猴仔蘭，今臺東太麻里）有吳四奸；知本有陳三陽、石大順；利家（今臺東卑南）鄭魁兒；卑南鄭尚、鄭登山、陳安生；里壠（今臺東關山）李天送等。此輩或與之通婚，或授以衣物、鐵器、耕具，教導稼穡方法，進而往墾其地。[66] 其中鄭尚者，乃枋寮商人，先至卑南與土番貿易、見其地無禾、麻、菽、麥，即回家帶禾、麥、芝麻種籽，復入卑南，教各社番人耕種，土地日闢，尚亦富，乃募佃入墾。[67]

中路一帶，漢人至者可分水、路二路。陸路主要由西部集集（今南投集集）翻越中央山脈而東，出拔仔庄（今花蓮瑞穗一帶）至璞石閣（今花蓮玉里）。咸豐年間，有粵人沈私省、陳唐、羅江利等 20 餘人私至其地拓墾，並築土城以防番，故其處稱「客人城」。[68] 同治初年，有陶姓閩人至，原為貿易，後見其地廣闊肥沃，故勸招集集地區漢人往墾，至者漸多，同治末年，已有 40 餘戶。[69] 沿水路而來者，多由宜蘭乘船南下至成廣澳（今臺東成功）登陸，其目的亦在貿易與開墾，同治末年，移居者僅 5、6 戶而已。[70]

此時入墾東部者，不僅只有漢人，西部的平埔族或因土地為漢人所佔墾，或受他族壓迫，亦有遷至東部者。雍正乾隆間，閩粵籍漢人入墾下淡水溪流域，原居其間之平埔族被迫南遷至瑯嶠與排灣族雜處。道光初年，再因漢人來墾者日眾，平埔族人耕地日蹙，遂再由族長杜四孟、陳溪仍、潘阿枝等率武洛、阿猴、搭樓三社 30 餘戶共 300 餘人向南，

諸淡志所記而來。惟淡志稱黃率萬人往墾，語涉誇大，連書改之，今從連書。又淡志稱有樸實閣（璞石閣，今玉里）者，中國人往居者約有千家，連書以為係黃殘後，餘人棄十六股庄而至者。此事容或有之，惟言千餘家，則未免失實。按同治末年璞石閣僅民戶 40 餘家。（見陳英，臺東志），言其千家，恐誤。

66　羅鼎總纂，《臺東縣志》卷 2（臺北：成文出版社，1983），頁 319。

67　按伊能嘉矩，《大日本地名辭書-臺灣之部》，頁 174；陳季博，前引文，俱言鄭尚於道光年間便已至其地貿易，並授以耕稼之法。而陳英，〈臺東志〉；連橫，《臺灣通史》，頁 816，則謂於咸豐 5 年。蓋鄭尚為商人，可能早自道光年間便曾入山與各社貿易，後漸教以稼穡，開墾土地。

68　駱香林主修，《花蓮縣志稿》卷 3 上，頁 6。

69　伊能嘉矩，《大日本地名辭書-臺灣之部》，頁 178。

70　安倍明義，《臺灣地名研究》，頁 302。

由枋寮越中央山脈，經巴朗衛（今臺東大武）而至寶桑（今卑南），出所攜豬、羊、酒食賈於卑南族。後因不堪卑南族之需索，於道光 9 年（1829），溯卑南溪北上，居於大庄（今富里），再因布農族人指引，從里壠西越中央山脈至前山荖濃溪故居，朝武洛、搭樓、阿猴、大傑顛諸社族人 12 家前來，其勢漸壯。其後自荖濃溪來者日眾，但亦有遷徙他處者。[71]

　　北部原居宜蘭加禮宛之平埔族亦南下移居花蓮。加禮宛平埔族原居宜蘭平原一帶，乾嘉以後由於漢人之入墾，土地多被侵占，故於道光中葉，由水路自蘇澳至花蓮鯉浪港（今花蓮美崙溪口）登陸，建一部落，是為加里（禮）宛社，後因人口漸增，再分成武暖、竹林、瑤高、七結等部落，共五社。後再繼續南移，沿海岸至大港口一帶，皆見其蹤跡。[72]

　　移墾東部的風潮，亦及於外海的火燒島與紅頭嶼。道光初年，小琉球泉籍曾勝開夥同 30 餘人為風漂至火燒島，遂著手開墾，後其中 6 人放棄，餘者且耕且漁，並招小琉球家眷及民眾至，來者日眾，遂在中寮灣岸建一聚落，名曰「中寮」。光緒後，漢人往來更頻繁。[73]紅頭嶼清初曾有漢人至其地貿易，因誤會而全遭殺戮，後遂無漢人至者，[74]19 世紀初期方有漢人再至其地。[75]

　　自清初以來漢人對東部地區的拓墾，下列數端值得注意。一、移墾者的身份：（一）商人與通事，彼輩最早與東部地區有所接觸，洞悉各社情勢與山川交通概況，憑其與番社之關係，獲得土地，糾眾開墾。（二）豪戶，如吳全、黃阿鳳、鄭尚輩，仿本省西部頭人制度，募眾來墾，其成功關鍵繫於與番社之關係。再者，墾荒成熟為耗時費力之事，貲力與人力若無法充分供應配合，則鮮能見功。（三）小股民眾私自結伴往墾者，不分漢番，若能先結好附近番社，則能立足。

　　二、土地的取得：（一）侵墾：如吳全、黃阿鳳輩糾眾圈地拓墾。（二）

---

[71] 駱香林主修，《花蓮縣志稿》卷 3 上，頁 9-10。羅鼎總纂，《臺東縣志》卷 2，頁 320-321。
[72] 根治勉岸著，陳乃蘗譯，〈噶瑪蘭番移動與漢民族之殖民〉，《臺灣風物》14：4（1964）。
[73] 伊能嘉矩，《大日本地名辭書-臺灣之部》，頁 180-181。
[74] 黃叔璥，《臺海使槎錄》，頁 160。
[75] 伊能嘉矩，《大日本地名辭書-臺灣之部》，頁 380。

以買賣或交易取得：如李享、莊找以布易地。（三）通商或通婚：前者如社商、通事之取得土地，後者如陳安生入贅卑南族，以半子身份取得土地。

　　三、拓墾地區：明顯地呈點狀分布。南部的卑南覓、中路的璞石閣、北路的崇爻一帶為主要的拓墾區域。此蓋與交通與地形因素有關，蓋自西部由水路、陸路來，此三處均為最先抵達之所。此三處又為東部地區較大平原所在，可墾地較廣，故居墾者較多。

　　同治末年，漢人在東部地區的分布狀況如下：寶藏（今臺東寶桑路一帶）共有 28 戶，成廣澳共 5、6 戶，璞石閣約 40 餘戶，花蓮港 40 餘戶，火燒島 37 戶，[76]共約 150 戶，若以每戶 3 人計，約 450 人。不僅人數甚少，且呈點狀分布，但日後東部的開發，即以這些據點為基礎，向南北延伸。

四、臺灣事件與東部地區的發展

　　16、17 世紀以來，臺灣以地居中國、菲律賓、日本三國航線的中點，首度以其交通地位而為各國所重視。荷蘭人、西班牙人更據以為對華、日貿易的基地。後因明鄭勢力崛起，取代荷、西人在臺之勢力，且外人在謀直接與中國大陸通商的目的下，爭執的焦點，遂移到大陸沿海各口岸。但各國對臺灣的興趣卻未因此稍戢，蓋因臺灣地居中國東南海上交通的樞紐，面積廣大且呈半開發狀態，雖為中國版圖，但中國政府對之並未十分注意之故也。

　　乾隆 36 年（1771）匈牙利貴族 M. A. Benyowsky 伯爵乘船至臺，登陸於今花蓮大港口附近，[77]後北航至基隆一帶，有意在該地建立殖民地。遂奔訪歐美各國尋求支持，唯未有應者。但其殖民計畫中談及臺灣僅西部地區為中國人所居，為中國官府所管轄，言下之意，即臺灣其他地方非中國轄地，外人可佔為殖民地。蓋 Benyowsky 此書雖為其殖民

---

[76] 陳英，〈臺東志〉，頁 82。

[77] 伊能嘉矩，《臺灣文化志》下卷（東京：刀江書院，1965），頁 104。

計畫辯解，但有關管轄權問題卻開日後臺灣番地轄屬爭論的濫觴。

　　隨後，至 19 世紀初期，西人東來者日眾，臺灣為其常經之地，隨著與中國交涉開放口岸的不順遂，外人眼光復再重視臺灣，欲取之以為對華貿易的基地。其中尤以英、美商人最為積極。[78]道光年間，英國對華商業日盛，特別是英屬東印度公司結束後，英商對華貿易的需求和不滿日增，後卒因鴉片問題與中國開戰。此時英國倫敦東印度及中國協會（The Committee of the London East India and China Association）應外相 Rord Palmerston 要求，提出一份有關中英貿易情形及建議的報告。報告中建議除了以武力打開中國口岸外，英軍的作戰行動應包括阻斷廣東運往北方的鹽船，劫取臺灣運往廈門的米船並封鎖中國沿岸以壓迫中國。若中國仍不屈服，則英國英佔領中國沿海一島嶼，如臺灣或舟山群島或金門島以進一步壓迫中國。[79]

　　後來鴉片戰爭時英軍之侵擾臺灣沿海，乃其對華作戰策略的一部分。同時更有英人 Huttmam 者提出占領臺灣東部之議。他認為戰爭發生後，英國對華貿易可能終止，故應另尋一對華貿易與海軍的根據地，而臺灣東部並非中國所有，也非清政府力量所及，若能與當地土著訂約，和平佔領該處，則該地不僅可以成為英國殖民地，且能由此直接與中國貿易。如此不但能擺脫行商與清朝官員的苛索，進一步又可成為對北美、美國西岸和亞洲各地的貿易基地。[80]此議雖未獲採行，但值得注意的是：一、由於清廷的封山政策，對生番地區採消極的隔離措施，無形中使清政府力量自外於生番地區，讓外人誤認為生番地區不屬於清朝政府管轄，成為日後外人生事番地的藉口。二、佔領東部，不僅進可直接與中國貿易，而且可以整個太平洋盆地為其貿易腹地，對外商是一莫大誘惑。如此也更突顯出當時外人在亞洲貿易的激烈競爭下，臺灣地位的重要。

---

[78] 黃嘉謨，《美國與臺灣》（臺北：中央研究院近代史研究所，1966），頁 1-14。

[79] 齊思和譯，英國藍皮書，第 7 件，倫敦東印度與中國協會至巴麥尊子爵，1839.11.2。見楊家駱主編，《鴉片戰爭文獻彙編》（臺北：鼎文書局，1973），第 2 冊，頁 656-657。

[80] 黃順進，《英國與臺灣》（臺北：臺灣大學政治研究所碩士論文，1976），頁 14-15。

　　鴉片戰爭期間，清朝官員中亦有人意識到隔離政策易啟外人覬覦之心，故主張盡速開墾臺灣未墾之地。道光21年（1841）給事中朱成烈奏請開墾臺灣未闢之地，用其收入充當福建海防之用，以拒英人窺伺。[81]經閩浙總督顏伯燾轉飭臺灣道府詳查，臺灣道姚瑩報稱，當時臺灣西部已無曠土可開，唯後山東部一帶，其地平衍，頗堪開墾。但此時開放耕墾，姚瑩所慮者是：「其（漢人）援引日眾，港道開掘寬深，船隻往來透販鴉片，夷人聞風必生覬覦，……，特英夷現爭內地碼頭，或不暇及此，一經敗衄，則必謀竄臺灣，彼知山前文武嚴防，未必得志，或往山後攻取生番地，或潛購漢奸開墾，為後來巢穴，則與我共有臺灣，患將無已，似宜先取之，勿以資敵。」[82]

　　姚瑩從海防的觀點認識到後山荒陬，若為英人佔據，必遺中國後患。所以應先英人經營其地，但在當時沿海情勢緊急之際，經營東部亦有事實上的困難：一、當地生番盤據，若遇開墾必以兵護行，恐番見兵至以為謀己，易起釁端，更予英人進犯機會。二、開闢土地費時耗銀，欲待其收入，以為拒英之資，恐屬緩不濟急。三、欲闢其地，須有能通盤規劃，瞭解當地情況之人，今則未得其人。四、開闢之後，必設州縣，守以重兵，苟有意外，則前山難以應援，更為大患。故姚瑩認為山後不開誠有後患，但此時遽開，亦未得機宜，他認為：「與其闢之而溝膯顯露，速以興戎，莫如荒之使英人無所垂涎，暫緩致寇。」[83]閩浙總督更認為開闢之後，「從此多一個地方，即多一部屬，縱所入竟敷所出，已屬所餘，倘更不敷，是轉滋費，與其闢之未得便宜，莫如聽其荒蕪，較為妥協。」[84]從當時海防及實效的觀點而言，開墾東部誠有事實上的困難，但事後未能從長遠的觀點，有效及積極的開發東部，無論就中國東南海防及全臺開發而言，均為一大失策。

　　19世紀中葉以後，臺灣更因淡水、基隆、安平及打狗開為通商口

---

[81] 《大清宣宗成(道光)皇帝實錄》（臺北：華聯書局，1964），卷345，道光21年正月甲辰條。
[82] 臺灣銀行經濟研究室編，《臺案彙錄甲集》（臺北：臺灣銀行經濟研究室，1959），頁164。
[83] 臺灣銀行經濟研究室編，《臺案彙錄甲集》，頁165-167。
[84] 同上。

岸，貿易地位益形重要，船隻往來更加頻繁，臺灣海峽素有風濤之險，過往船隻經常失事遭難，遇難船隻漂至臺灣沿岸，船上財物經常被劫，船員為生番所殺，或傳拘為奴隸，外人不滿情緒日增。據統計，1850年至1894年間臺灣附近洋面失事船隻共81艘，[85]各國雖屢次照會總署要求改善，但僅得空言撫慰，臺灣地方官亦未能阻止甚至不予聞問，外人被害情況未獲改善。[86]久之，各國遂感不耐，苟有事端，必乘機肇釁。

　　同治6年（1867）2月，美船羅發號（Rover）在臺灣東部洋面失事，船上人員乘艇登陸臺灣南部，竟為牡丹社番殺害，事為打狗英國副領事賈祿（Charles Caroll）所知，即函請臺灣道按律查辦。臺灣道竟答以該處「自來人跡所未到，亦版圖所未收」，且「生番不歸地方官管轄，嗣後請飭外國商人謹遵土牛之禁，不可擅入番界，以免滋事。」[87]此事企圖以「生番行同獸類，匿跡放槍，不可理喻，並以該處山海險阻，不便進兵。」[88]意圖推諉了事。事復為美國廈門領事李讓禮（李仙得，Charles W. Le Gendre）知悉，即至臺灣交涉。臺灣道亦答以「臺地生番穴處猱居，不載版圖，為聲教所不及，今該船遭風，誤陷絕地，為思慮防範所不到。」[89]完全置於不理。在閩之美國亞細亞艦隊司令伯爾（Rear Admiral H. H Bell）即認為臺灣南部及東部非中國轄地，中國既不肯負責，乃決定自行前往查辦，5月1日登陸於龜仔角附近，但無功而還，揚言秋冬間再來進剿。[90]

　　此案後來雖經雙方協議，訂定善後章程10條結案。但此事件中清朝地方官吏竟然聲稱生番地區不屬中國，雖係推諉責任之辭，卻使臺灣番地歸屬問題益形曖昧，予外人可乘之機，按當時臺灣道吳大廷、總兵劉明燈皆為左宗棠舊部，左曾倡議臺地生番開禁，設官治理。[91]惜吳、

---

[85] 《臺灣省通志稿・政事志・外事篇》（臺北：成文出版社，1983），頁114-118。

[86] 中央研究院近代史研究所編，《中美關係史料-同治朝・上冊》（臺北：中央研究院近代史研究所，1968），頁77。

[87] 寶鋆等修，《籌辦夷務始末-同治朝》（臺北：文海出版社，1971），卷93，頁38上。

[88] 同上。

[89] 寶鋆等修，《籌辦夷務始末-同治朝》，卷50，頁11上。

[90] 寶鋆等修，《籌辦夷務始末-同治朝》，卷50，頁17下-18上。

[91] 左宗棠，《左文襄公奏牘》（臺北：臺灣銀行經濟研究室，1960），頁13。

劉二人未能承其理念及時經營,臨事復多方推諉,不僅耽誤東部地區的開發,也使外人在華多一生事之處。日後李讓禮即以生番地區非中國版圖,屢次與中國搆難,使臺灣南部與東部問題更趨複雜。

同治 10 年(1871),日本擬藉臺灣事件對臺用兵,聘李讓禮為顧問,李即向日方提出下列備忘錄:(一)番地為中國政教所不及,非中國轄境。(二)日方可先以武力占領臺灣南部番地,建立基地,再由海路擴及東部卑南一帶。(三)應先派遣人員偵查臺灣情況,特別是南部與東部地區。[92]同治 13 年(1874)3 月,日軍登陸瑯嶠社寮港口。4 月,派柳原前光來華交涉,辯論的焦點在於臺灣生番地域歸屬的問題。柳原謂中國「棄番地於化外,是屬無主野蠻,故戕害琉球民五十數名,強奪備中難民衣物,憫不知罪,唯一國者殺人償命,捉賊見贓,一定之理,仍乃置之度外,從未懲戒,既無政教,又無法典,焉得列入人國之目?」[93]「以我(日本)堂堂獨立之國,伐一無主野蠻,何用鄰國允許?」[94]總理衙門雖據臺灣府志反覆論辯,唯柳原一意堅持,談判遂陷入僵局。7月,日全權大使大久保利通進京,與總署反覆辯論批駁,大久保堅持中國政教之實未及臺灣番地,故不能視為中國屬地,且徵引萬國公法以證其說。[95]總署亦以臺灣府志載有各社社名及輸餉情形加以反駁,雙方互不相讓,談判因而破裂。後經英使威瑪妥(Thomas Wade)居間調停,中國答應賠錢了事。

揆諸此事發生的原因,除與日本的南進政策有關外,其藉口便是臺灣生番地區為無主之地,日方歷次與總署論爭之根據,總以未施政教,不承認彼為中國領土。清廷則以番地遙隸郡城,歲納番餉相駁。爭論的焦點,一是以名實相符要之,一則以遙隸羈縻即可。但在強權政治的局勢下,後者的權威將受到極大的挑戰。日軍即以實際武力打破這種遙隸的統屬關係。此事予中國之教訓如下:

---

[92] 藤井志津枝,《日本軍國主義的原型—剖析一八七一--一八七四年臺灣事件》(臺北:自印,1983),頁 86-110。

[93] 寶鋆等修,《籌辦夷務始末-同治朝》,卷 96,頁 32 上。

[94] 寶鋆等修,《籌辦夷務始末-同治朝》,卷 96,頁 38。

[95] 寶鋆等修,《籌辦夷務始末-同治朝》,卷 96,頁 44-58。

一、觀念上：如蔣廷黻所言，是當時「世界大勢不容一個弱國，如中國，空享主權而不盡主權者的責任，日本特使大久保乘機教訓我們如何主權與責任不能分離。」[96]在此教訓後，清廷對東部地區才有積極的措置。同治13年（1875）馬嘉理（A. R. Margary）案起，當消息傳至北京，總理衙門即引臺灣事件為鑑，表示「滇省野人雖居鐵壁關外，其地乃屬中國，不得謂非中國管理。設馬嘉理非野人所戕，而誘之野人，或實係野人所戕，而謂王法所未及，勢必如上年臺灣番族之事，彼族即可派兵自辦，遂及奸謀。」[97]馳諭地方官不可再行推諉，要確實依主權所在負擔其責任。

二、對全臺發展與開發：此後清廷對臺政策開始大幅轉變，由消極的但求無事轉為積極的經營治理，特別是對東部地區態度，由隔阻轉為開放。擬定開山撫山政策，積極招募開墾。使東部地區的發展邁入一新里程。

五、同光朝的開山與撫番

同治13年（1875）3月，沈葆楨奉旨渡臺，除了防範日軍，兼籌海防外，清廷還要他與福州將軍文煜、閩浙總督李鶴年會商，如果臺灣生番地區可以開禁，「即設法撫綏駕馭，俾為我用，藉衛地方，以免外國侵越。」[98]故在渡臺之後，沈即積極著手規劃，釐定其著名的開山撫番計畫。

沈葆楨經營臺灣的理念是因應情勢需要，他說：「此次之善後，與往時不同，臺地之所謂善後，即臺地之所謂剏始也。」[99]故他所擬定的經營臺灣東部的策略是：一、開山撫番，建立前後山交通體系，招徠墾民，並化育番黎。二、番地開禁，使漢人能自由入墾，加速後山開發。

---

[96] 蔣廷黻，《近代中國外交史資料輯要》中卷（臺北：臺灣商務印書館，1959），頁106-107。

[97] 轉引自吳密察，〈綜合評介有關臺灣事件（一八七一－一八七四）的日文研究成果〉，見氏著，《臺灣近代史研究》（臺北：稻鄉出版社，1990），頁237。

[98] 寶鋆等修，《籌辦夷務始末-同治朝》，卷93，頁29上。

[99] 吳元炳輯，《沈文肅公（葆楨）政書》（臺北：文海出版社，1967），卷5，頁1上。

三、調整行政區域，正式在東部設官治理，使外人無所藉口。[100]

　　開山與撫番，實為一體之兩面，他說：「**夫務開山而不先撫番，則開山無從下手，欲撫番而不先開山，則撫番仍屬空談。**」[101]其具體的步驟與目的如下：

　　一、開山：屯兵衛、刊林木、焚草萊、通水道、定壤則、招墾戶、給牛種、立村堡、設隘碉、致工商、設官吏、建城郭、設郵驛、置廨署。其方法是先鞏固地方安全，免受外人窺伺，再行鑿山通道，並以武力保護路工及行人安全。至於招徠墾民的辦法，則是資以農具牛種，俾來墾者日多，自然形成聚落，再召致商賈，繁榮地方，待地熟人眾，百業滋興後，再置官治理，正式納入中國行政組織。

　　二、撫番：選土目、查番戶、定番業、通語言、禁仇殺、教耕稼、修道塗、給茶鹽、易冠服、設番學、變風俗。首先要徹底了解掌握番社狀況，選設土目董理，查明各社人口與生產狀況。加強與各社之聯絡，通曉其語言，並禁止仇殺。經濟上，改善番民生活水準，教以農耕，使三餐得以溫飽；最後欲其逐漸習納漢人的生活方式，以變易其風俗。沈葆楨及其繼任者推行之開山撫番政策雖然重點各有不同，但基本上皆不出此架構。故云開山撫番，奠定東部開發基礎者，應首推沈葆楨。

　　為了有效推動開山撫番政策，沈氏首先開闢前後山之間的道路。此舉並含防止日軍窺伺後山之目的。故開路工作在同治 13 年（1875）9月間日軍未撤之前，便分南、北、中三路次第進行。

　　南路：日軍侵臺，藉口即為臺灣南部不隸屬中國，故沈氏開路亦以南路為最急。路分二途：一由同知袁聞柝負責，開闢自鳳山經赤山、崑崙坳、諸也葛、虷仔崙而達卑南的道路，計長 175 華里。[102]二由總兵張其光負責，開闢自射寮經南崑崙、古阿崙、虷仔崙而達卑南的道路，計長 214 華里。[103]再加上原有恆春經射麻里、萬里得、八窰（瑤）灣、牡

---

[100] 李國祁，〈清代臺灣的政治近代化-開山撫番與建省，一八七五-一八九四〉，《中華文化復興月刊》8：12（1975.12），頁 417。

[101] 同上。

[102] 吳元炳輯，《沈文肅公（葆楨）政書》，卷5，頁6上-7下。

[103] 沈葆楨，〈臺灣撫番開路情形疏〉，見趙慎畛等撰，《道咸同光四朝奏議》（臺北：台灣

丹灣至卑南的沿海 213 華里舊道，此後南路至卑南的道路由原有一條增為三條，共長 602 華里。

北路：日軍侵臺後，即有船駛往蘇澳一帶，欲聯結生番，謀佔其地。[104] 又有成富清風者，謊稱於花蓮一帶被劫，前往宜蘭頭圍控訴，謀窺虛實。[105] 臺灣道夏獻綸即赴蘇澳招募兵勇，用以開山，後由提督羅大春接手辦理北路開山事宜。其路自蘇澳沿海岸南下，經大南澳、得其黎至花蓮港，全長計 205 華里。[106]

中路：臺灣中路水沙連、秀姑巒一帶為全臺中心，土地肥沃，已有西洋傳教士在此建立教堂數處，更有匪徒藏身其間，一旦為外人侵占，臺灣將斷成南北不相連的二部分。故沈葆楨於同治 13 年 8 月派營務處黎兆棠募兵前往開路撫番，[107]後由總兵吳光亮接辦，分闢自林圯埔、社寮二路至大坪頂會合，東達璞石閣，共長 265 華里。[108]

沈氏規定所開各路均以平地寬一丈，山蹊寬六尺為標準，俾便輿馬通行，所有人力全係兵勇，蓋此次開山實係改善交通與駐防殖民兼具。以兵勇開闢道路，沿途設置碉堡駐兵，既保障交通安全，防止生番破壞；又使漢民可自由進入山區及山後開墾，故其用意頗深，在根本上實是武裝殖民。[109]

道路既闢，沈氏次一步措施即積極招民入墾與化撫番民。同治 13 年（1875）12 月沈氏奏請廢弛山禁與海禁。[110]行之百餘年的山海禁令終於完全解除。

相應於開放山禁的另一措施，即是調整行政體系。沈葆楨相度時勢，首先奏請福建巡撫移駐臺灣，以專責成，清廷雖未完全允准，但著閩撫冬春駐臺，卻成定例，使臺灣的經營有方面大員負責。此外，於臺

商務印書館，1970），第 7 冊，頁 2902-2903。

[104] 王元穉，《甲戌公牘鈔存》（臺北：臺灣銀行經濟研究室，1960），頁 63、71。

[105] 王元穉，《甲戌公牘鈔存》，頁 57、95-97。

[106] 羅大春，《臺灣海防並開山日記》（臺北：臺灣銀行經濟研究室，1972），頁 34。

[107] 寶鋆等修，《籌辦夷務始末-同治朝》，卷 97，頁 3。

[108] 吳元炳輯，《沈文肅公（葆楨）政書》，卷 5，頁 46。

[109] 李國祁，前引文，頁 6。

[110] 吳元炳輯，《沈文肅公（葆楨）政書》，卷 5，頁 15。

灣南部設「恆春縣」，並築城駐兵，以杜潛伺。另於臺灣北部增設一府三縣。在東部地區，則設卑南廳，移原駐臺南之南路理番同知於卑南，改稱「臺灣南路撫民理番同知。」[111]蓋當時東部初闢，首要工作即是撫輯民番，杜其猜嫌，以圖開山撫番之事得以順利進行。

可惜沈葆楨在臺時間甚短，光緒元年（1875）即調任兩江總督，前後在臺僅 13 個月（同治 13 年 5 月-12 月；光緒元年 3 月-7 月）。但其在臺的經營規劃，卻奠定日後臺灣政治、經濟走向現代化的基礎。其所提出開山與撫番之具體步驟與目的，雖然在其任內未能達成，但其經營理念與方式，卻為其後繼者所遵循。日後丁日昌、劉銘傳之言開山與撫番，皆不出沈所訂之架構。

繼沈葆楨任臺事者為王凱泰，王氏的一切措施完全依循沈氏的規模，其與沈氏連銜監修之「訓番俚言」是有計畫的將中國政教民情風俗習慣做成歌謠，作為訓育番童的教材，以收教化之效。

此時並有計畫大規模的招徠漢人前來開墾。光緒元年 8 月，恆春知縣周有基因山禁已開，此後有關舊有已闢土地如何保護與未墾地如何辦理招墾諸事，向臺灣道夏獻綸請示。夏即覆稱：一、各社在歸化以前所墾熟田園，照舊領有，並免升科。二、無人耕種之土地，欲租與民人承墾，應另行籌定妥善辦法，以期民番相安。[112]故於後山南部卑南、中路秀姑巒、北路岐萊一帶分別設立「撫墾局」，統由駐軍統領吳光亮負責，[113]是為後山墾業官招民墾之始。

南部卑南一帶，委人至鳳山一帶招募民眾，規定募集達 80 名者為工頭，每月給工頭口糧銀 6 元。共招開墾工頭 16 名，計有墾民 1,280 名，由卑南廳點名發給耒耜，犁鋤。同年杪，即有楓港莊民林讚募得農民 60 名，承墾埤南之巴朗禦荒埔；熟番潘琴元募得農民 60 名，承墾大陂頭東邊荒埔；卑南寶桑庄民陳雲清亦募得農民化番 50 名，承墾利基

---

[111] 吳元炳輯，《沈文肅公（葆楨）政書，卷 5，頁 81。

[112] 溫吉編譯，《臺灣番政志》，頁 256-257。

[113] 伊能嘉矩，《臺灣文化志》，下卷，頁 351。

里吉荒埔。[114]這是在官方鼓勵與支持下，進行的開墾運動。值得注意的是應墾之人不只限於漢人，平埔熟番有力者亦得招募人丁來墾，居住東部當地者，亦募當地化番承墾荒地。可知，此時東部地區的開墾事業並非由漢人所獨佔，只要有能力，不分漢番皆可承墾土地。但基本上，仍是沿襲本省西部的墾首制度，開墾人眾由墾首自行招募管理，所不同的是其土地、農具由官方提供，是一種在官方鼓勵支持下的拓墾方式。與西部多由民間自理，待土地墾熟後，再由官方承認其合法地位者有所不同。

北路一帶，當初開路時，擬於淡水、噶瑪蘭一帶招募土勇二營，有事則任軍事，無事則開山修築道路，路成之後，即分往岐萊等處開墾。[115]除此之外，並號召嘉、彰、蘭、淡等地富戶前來開墾，營哨官有意開墾者，亦在嘉許鼓勵之列。並且明出告示招攬民眾至新城貿易，有願開墾者，許其居留。但此一計畫之進行，似不順利，久久並無應者。故北路開墾事業，日後似由原開路之兵勇擔任，而彼輩之所以願意承募開山築路，目的亦希望將來可領有墾地。[116]

王凱泰繼任福建巡撫負責經營臺灣，為時僅 6 個月（光緒元年 5 月-10 月），旋因病內渡。繼任者為船政大臣丁日昌。丁早在同治 7 年（1827）即從海防的觀點，肯定臺灣地位的重要。13 年，更主張在臺駐泊鐵甲船，以為東南海防樞紐，並計畫屯田開礦，使利源日開，將來建一行省。[117]故接掌閩撫後，即積極經營，使臺灣成為當時中國最具活力的地區。

其開山撫番政策，即在其海防構想下，成為彼海防政策的一部分。光緒初，後山北路加里宛番眾唆使豆蘭、木瓜二社屢次截殺軍民，丁日昌遂於光緒 2 年（1876）11 月 18 日渡臺查辦，先後巡視雞籠與蘇澳一帶，對於叛服無常之番社，決定加以痛剿，他檢討自同治 13 年開山撫番以來的情況，認為：

---

[114] 胡傳，《臺東州采訪冊》，頁 41-42。
[115] 王元穉，《甲戌公牘鈔存》，頁 105。
[116] 羅大春，《臺灣海防並開山日記》頁 27-28、31-、42。
[117] 呂實強，《丁日昌與自強運動》（臺北：中央研究院近代史研究所，1972），頁 283。

在我徒費賞賚之資，而在番並未稍弭殺人之害，長此羈縻，終無
了局，……，（故）先為確查該番良歹，其平埔近海各番，易與
洋人勾結者，可撫則撫，不可撫則須擇尤痛加剿辦。[118]

（而）我之所以撫番者，原以杜洋人覬覦之端，……，故為大局
計，得番地則可永斷葛藤，不得番地，則恐難息窺伺。其高山各
番距海口稍遠者，如果能安本分，只可聽其自生自滅，以免多戕
生命。[119]

故「所謂開路撫番，其根源仍在兵事吏治。兵事有起色，則番不期
撫而自撫。」[120]丁日昌對沿海番社，易為外人誘結，且叛服無常者，臨
之以兵威，使其畏服。對於內地高山各社，則任其自生自滅。使撫番措
施成為其海防政策的一部分。

歸化之番社，則從教化、殖產方式將沈葆楨的撫番理想具體落實。
光緒 3 年（1877）3 月，頒布「撫番善後章程」二十一條，其要點如下：[121]

一、歸化之番須一律薙髮，並由官發給粗布衣服。

二、歸化各番社，宜設頭目，作為鄉長，每月酌給薪水 18 圓，嗣
後再有伏殺軍民之事，即令該頭目捆送真兇。

三、嚴定各番社地界，禁止彼此侵占。

四、除近海官山及各番耕種力所不能及者，聽民開墾外，其餘附近
山田樹木，嚴禁民人侵占。

五、凡准民番交易之處，均設公局，就近遴選公正紳士主持，以處
理民番糾紛，防止民商欺凌番人。

六、番民往來城鎮，不准攜帶武器，並嚴禁私自買賣軍火。

七、於前後山各設醫局，為番人治病。

八、宜選善於種植之人，分往各社，教以栽種茶葉、棉花等，俾其
生活得以改善。

九、設置招墾局，由營務處派員往汕頭、廈門、香港等處招人前來

---

[118] 溫庭敬，《丁中丞政書》（臺北：文海出版社，1980），頁 459-46。

[119] 同上。

[120] 溫庭敬，《丁中丞政書》，頁 397。

[121] 呂實強，《丁日昌與自強運動》，頁 290-291。

開墾。

　　十、附近番社市鎮，均廣設義學，選擇善於勸導之塾師，為之講說禮儀。

　　十一、未經歸化之番，不准接濟鹽米等必須之物。

　　他同時相度地方情況，更動後山防務。鑑於蘇澳至新城一線艱險難行，無田可墾，無礦可開，中路之璞石閣北控奇萊，南聯卑南，為適中之地。調總兵吳光亮將所部移紮璞石閣水尾一帶，蘇澳至新城間所紮各營移駐奇萊。秀姑巒、卑南一帶，俱歸吳光亮節制，以收居中控馭，南北聯為一氣之效。[122]9 月間，又調提督高登玉、副將李光二營赴後山接防被撤之振字中營，卑南、知本、成廣澳、大陂、平埔等處由高登玉一營駐居；八瑤、牡丹灣、巴朗衛、大鳥萬、大貓厘等處歸李光一營駐居，仍歸吳光亮節制。同時劃分由恆春入山以達卑南、平埔之墾務，由臺防同知兼卑南理番同知袁聞柝與恆春知縣周有基負責；由璞石閣、水尾、秀姑巒以達奇萊、新城之墾務，由吳光亮負責。[123]如此更動後山布置，顯示東部地區的拓墾已自南北二端向中間推進，拓墾地區已不再侷限於南北二端的狹小平原，進向縱谷內部拓墾，就東部地區的開發而言，自有其積極的意義。

　　其次，丁日昌鑑於光緒元年撫墾局成效不彰，3 年（1877），復設立招墾局，前往汕頭、廈門、香港招募墾民。光緒 4 年（1878），臺灣道夏獻綸擬定招墾章程，於香港、廈門、汕頭等地設立招墾局，每月派遣官輪船數次前往運載客民，並准攜帶眷屬。到臺後，給與屋舍，牛隻、農具，壯者勒以軍法，使其為農而兼為兵，弱者給以田疇。夏獻綸並飭各地方官調查當地土地利用情形，使外來客民得以安插。[124]這次招墾最大的特色便是遠至廣東招募墾民，除了墾地之外，並兼為兵，有事足以自衛，實有寓兵於農的意味，與丁日昌之充實地方海防實力有關。但此次招墾局的成效似乎並不理想，據《臺東州採訪冊》載，廣東汕頭招墾

[122] 丁日昌，〈籌商大員移紮臺灣後山疏〉，見《道咸同光四朝奏議》，第 8 冊，頁 3201-3204。

[123] 溫吉編譯，《臺灣番政志》，頁 262。

[124] 馮用，《劉銘傳撫臺前後檔案》（臺北：臺灣銀行經濟研究室，1969），頁 10-11。

局曾募有潮民 2,000 餘名，先以 800 名撥交吳光亮安置於大港口與卑南等處開墾，但所招者多係遊手好閒之徒，不能力耕，後多散去。[125]

丁日昌於光緒 3 年 4 月因病請假回省調理，翌年 4 月退休。吳贊誠繼以船政大調任閩撫，負責經營。吳氏抵臺後，即由恆春赴卑南一帶，使交通恢復通暢，地方得以安謐。並招撫安插為官軍攻散之番眾，予以土地，俾得安養，畫清民番地界，使無侵越。並遴派文員駐紮花蓮港，兼辦北路招墾局墾務，裁汰老弱營兵。[126]但吳贊誠旋因病回省，未幾卒，臺灣道夏獻綸旋亦病歿，開山撫番事務頓形消沉。

迨伊犁事起，琉球問題嚴重，沿海情勢緊張，閩撫勒方琦、岑毓英相繼來臺，但多為佈置防範，於開山撫番事務較少舉措。其可舉者如岑毓英倡漢番平等，並劃熟番入漢籍，另續闢小八通關至璞石閣、大小南澳新城至花蓮港各道路。清查就撫番目，按所管番戶多寡給八、九品頂載，月給飯食銀數兩，責令約束番民。[127]惜岑在任時間短促，即因中法戰起，奉調滇撫。

光緒 5 年（1879）至 10 年（1884）間，臺灣墾務與番政，迭有重大的更改。光緒 5 年，以招墾局績效不彰且支出浩繁，予以裁撤，改為由民眾自行招墾，所墾之地，永作民業。其辦法：一、原來各處墾民准其自行僱人開墾土地，所墾之地，永為已業。二、其餘未墾之地，如有內地富民願來耕種，准其自備工資，稟官領照認墾，惟不許附搭洋股。三、若有外省新來墾民，自備口糧耕作者，准其向附近地方官稟明，按丁酌給種籽、農具，並為指明地段，聽其開墾。管理墾務的機關，卑南一帶，歸臺防同知兼理；璞石閣一帶，由水尾防營營官督理；奇萊一帶，歸花蓮港防營營官節制。因此，全臺各地招墾局雖被撤，但對東部地區影響不大，蓋東部的墾務原來即是由上述之機構兼辦，如此更使其名實相符。光緒 5 年即有針塱莊墾首鄭玉華，（鄭原在光緒 4 年前來開墾），

125 胡傳，《臺東州采訪冊》，頁 42。
126 吳贊誠，《吳光祿使閩奏稿選錄》，頁 7-12、17-32。
127 岑春萱，《岑襄勤公(毓英)遺集》（臺北：文海出版社，1977），卷 17，〈在臺籌辦開山撫番等事片〉。

在開放民墾後，再出招募墾丁，擴大其墾地範圍。[128]金壑莊墾首黃連元廣招墾民，達 20 餘戶。但由民自行招墾亦有其弊端：官民勾結。往往前來承墾者，並非地方紳董，多係衙門之胥吏或其親朋，表面上自營墾務，實則所自墾者，不過所領墾地之一二，將所承墾之大部分土地或轉賣他人，藉以圖利，或意圖壟斷，坐待時機。[129]致使土地仍然荒蕪，無法收到實際效果。

就撫番言之，則偏重於教育方面。光緒 3 年（1877），後山一帶共設有義塾 16 處，已有番童讀完四書及詩經，並能背誦講解訓番俚言。[130]可謂稍具成效。光緒 5 年（1879），又擬於後山各處增設義塾 44 所，並先於卑南、馬蘭坳、璞石閣、水尾、拔仔、花蓮港等處添設。學童入學者，給予衫褲帽鞋紙筆等物，教以讀書寫字，教材以訓番俚言為主。後吳贊誠另頒「化番俚言」三十二條，作為教材。在教法上，先由通事在旁以番語講解，後漸以官語及閩粵方言講書。光緒 7 年（1881），曾遴選優秀者數十人前往臺南一帶觀光。唯此後義塾的推廣及課業的督導，因人事變遷而逐漸廢弛。[131]

中法戰後，劉銘傳出任首任臺灣巡撫。由於他個人的殫精竭慮，悉心經營，臺灣在各方面的進步突飛猛進，東部地區在撫番拓墾，設官分治上，亦有相當成效。

劉銘傳了解開山通路為撫番、闢土首要的工作。光緒 12 年（1886）因副將張兆連建議由前山彰化開闢道路徑通後山，招撫後山中路各番社，俾使其他各社聞風向化。劉銘傳乃檄臺灣鎮總兵章高元率勇自集集街鑿山而東，張兆連自水尾築路向西，路成之後，招撫水尾至奇萊間 36 番社，番丁 6,000 餘人。各設社長以鈐束之，並頒發憲書，設立條教，使奉正朔。並以武力威服北路特眾抗拒之太魯閣、木瓜溪諸番社，於是鄰近之大馬鞍、大巴壠等 53 社皆乞降薙髮。北路既下，張兆連復會同

---

[128] 臺灣銀行經濟研究室編，《臺灣私法物權篇》（臺北：臺灣銀行經濟研究室，1963），頁 12、33。

[129] 溫吉編譯，《臺灣番政志》，頁 363-364。

[130] 吳贊誠，《吳光祿使閩奏稿選錄》，頁 10。

[131] 伊能嘉矩，《臺灣文化志》，下卷，頁 621。

卑南同知歐陽駿，移軍招撫卑南平埔一帶，威服呂家旺等 39 社，番丁萬餘人，並陸續招撫卑南至恆春一帶 129 社，番丁萬餘人，後山南北路自是完全歸服。[132]劉氏開山政策與從前不同者，在於劉氏採取先自中央切入，再分向南北招撫的辦法。與沈、丁時期分別自南、北路不同。由中央進撫後山，可以兼籌北路，使全臺中北部番社就撫，最後再收撫育與墾地之效。

　　在招撫組織上，劉沿用沈葆楨的辦法，以撫墾局總其事。於卑南設撫墾局，下轄秀姑巒、花蓮港兩撫墾分局。卑南撫墾局由州牧經理，下設委員 1 人，由吏目兼充；秀姑巒與花蓮港二分局設專任委員，由文人擔任。[133]撫墾局內並設教耕與教讀，教導番民耕種及讀書識字。各社頭目通事月給口糧銀，歲費銀 15,840 圓。番民依時薙髮者，年予剃髮錢 2 兩。[134]新撫墾局成立，對東部地區而言，與以往最大的不同便是局務由文人負責，歲給各社銀錢以示羈縻，依時薙髮，成為歸化的象徵。如此撫墾局的業務，似以撫番為要端。故伊能嘉矩謂就撫墾局之實質而言，應為撫番機構才是。[135]

　　繼開山撫番之後，即為設官分治，調整行政區域。前山西部一帶，由 2 府 8 縣 3 廳擴張為 3 府 11 縣 3 廳。後山東部地區，則設臺東直隸州，左界宜蘭，右界恆春，歸臺灣兵備道管轄。直隸州知州駐卑南，[136]水尾至花蓮港一帶，添設直隸州州判一員，常川駐紮，稽查商船，彈壓民番。[137]按清代制度，直隸州地位略等於府，往往設於財富之區或具有特殊作用之地，臺東設直隸州主要著眼點當然在加重其經營與開發的作用，極具前瞻意義。州在清代轄於府，直隸州係直轄於省者，臺灣由於地位特殊，建省以後，規模未具，故仍轄於道。所值得注意者，一般直

---

[132] 臺灣銀行經濟研究室編，《劉壯肅公奏議》(臺北：臺灣銀行經濟研究室，1958)，頁 217-219。

[133] 胡傳，《臺東州采訪冊》，頁 43。

[134] 溫吉編譯，《臺灣番政志》，頁 376。

[135] 臺灣銀行經濟研究室編，《劉壯肅公奏議》，頁 406-407；伊能嘉矩，《臺灣文化志》，下卷，頁 537。

[136] 州治原擬擬設於水尾，以其居後山中路，可控制南北，因光緒 14 年民番叛亂，水尾居民死之殆盡，故州治仍設於卑南。

[137] 臺灣銀行經濟研究室編，《劉壯肅公奏議》，頁 286。

隸州下仍轄有數縣，東部地區反而是先行設直隸州，並未先行置縣，亦可看出劉氏先設直隸州之用心，在加重其經營意識與職權。

在財政上，臺灣一向難於自給自足，劉銘傳的財政政策是自光緒12年（1886）開始清賦，期能開拓財政收入來源。東部地區亦設局清查，但因清賦委員雷福海徵收各地田畝丈單費嚴急，民番俱怨，14年（1888）6月，大莊客民劉添旺夥同里壠、新開園一帶墾民並糾集附近番社共同起事，戕殺雷福海及攻毀附近水尾防營，劫奪兵器，殺害兵勇。7月，聯絡卑南附近呂家旺等社焚毀卑南廳署，圍攻統領張兆連於鎮海後軍中營，情勢危急。7月底，清軍水陸增援，圍始解。[138]是為東部地區極嚴重之變亂。清賦之事，因而延至光緒17年（1892）始告完成，時劉銘傳早已離職矣！

自同治13年來，經20年的努力，開山撫番工作之成效如何？論者以官方力量的強化，荒地的開發，水利系統的開墾，農作物的栽培等為其重要的效果。[139]此外，宜另以實際的數字來觀其成效。

1896年，日人初據臺東，總督府即派技師田代安定前往東部區調查地方狀況，當時東部地區計有人口34,124人，7,808戶，平均每戶4.37人。其中漢人共3,214人，佔9.4%；戶數共820戶，佔10.5%，漢人平均每戶約有4人。[140]全境以番人為主，漢人仍佔少數。同時為了收稅的方便，當時東部地區畫分為五鄉，其範圍如下：

南鄉：卑南新街一帶。

廣鄉：卑南大溪北岸至大港口海線一帶的各庄社，以成廣澳為中心。

新鄉：以新開園庄為中心的秀姑巒溪以南各庄社。

奉鄉：以拔仔庄為中心的秀故巒溪以北至奇萊的各庄社。

蓮鄉：花蓮港街一帶至新城間各庄社。

共轄2街75庄88社。各地人口自數十至數百人，當時除新街與花

---

138 薛紹元，《臺灣通志》（臺北：臺灣銀行經濟研究室，1962），頁891-903。

139 張永楨，《清季臺灣後山開發之研究》（臺中：東海大學歷史研究所碩士論文，1985），頁174-257。

140 田代安定，《臺東殖民地豫察報文》（臺北：臺灣總督府民政部殖產局，1896），頁245-247。

蓮港街外，很難找出完全是漢人居住的村落，多半是與平埔族參差而居。庄社所在，又多為軍隊駐紮之處，如鎮海後軍前營所駐之新開園、璞石閣、成廣澳、鹿寮；海防屯軍所駐之拔仔庄；鎮海後軍左營所駐之花蓮港、吳全城、加里宛、鹿階鼻等地，皆蔚然成為聚落。[141]蓋墾民傍軍營而居，不僅可以獲得安全的保障。官商往來，亦多假營房以資餐宿。久之，遂成民眾萃居之地。而且為了防禦番害與協力拓墾土地，故皆集體而居，略具集村的型態。

　　大凡漢人與平埔族聚居者稱為庄，生番所居者為社。與本省西部庄為漢人聚落專稱者不同。庄設總理、副總理和甲長等以管理之；社置社長、副社長與通事以鈐束之。此外，當地係初墾之地，社會關係上亦因業佃關係而有墾目、頭人之稱呼。地方總理由該地股戶（通常為墾目、頭人）所推舉。[142]而地方總理兼充番社通事，最為值得注意。蓋墾戶自募民眾向官方承墾土地，成為墾民。他們再經由官方之遴派，成為當地總理、甲長，握有維持地方秩序與維護安全的權力。若再成為鄰近番社之通事，即能因番社之信任，便利獲得土地以資開墾或控制該社對外貿易的權力。更重要的是，可使其墾地與佃戶免遭番人之破壞與攻擊。田代安定的調查中，已知的 12 位漢人總理中，兼任通事者達 8 人之多，其中更有身兼 2 或 3 社之通事者。

　　而且西部民眾前來拓墾，為集中貲力與人力，保障安全與擴增墾拓成效，遂有「公記」組織之出現。道光 5 年（1825），吳全、李合吉（享）、廖宗國、莊有成及吳乃信等，聯合向奇萊社購買土地開墾，成立「協興公記」，設立公館，協議眾佃如有爭議，由公館負責調解。道光 7 年（1827）李阿闐、張鉗等 12 人合組「泗崎公記」，合約文曰：「*自立約之後，各宜安分守法，共相誥誡，毋分氣類，毋分姓氏，⋯⋯，凡在山後奇萊居住，即為奇萊之良民，永敦和睦，共享昇平之福。*」[143]規定一人犯法，由公眾合議按律嚴辦。按道光年間，臺灣分類械鬥正盛，據統計自乾隆

---

[141] 胡傳，《臺灣日記與稟啟》（臺北：臺灣銀行經濟研究室，1960），頁 40。

[142] 戴炎輝，《清代臺灣之鄉治》（臺北：聯經出版公司，1979），頁 220-221。

[143] 駱香林主修，《花蓮縣志稿》，卷 4-1，頁 8。

末年至咸豐年間，平均每 3 年即有 1 次，當此之時，移墾東部之人即能彼此相戒要毋分氣類、姓氏共同合作，既來此間，即為當地之良民，與當時西部氣類間動輒相仇，械鬥時聞者不同。終清之世，未聞東部地區漢人有因祖籍、姓氏不同而互鬥者。此蓋因當地境況惡劣，又係初闢，墾民必須彼此協助方克自保；且人數稀少，難匯聚成大股的祖籍意識群體，亦為原因。

但東部地區之拓墾，亦有其若干內在及外在的因素，限制了拓墾的進行與成效。

一、人事上：官方的鼓勵、輔導及援助，是清末東部地區開發的主要推動力量，但官不久任與閩臺不協卻是推動整個政策的最大阻力。歷任經營臺灣的大員，除劉銘傳外，在任均不滿一年，人事更動頻繁，遂產生人存政舉，人亡政息的現象。使開山撫番工作時斷時續，變動頻仍因而事倍功半。臺灣當時財政不裕，需要閩省協濟，閩浙總督基於本位主義，每不肯實力協濟臺灣，閩撫或臺撫與閩浙總督之間常因此齟齬，王凱泰、丁日昌並因而不得久任，僅有個人威望卓著的沈葆楨、劉銘傳較能免於閩浙總督之掣肘。如此，阻礙了臺灣東部經營能有更好進展的機會。[144]

二、經費上：臺灣本身財力不足，開山撫番又是極為費財的工作，在當時海防、洋務均需款甚殷的情況下，常將既定的開山撫番經費移作海防之用。[145]光緒 5 年（1879），即因經費不足，裁撤各處招墾局，使墾務頓失專責機關。開山撫番固因外人對臺的覬覦而成為清廷經營臺灣的主要政策之一，但外患有時亦使本政策的推行受到影響，光緒 9 年（1883），閩撫何璟即因中法關係緊張，沿海吃緊，兵勇應該抽調沿海備用，主張不必再侈談開山撫番事宜，[146]造成開山撫番工作的停頓。

三、政策執行不當：可分政策內容與執行方式二方面討論。就政策

---

[144] 李國祁，《中國現代化的區域研究，閩浙臺地區，一八六〇－一九一六》（臺北：中央研究院近代史研究所，1982），頁 186-187、199。

[145] 世鐸，〈詳議籌邊之策疏〉，見《道咸同光四朝奏議》，第 9 冊，頁 3970。

[146] 劉璈，《巡臺退思錄》（臺北：臺灣銀行經濟研究室，1958），頁 195。

內容而言，以教化為例，設教者未能從實事著想，僅對番童講道論學，此即官方所謂化民成俗，對番童而言，則不啻聽講天書，勉強其接受不同文化價值之觀念且與日常生活無涉之事務，故番童每以就學為苦，[147]化育成效自然不彰。而且欲求番地速開，以兵勇開山築路，如有不服，即臨之兵威或加諸以利誘，使各番雖然表面順服，但仍經常伺機為亂，未能真心誠服，造成後山各地番情紛擾不安，無形中限制了開墾的規模與成效。

就執行的方式而言，各地撫墾委員但求無事，不敢得罪通事與番眾，胡傳《臺灣日記與稟啟》云：「撫墾局畏番如虎狼，待番如驕子，惟務以財帛酒肉喂之饜之以悅其意；視漢奸通事如神明師保，任其播弄，言聽計從。」漢番苟有衝突，「通事必播弄其間，令訴於撫墾局，……，司撫墾者恐眾番因此而怒，怒必逆作，通事更以危言恫喝，……，必飽其饜而後罷。」故後山開闢雖二十年，墾務則無一處報丈升科，而生番出草殺人，則年甚一年。[148]胡傳語雖激切，但後山墾務不彰，卻是實情。故政策執行上的偏差，是造成撫番成效無法快速擴大的原因之一。

四、先天地理條件的限制：前節分析東部地區的地形，平地僅占全部面積的 38%，且多為礫石覆蓋，真正可耕種的面積無多，在清末耕作技術未能改善，可耕地有限的情況下，拓墾範圍便受到限制。光緒 3 年，吳贊誠巡視卑南一帶時，便認為可招外人承墾之土地業已無多，[149]胡傳更悲觀的認為後山精華已竭，無復膏腴可闢，臺東州當可以甌脫棄之。[150]在番害頻仍，地理條件又不理想的情況下，自難吸引大量民眾前來拓墾。

---

[147] 同上書，頁 196-197。
[148] 胡傳，《臺灣日記與稟啟》，頁 63。
[149] 吳贊誠，《吳光祿使閩奏稿選錄》，頁 10。
[150] 蔣師轍，《臺遊日記》（臺北：臺灣銀行經濟研究室，1957），頁 58。

結論

　　東部地區的拓墾在日據時代以前大致可分成三個時期：清康熙末年封山禁令頒布之前：此時東部地區除了生番聚落外，餘皆蠻荒之地。僅有少數社商出入其間，收購鹿皮及貿遷有無。與中國的關係建立在傳統輸餉納誠的象徵意義上，並無密切的治理與交往的關係。漢人之至東部者，仍不脫個人冒險之意味，如賴科者，孤身遠至。唯隨全臺拓墾範圍之擴大，入墾東部為日後自然之趨勢，若任其自然發展，東部地區之開發，或許不會遲至同光年間。

　　頒布封山禁令至光緒元年解禁時期：此時期清廷基於治安的考慮，禁止漢人前往番界貿易開墾，僅允許番民自攜貨物前往前山交易。對番社之招撫也未因而停止。封山政策之執行，主要針對漢人，將允許番人至前山貿易視為一種懷柔的手段，以番社之是否歸服而予彈性運用。通事為此時期內前後山交通的主要媒介，不僅是官方與番社溝通的媒介，也是漢人進墾東部地區主要的橋梁，在東部地區的過程中，有其重要的地位。

　　另一方面，此時期為全臺各方面快速發展時期，入墾東部已成莫可阻遏之勢，唯清廷地方官昧於此一趨勢，一味堅持土牛之禁，但求眼前無事，未能遠圖，積極致力全臺之均衡發展。外人亦因清廷對東部地區之漠視，使東部地區成為生事尋釁之藉口。鴉片戰爭時，雖因海防地位而受到重視，唯事後仍因循如故，必經臺灣事件之切膚之痛後，方幡然警悟，積極規劃，東部地區之發展，方邁入一新的紀元。

　　開山撫番時期：此時東部地區在沈葆楨、丁日昌與劉銘傳等人的銳意經營下，墾者日眾，闢地日廣，並設官分治，至割臺時已有漢人 3,214人，墾地 2,225 甲，歲納銀 1,142 兩，奠定日後東部地區發展的基礎。日據以後，即在這些基礎上，持續的發展。此時期內最值得重視者為漢人之前來拓墾。與西部地區最大之不同者，殆為所有的拓墾活動，均在官方的支持與鼓勵之列。凡入墾東部者，均由官方資以糧食、農具與屋舍，以資號召。其招墾經驗與西部相仿者，為其拓墾組織，如頭人、墾

首等亦出現在東部地區，可看出其與臺灣西部拓墾經驗的相連性。在當地漢人社會中，集地方管理階層的總理與甲長，業佃關係的墾首、頭人與溝通漢番的通事，三種身分於一身的地方大戶，為較特殊者。此為東部地區漢少番多，漢人欲立足其間，必先結好番人之故。

（本文原發表於《興大歷史學報》1（1991.2），頁133-161。）

由「卑南天后宮置產碑記」論清末臺東社會與經濟的發展

臺東天后宮興建於清光緒 17 年（1891），迄今百餘年，一直為地區民眾重要的信仰中心。自開發史的觀點而言，本廟做為信仰的中心，不僅提供當地民眾心靈寄託的精神需求，對於清末初建的移民聚落也有穩固凝聚的作用。光緒 14 年（1888）6 月，大庄（富里）客民劉添旺等結合附近墾民與平埔族攻毀水尾（瑞穗）防營，事因清丈委員雷福海征收各處田畝清丈單費嚴急而起，[1]北至花蓮南至卑南均遭波及，7 月，劉等聯合卑南呂家望社（利家）原住民燒燬卑南廳署，圍攻統領張兆連於鎮海後軍中營，張兆連堅守 17 晝夜，巡撫劉銘傳及北洋艦隊援軍方至，事遂平息。

本案為清末開山撫「番」以來，東部地區所發生之最嚴重的動亂。次年，張兆連感念被圍之時媽祖靈蹟庇佑之事，遂集資修建天后宮，光緒 16 年開工，翌年 3 月完工。18 年並於新開園大坡（池上）一帶購置水田 15 甲餘作為祀產。有關建廟緣由、各方捐題名錄與置產經過均曾勒碑為記。碑分四種：「新建卑南天后宮碑記」、「新建卑南天后宮捐題碑記」、「新建卑南天后宮高山平埔各社捐題碑記」與「卑南天后宮置產碑記」，其中「卑南天后宮置產碑記」分刻二石，共計四種五塊。各碑現今仍然存留於天后宮內。清末以來碑文採錄的情形，胡傳之《臺東州採訪冊》以碑文不甚雅馴皆末錄入，[2]光復後臺灣銀行經濟研究室出版之《臺灣南部碑文集成》四種全錄；[3]《臺灣私法物權篇》則錄「置產碑記」一件，[4]但二書碑文重新打字排印後錯字脫漏甚多，使用時應加留意。黃耀東編《明清臺灣碑碣選集》亦選錄「置產碑記」拓本，但僅

1 胡傳，《臺東州採訪冊》（大通書局影印本），頁 69。
2 孟祥瀚，《臺灣東部之拓墾與發展，1874-1945》（國立臺灣師範大學歷史研究所碩士論文，1988 年），頁 48。
3 《臺灣南部碑文集成》（大通書局影印本），頁 751-761。
4 《臺灣私法物權篇》（大通書局影印本），頁 684-489。

錄其一石，內容並不完整。[5]何培夫編《臺灣地區現存碑碣圖誌——屏東縣、臺東縣篇》以拓本釋文同錄，並附說明，甚參考價值。[6]

「卑南天后宮置產碑記」的內容包括置產緣由、田畝面積、土地價銀、賣主契據、佃戶姓名、田產座落、年收租穀、應納錢糧與包承甘結等情形。上述內容提供了瞭解清末臺東社會經濟發展實況的重要線索，如能詳加討論，對於地方上總理通事的角色、墾戶佃戶的關係、地租正供的徵收及貨幣的使用情況等都能有較為深入的瞭解。這筆祀產雖然在第 2 年（光緒 19 年，1893）即因路途遙遠照管不易，以原價全數轉賣給張新才為業。[7]但是，此碑在研究上的價值並未因而減損，仍為清末臺東社會經濟發展提供了清晰的剖面。

碑文提及的相關人物，包括天后宮、中人及賣方。天后宮係買方，透過中人張新才購買新開園一帶的田地作為祀產，並將催繳租穀的責任交給中人，如「廟主不佃戶，只認包承人」，每年租穀如有拖欠短少，亦「惟包承人是問」。換句話說廟方但收租穀繳納正供，而管理監督則委由中人負責。因此對於中人的背景即有先討論的必要。碑文裡中人共計 9 人：張新才、區達生、宋梅芳、黃來成、蘇明標、鄭清貴、朱紫貴、王肇文、劉阿來。根據田代安定《臺東殖民地豫察報文》所載上述諸人身份如下：[8]

張新才	卑南都總管
區達生	不詳
宋梅芳	不詳
黃來成	加里猛狎社通事
蘇明標	猴阿山社、加魯蘭社通事
鄭清貴	馬蘭社通事

[5] 黃耀東，《明清臺灣碑碣選集》（臺中，臺灣省文獻會，1980 年），頁 664-665。

[6] 何培夫，《臺灣地區現存碑碣圖誌——屏東縣臺東縣篇》（臺北，中央圖書館臺灣分館，1995 年），頁 240-252。

[7] 胡傳，前引書，頁 49。

[8] 田代安定，《臺東植民地豫察報文》（臺北，臺灣總督府民政部殖產局，1900），頁 245-291 資料整理而得。

朱紫貴	大陂庄、雷公火社、務錄臺社通事
王肇文	新開園庄總理
劉阿來	不詳

　　臺東係漢人新闢地區，傳統社會中的領導階層如士紳尚未出現，因此當時地方的領袖人物，如本省西部移墾時期一般，是以地方的墾戶為主。為了方便取得土地或者與附近的原住民維持和諧的關係，他們經常身兼通事；官方也常利用他們在地方上的影響力，任命他們為地方總理，使他們成為管理地方民「番」事務、溝通官民意見的領袖人物。在田代安定前引資料中，已知的 12 位總理中，兼任通事者 8 人，其中甚至有同時兼任 2 或 3 社通事者。墾戶通事總理三者合一成為當時社會領袖的身份特色，這種現象與漢人移墾本省西部初期的情況相同，可謂是西部漢人移墾經驗的延續。

　　光緒 15 年（1889），東部地區為徵稅的方便劃分為五鄉：南鄉、廣鄉、新鄉、奉鄉及蓮鄉。鄉設鄉長，幅員較廣之處，如奉鄉則分設南路鄉長與北路鄉長，鄉之上另設都總管與副都總管，協調管理相關事務。[9]「鄉」最初雖為徵稅之需而設，後來卻成為劃分地方的區域單位。但在性質上，「鄉」並不是正式行政管理體系的一環。鄉長在地方事務中所扮演的角色也不如總理通事等活躍與積極。地方都總管、副都總管、鄉長與總理等職務雖然由官方任命，領有若干津貼，但他們並不是正式的官員，卻代表官方處理地方的事務，使得東部基層管理體系中也有非正式結構的出現。[10]擔任上述職務的人選，多由墾戶通事總理中遴選，如奉鄉北路鄉長何清山，又兼大巴塱庄總理、大巴塱社、馬意社通事。卑南都總管張新才，貲財由產甚富，以「張義春」為號經營之。為天后宮在新開園庄置產購地的經手人即為張新才。[11]因此可知墾戶乃為地方上主導地方事務的領袖人物。

9　田代安定，前引書，頁 103。

10　「非正式結構」概念參見蔡淵絜，〈清代臺灣基層政治體系中非正式結構之發展〉（《臺灣師大歷史學報》11）。

11　胡傳，前引書，頁 49。

　　清末東部地區的聚落名稱，有「街」、「庄」及「社」。根據田代安定明治 29 年（1896）的調查，當時臺灣東部各式聚落計 167 處：街 2，花蓮港街與卑南新街；庄 76；社 89。[12]上述聚落分布在花東縱谷與海岸平原上，由漢人、平埔族、加禮宛族、阿美族及卑南族所聚居，並不包括散居中央山脈上的「高山族」。「街」為漢人聚居之處，「庄」則漢人、平埔族、加禮宛族混居，與本省西部專指漢人聚落者不同，「社」乃指阿美族與卑南族部落所在。卑南新街又分為寶桑庄、新興街與馬蘭坳街三處，胡傳《臺東州采訪冊》載寶桑庄民 18 戶，新興街 90 戶，馬蘭坳街 70 餘戶。[13]寶桑庄為漢人最初聚集的地方，此後卑南廳署與鎮海後軍營舍相繼修建於新興街與馬蘭坳街一帶，[14]二地便逐漸成為人口聚集的主要區域，新興街「大小店鋪，手藝工匠人等浮戶 90 家」，馬蘭坳街則「商販居其小半，各營弁勇眷口居其大半。」[15]二者的市鎮機能隨住民性質的不同已有明顯的分工現象。

　　新開園庄則呈現出與卑南新街迥然不同的風貌，1896 年田代安定的調查，當地人口計 50 戶，216 人，其中漢人 8 戶，31 人，平埔族 42 戶，185 人。[16]乃漢人與平埔族人混居的聚落。本地平埔族人原居下淡水溪流域，漢人入墾後，被迫南遷至瑯嶠與排灣族人雜居，道光年間，再因漢勢盛，平埔族人耕地日蹙，遂往南越中央山脈至卑南，溯卑南溪而上抵達大庄一帶開墾，[17]至清末大庄與新開園庄一帶已成為平埔族人主要的聚集區域。[18]因此碑文所購買的土地部份應為平埔族人當初所開墾的土地。至於漢人來此開墾已是晚至光緒年間的事了。

　　在經濟發展上，可以分成通貨與土地關係二部份。前者討論當時碑文中提及的貨幣，後者討論土地分配利用的情況及租課的繳交與徵收。

[12] 田代安定，前引書，頁 274。

[13] 胡傳，前引書，頁 18。

[14] 鄭全玄，《臺東平原的移民拓墾與聚落》（臺東，東臺灣研究會，1995 年），頁 40-41。

[15] 胡傳，前引書，頁 18。

[16] 田代安定，前引書，頁 272。

[17] 孟祥瀚，前引文，頁 46。

[18] 田代安定，前引書，頁 271-272。

　　碑文中提及的貨幣種類有二：「庫平銀」與「六八洋銀」。清代臺灣通行的銀幣分為「銀兩」與「銀元」二種。銀兩即銀錠，以秤量為計算單位，「兩」為其基本單位，以下再分錢分釐等，皆以十進位。銀元又稱「番銀」、「佛銀」或「洋銀」，「元」為其基本單位。[19]「庫平銀」係以清代政府所用的「標準秤」秤量出來的銀兩，其「一兩」約當 37.301公克。政府部門的收入與官員的薪俸即以銀兩來計算，民眾繳交賦稅亦以銀兩為單位，胡傳《臺灣日記與稟啟》載營餉及撫番經費係領用庫平銀，故前述「新建卑南天后宮捐題碑記」與「新建卑南天后宮高山平埔各社捐題碑記」中官員、軍人與各社通事所捐之銀兩即為庫平銀，天后宮每年應向官方繳交之賦銀則為庫平銀七兩零一分七釐八亮零六忽。「六八洋銀」係清代臺灣當地自行鑄造的銀幣，共有三種型式：如意銀、劍秤銀及老公仔銀，總為「臺灣紋銀」或「六八銀」。其以庫平銀六錢八分為一元，故稱「六八銀」。最初係為發放在臺軍餉而鑄，後來成為民間流通的貨幣。周憲文謂其主要流通在臺南及其附近的區域，且為短暫。[20]以臺東的情況而言，墾民大多來自臺灣南部，「六八銀」為其所攜入成為當地通用的錢幣，惟以流通的情況而言，臺東地區至光緒中期仍然繼續使用。

　　前述天后宮每年賦銀為庫平銀七兩零一分七釐八毫零六忽。胡傳《臺東州采訪冊》謂臺東「田畝不列上中下等則，按照埔里廳減一等則，內免徵耗羨，不配勻丁糧米，列為下則。計每甲徵銀五錢零六釐四毫四絲，升科徵賦。」[21]此段文字甚可商榷，討論如後：

　　（一）胡書謂臺東田賦按埔里廳則例減一等則徵收，而日人編印之《臺灣私法》則謂臺東地區的土地悉依恆春土地下則田租率課徵。[22]恆春自光緒 15 年起開始徵收田賦，下則田每甲徵銀六錢三分三釐五絲，下下則田五錢零六釐四毫四絲。[23]埔里廳下則田每則徵銀七錢九釐，下

[19] 袁穎生，《重修臺灣省通志‧經濟志‧金融篇》（臺中，臺灣省文獻會，1993 年），頁 27。

[20] 周憲文，《臺灣經濟史》（臺北，開明書店，1980 年），頁 369。

[21] 胡傳，前引書，頁 44。

[22] 陳金田譯，《臺灣私法》（臺中，臺灣省文獻會，1990 年），第 1 卷，頁 72。

[23] 屠繼善，《恆春縣志》（大通書局影印本），頁 113。

下則田五錢六分七釐二毫。[24]按劉銘傳清賦後明定全臺田賦內含正供、補水及平餘三項，[25]補水隨正供每兩加徵一錢，平餘加徵一錢五分，故每甲實徵數應為正供數量再加一成二五。胡書中每甲徵收的數目宜為正供，以其書載每年額徵銀外，另外帶徵補水銀平餘銀可知。[26]以此計算，臺東地區的田賦每甲實際徵的數量為正供五錢零六釐四毫四絲，加上補水平餘，合計六錢三分三釐五絲，與恆春下則田例相符，因此臺東的田賦應係按恆春下則田例來徵收，胡書謂按埔里廳則例徵收恐或有誤。

（二）胡書謂「免徵耗羨」，耗羨即補水，但天后宮「置產碑記」則載每年所納之田賦內包括補水平餘，因此胡書所載「免徵耗羨」恐非實情，補水平餘仍然是要徵收的，原因是補水平餘的收入主要作為州縣的辦公費用，有其徵收的客觀背景，在清末中央地方財政俱窘的情況下，很難棄而不徵的。天后宮置產面積共十五甲零六毫二絲二忽，包括補水平餘，年納庫平銀七兩零一分七釐八毫零六忽，每甲平均徵銀四錢六分五釐九毫二絲，與前述每甲徵收的量數不符，約為實徵額的 74%。按臺東為漢人新墾之地，土田耕墾尚未成熟，遲至光緒 17 年（1891）才開始徵收賦額之半，第二年開始全徵，但「皆不能足額」。[27]天后宮置產於光緒 18 年，為開徵賦額之初期，當時猶未能完全依照賦額徵收，因此年納數額僅達 74%。天后宮此例應非個案，實為臺東地區的一般現象，故全年賦額未能全數徵收。因此《臺東州采訪冊》內載每年額徵銀為一千一百四十二兩三錢二分五絲六忽一微（不包括補水平餘）乃應收之數，實際徵收多少則不得知。光緒 19 年臺東大水，沖失部份田畝賦額的徵收更加困難了。

在土地關係上，天后宮在新開園庄購置的田產分為 9 處。其面積大小與坵數[28]分別如下：

---

[24] 《臺灣私法》，頁 22。

[25] 劉銘傳，〈臺畝清丈將竣擬仿同安下沙定賦摺〉，見《劉壯肅公奏議》（大通書局影印本），頁 310。

[26] 胡傳，前引書，頁 45。

[27] 胡傳，前引書，頁 46。

[28] 每塊田稱一坵。

賣主	面積（甲）	坵數	每坵平均面積
趙添丁、趙添水	1.692	12	0.141
劉添丁	1.62	不詳	
吳世忠	0.45662	15	0.03
張得勝	2.2896	13	0.176
陳生	1.272	5	0.254
潘旺	2.676	24	0.112
帝阿偕、帝阿風	1.5	10	0.15
潘阿添	1.5	13	0.115
張珠明	2	56	0.036

　　9 處田產的平均面積為 1.667 甲，此數字或能被視為是當地一般墾民所有田地平均大小。新開園庄位處花東縱谷，腹地並不寬廣，墾民除非貲財富厚，能夠招佃助墾，否則受限於地理條件與體能因素，田地面積是不可能太大的。而當時東部墾戶總理之流所有田地亦不過數 10 甲，[29]與本省西部墾戶地主坐擁百千甲土地的情形是不能相比的。其次，上述諸人中除劉添丁田坵數因石碑斷裂無法得知外，其他諸人的田地每塊平均面積為 0.126 甲（一分二釐六毫），土地的利用零碎而窄小，此或又與地理條件有關。

　　天后宮買收上述田產後，原有地主成為天后宮的佃戶，構成大租戶與佃戶的關係，雙方的關係主要便由「大租」的收繳來落實。「置產碑記」謂「**租課每田價洋一百元，每年納租谷二十石，計田價銀共七百四十元，年租谷一百四十八石。**」以此計算，租率二成，各佃年繳租谷數量如下表。特別的是租谷的計算由土地買賣的價格決定，而不是一般習慣的以土地面積或收成數量來決定。

佃主	土地價銀（六八洋銀）	年繳租谷（石）
趙添丁、趙添水	85	17
劉添丁	70	14
吳世忠	40	8

---

[29] 孟祥瀚，前引文，頁 195。

張得勝	80	16
陳生	70	14
潘旺	135	27
帝阿偕、帝阿風	75	15
潘阿添	75	15
張珠明	110	22

　　大租戶收納的大租可分成不論收成豐歉繳納一定的租額，稱為定額租；或按收成比例繳納，稱為抽的租。天后宮與眾佃的租額屬定額租，各佃每年應繳納固定數額的租谷給天后宮。定額租多行於土地開墾成熟，收穫穩定之處；而抽的租多行於土地收穫量不穩定之處，如新闢之地，或佃戶需要支出開墾灌溉等經費，難以約定一定租額，故先按收穫比例或逐年增加租額。[30]這些由天后宮承佃的土地，應為熟田，由碑文中賣主將「本名開墾成熟之田，招人承買」可知，其收穫量穩定，故為定額租。新墾地收取抽的租的例子，如光緒 19 年，平埔族人劉文觀、吳添觀、潘三枝、趙順來等招佃向張義春號承墾大埔庄（又稱義安庄，今鹿野瑞源），約定眾墾戶每年每季穀麥麻豆地瓜，付墾首張義春號「一九抽收」，[31]即張義春抽收一成，九成分墾戶。蓋由合約內有「日後開墾成田園」等句，可知當為新闢之地。

　　綜而言之，清末臺東為一漢人與原住民新闢的地區，其移墾行為大多為本省西部拓墾經驗的延續，例如墾首制與總理制等。清末臺東地區的社會以墾首為重心，舉凡土地的開發、民「番」的協調與官民的溝通等均以賴之。地方上漢人、平埔族人、阿眉族人與卑南族人共處，其中漢人至者最遲，又憑藉官方力量的支持，但是並未取得佔有土地的優勢，因此當地墾戶中，平埔族人也佔有相當的比例，也未出現因為侵佔土地而引發的族群衝突。就經濟發展的狀況而言，由於臺東與臺南地緣性，不僅移民多來自臺南以南之地，官餉軍餉也就近由臺南支應，因此在經濟關係上與臺南地區較為密切，例如六八洋銀的流通等。在土地關

---

[30] 《臺灣私法》，頁 177。
[31] 《臺灣私法物權篇》（大通書局影印本），頁 36-37。

係上由於當地為新闢之地，賦銀並未足額徵收，說明了當地雖然自光緒初年以來大量招民拓墾，可資開墾的土地多以墾闢，而成效有限，無怪乎胡傳悲觀的認為當地精華已竭，無復膏腴可闢，當以「甌脫」棄之矣。[32]

（原刊於《臺東文獻》，復刊第 1 期（1997.5），頁 6-15。）

---

[32] 孟祥瀚，前引文，頁 74。

附錄：埤南天后宮置產碑記（光緒十八年）

蓋聞尊崇廟貌，固所以仰答神庥；而創置土田，又所以永垂祀典。此善□之舉，允宜刊之碑石，用昭來茲，非可苟焉已也。

我埤南天后宮於光緒壬辰年夏五月，在於新開園大埤一帶新置田畝壹拾伍甲有奇，年收租穀壹百四拾餘石，以為廟祀酬神福地，意至良也，法至善也。凡屬後來包承廟主經管人等，各宜實心實力，保護維持，咸知創業之艱，毋或廢墜；共矢守成之念，靡至蕩然，繼繼承承，長垂不朽，是所厚望。除將各賣主原契當神焚化，另將包承租穀人等出具保結分別存留臺東州署、鎮海後軍中營流交備案外，茲謹將賣主契據、佃戶姓名、田產坐落、應納錢糧、徵收租課各數目，以及包承甘結，分晰刊列於左，以示經久不渝之遺意云。

立杜賣田契人新開園莊趙添丁、趙添水、劉添丁、吳世忠、張得勝、陳生、潘旺、帝阿偕、帝阿風、大埤莊潘阿添、張珠明等，今因負債無著，需銀急用，情願將各本名開墾成熟之田，招人承買。先招伯叔兄弟，繼招莊中耆老、左右鄉鄰，均無人承受。嗣託中人問到埤南天后宮欲置祀產，因憑中商議，時置田價每甲四十、五十、六十元不等，計賣契七張，共田畝壹拾伍甲零零六毫二絲二忽，共應得田價六八洋銀柒百肆拾元。當即憑中將田畝四界、坵數、大小踏勘分明，點驗指賣。是日銀入賣主，契交買主，銀契兩清，均無蒂欠。至以上所買之田，並無重當重典情事；如有來歷不明，仍由中人與賣主理清，不與買主干涉。自賣之後，田聽買主批佃收租管業，推收過割，納糧當差，賣主永無異說。恐口無憑，立此杜賣契，並原田丈單一併交執為據。憑中張新才、區達生、宋梅芳、黃來成、蘇明標、鄭清貴、朱紫貴、王筆文、劉阿來。

坵段畝數列後：

一、買趙添丁、水田一份，坐落大埤岸，東至車路，西至大水圳，南至董怡成田，北至張福金田為界，計共大小壹拾弐坵，計畝共壹甲六分九厘二毫，價銀捌拾伍元，批佃承種，每年應收租谷一拾柒石正。

一、買劉添丁田二份：一份坐落新開園東首，東至本名園地，西至李壽田，南至本名田，北至水圳為界。一份坐落新開園東首，東至劉阿文田，西至李壽田，南至自己園地，北至溫阿二田為界。計二份，共大小□□坵，計畝共壹甲六分二釐，價銀柒拾元。批佃承種，每年應收租谷一拾四石正。

一、買吳世忠田一份，坐落南畔萬安莊，東至李文忠田，西至劉天生田，南至李秀田，北至水圳為界。計共大小壹拾伍坵，計畝共四分五厘六毫六絲二忽，價銀四拾元。批佃承種，每年應收租谷捌石正。

一、買張得勝田一份，坐落新開園北畔，東至潘壽田，西至水圳，南至潘壽田，北至楊阿二田為界。計共大小十三坵，計畝共二甲二分八厘九毫六絲，價銀捌拾元。批田承種，每年應收租谷一拾六石正。

一、買陳生田一份，坐落新開園北畔，東至吳清旺田，西至水圳，南至陳皎田，北至楊阿二田為界。計共大小五坵，計畝共壹甲二分七厘二毫，價銀柒拾元。批佃承種，每年應收租谷一拾四石正。

一、買潘旺二份：一份坐落大浮溪腳，東至草埔小溪，西至陳其和園，南至王阿徑田，北至大溪為界。一份坐落大浮溪南勢，東至陳其和田，西至劉鼎安，南至陳其和田，北至王文受田為界。計兩份，共大小二十四坵，計畝共二甲六分七厘六毫，價銀壹百叁拾伍元。批田承種，每年應收租谷式拾柒石正。

一、買帝阿偕、風田一份，坐落新開園東旁，東至帝阿偕園，西至劉文園，南至吳文旺田，北至劉添丁田為界。計共大小拾坵，計畝共壹甲伍分正，價銀柒拾伍元。批佃承種，每年應收租谷壹拾伍石正。

一、買潘阿添田一份，坐落大埔庄前，東至水圳，西至車路，南至車路，北至橫圳為界。計共大小式十三坵，計畝共壹甲三分。價銀柒拾伍元。批佃承種，每年應收租壹拾伍石正。

一、買張珠明田一份，坐落大埔山腳，東至山腳，西至大路，南至竹腳福星園地，北至大埔舊營盤為界。計共大小伍拾六坵，計畝共二甲，價銀壹百壹拾元。批佃承種，每年應收租穀式拾式石正。

以上田契九張，計畝共壹拾伍甲零六毫式絲式忽。每年共應收租谷壹百肆拾捌石正。至應完錢糧，按照台東定則，合補水平餘一併在內，每年共應完庫平銀柒兩零一分七厘八毫零六忽，由廟主在於所收租谷項下按年開銷，合并登明。

具包承甘結字人埤南都總管張新才、區達生、宋梅芳、黃來成、蘇明標、鄭清貴、朱紫貴等，今當天上聖母座前，承領六八洋銀柒百肆拾元，買得新開園大埤庄田產一坐，計共壹拾伍甲零六毫二絲二忽。其田仍由包承人交與各賣主承佃耕種。廟主不認佃戶，只認包承，言定租課每田價洋一百元，每年納租谷式拾石。計共田價洋柒百肆拾元，每年納租穀壹百肆拾捌石。每年收穫之後，限十月底，由佃戶僱車，一律運送天后宮交納。倘或遇有實在天乾水患，驗田收租。其租谷務要乾□潔淨，年清年數，不得藉口拖欠，短少顆粒；如有拖欠短少，即惟包承人是問，限包承人張新才等如數繳出。恐口無憑，立此包承甘結字，永遠為憑。中保人王筆文、劉阿來、朱紫貴。

佃戶姓名列後：

一、佃戶趙添丁、水種田一份，計畝壹甲六分九厘二毫，每年納谷拾柒石。

一、佃戶劉添種田二份，計畝壹甲六分二厘，每年納谷壹拾四石。

一、佃戶吳世忠種田一份，計畝四分五厘六毫六絲二忽，每年納谷八石。

一、佃戶張得勝種田一份，計畝式甲式分八厘九毫六絲，每年納谷壹拾六石。

一、佃戶陳生種田一份，計畝壹甲式分七厘二毫，每年納谷壹拾四石。

一、佃戶潘旺種田二份，計畝式甲六分七厘六毫，每年納谷式拾柒石。

一、佃戶帝仔偕、風種田一份，計畝壹甲五分，每年納谷壹拾伍石。

一、佃戶潘阿添種田一份，計畝壹甲五分，每年納谷壹拾伍石。

一、佃戶張珠明種田一份，計畝式甲，每年納谷式拾式石。

以上各佃戶每年共應完租穀壹百肆拾捌石，合併聲明。彝陵陳鴻

江敬書。
光緒拾捌年五月日勒。

清代臺東成廣澳的拓墾與發展

一、前言

　　臺灣東海岸地區自新石器時代以來，即為臺灣與太平洋間海上文化交流的窗口，卑南文化與麒麟文化等巨石文化均分布於東海岸地區。

　　阿美族在東部地區的族群遷移與聚落分布，馬淵東一等人在日據時期已有田野調查成果，[1]其文化習俗與生活方式方面則有佐山融吉之調查成果。[2]光復以後，人類學家對阿美族研究的成果相當豐碩，[3]綜合性之研究成果可見許木柱、廖守臣、吳明義等著，《臺灣原住民史‧阿美族史篇》，[4]黃宣衛、羅素玫著，《臺東縣史—阿美族篇》等。[5]

　　18 世紀以後，東海岸的成廣澳地區，除了傳統居住的阿美族外，在外力的影響下，東部其他地區的阿美族群陸續移入，漢人與平埔族人亦相繼遷入，其結果不僅是當地聚落人口的增減而已，更重要的是改變了成廣澳地區在東海岸一帶的地位，其角色由清初以來東海地區對外溝通聯繫的窗口，轉變成為在「開山撫番」政策下，國家勢力進入東部中路的管道。本文即欲就清代的相關檔案文獻、日據時期的各種調查資料與總督府檔案中的相關材料，來探討其中的轉折演變的過程。

二、對外交通聯繫的窗口

　　臺灣東部地區自 17 世紀以來便陸續與外界有所接觸。例如明崇禎元年（1628），西班牙船 Karuhaparu 號因風漂流至八里芒（Parivon，臺東縣東河鄉興昌村）一帶，船上除了 1 男 5 女之外，其他 10 名船員均

---

[1] 移川子之藏，《臺灣高砂族系統所屬之研究》，臺北：臺北帝大土俗人類學研究室，1935。
[2] 佐山融吉等，《番族調查報告書》，臺北：臨寺臺灣舊慣調查會，1913。
[3] 相關目錄見東臺灣研究會編，《東臺灣研究之中文期刊文獻索引》（臺東：東臺灣研究會，1994），頁 40-44。
[4] 許木柱、廖守臣、吳明義，《臺灣原住民史‧阿美族史篇》，南投：臺灣省文獻委員會，2001。
[5] 黃宣衛、羅素玫著，《臺東縣史—阿美族篇》，臺東：臺東縣政府，2001。

被殺害的事件。[6]

　　萬曆 21 年（1593），豐臣秀吉出兵朝鮮，曾經派遣原田喜右衛門招撫呂宋，並令其經過臺灣時，勸誘臺灣的「高砂國王」（Tagasagon）前往進貢。37 年（1609），德川家康命有馬晴信前往臺灣勘查港灣，調查物產與要求進貢等。44 年（1616），長崎代官村山等安又奉德川幕府之命率兵來臺，但中途遭遇風浪，無功而返。[7]

　　有馬晴信的出使雖然未能達成任務，卻曾經將居住在臺灣島上的阿美族人帶至日本。昭和 2 年（1927），臺灣總督府史料編纂委員尾崎秀真發表一篇題為〈三百年前的東部臺灣〉的文章，力證 16 世紀時，日本商船向中國與南洋貿易的航線，除了經由閩浙沿海外，另有一條自琉球、臺灣東岸前往菲律賓或南洋的航線，因此對於臺灣東岸與附近島嶼，如蘭嶼、綠島與龜山島的情況，或因遊歷打獵補充淡水的需要而有所瞭解。

　　在此背景下，尾崎秀真根據《大日本史料》引《當代記》的記載，日本慶長 13 年（1608），幕府將軍德川家康曾經接見一批來自「パンダツアハ」國的使者，所謂「パンダツアハ」，實即阿美族語的自稱，故尾崎秀真認為德川家康所接見者，實乃來自臺灣東部的阿美族人。至於這批阿美族人前往日本的背景，可能係德川家康為拉攏臺灣當地住民，以利有馬晴信招撫任務的推展。

　　尾崎秀真的說法，雖然欠缺其他史料進一部的證明，但是尾崎秀真的說法予人最大的啟示，在於臺灣西南海岸以「高砂」一名逐漸為外界所知時，臺灣東部也以「パンダツアハ」之名，與外界展開不同層面的接觸。

　　荷蘭人於 1624 年佔有安平（今臺南市），除了極力發展與南洋、華南日本等地的貿易外，對於傳說中臺灣東海岸一帶出產的砂金，亦積極展踏查的工作。[8]荷蘭人以卑南作為踏查砂金事業的大本營，透過卑南

---

[6] 伊能嘉矩，《大日本地名辭書續編—臺灣之部》（東京：富山房，1909），頁 172。

[7] 孟祥瀚，《臺東縣史—開拓篇》（臺東：臺東縣政府，1997），頁 15。

[8] 中村孝志著，吳密察、翁佳音編，《荷蘭時代臺灣史研究》（上卷）（臺北：稻鄉出版社，

族的協助，逐步深入花東縱谷與東海岸地區。荷蘭人對於各個友好或敵對的阿美族部落或以爭取或以武力威服的手段，因而造成花東縱谷北段原來阿美部落之間勢力的消長與族群的遷徙，影響日後阿美族人在東部地區的空間分布。[9]

東部地區各村落與荷蘭人的關係，由荷蘭人所建立之「地方集會區」(landdag) 的制度中亦可略見端倪。荷蘭人透過「地方集會區」掌控各部落內人口動態與對荷蘭人的立場向背。當時與荷蘭人友好的村落主要為卑南附近的村落，包括卑南一帶的卑南族部落、太麻里一帶的排灣族部落、以及卑南以北部分的同盟部落，包含花東縱谷至玉里一帶的阿美族村落與海岸山脈至小馬武窟社一帶的村落，其範圍大致是以卑南族勢力範圍所及的地區。而玉里以北至花蓮一帶南勢阿美族所在的村落則被視為是敵對的村落，例如馬太安 (Vadaan)、太巴塱 (Tawaron)、水蓮尾 (Sulyen)、七腳川 (Sicosuan)、壽 (boryen)、荳蘭 (Tallaroma) 與得其黎 (Takills) 等。[10]

荷蘭人在東部地區探採金礦的事業，就財政效益而言，所獲無多。但是荷蘭人以武力為後盾，其力量也逐漸深入東部地區往昔不為人知的所在。東部地區的情況由是漸為人知。就此一時期東海岸的情況而言，見諸如荷蘭人文獻中的村落，僅小馬武窟社、Soupra (秀姑巒溪口之大港口社) 等處，顯示東部海岸一帶阿美族群的分布，自小馬武窟至大港口一帶仍荒涼萊蕪之地。

明鄭清初以後，漢人大量移墾臺灣，前山各地紛紛成為漢人拓墾的所在，此時漢人在臺灣拓墾主要以西部平地為主，由於地形與原住民的阻隔，再加上朱一貴事件之後，清廷為防範漢人宵小之徒潛藏深山，或甚而聯結原住民為亂，故頒布封山禁令，禁止漢人越界入山，企圖以阻隔漢「番」接觸的方式，達成其穩定全臺秩序的政治目的。

1997)，頁 181、212-214。

[9] 康培德，《殖民接觸與帝國邊陲—花蓮地區原住民十七至十九世紀的歷史變遷》(臺北：稻鄉出版社，1999.12)。

[10] 東部集會區各村落名稱見村孝志著、許賢瑤、吳密察譯，〈荷蘭時代臺灣番社戶口表〉，《臺灣風物》，44：1 (1994.3)，頁 199-205。

　　封山禁令對於東部地區的發展影響甚大，在封山禁令下，造成臺灣西部與東部之間的發展出現明顯的差異，在社會發展上，當臺灣西部社會逐步轉型為以漢人為主的土著社會時，東部地區的人口則仍然以原住民為主體。在政治上，長期將東部地區視做「化外」的結果，則是 19 世紀中期以後外人屢以清廷對於東部地區是否具有有效管轄權問題而生釁端。在經濟發展上，西部地區除了農業的發展外，並且因糖樟腦茶葉鴉片的貿易，逐步進入世界經濟圈內。而東部地區則農業發展有限，打獵與採集仍為原住民主要的生活方式。

　　就對東部地區內部的影響而言，則是原居於中央山脈西側之泰雅族與布農族因封山禁令封鎖了其向西展生活領域以及獲取生活資源的可能性，於是在 18 世紀中葉相繼西遷，對於原來居住在東部地區的阿美族造成嚴重衝擊，部分阿美族部落由於遭到攻擊遂而開始遷移，而受到泰雅族與布農族的阻隔，阿美族從北到南分布於五個相互隔離的地帶，其間的無人地帶，則影響了 19 世紀移民的方向，或甚至是日據時期開發東部的方式與移民的政策。[11]

　　相對於荷蘭人透過卑南族自南北而的發展方向，明鄭清初以來漢人則是自北而南沿海路而至。

　　明鄭時流寓於臺灣的沈光文曾記當時前往臺灣東部的水路，船隻自雞籠南下，「候夏月風靜，用小船沿海墘而行，一日至山朝社，二日至蛤仔難，三日越至哆囉滿，三日至直腳宣，以外則人跡不到矣。」康熙 32 年（1693），陳文、林侃等曾因風漂流至崇爻一帶，前後居住年餘，因而熟知往來的水道。[12]34 年（1695），大雞籠通事賴科、潘冬等 7 人晝伏夜出，度躍關山，從陸路抵達崇爻，受到當地各社的款待，並引導遍歷後山各社，促成崇爻各社向清廷輸餉歸誠。[13]當時每年「贌社」之人，用小舟裝載布、煙、鹽、糖、鍋金、農具等前往貿易，各社則以鹿

---

[11] 施添福，〈清臺灣東部的族群遷移〉（宜蘭：地方考古人員訓練班第二期課程講義，1995），頁 109-112。

[12] 藍鼎元，《東征集》，頁 90-91。

[13] 郁永河，《稗海紀遊》，頁 33。

脯筋皮等交換，皆以物易物，不用銀錢。[14]

　　當時貿易的情況，藍鼎元《平臺紀略》記載康熙年間的情形謂：「傀儡內山，臺灣山後，蛤仔難、崇爻、卑南等社，亦有漢人敢至其地與之貿易，生聚日繁，漸廓漸遠，雖屬禁不能使止也。」[15]康熙 61 年（1722）巡臺御史黃叔璥之《臺海使槎錄》所記漢人前往貿易的部落更加明確，其云：

> 卑蘭（南）覓係蕃社總名，在傀儡山後沿海一帶，地與儡山相連，中有高山聳起。相傳七十二社，各社名不能盡記。贌社貿易，每在山腳沿海處所。約行程四、五日，始窮其境。自卑蘭（南）覓而北，有老郎社、美基社、八里們社、農仔農社（一名南仔郎）、須嘮宰社、獨馬煙社、株栗社、貓武骨社、佳嘮突社、貓蠻社、白逸民社、佳落社、饕索社，離北路崇爻社地界百有餘里，人煙斷絕。

　　上文內容中記貿易每在「山腳沿海處所」，當是自瑯嶠東越中央山脈後，沿海岸北上至卑南的景況，卑南以北則或是沿海或是沿縱谷北上，但總是在卑南族的勢力範圍內活動。故《臺海使槎錄》云：

> 卑南覓社番長名文吉，轄達里、武甲等七十二社，歲輸正供銀六十八兩零。南仔港可以泊船，由卑南覓一日至八里門，又一日至加老突，文吉所屬番界止此。

　　南仔郎港（農仔農社）可以泊船的情況，如下文所見：

> 赴社水路，僅容杉板船，懸崖石壁，無處可泊。農仔農社有坑溝一道，船至，土蕃群立岸上，船梢拋索，土蕃接索挽進，即泊溝內。若無接挽，溝外無可泊處。

　　農仔農社即清末郎仔郎溪畔之郎仔郎社（今成功鎮四郎橋南側），該社臨海處由於有一坑溝，船集得以進入停靠，此處或為當時大港口以

---

[14] 藍鼎元，《東征集》，頁 91。
[15] 藍鼎元，《平臺紀略》，頁 30。

南卑南以北之海岸間少數可以停泊船隻的所在。加老突清末資料稱為姑
仔律,係今臺東縣長演鄉樟原村,即水母丁溪南北一帶。卑南族的勢力
在東海岸地區的空間範圍於此為界。

　　雍正 2 年(1724),臺灣鎮總兵林亮與臺廈道吳昌祚委託守備吳崑
邀同卑南覓土官遍歷後山各社,因而對於東部地區中段的情況有所了
解,根據林亮的奏報,卑南覓一帶共計 65 社,其分布與名稱如下: [16]

> 位於卑南覓以西者:知本社、社馬干社、呂佳罔社、拔望社、百
> 馬以力社、礁那勞狗社、里踏里社、八搭禮社、八絲閣社、老郎
> 社等 11 社。
>
> 位於卑南覓以南者:夢六社、達龜文社、悶悶社、里立社、朝貓
> 離社、加那打難社、哆囉葛氏社、買屢里鄭社、礁里望社、那作
> 社、馬勞的社、加留難社、下加留難社、隆鷺社、搭具六社、仔
> 崙社、哆囉密則社、屢們社、貓美葛社、大狗社、礁貓里立社、
> 搭林搭林社、大德訖社、射已寧社、謝臘梅社、勝北社、大板六
> 社、科末社、八里網雅社、大里力社、大棗高社、間哈社、間仔
> 弼社、卻只零社、大鳥萬社等 35 社。
>
> 位於卑南覓以北者:本灣社、美基美基社、八里罔社、加葛社、
> 琅仔浪社、干也貓葛社、思勞宰社、豬馬淵社、誅力社、溫社、
> 甘武突社、甕索社、丁仔荖社、礁勞哈社、加落社、加勞突社、
> 舍別社等 17 社。
>
> 不詳者:貓厘社、房仔要社、花戀社等 3 社。

　　此次的奏報,更加詳細的記錄了卑南族勢力範圍內的各社名稱與分
布。上述各社屬於卑南以北之東海岸一帶的部落,其名稱中可知者如下:
八里罔社:今臺東縣東河鄉興昌村
加里房葛社:清時稱加里猛押,今臺東縣東鄉隆昌村
琅仔浪社:清時郎阿郎或農仔農,今臺東縣成功鎮和平里豐田
甘武突社:清時稱貓武骨,今臺東縣東河鄉東河村
誅力社:清時稱為都歷社,今臺東縣成功鎮信義里都歷

溫律社：清時稱峨律社，今臺東縣成功鎮信義里嘉平一帶

加勞突社：清時稱姑仔律，今臺東縣長濱鄉樟原村

　　相較於荷據時期，上述各社均屬阿美族人的部落，並且達到卑南族的勢力範圍的北緣，加以北之秀姑巒溪口則為秀姑巒阿美群所在。當時東海岸一帶阿美族聚落的分布，自空間分布來看，馬武窟溪南北兩岸為一聚集處所，包括八里罔社、加里房葛社、甘武突社（以上三社居溪北）、琅仔浪社、誅力社與溫律社（以上三社居溪南）。

　　雍正乾隆年間清廷官方雖然屢次申明禁止民眾越界前往貿易，例如乾隆 29 年再度申飭禁令：「凡商漁船往崇爻販賣番貨，乾隆□年示照偷越番境例，從重治罪。其社丁應納番餉，責戶通事由陸路輸納。」[17]但是民眾私下前往東部貿易的行動並未因而停止，道光年間成書之《彰化縣志》記載：「近時郡城有小船到山後向番擺流（貿易）者，即卑南覓也。所出鹿茸、鹿脯等貨亦多，番與漢人交易不用銀錢，但以物換物而已。」[18]可知民眾向東部地區貿易接觸早已是難以遏止的趨勢了。

　　成廣澳由於鄰近海邊，宜蘭一帶的漢人即以戎克船前來寄泊貿易，後來漸有移居於此，專門與當地阿美族貿易並兼作農耕者，但因當地幅員不廣，故移民不及卑南之盛，至同治末年之 1870 年代，漢人居民不過只有 5、6 戶而已。[19]成廣澳所在為一直徑約六七百公尺由珊瑚礁所成的弧狀海灣，可容百石的船隻出入。其南端三仙臺呈半島狀延伸入海以為屏障，在西南季風強勁的夏季，本處為卑南溪以北少數較為平靜可供泊船的海岸。[20]按光緒 5 年（1879）出書之《臺灣輿圖》所記當為 1870 年代成廣澳一帶的庄社分布情形，當時成廣澳南北分別有沿海八社與阿眉（美）八社，前者為平埔族人所建立的庄社，後者則為阿美族人的部落。（參見下圖）

---

[17] 余文儀，《續修臺灣府志》，頁 456。

[18] 周璽，《彰化縣志》，頁 390。

[19] 吳文星譯，〈臺東移住民史〉，見臺灣省文獻會編譯，《臺灣慣習記事中譯本》，第 4 卷，上（臺中：省文獻會，1989），頁 6。

[20] 伊能嘉矩，《大日本地名辭書續編—臺灣之部》，頁 177。田代安定，《臺東殖民地豫察報文》，頁 113。

圖 3-1　成廣澳與附近部落分布圖

資料來源：夏獻綸，《臺灣輿圖》，〈臺灣後山總圖〉。

阿眉（美）八社為微沙鹿社、麻老漏社、五律五律社、堵力社、小馬武窟社、大馬武窟社、八里芒嚘社、八里芒社。沿海八社為水母丁社（即虛烏墩）、大竹湖社、石門坑社、大掃別社、小掃別社、彭仔存社、烏石鼻社、石雨傘社。[21]

就上圖觀察，成廣澳海灣的形狀類似螃蟹的左右箝子相連接所形成的小灣，故最初稱為「蟳廣澳」，當地人簡稱為「澳仔」，為小澳之意。[22]圖上並且註明該處為「**南風灣，水深二十餘丈，西南風可泊大船。**」其位置適值阿美族人與平埔族人的中間，提供了有利的市場腹地，漢人也因而由貿易而逐漸在該處居住，形成當時當地唯一的漢人聚落。

除了漢人之外，西拉雅系的平埔族與噶瑪蘭族亦在同光之際進入東海岸拓墾，包括水母丁社、大竹湖社、石門坑社、大掃別社、小掃別社、彭仔存社、烏石鼻社與石雨傘社。平埔族人在東海岸一帶的發展，咸豐元年（1851），屏東赤山庄與萬金庄的馬卡道（Makatao）族與西拉雅（Siraya）族遷移到寶桑後，再分為二路北遷，一路沿花東縱谷至大庄與族人會合，一路則前往東海岸，在彭仔存（臺東縣長濱鄉寧埔村城

---

21 夏獻綸，《臺灣輿圖》，頁78。
22 安倍明義，《臺灣地名研究》，頁302。施添福總纂，《臺灣地名辭書：臺東縣》，頁56。

山）、大葫（臺東縣長濱鄉北邊）、三塊厝（臺東縣長長濱鄉三間屋村）、施武丁（臺東縣長濱鄉水母丁）等處建立聚落。[23]同治末光緒初，另外一批來自赤山的馬卡道（Makatao）族人乘船在成廣澳登陸，隨即北上水母丁與加走灣等處拓墾。

光緒 3 年（1877），來自搭樓（屏東縣里港鄉塔樓村）的平埔族人張源春遷移至石雨傘居住，並在當地建立了東部第一個長老教會的教堂，開始了長老教會在臺灣東部傳教的歷史。光緒 5 年（1879）9 月，李麻牧師（Rev. Hugh Ritchie, 1843-1879）派遣傳道師李豹與吳意前來巡視，安撫教眾。次年並且正式派遣傳教士胡古（1849-1915，出生於臺南胡厝）常駐於石雨傘教會。由是石雨傘一帶成為平埔族在加走灣以南的重要據點。

光緒 7 年（1881），秀姑巒溪發生洪水，部分平埔族或由蠻人埔（花蓮縣富里鄉萬寧村）或安通（玉里鎮安通）越過海岸山脈進入東海岸，除了在水母丁至加走灣一帶居住外，更向南移至石雨傘，甚至微沙鹿、成廣澳等地均見其蹤影。[24]

此外原來居住在花蓮港加禮宛一帶的噶瑪蘭族受到光緒 3 年清軍討伐奇密社事件的影響，漸次向南遷移至水蓮尾、新社、石梯、姑仔律、三間屋等地。[25]因此自東海岸北遷的西拉雅系平埔族人，其分布的北界大致為水母丁溪附近三間屋，在此處與自花蓮港南下之噶瑪蘭族交會。在空間分布上適為大港口以南加走灣以北的區域，這個區域正為傳統大港口阿美族與卑南族勢力分界的緩衝地帶，[26]作為二族的獵場所在，鮮少人煙，使平埔族人得以入住其間。

由海路而來的漢人以成廣澳為根據地，居於阿美族人與平埔族人的中間，成為東海岸地區對外聯繫的主要窗口。但是東海岸一帶的族群遷移並未停止，光緒以後，在開山撫番的政策下，漢人與阿美族人陸續遷

---

[23] 潘繼道，前引文，144-145。

[24] 潘繼道，前引文，146。趙川明，〈加走灣的悲歡歲月〉，見後山文化工作群，《加走灣記事》（臺東：臺東縣立文化中心，1996），頁 4。

[25] 移川子之藏，《臺灣高砂族系統所屬之研究》，頁 536、5538。

[26] 移川子之藏，《臺灣高砂族系統所屬之研究》，頁 531。

入，大幅改變了東海岸的空間風貌，成廣澳作為向外溝通聯絡的窗口的
角色，也更形重要，使其成為東海岸一帶具有領導性作用的聚落。

三、國家勢力延伸的管道

　　清同治 13 年（1874）牡丹社事件時，在沈葆楨的規劃下，開始分
北、中、南三路開鑿通往東部的道路。光緒元年（1875），沈葆楨奏請
將原來駐紮府城的「南路理番同知」移駐卑南，關防內加鑄「撫民」二
字，凡有民「番」詞訟，具歸審訊，將來土地開墾成功，應納租稅等事
務亦歸辦理。此乃清廷在東部地區設官經營之始。[27]

　　牡丹社事件時，日軍除了進攻牡丹社外，亦積極拉攏附近漢人與原
住民以為己用，其拉攏象象並擴及後山之沿海阿郎壹（臺東縣達仁鄉安
朔村）等社。為防阻日人染指後山各地，沈葆楨乃派遣候補同知袁聞柝
乘船至卑南，招撫呂家望等社，並且帶領卑南族頭目陳安生等回到府
城，獲得陳安生願意歸順的承諾後，於是決議用兵開鑿通往東部的山路。[28]
也就是說，清廷官方在獲得當時臺東地區勢力最強的卑南族的保證歸服
後，才用兵開路，以避免反抗行為的出現。

　　袁聞柝自同治 13 年（1874）8 月開始動工，沿途一面開路，一面
則要反擊持敵意之排灣族的攻擊。11 月路成。光緒元年 2 年（1876），
袁聞柝被授以署南路撫民理番同知，成為第一位治理東部的行政官員。
就任之後，撫綏各地原住民成為首要的工作。

　　北路開山的工作亦在提督羅大春的督率下積極進行，光緒元年 2
月，在軍功陳輝煌帶領下已進抵新城，並計劃南下秀姑巒一帶，行進至
吳全城時，便有成廣澳之「番目」與秀姑巒之通事前來歸服。[29]此事之
背景並不清楚，推測可能與成廣澳一帶來自宜蘭的商民有關，按陳輝煌
即為宜蘭人，其或乃透過鄉誼誘請（或促成）成廣澳一帶的部落前來歸

---

[27] 孟祥瀚，《臺東縣史—開拓篇》，頁 63-64。

[28] 胡傳，《臺東州採訪冊》，頁 65。

[29] 羅大春，《臺灣海防並開山日記》（臺北：大通書局影印），頁 48。

服。在成廣澳與秀姑巒一帶部落均願歸服的背景下，袁聞柝於是在 3 月間北上招撫了卑南西北縱谷一帶至璞石閣屬於平埔族的部落。4 月，再沿海岸北上至成廣澳一帶的阿美族部落，以及更北至大港口一帶的平埔族部落。[30]至此，在袁聞柝的銳意經營下，加上卑南族的合作支持，清廷開始在東部地區建立一個以卑南為中心，大致在卑南族勢力範圍內的統治區域。北部的花蓮港一帶，清廷開山與招撫的工作，由於遭到當地自宜蘭南遷的加禮宛平埔族與南勢阿美群的抵制，時出劫殺漢人軍民，因此路雖開通，但招撫與移墾的成效仍然不彰。

光緒 3 年（1877）初，丁日昌以後山中路之璞石閣水尾一帶，北可控制奇萊，南可聯絡卑南，若能於此駐兵屯田，召民開墾，並將附近各社教以稼穡，所出不僅可以節省餉需，成邑亦為可期。於是調遣原來擔任中路開路工作的總兵吳光亮將所部移紮於後山璞石閣水尾，以居中控馭，使南北聯成一氣。並將蘇澳至新城之間所紮各營移駐奇萊、秀姑巒與卑南一帶，俱歸吳光亮節制。[31]由是後山各軍俱歸吳光亮節制，對吳光亮而言，東部地區又成為其一生事業的另外一個開端。

吳光亮接令後，自 4 月間開始陸續將隊伍移駐璞石閣一帶。這時值得注意的是，吳光亮軍隊所需的糧草等軍需品的糧站即設於成廣澳。當吳光亮軍隊逐步移駐之際，即令總兵麥龍韜督押商船運載糧米、藥材至成廣澳，麥龍韜並親赴成廣澳南部各社鼓勵社眾協助挽運上岸。[32]故在前引之《臺灣輿圖》中〈後山總圖〉內，成廣澳附近即清楚標示米局所在。（參閱前圖）對成廣澳一地而言，開始由漢人經商貿易零星拓墾之地轉而為軍隊駐紮所又兼轉運糧餉軍需之重任。由於東部並無良港，內部運輸路線亦未開闢，成廣澳遂成為東部海岸地區以及縱谷中段地區重要的物資輸入港口，成為在漢人移墾東部的另一入口，無論在清廷的統治上或是地方的開發上，其角色均頓形重要起來，成為東部沿海一帶最

---

[30] 胡傳，《臺東州採訪冊》，頁 67。

[31] 丁日昌，〈籌商大員移紮臺灣後山疏〉，見臺灣銀行經濟研究室輯，《道咸同光四朝奏議選輯》（臺北：大通書局影印本），頁 87。

[32] 何璟，〈奏為總兵隨征積勞病故乞恩議恤慉〉，見經濟研究室《清季申報臺灣紀事輯錄》（臺北：大通書局影印本），頁 757。

重要的口岸。

　　5 月間吳光亮所部飛虎左、右二營與親兵一哨駐紮於璞石閣,並於成廣澳設置糧局,分勇守護,以資轉運。[33]吳光亮並曾親自前往成廣澳一帶踏查,認為當時成廣澳並無港口,只有郎阿郎溪口水勢較深,溪底無石,於是計劃派遣熟悉工程之人員勘查該處是否可以開挖深通,以為港口。[34]然郎阿郎溪口水勢較深,為何吳光亮所部之糧餉軍需未經此處而由成廣澳登陸?揆其原因可能有如下數端:(一)成廣澳當時已有漢人居住,以船隻往來運販貨物,於水道港口較為熟悉;(二)成廣澳一帶地勢稍寬,郎阿郎溪口則迫蹙於海邊,並不利於餉胥之運送與儲存。(三)成廣澳當時雖然港口未闢,但因海灣地形可避風浪,郎仔郎溪口卻無此條件。

　　此外郎仔郎溪與郎仔郎社的問題亦值得注意。按郎阿郎溪見諸於夏獻綸《臺灣輿圖》之「臺灣後山總圖」。[35]二圖均顯示,郎阿郎溪與武窟溪同源於海岸山脈,分別東流入海。在郎阿郎溪與馬武窟溪之間,則有小馬武窟社與堵力社(都歷社)。《臺東州採訪冊》亦謂:「黎休坑、郎仔郎、馬武窟、八里芒諸小溪,皆在卑南、成廣澳之間;皆東流入海。」[36]可知郎阿郎溪與馬武窟溪並非是同一條溪流,其位置若根據《臺灣輿圖》,在小馬武窟社與堵力社偏北,過溪為五律五律社(莪律社)、麻老漏社與微沙鹿社,而達黎仔坑溪。故郎阿郎溪疑為今成功鎮信義里豐田村(舊名叭翁翁)北端四郎橋溪。因此安倍明義認為郎仔郎溪即馬武窟溪的說法,可能有誤。[37]郎阿郎社則見諸於黃叔璥之《臺灣使槎錄》與前述雍正 2 年林亮的奏報內。但夏獻綸之《臺灣輿圖》所列之成廣澳以南阿美八社中則未見郎阿郎社。《臺灣堡圖》內亦未見其社,但在四郎

---

33 吳贊誠,《吳光祿使閩奏稿選錄》,頁 9。

34 吳贊誠,《吳光祿使閩奏稿選錄》,頁 11。

35 夏獻綸,《臺灣輿圖》,頁 71-72。臺灣銀行經濟研究室輯,《臺灣地輿全圖》(臺北:大通書局影印臺灣銀行文叢本),頁 72-73。

36 胡傳,《臺東州採訪冊》,頁 10。

37 安倍明義,《臺灣地名研究》(臺北:蕃語研究會,1938),頁 307。伊能嘉矩亦指出郎溪位於都歷社附近,其南方為馬武窟社。見伊能嘉矩,《大日本地名辭書續編—臺灣之部》,頁 177。

橋溪南側則有一叭翁翁社,阿美族語稱當地為 Paongaongan,該社之口傳資料亦顯示其為古老的部落,與小馬武窟、都歷、加只來並稱。[38]且 Paongaongan 發音與郎阿郎部分近似,漢人與之接觸時,可能擷取了部分音節作為稱呼,因此清初文獻上的郎阿郎社可能即為日後所稱之叭翁翁社。

　　光緒 3 年(1877)7 月,吳光亮欲開通水尾(花蓮縣瑞穗)通往大港口橫越海岸山派的道路,秀姑巒溪北岸之奇密社(花蓮縣瑞穗鄉奇美)起而反抗,吳光亮遂令營官林福喜率所部線槍營前往鎮壓,林福喜行抵烏鴉立(花蓮瑞穗鄉鶴岡)時,卻中伏大敗。大港口一帶的納納社(花蓮縣豐濱鄉靜浦村)亦起而呼應,並殺害當地通事林東涯,林福喜部率所部退守彭仔存(臺東縣長濱鄉寧浦村城山村)。吳光亮見勢不從,因此急調前山各軍來援,於是署陸路提督孫開華自臺北率所部二營乘船南下,總兵沈茂勝自臺南率所部一營、臺灣知府周懋琦率砲隊由恆春來援。孫開華軍於 11 月登陸成廣澳,林福喜於是再偕副將吳世貴率飛虎軍右翼、都司羅魁率先鋒隊往攻,結果又敗之,羅魁且戰死。12 月待援軍齊集之後,吳光亮與孫開華督率各軍,同知袁聞柝復發動加走灣一帶的平埔族合力進攻,事件終於平。[39]

　　此事件中孫開華部自成廣澳登陸增援,由此更加強化了成廣澳在清廷統治東部地區軍事上的重要性。而且事件之後,清軍亦打通了由東海岸沿秀姑巒溪進入縱谷中段的道路,成廣澳於是成為清廷向縱谷中部擴展勢力的重要支撐點,對外成為東部海防的重鎮,對內成為東海岸一帶重要的人口與物資的輸入口,其腹地更得以向縱谷中延伸,其軍事與商業的機能亦形重要,隨著軍隊的屯駐,也開始逐漸吸引漢人前來經商或者拓墾,但最初成廣澳的角色仍然是著重在軍事方面的。

　　另一方面,加走灣一帶的平埔族協助清軍攻潰阿美族,使得當地阿

---

[38] 許木柱、廖守臣、吳明義,《臺灣原住民史‧阿美族史篇》(南投:省文獻會,2001),頁206。

[39] 本段內容主要參考胡傳,《臺東州采訪冊》,頁68。伊能嘉矩,《臺灣番政志》(臺北:總督府民政部殖產局,1904),頁617-618。口述資料見林勝賢採訪,〈加走灣開發史話─潘船添先生口述加走灣頭歷史〉,見後山文化工作群,《加走灣記事》,頁65。

美族與平埔族之間最初由於土地開墾而生衝突，由於此一事件的影響，雙方之關係更形緊張。但是由於空間的阻隔，漢人在成廣澳明顯的有區隔的作用，加上大港口一帶的阿美族被清軍壓制後實力大損，降低了對於平埔族的壓力。

大港口之阿美族人在投降清軍後，由於怕遭報復，部份族人北遷至丁仔漏、貓公、新社等地。次年，發生清軍襲殺阿美族人的事件，大港口之阿美族人紛紛向南北遷移避禍，部份之族人因而南遷至麻荖漏、芝路古咳與白守蓮等處。[40]形成秀姑巒阿美族與卑南阿美群混居的現象。

光緒3年（1877）9月，清軍一方面為打開縱谷地帶與海岸地區的通路而與秀姑巒溪一帶的阿美族作戰時，一方面則調整了東部地區墾務與軍隊的部署，以專責成。東部各軍仍由吳光亮節制調遣，另外將提督高登玉所部一營調往卑南、知本、成廣澳、大陂、坪埔等處填紮，副將李光一營則往八瑤、牡丹灣、巴郎衛（臺東縣大武鄉大武村）、大鳥萬（臺東縣大武鄉大鳥村）、大貓釐（臺東縣大麻里）等處駐紮，俱歸吳光亮節制。墾務方面，卑南至大庄平埔一帶的墾務由南路撫民理番同知袁聞柝負責，璞石閣、水尾、秀姑巒至奇萊新城一帶則歸吳光亮經理。[41]

可知光緒初年由官方主導的墾務，其重心是置於縱谷一帶，海岸地區的成廣澳，其作用則是著重於海防軍事上面。故此期歷史資料中成廣澳大多是以海防要地的軍隊據點的形象出現。

而成廣澳尤與璞石閣水尾方面的軍事部署關係密切，光緒6年（1880），福建巡撫勒方錡抵臺巡視防務時，璞石閣至成廣澳之間便分駐一營填紮。[42]此時期由於清廷尚未能全盤掌控整個東部地區，故將後山分為北中南三路平行的佈置，無論墾務或是防務均係如此。

光緒9年（1883），中法戰局緊張，臺灣道劉璈力籌防務，將全臺分為北、中、南、前、後等五路，後山自花蓮港、水尾、卑南、三條崙

40 移川子之藏，《臺灣高砂族系統所屬之研究》，頁540。阮昌銳，《大港口的阿美族》上冊（臺北：中研院民族所，1969），頁10-11。潘繼道，〈清代臺灣後山平埔族移民之研究〉，頁163。
41 馮用，《劉銘傳撫臺前後檔案》，頁13。
42 臺灣銀行經濟研究室輯，《清光緒朝中日交涉史料選輯》（臺北：大通書局影印本），頁63。

抵達鳳山為後路，由副將張兆連統領。[43]其部署情況在光緒 10 年冬（1884）時，鎮海後軍中營之中、前、左三哨駐防卑南，右哨駐水尾，後哨以四隊分駐成廣澳，以四隊分駐大陂、鹿寮。中法戰爭時，法軍封鎖臺灣，其軍艦周歷全臺，後山之卑南、花蓮港、成廣澳、紅頭嶼等處，均見其蹤。[44]清廷於後山各處布防，原為防範外侮強化海疆，卻沒想到變生肘腋，禍起蕭牆，使歷年之經營幾乎功虧一簣。

　　光緒 14 年（1888），東部地區爆發大庄之役。其原因為東部地區自前年開清查丈量土地，14 年 6 月，清丈委員雷福海等在大庄一帶征收單費過於嚴急，並拘押平埔族婦女，因而引發當地平埔族人的公憤。在當地客家墾民劉添旺等的煽動下，遂起而攻殺雷福海等，並攻擊新開園防營，戕殺駐軍。大庄之平埔族並誘發原先已對清軍不滿之卑南附近的呂加望社，起而攻燬卑南廳署，知州陳燦避入統領張兆連營壘，呂加望社與平埔族人等遂圍攻之。劉銘傳聞訊後急飭提督李定明、臺灣鎮總兵萬國本與總兵陶茂森等率兵前往增援，並電請北洋海軍派軍艦來援，張兆連等被困 17 晝夜始得解圍。本案為清末東部地區自開山撫番以來所引發之最大規模的動亂，整個東部地區幾乎全被捲入，原來擬為臺東直隸州州治所在之水尾，亦因燬壞殆盡，終清之世，州治只能一直暫駐卑南。

　　事發當時，成廣澳一帶的平埔族亦被迫參與其事，當時大庄起事的平埔族人向成廣澳一帶的平埔族人表示，若不參與，將搶掠其田產屋社。[45]當地之阿美族人是否參與則因資料不足而難以確定。但由前述鎮海後軍「右後二哨因遭民番攻擊而死亡殆盡」之敘述，可知成廣澳一帶亦遭波及。

　　事後清廷為強化後山防務計，增設鎮海後軍前營，其中、前、左三

---

43 劉璈，《巡臺退思錄》，頁 220。由於劉璈與時任臺灣總兵之吳光亮關係不洽，故不無藉機抽換吳原屯駐東部之飛虎軍系統而代以張兆連，此後東部地區的軍隊則以張兆連之鎮海後軍為主，直至割臺。參考李宜憲，〈晚清後山駐兵初探〉，《臺灣風物》，50：1（2000.3），頁 29-33。

44 楊岳斌，《楊勇愨公奏議》，頁 34-35。

45 黃茂卿，《迪階觀意山教會早期五十年史，1877-1927》（花蓮：自印，1991），頁 94。

哨駐防新開園，右哨駐防成廣澳，後哨以四隊駐璞石閣，四隊駐鹿寮。[46]成廣澳一帶的駐軍為之增加。光緒 18 年（1892）4 月 25 日，胡傳巡視全臺營伍時，駐紮成廣澳之勇丁還特別前往璞石閣接受點名與校靶。[47]

四、人口與聚落

　　光緒元年（1875），清廷雖然將南部理番同知移駐卑南，並加「撫民」頭銜，但實際上當時東部地區漢人稀少，蓁莽未闢，加上當地原住民並未宗全順服，因此清廷在東部推行「開山撫番」政策的初期，其重心幾乎都置於平定原住民的反抗活動上。所謂「撫民理番同知」的工作，實際上撫民者少，「理番」者多。也因此不得不以軍隊擔任開山的工作，路成之後亦賴軍隊維持沿途安全，故東部各處實賴軍隊之力以資彈壓，各地之墾務與防務遂都由軍隊負責，此為光緒建省之前清廷統治東部的情況。

　　光緒 12 年（1886），劉銘傳於全臺設置撫墾局，作為招撫民番的機構。設撫墾總局於臺北，下設 8 個撫墾分局，東部地區設卑南撫墾局以總其事，其下再分設秀姑巒與花蓮港二撫墾分局。撫墾局內設教耕、教讀、以教導「番眾」耕作識字。各社社長副社長通事等每月給予口糧銀若干，以資羈縻。[48]

　　當時成廣澳一帶阿美族部落，即屬於卑南撫墾局所轄，各社除了社長副社長外，另外設置阿美族總通事 1 人，月領銀 6 圓，微沙鹿、都律社、峨律小馬武窟、大馬武窟、加里猛甲與八里芒等社各又置通事 1 人，各月領銀 5 圓。[49]當時成廣澳以南阿美族各社所領之口糧銀數目如下：[50]

微沙鹿社：正社長月領銀 3 圓，副社長 2 圓。男女共 227 人。

麻老漏社：正社長月領銀 5 圓，副社長 3 圓。男女共 532 人。

---

46 胡傳，《臺東州採訪冊》，頁 15-16。

47 胡傳，《臺灣日記與稟啟》，頁 15。

48 孟祥瀚，《臺東縣史－開拓篇》，頁 72-73。

49 胡傳，《臺東州採訪冊》，頁 38-39。

50 胡傳，《臺東州採訪冊》，頁 24。

都律社：正社長月領銀 5 圓，副社長 3 圓。男女共 781 人。

峨律社：正社長月領銀 5 圓，副社長 3 圓。男女共 642 人。

小馬武窟社：正社長月領銀 4 圓，副社長 2 圓。男女共 157 人。

大馬武窟社：正社長月領銀 3 圓，副社長 2 圓。男女共 207 人。

加里猛甲社：正社長月領銀 5 圓，副社長 3 圓。男女共 348 人。

八里芒社：正社長月領銀 5 圓，副社長 3 圓。男女共 331 人。

按社長副社長之稱，源自於光緒 3 年（1877）丁日昌所頒布之「撫番善後章程廿一條」，規定歸化各社，就其頭目作為社長，月給薪水若干。地方若有伏殺軍民之事，則令該社長捆送真凶。[51]此種作法，係將原住民原有的社會結構上頭目（或族長）賦與具有官方授權的社長頭銜，不著痕跡的將官方維持秩序與穩定的責任，部分轉移到各社頭目身上。亦將傳統屬於氏族系統部落體系與國家的管理機制聯繫起來。較之過去以軍隊由外部壓制而未能由各社內部管控的情況，可謂是進一步強化了對於東部地區的控制。

由各社通事月支銀圓平均高於各社社長與副社長的情況來看，在撫墾的措施上，通事仍然相當受到官方的倚重，儘管弊端叢生，通事的角色與功能迭遭質疑，但因通事熟悉各社的語言情況，在官方或漢人與原住民的接觸過程中，仍然未能遽予代換。

光緒 13 年（1887）8 月，劉銘傳奏請將臺灣西部由 2 府 8 縣 3 廳擴張為 3 府 11 縣 3 廳，東部地區則置「臺東直隸州」，左界宜蘭，右界恆春，歸臺灣兵備道管轄。州置知州 1 員，其原來卑南廳舊治，置州同 1 員，水尾以北置州判 1 員駐紮。[52]按直隸州的地位略等於府，往往設於財富之區或具有特殊作用之地，東部地區設置直隸州的目的自然在於著眼其經營與開發的作用，極具前瞻性的規劃。「臺東」一詞亦由地理空間的概念轉變成具有統治意涵的行政區域名稱。[53]各地撫墾局的業

51 馮用，《劉銘傳撫臺前後檔案》，頁 7。

52 知州，從五品，掌一州之政。州同、州判均為各州之副職，州同從六口，州判從七品。職司督糧、捕盜、海防、水利諸事。

53 孟祥瀚，《臺東縣史—開拓篇》，頁 73-74。

務，亦由直隸州的行政系統接手，而不再由軍隊負責。卑南撫墾局事務由州牧經理，秀姑巒與花蓮港二分局各設委員 1 人，均由文人擔任。

光緒 15 年（1889），東部地區為便於賦稅之徵收，全境分為五鄉。[54]成為日後具有行政區劃意味的稱呼。五鄉的區域如下：[55]

南鄉：卑南一帶，自北絲鬮社（臺東縣卑南鄉初鹿村）以南至巴郎衛溪一帶的庄社。

廣鄉：以成廣澳中心，卑南溪以北猴仔山社（臺東市富岡里）沿海岸至大港口一帶的庄社。

新鄉：以新開園庄為中心，秀姑巒溪以南包括璞石閣（花蓮縣玉里鎮）以南至務錄臺社（臺東縣鹿野鄉永昌村）之間的庄社。

奉鄉：以拔仔庄（花蓮縣瑞穗鄉富源村）為中心，秀姑巒溪以北至奇萊一帶的庄社。北至馬太鞍社（花蓮縣光復鄉光復），南至加納納社（花蓮縣瑞穗鄉舞鶴村），另外亦包括海岸一帶北至加露巒社（花蓮縣豐濱鄉磯崎村），南至大港口之納納社（花蓮縣豐濱鄉靜浦村）。大致為秀姑巒廿四社的範圍。

蓮鄉：花蓮溪以北，包括吳全城（花蓮縣壽豐鄉志學村）之奇萊至新城一帶的庄社。

五鄉的劃分，突顯出了成廣澳此時作為卑南至大港口之間領導性的地位。當地由於是鎮海後軍兵營所在，又是商品貨物的出入口，自然具有吸引漢人前來貿易或拓墾的誘因。加上 1860 年以來附近阿美族人與平埔族人亦向此處遷移，微沙鹿、麻佬漏、白守蓮等部落相繼興起，使得當地儼然成為東部海岸地區人口集中的所在。

當時成廣澳一帶庄社人口分布的情況，明治 29 年（1896）7 月間，臺東撫墾署署長曾根俊虎曾經前往東海岸一帶視察，[56]其向臺灣總督所作之二份報告：〈東海岸巡迴日誌〉與〈卑南近地各蕃社頭領姓名錄〉

---

[54] 田代安定，《臺東殖民地豫查報文》，頁 26、103。

[55] 田代安定，前引書，頁 26-27。

[56] 明治 29 年 8-12 間，臺灣總督府技師田代安定前往東部地區調查，其報告《臺東殖民地豫查報文》有關東部地區人口之資料即引述銀根俊虎報告之數據，但田代安定文中數字舛誤甚多，本文即根據曾根俊虎之報告重建該地人口資料。

可以反映出清末當地社會經濟發展的情態，本文根據此二份文件整理出
成廣澳當時人口與社會狀況如下二表：

表 3-1　清末成廣澳各庄社人口統計表

庄社社名	戶數	人數	今地名
小馬武窟社	30	160	成功鎮小馬
都歷社	65	240	成功鎮都歷
小薂律社（叭翁翁）	40	210	成功鎮豐田
大薂律社（加只來）	31	132	成功鎮嘉平
小馬老漏社（芝路古咳）	18	84	成功鎮芝田
大馬老漏社	45	02	成功鎮三民里
八仕蓮社	21	95	成功鎮白守蓮
微沙鹿社	19	86	成功鎮美山
成廣澳庄	49	209	成功鎮小港
石雨傘庄	13	75	成功鎮石雨傘
阿路龜賣社	30	145	成功鎮重安
都滅社	32	143	成功鎮重安
燙寮灣社	30	152	成功鎮宜灣
苦通溪社	35	163	成功鎮宜灣

資料來源：曾根俊虎，〈東海岸巡迴日誌〉，臺灣總督府檔案，明治 29 年，15
年保存，第 12 門，殖產─撫墾。

表 3-2　清末成廣澳各庄社社長副社長通事總理名錄表

庄社社名	社長	副社長	通事或總理
小馬武窟社	陶咸鈴（甲督）	陶里流（爭納）	張世昌
都歷社	金班采	金媽腰	邱貴
小薂律社	魏馬吃	魏魯必	邱貴
大薂律社	魏羽排	魏律壓	邱貴
小馬老漏社			
大馬老漏社	華芒仔	華龜力	王金春
八仕蓮社			
微沙鹿社	嚴武劉	嚴為仔	劉進來
成廣澳庄			總理：徐才普

石雨傘庄			總理：徐才普（兼管）
阿姑買社	石達	烏南	
都滅社			
苦通溪社	加走		

括號內名稱為田代安定書內之名稱。
資料來源：曾根俊虎，〈卑南近地各蕃社頭領姓名錄〉，臺灣總督府檔案，明治
29 年，15 年保存，第 12 門，殖產－撫墾。

　　清末時，廣鄉一帶稱為「庄」的聚落有成廣澳與石雨傘。但是成廣澳為漢人的聚落，石雨傘則為平埔族的聚落。其他阿美族之部落則稱為「社」。與西部不同的是本省西部地區漢人聚落均稱為「庄」，平埔族所居仍稱為「社」，但在東部地區則概稱為「庄」。對漢人與平埔族人而言，均為新至拓墾的族群，就平埔族人而言，其生活方式、宗教信仰與生產方式等均與高山族差異甚大，自然稱其聚落為「庄」。

　　就族群與聚落的分布而言，當時各自聚族而居的情況十分明顯，聚落與族群的界線重疊，各個聚落呈現各自的社會文化特色，移墾社會的特色仍然十分的濃厚。

　　當地的人口合計共 458 戶，2096 人。其中漢人、平埔族與阿美族的分布如下表：

表 3-3　清末成廣澳地區各族人口戶數統計表

族群別	戶數	人數
阿美族	396（86.5%）	1812（86.5%）
平埔族	13（2.8%）	75（3.6%）
漢人	49（10.7%）	209（9.9%）
合計	458（100%）	2096（100%）

資料來源：由表 3-1 數字統而來。

　　與東部縱谷地區相比，成廣澳庄孤立於阿美部落之間，與東部其他漢人的聚落幾乎是處於隔絕的狀態。庄內的人口，根據《臺東州采訪冊》的記錄，光緒 20 年（1894）間，當地漢人有商家 15 戶，民 33 戶，男女計 171 人。而根據表 3-1，明治 29 年（1896）時，庄內漢人計 49 白，

209 人。其中 7 戶為廣東人外，其他閩南人主要為泉州人，來自臺灣的
鳳山、臺北、彰化、宜蘭等地。[57]上述數字在戶數上差異不大，但人口
數則相差 38 人，以每戶平均 4.3 人計算，約當 8、9 戶的差異。造成這
種情況的原因已難以查知。

　　若再加上當時駐在成廣澳之鎮海後軍前營右哨約百餘人，使得成廣
澳當地漢人數量約達 300 人之眾。已是東海岸一帶最大的漢人聚落。庄
內設有義塾，教導附近庄社子弟讀書。並有屬於漢人信仰系統之天后宮，
作為當地漢人精神信仰之依託與凝聚向心力的來源。貿易方面已漸有來
自泉州福州或臺灣各地之船隻前來貿易。當時港內最大可以容納載運七
八百包米的船隻，若同時到達時，一次可容三艘停泊，火輪船則須停靠
在外海，往來之船隻有臺南、基隆與宜蘭者，但主要以基隆為主。[58]庄內
各項生活機能亦由是日漸完備。

　　當時前來的漢人中，例如通事劉進來，籍貫福建，來自鹿港，約在
同治 10 年（1871）來到成廣澳，擔任微沙鹿一帶的通事，並娶具有阿
美平埔族血統的女子陳阿朱為妻。在此背景下，對於劉進來協調漢人、
阿美族與平埔族的問題發揮極大助益。劉進來臨來東部前，曾至鹿港天
后宮乞求媽祖庇祐，並攜帶神像前來，最初置於屋內供奉，同治 13 年，
因其他漢人墾民之請遂於成廣澳現址興建天后宮，乃為東部地區最早之
廟宇。[59]

　　此外，出身屏東內埔之客家人溫泰坤於清光緒 10 餘年間移居成廣
澳，利用海運，批發各種民生日用品前來販賣，為早期東海岸一帶最大
的大盤商。同時原籍基隆之馬麟，亦由宜蘭而至，在此課館授徒，普受
敬重，清末時曾經擔任成廣澳的頭人。[60]在曾根俊虎的報告中尚提及在
小馬老漏社有一總理杜諒，係以販賣鴉片為業。[61]按馬麟與杜諒均未見

[57] 田代安定，前引書，頁 41。
[58] 田代安定，前引書，頁 115。
[59] 王河盛，〈成功鎮歷史人物〉，作者未刊稿。
[60] 同上註。
[61] 曾銀俊虎，〈東海岸巡回日誌〉，臺灣總督府檔案，明治 29 年，15 年保存，第 12 門，殖產一撫墾。

諸曾根俊虎報告中之通事或總理的名單，應係新至當地者，其身份尚未被官方所認可，因此未見於清末官方所認可並月支口糧銀的通事與總理的名單中。由上述資料亦足以代表漢人到東部地區拓墾的四種典型方式：擔任通事、經商貿易、開墾土地與文教工作。

阿美族的聚落，光緒時期由於族群的遷移，成廣澳一帶新增了許多部落，特別是在微沙鹿社以北，在曾根俊虎的報告中，對於微沙鹿社以北，未立社長之部落，如阿龜眉社（日據時併入都滅社，成功鎮重安）、敦蜜社（都滅社，成功鎮重安）、沙里灣社（成功鎮宜灣）、只歷臺社（大俱來，長濱鄉三間村大俱來）、僅仔鹿角社（長濱鄉寧浦村光榮）、膽嘎社（長濱竹湖村膽曼）、哨別社（長濱鄉竹湖村永福）等，均註明係「海堧新社」，意即海邊新出現或成立的聚落。[62]因此可知上述各社是在光緒年間，平埔族與阿美族再度遷移之後所新出現的聚落。更由於其係新設部落，官方尚未及認可其地位，故未設置社長，與將之納入每月支給口糧銀的部落名單中。而在此官方控制力量未逮之間，通事如劉進來等的角色便形重要。

自微沙鹿社以北至大港口一帶，原為海岸阿美群分布的北緣與秀姑巒阿美群南緣之間的荒蕪地帶，光緒年間平埔族人與阿美族人相繼遷入，形成阿美族與平埔族混居的現象，前述之微沙鹿社通事劉進來，根據田野訪談資料顯示，其所「管轄」的區域，南起微沙鹿社，北至大峰峰社（長濱鄉樟原村大峰峰），[63]而此範圍正屬曾根俊虎之所謂「海堧新社」的區域，劉進來與平埔族通婚，其妻陳阿朱父親為阿美族人，母親為平埔族人，在此背景下，劉進來因而能夠克服語言與族群的限制，活躍在微沙鹿社以北的各個部落之間，直到日據時期。

清末時，成廣澳一帶漢人的數量雖少，但是漢人社會的型態已然漸具，此時漢人的分布仍以成廣澳為中心。與臺灣西部地方類似，在移墾

62　曾根俊虎，〈卑南近地各蕃社頭領姓名錄〉，臺灣總督府檔案，明治29年，15年保存，第12門，殖產—撫墾。

63　廣鄉成廣澳堡圖中，溪州庄土名微沙鹿，溪埔庄土名莪律笳枳萊，溪州庄居南，溪埔庄居北，但考諸實際微沙鹿應在北，而莪律笳枳萊應在南邊，因疑此處所繪地名標示鮮有所誤。

的初期，為地方社會上的領袖人物，而平埔族與阿美族在其傳統社會組織之內，以血緣關係為基礎的族長制度，仍為部落內主要的領導勢力。而官方亦利用這些現有的力量作為管理漢人或是約束原住民的手段，透過授與總理、頭人、通事或社長等名銜與月支口糧銀的方式，將彼等納入官方的管理架構內，以收指臂之效。如此一來，官方與個別墾民之間的關係便是透過這些領袖人物而連接，由此亦能更加突顯出這些領袖人物在移墾時期的重要性。

五、土地開發

在土地的開墾方面，根據清丈的資料，成廣澳一帶已開墾納租的土地計有 156.338308 甲，歲徵銀 79.1759727 兩。其各處耕地面積如下表，並參閱附圖。

表 3-4　清末成廣澳耕地面積一覽表　　　　　單位：甲

地名	土名	耕地面積	地名	土名	耕地面積
成廣澳庄	螺仔坑	10.40432	觀音庄	海堘	5.33776
毛崗庄	中片甲	13.36528	小通氣庄	毛崗	7.43568
樹林庄	頂埔	10.218848	溪埔庄	葰律茄枳萊	5.9072
溪洲庄	微沙鹿	5.978944	圍仔內庄	打莫	9.565782
西山埔庄	西山埔	7.221824	里行外庄	馬荖漏	2.7844
草林庄	東畔	20.00518	花蓮庄	膠龜伯	3.224
烏漏庄	北勢顯	8.1968	武洛庄	北畔埔	1.5656
內庄	北畔	3.82872	阿棉社庄	南畔	1.3416
武勘庄	北畔埔	9.47716	東畔新庄	加里猛押	2.25616
東涼庄	北山腳埔	6.47105	加東東庄	東畔	2.6092
鹿山莊	打莫	19.1428	總計		156.338308

資料來源：《臺東州清丈圖冊，廣鄉成廣澳堡圖》，中央圖書館臺灣分館藏。

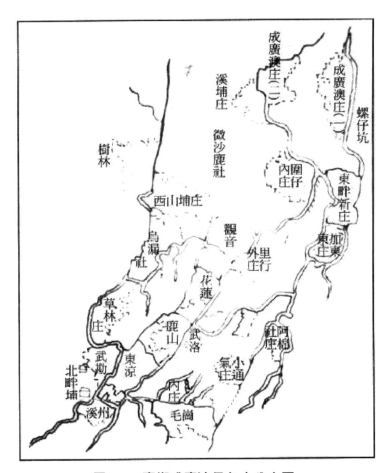

圖 3-2　廣鄉成廣澳堡各庄分布圖

資料來源：《臺東州清丈圖冊，廣鄉成廣澳堡圖》，中央圖書館臺灣分館藏。

　　在清丈圖冊中，首先值得注意的是，該圖冊中對於地方聚落的名稱，係沿用本省西部的「堡」、「庄」的稱謂。清廷官方有意藉此整理東部地區土地使用狀況的機會，在本地建立起漢人社會體系的堡庄系統。故而在五鄉之下，各處民居所在稱為「堡」，其下設「庄」。以成廣澳為例，該處屬於廣鄉之下的「成廣澳堡」，，堡內再就耕地所在分為 21 庄。如此東部地區的管理體系—直隸州—鄉—堡—庄的系統於焉建立。但可惜的是，該名稱使用的時間並不長，而且土地繼續開闢，庄與庄間的界限漸泯而不見，因而現今各庄的確切位置已難於考證了。

　　鄉堡的名稱大致沿用舊稱，而各庄的名稱則為新取，故在圖冊中另外標明原來的土名，以茲識別。新舊地名之間，亦透露出若干拓墾的情

形，舊地名應係當初至該地拓墾的民眾對該地的稱呼，其名稱或與地形有關，或與開拓者有關，所例如成廣澳庄，舊稱螺仔坑，夏獻綸《臺灣輿圖》內之「後山總圖」，在成廣澳南邊便有一條黎仔坑溪，日據初期之《臺灣堡圖》內成廣澳亦見一溪流，《臺東州採訪冊》內亦見該溪名稱，此或可謂是當地漢人將因溪而闢之土地就溪名而稱螺仔坑。

另外值得注意的是，部分的庄名或是土名，可能與前來開墾開墾者的原居地有關部分，例如烏漏社（土名北勢顯）、觀音（土名海乾）、東畔新庄（土名加里猛甲）、阿棉社庄（土名南畔）等，例如烏漏、觀音與阿棉社等可能是自秀姑巒溪一帶南遷的阿美族人，東畔新庄的開墾者則可能是來自加里猛甲的阿美族人。上述各庄就耕地所有人而言，均為阿美族人，因此遷移至本地開墾土地時，亦以原部落名稱稱之。

由於清丈圖冊所顯示的是各處水田開墾的狀態，各庄的耕地呈現破碎零星的分布，耕地之間仍為荒蕪坡地所隔開，各庄的耕地面積差異亦頗懸殊，若仔細觀察臺東州全境總圖，（參閱圖3-3）則可發現成廣澳堡的範圍係介於螺仔坑溪以南，郎仔郎溪以北的區域。大致包括成廣澳庄以南，至加只來社、莪律社以北之地。[64]當時這片區域，除了阿美族的部落外，其土地大部為荒地，遂成為拓墾的主要所在。再參照臺灣堡圖，當時成廣澳係位於螺仔坑溪以北，溪南為耕地，與清丈之圖相符，該圖所顯示的乃為墾熟納租的田地分布，亦即當地水田分布的所在，並非的居住地，亦非所有的土地或已耕地面積。其他如現今重安、宜灣或都歷小馬等處的土地，或者尚未升科納租，或者仍為荒地，並未計算入成廣澳的納租土地內。

---

[64] 廣鄉成廣澳堡圖中，溪州庄土名微沙鹿，溪埔庄土名莪律笏枳萊，溪州庄居南，溪埔庄居北，但考諸實際微沙鹿應在北，而莪律笏枳萊應在南邊，因疑此處所繪地名標示鮮有所誤。

圖 3-3　廣鄉成廣澳堡圖位置

資料來源：《臺東州清丈圖冊，廣鄉成廣澳堡圖》，中央圖書館臺灣分館藏。

　　螺仔坑溪提供了當地供水的條件，就成廣澳堡圖來看，這片地區北以螺仔坑溪、南以郎仔郎溪為灌溉水源，修闢灌溉水道，環繞在各庄的耕地間，此為成廣澳堡之水田集中於此的重要因素。

　　土地清丈的圖冊，又稱為魚鱗冊，是將堡、里、街、庄、社等分區編一冊，記載土地的坐落、種目、面積、等則、四至與權利人姓名等，並附有地圖的底冊。[65]在清丈圖冊中成廣澳堡一共登錄了 450 筆土地資料，分屬 255 人所有。（參見表 3-5）此 255 人在圖冊中均稱為墾戶，亦即擁有土地所有權與向政府繳納租賦的業主。對漢人而言，此舉無異確

---

65 陳金田譯，《臺灣私法‧第一卷》（臺中：省文獻會，1990 年），頁 129。

定了其對土地的所有權。原來在清末「開山撫番」的政策下，前來拓墾的漢人，雖然享有若干優惠措施，但土地熟墾之後的歸屬，仍待確定，土地清丈措施進一步落實了保障漢人前來拓墾的利益與權利。對於當地漢人社會的發展實具有穩定與推動的作用。但對阿美族人而言，土地清丈僅保障了若干開墾成為水田的土地及其耕種者，在部落內傳統共有的財產觀念下，這種私有財產精神下的土地丈量，無疑的對於阿美族人的生活將造成衝擊。

表3-5　成廣澳個人所有耕地與面積坐落位置表

姓名	土地筆數	面積（甲）	土地所在
劉進來	11	6.8928	螺仔坑、樹林庄、溪埔庄
涂德傳	7	1.43152	螺仔坑、毛岡庄、西山埔
沙不	6	1.0352	草林庄、小通氣庄、圍仔內庄
小媽	5	1.3264	草林庄、武勘庄、東涼庄、東畔新庄
加早	5	1.974144	草林庄、東涼庄、里行外庄
查老	5	0.7128	阿棉社庄、東畔新庄、溪埔庄
烏流	5	0.7408	草林庄、武洛庄、東畔新庄
猛忽	5	3.5448	小通氣庄、圍仔內庄
化律	4	0.8074	草林庄、武勘庄、東涼庄
加升	4	0.8304	鹿出庄、觀音庄、花蓮庄
古棘	4	1.4976	西山埔、草林庄、阿棉社庄
足波	4	0.2624	東畔新庄
那九	4	2.0208	西山埔、草林庄、阿棉社庄
佬仔	4	0.6376	烏漏社、內庄、花蓮庄
武突	4	2.1952	鹿山庄、小通氣庄、圍仔內庄、花蓮庄
阿武隆	4	1.6344	內庄
班來	4	2.041312	小通氣庄、圍仔內庄、里行外庄
張有成	4	1.9608	溪州庄、溪州庄、西山埔、草林庄
張保	4	0.7256	螺仔庄、樹林庄
著擺	4	1.208	武勘庄、武勘庄、東涼庄
媽腰	4	0.75888	西山埔、草林庄
意足	4	0.4464	烏漏社、東畔新庄
酸來	4	1.024	武勘庄、東涼庄
潘有才	4	1.0072	螺仔坑、毛岡庄、樹林庄
潘番仔烏	4	1.0432	烏漏社、毛岡庄
鄭帶	4	0.47744	螺仔坑、樹林庄

丁奕	3	0.368	武勘庄、東涼庄
王水	3	0.35014	螺仔坑
加走	3	0.434	烏漏社、花蓮庄
打來	3	0.936	烏漏社、鹿山庄
本那	3	0.31232	東畔新庄
里鱷	3	0.1768	觀音庄、花蓮庄
佬恩	3	1.4976	武勘庄、東涼庄
周亮	3	0.772	毛岡庄
林文亮	3	0.34656	螺仔坑
阿山	3	0.9696	草林庄、圍仔內庄
阿把隴	3	1.6352	烏漏社、武勘庄、圍仔內庄
阿淹	3	0.72	東畔新庄、加東東庄
徐才普	3	0.7432	螺仔坑、樹林庄
蚊雅	3	0.2528	烏漏社、花蓮社
馬打忽	3	2.184	武勘庄、東涼庄
馬訖	3	0.4608	烏漏社、花蓮庄
埤來	3	3.5904	草林庄、武洛庄
猛猛	3	0.834592	西山埔、里行外庄
猛鴉	3	0.5736	西山埔、草林庄
陳風	3	1.19488	螺仔坑、毛岡庄
陳萬山	3	2.500544	溪州庄
復珍	3	1.72768	圍仔內庄
雅夫	3	0.3696	武勘庄、里行外庄
雅要	3	0.7268	觀音庄、花蓮庄
意突	3	2.03232	內庄、鹿山庄
劉生	3	0.44992	螺仔坑、樹林庄
潘元忠	3	1.48256	螺仔坑、毛岡庄
蔡德福	3	1.4752	螺仔坑、看岡庄
羅學	3	1.2882	草林庄
姓名不詳	3	1.1776	草林庄、加東東庄
子百	2	0.16	觀音庄
不達	2	0.5904	草林庄、鹿山庄
加勝	2	1.392	武勘庄、武勘應
打南	2	0.2688	烏漏社
打凛	2	1.2612	草林庄
百乃	2	1.15184	武勘庄、東涼庄
志省	2	0.7616	草林庄、武洛庄
志滑	2	1.5936	草林庄
李玉成	2	0.796	看岡庄

李保枝	2	0.62736	樹林庄、螺仔坑
車連枝	2	0.368	螺仔坑
那南	2	0.42912	觀音庄
那蛤	2	0.13344	東畔新庄
里迄	2	0.91872	草林庄、武勘庄
於殺	2	0.5584	觀音庄
林天送	2	0.3984	螺仔坑
林阿春	2	0.51252	樹林庄
武鹿	2	0.1276	內庄
阿力	2	1.2256	鹿山庄、圍仔內庄
阿武隆眼	2	1.2228	觀音庄、鹿山庄
南碌	2	1.088	小通氣庄、圍仔內庄
烏玲	2	1.201536	武勘庄、東涼庄
烏排	2	1.1264	觀音庄、花蓮庄
蚊玉	2	0.4648	鹿山庄
馬要	2	0.2272	觀音庄
張連	2	0.37728	螺仔坑
掃弓	2	0.332	觀音庄、花蓮庄
陳來乞	2	0.52832	螺仔坑、樹林庄
陳美	2	1.4976	毛岡庄、溪州庄
喃碌	2	0.636992	西山埔
意粽	2	0.1184	草林庄
潘阿貴	2	0.66176	樹林庄
潘阿寶	2	0.5056	螺仔坑、毛岡庄
潘添興	2	0.27632	螺仔坑
鄭大	2	0.40704	螺仔坑
鄭火生	2	0.29184	毛岡庄、樹林庄
鄭阿寶	2	0.3456	毛岡庄
鄭傳盛	2	0.56976	螺仔坑、樹林庄
鄭德升	2	0.18432	毛岡庄、樹林庄
鄧英時	2	0.224	毛岡庄、樹林庄
龜力	2	0.7888	烏漏社、鹿山庄
禮益	2	0.35776	草林庄
大玲鴉督	1	0.10912	西山埔
大菊	1	0.456	鹿山庄
小媽冬艾	1	0.288	東涼庄
不足	1	0.444	東東東庄
化里約	1	0.016	草林庄
文樂	1	0.248	花蓮庄

王水進	1	0.08512	螺仔坑
王玲	1	0.2856	樹林庄
加勇	1	0.0768	東畔新庄
北里約	1	0.6144	草林庄
古棘打忙	1	0.7168	草林庄
失力	1	0.192	烏漏社
必納	1	0.18176	西山埔
打玉	1	0.24768	東涼庄
打柳	1	0.3744	武洛庄
伍佬	1	0.0896	烏漏社
安不郎	1	0.024	烏漏社
朱催	1	0.32016	樹林庄
百玉	1	0.1126	武勘庄
羽洛	1	0.072	草林庄
羽馬	1	1.4	鹿山庄
羽擺	1	0.2688	西山埔
老易	1	0.032	花蓮庄
老畢	1	0.2288	鹿山庄
西密	1	0.88	鹿山庄
何須	1	0.4608	小通氣庄
吾滅	1	0.3488	西山埔
志九	1	0.2688	草林庄
志色	1	0.176	東畔新庄
志那悉	1	0.0828	里行外庄
志狃忽	1	0.24	里行外庄
志來	1	0.4896	花蓮庄
志猛	1	0.0224	東畔新庄
志禮煙	1	0.56448	小通氣庄
我掃	1	1.0816	烏漏社
我隆	1	0.27	鹿山庄
把突	1	0.128	鹿山庄
李加里	1	0.67456	樹林庄
李清	1	0.2064	螺仔坑
沙獨	1	0.576	鹿山庄
沈和尚	1	1.9152	毛岡庄
車天恩	1	0.3264	樹林庄
邦一	1	1.3728	鹿山庄
那不	1	0.0432	東畔新庄
那本	1	0.064	烏漏社

那玉	1	0.044	東涼庄
那都晚	1	0.0896	東畔新庄
那煙	1	0.736	鹿山庄
那碌	1	0.4128	東涼庄
里紅	1	0.3584	阿棉社庄
里橫	1	0.6016	西山埔
狃鴉	1	0.09728	西山埔
佬佬	1	0.10952	加東東庄
佬臥	1	0.064	烏漏社
佬家	1	0.1344	觀音庄
呼排	1	1.3	烏漏社
周仔	1	0.128	烏漏社
周吉昌	1	0.032	螺仔坑
周武突	1	0.1536	鹿山庄
周貴金	1	0.2016	螺仔坑
旺偶	1	1.32	鹿山庄
林八寶	1	0.384	樹林庄
林本文	1	0.2256	螺仔坑
林阿當	1	1.1904	烏漏社
林阿興	1	0.26928	樹林庄
林開福	1	0.24	螺仔坑
林萬力	1	0.397888	樹林庄
林萬歷	1	0.01232	樹林庄
林興	1	0.028	螺仔坑
板奶	1	0.24	觀音庄
武力	1	0.3888	西山埔
武佬	1	0.5408	烏漏社
爭棘	1	0.14	草林庄
阿九	1	0.1151	草林庄
阿大	1	0.072	烏漏社
阿杉	1	0.32	觀音庄
阿旺	1	1.12	鹿山庄
阿梯	1	0.0192	東畔新庄
阿碌	1	0.024	東畔新庄
律甲	1	0.488	鹿山庄
故妹	1	0.2112	武洛庄
玲罷	1	0.0768	草林庄
玲鴉督	1	0.0704	西山埔
紅岸	1	0.096	鹿山庄

紀律	1	0.2584	草林庄
范斌	1	0.24	毛岡庄
孫乃	1	0.104	觀音庄
烏佳	1	0.1568	阿棉社庄
烏佬	1		加東東庄
烏格	1	0.0288	加東東庄
紐鴉	1	0.4032	里行外庄
記虱	1		武勘庄
馬流	1	0.0392	烏漏社
馬腰	1	0.288	鹿山庄
馬養	1	0.756	觀音庄
骨力	1	0.464	內庄
骨流	1	0.2496	鹿山庄
高晩	1	0.9312	西山埔
帶來	1	0.44	草林庄
張文	1	0.2976	螺仔坑
張阿在	1	1.488	毛岡庄
疏益	1	0.098	草林庄
祥仔	1	0.5408	烏漏社
莊文成	1	0.22176	螺仔坑
逢艾	1	0.1216	武勘庄
陳王興	1	0.8224	樹林庄
雪棘	1	0.256	草林庄
雪蓮	1	0.1024	東涼庄
楮茂	1	0.3344	溪埔庄
華方	1	0.1024	烏漏社
雅突	1	0.6256	鹿山庄
黃六	1	0.1872	螺仔坑
黃來成	1	0.1536	阿棉社庄
黃阿卻	1	1.44	溪州庄
黃祿	1	0.1656	螺仔坑
臘猴	1	0.0928	內庄
媽玉	1	0.16	觀音庄
媽來	1	0.096	花蓮庄
媽洋	1	2.8	鹿山庄
媽媽壹	1	0.432	鹿山庄
意力	1	0.024	阿棉社庄
意金	1	0.032	花蓮庄
楊奉賢	1	0.4032	毛岡庄

楊泰賢	1	0.256	毛岡庄
獅鴉	1	0.2912	圍仔內庄
當我	1	0.228	武洛庄
蓋熱	1	0.3969	烏漏社
劉天寶	1	0.408	螺仔坑
劉進生	1	0.232	螺仔坑
撈玉	1	0.1408	花蓮庄
潘占魁	1	0.2856	樹林庄
潘定桂	1	0.12	螺仔坑
潘枝才	1	0.16512	螺仔坑
潘英傳	1	0.37696	樹林庄
潘基才	1	0.49056	樹林庄
潘瑞	1	0.1824	螺仔坑
潘詹魁	1	0.024	螺仔坑
潘寶元	1	0.31008	樹林庄
蔡祥	1	1.4352	毛岡庄
蝦爻	1	0.2288	草林庄
賭蚊	1	0.312	烏漏社
鄭天德	1	0.12	螺仔坑
鄭東福	1	0.192	螺仔坑
鄭阿興	1	0.26928	樹林庄
鄭保	1	0.07904	樹林庄
魯風	1	0.028	東畔新庄
鴉夫	1	2.608	圍仔內庄
鴉那獅	1	0.7728	圍仔內庄
鴉橫	1	0.3456	圍仔內庄
總爻	1	0.635	草林庄
擺擺	1	0.288	武勘庄
禮拜	1	0.4992	溪埔庄
簡樂	1	0.112	鹿山庄
羅益	1	0.1536	東畔新庄
麗吉	1	0.22464	觀音庄

資料來源：根據《臺東州清丈圖冊—廣鄉成廣澳堡圖》各人土地面積整理而得。

　　根據表 3-5，計算出每筆耕地面積平為 0.34 甲，每人耕地面積平均為 0.6 甲。就已知姓名的 252 人中，可以辨識為漢人者計 76 人，[66]其餘

---

[66] 其中可能包含有平埔族，平埔族人在清朝官方的「賜姓政策」下，大多已稱用漢姓漢名，因而僅由姓名難以判定其為漢人或平埔族人，故而歸併一起討論。

175 人為阿美族人。

表 3-6　成廣澳堡漢人與阿美族人土地所有狀態比較表

	人數（a）	土地筆數（b）	耕地面積（c）	（c）/（b）	（c）/（a）
漢人	76	138	47.845192	0.346704	0.629542
阿美族	175	309	104.36862	0.33776	0.59639

資料來源：根據表 3-5 計算而得。

　　根據上表，可知漢人在每筆耕地的平均面積與每人耕地的平均面積上雖高於阿美族人，但是差幅並不大。漢人的技術與資金優勢，或甚至官方勢力支持的背景，在此處土地分配的狀況裡並未顯示出來。原因顯係受到本區土地狹小迫促所致。

　　就漢人或平埔族的土地分配情況而言，在空間的分布上，呈現出明顯集中的現象。其在各庄分布的情況如下表：

成廣澳庄 57	溪州庄 7	烏漏社庄 1
樹林庄 36	溪埔庄 4	東畔新庄 1
毛岡庄 28	西山埔庄 3	阿棉社庄 1
鹿山莊 1	觀音庄 1	草林庄 1

資料來源：根據表 3-5 計算而得。

　　其中成廣澳庄、樹林庄與毛岡庄 3 處，便達 121 筆，佔漢人或平埔族人 141 筆土地之 85.8%。成廣澳庄與樹林庄中間為清軍防營所在，北隔螺仔坑溪與成廣澳庄之漢人市街相連，此處當為漢人在成功地區最早拓墾的所在。

　　毛岡庄位於麻佬漏南邊之大片土地，此處或為漢人在麻佬漏一帶移墾的濫觴。

　　就個人而言，通事劉進來擁有 11 筆土地，計 3.8928 甲最受矚目。通事因其熟知各社情況，因而獲致大筆土地的情況，在東部如花蓮港堡一帶，通事林錫時即擁有 137 筆土地，計 10.90384 甲。[67]劉進來的土地，

---

[67] 林玉茹，〈由魚鱗圖冊看清末後山的清賦事業與地權分配型態〉，《東臺灣研究》，2（1997.12），頁 141-142。

坐落於螺仔坑、樹林庄、毛岡庄與溪埔庄等處，其中溪埔庄鄰近微沙鹿社，劉進來為該社通事，故在該庄亦擁有 4 筆土地。而成廣澳總理徐才普擁有 3 筆土地，位於螺仔坑與樹林庄，合計 0.7432 甲，擁有土地面積並未突出，排名在第 19，或許其另外還有其他營生之計，例如貿易等，農耕僅為生計之一端。

　　就阿美族的土地情況而言，分散各庄便成為相對於漢人的主要特色。其耕地分布如下：

草林庄（49）	花蓮社（19）	里行外庄（9）
鹿山莊（30）	東涼庄（17）	阿棉社庄（8）
烏漏社（25）	西山埔庄（16）	加東東庄（7）
武勘庄（24）	圍仔內庄（15）	武洛庄（7）
東畔新庄（24）	小通氣庄（13）	溪埔庄（3）
觀音庄（23）	內庄（12）	樹林庄（1）

　　上述之分布區域，大致為麻佬漏社偏西南的位置，尤以靠近山緣的烏漏、草林、武勘為一線，次為觀音、里行外庄、花蓮、鹿山、東涼、武洛為一線，再為沿海新闢之東畔新庄、加東東庄、阿棉社庄、小通氣庄等。其耕地呈現南北走向的帶狀分布，沿海新闢之地帶明顯的應為他處遷來之阿美族人所開墾之地，故其庄名仍沿其故地名稱。其他二線土地緊鄰附近阿美族部落如微沙鹿社、白守蓮社、麻佬漏社、加只來社等，應為附近各社的耕地。根據表 3-1 的資料，上述各社的人口約 809 人，扣除時間的差異，在清丈當時擁有耕地的 176 人，約佔當地阿美族人的 1/4 左右，對阿美族人而言，農耕已經逐漸成為一種重要的生產方式了。

　　因此就空間上漢人與阿美族的分布而言，漢人主要居北，呈東西向的帶狀分布，而阿美族人居南，呈南北向的帶狀分在。如此的分布對日後成功地區的族群分布亦造成相當的影響，現今成功鎮內中山路西南的三民里為阿美族人的主要分布區，而中山路以北以東則為漢人的區域，如此的分布可能即與當時耕地的分布有關。

結 論

19 世紀中葉以後，漢人以成廣澳為根據地，分別向平埔族與阿美族貿易，使得當地成為東海岸一帶最主要的對外貿易據點。接著在「開山撫番」的政策下，成廣澳成為官方勢力進入東部中路，將控制勢力延伸進入秀姑巒溪流域一帶的基地。故在當地設有糧局、屯駐軍隊，儼然一軍事重鎮。其後來者日眾，學校、廟宇相繼設立，其商貿、教育、宗教等機能日益完備，成廣澳因而成為漢人在東海岸地區最重要的聚落。

另一方面，阿美族人與平埔族人在 19 世紀中葉以來亦陸續遷入成廣澳附近居住，由於地形狹窄，因而出現不同族群的聚落彼此錯落而居的現象，人口與聚落的數量雖見增加，但是聚落的分布與族群的界線則呈現相互重疊的現象，其間之往來互動，便靠通事以資溝通聯繫。通事由是獲取可觀的利益，成廣澳土地清丈之後，當地最大的地主便屬通事。土地清丈後土地所有權的建立，對當地新移入之漢人、平埔族與阿美族而言，人與地的由此而連結起來，東海岸的成廣澳成為新的故鄉。對國家而言，亦透過對於當地土地所有權的確認，將國家與成廣澳的關係連結起來，廣鄉因而成為具有實質統治意涵行政空間。

（原刊於《興大人文學報》32（2002.6），頁 879-918）

日據初期東臺灣的部落改造：以成廣澳阿美族為例

一、前言

甲午戰爭之後，日軍在明治 28 年（清光緒 21 年，1895）6 月 17 日在臺北宣布「始政式」，正式在臺行使統治權。但當時日人有效統治的地區不出臺北一帶，臺北以南猶在臺灣民主國的勢力之下，直至 10 月 21 日，臺南失陷，日人宣佈全臺底定，西部地區全部淪陷。惟此時西部各地抗日運動蜂起，日人一時尚未能顧及東部。

直到明治 29 年（1896）5 月 16 日，日軍決議出兵佔領東部，組成討伐隊，由步兵第 6 聯隊第 1 大隊，憲兵第 2 分隊與 2 個衛生隊組成。25 日晚間，登陸卑南，31 日開始進攻新開園之劉德杓部，劉部在抵抗 2 日後撤守，劉德杓越過中央山脈往奔柯鐵，繼續抗日，直到明治 31 年（1898）11 月在雲林被俘後遣返大陸。7 月 5 日，日軍進佔花蓮港，當地 200 餘名清軍向日軍投降後亦被遣返，於是東部地區除了泰雅族、布農族與排灣族控制的高山地區外，花東縱谷與海岸一帶全部淪為日人控制。[1]

日軍佔領東部後，面對的是當地民少「蕃」多，民庄與「蕃社」錯落分布，與西部地區民「蕃」界線明顯區隔的情況大不相同。因此，在統治的方式與架構上，亦與西部地區有所不同。

本文擬以東海岸成廣澳地區的阿美族為對象，討論日據以後日人如何逐步建立管理體系，並在此體系建構的過程中，傳統阿美族內部的社會管理機制如何被代表國家勢力的行政體系與警察體系所取代。日人行政體系的建立，使得部落不再僅是代表血緣的關係與空間概念的集合

---

[1] 日軍進佔東部的過程，見王學新，〈日據初期臺東地區抗日戰事中原住民族群向背之分析（1895-1896）〉，《臺灣文獻》，47：4（1996.12）。孟祥瀚，《臺東縣史-開拓篇》（臺東：臺東縣政府，1997），頁 87-89。

體，而是代表國家勢力向基層延伸具有統治意義的層級組織。另一方面，警察體系與受到警察控制的「蕃社役場」，則成為管理部落內部事務的主要力量。其整體的過程，以矢內原忠雄的觀點而言，即是「國家」取代了「頭目」。[2]

　　就理論的架構而言，除了矢內原忠雄所提出的關於原住民統治過程的解釋架構外，施添福則指出在日人統治下臺灣地域社會的空間結構出現了三種面向：街庄民空間、警察官空間與部落民空間。國家透過這三層空間結構，以達到改造人民、動員社會的目的。[3]若以上述之三層空間面向作為典範，來觀察日人在成廣澳地區管理體系的建立，雙方如何調整適應的歷史過程，則是值得深入探討的問題。

　　在討論內容的時間斷限上，則以大正期間當地阿美族開始繳納地租，庄社被重新調整合併，納入一般的行政區域內為止。其後有關保甲、壯丁團與各種部落組織等社會動員體系的建立，[4]則是在日人統治基礎建立之後逐步建立推動的。因此，有關日人對當地阿美族社會動員的問題，擬待他文討論。本文以臺灣總督府檔案為主要的參考資料，希望透過檔案資料能夠更精細的還原相關的歷史過程。

二、「蕃社」管理體系的建立

　　明治28年（1895）6月28日，臺灣總督府頒布「地方官假官制」，全臺分設臺北、臺中與臺南三縣與澎湖島廳，其中臺南縣內分轄安平、鳳山、恆春與臺東四個支廳。但此時日人政令僅及臺北一帶，所謂地方機關多未能實施，形同具文。殆佔領臺南後，因各地抗日事件蜂起，8

---

[2] 矢內原忠雄原著，周憲文譯，《日本帝國主義下的臺灣》（臺北：帕米爾書店，1985），頁20。

[3] 施添福，〈日治時代臺灣地域社會的空間結構及其發展機制〉，《臺灣史研究》，8：1（2001.10），頁2。

[4] 阿美族的保甲制度延至昭和3年（1928）方始建立。林素珍，〈日治時期阿美族的保甲制度〉，見《國家與東臺灣區域發展史研討會論文資料》（臺北：中研院臺史所籌備處主辦，東臺灣研究會協辦，2001.12），頁22。

月間實施軍政，臺灣總督府頒布「民政支部及出張所規程」，東部地區隸屬於臺南民政支部臺東出張所，但日人尚未佔有東部，故仍為具文。

翌年6月，日軍佔有東部後，即根據該年4月新頒之地方官制，東部地區設置臺東支廳，仍隸屬臺南縣管轄。由恆春支廳長相良長綱兼任臺東支廳長。但是在頒布地方官制之前，臺灣總督府為處理「蕃務」，乃沿襲清代舊制，在原住民區域設置了「撫墾署」。

為了開發臺灣山地森林的資源，日人認為應先由招撫居住山地的原住民著手，並且認為清代的撫墾局組織，於原住民之撫育、獎勵山地開發、對頭目給予酒食或教育其子弟等方面成效良好。故建議仿照清代撫墾局制度，設置撫墾署。[5]臺灣總督府於是在明治29年（1896）3月1日擬定撫墾署官制草案，由總督樺山資紀呈請內閣總理大臣核定公布。[6]撫墾署的職掌包括有關原住民之撫育與輔導生產、關於山地開墾與山林及樟腦製造等事項。撫墾署設置主事一人擔任署長，受總督府民政局長指揮監督，以及技手、主事補（助理主事）與通譯生若干人。[7]

臺東撫墾署於該年6月29日正式開署，由曾根俊虎擔任主事，並且延攬前臺東直隸州州同陳英擔任「事務囑託」，[8]以其習知當地之情勢與掌故也。於是日人在進佔東部之初，統治架構上便形成了雙軌體系：管理一般民政的支廳系統與管理原住民的撫墾署系統。就東部地區的情況而言，民少而「蕃」多，撫墾署對地方安謐所扮演的角色，無疑的是遠高於支廳，況且初據地方，軍隊與憲兵仍然為壓制地方情勢的主要力量，在此情況下，支廳的功能與角色毋寧是被壓縮的。

曾根俊虎就任主事後，隨即於7月間開始巡視於東部地區各部落，一則宣達日本政府統治政令，一則了解各部落分布、人口戶數與頭目通事等情況，以作為管理控制的基礎。他自7月10日開始，沿秀姑巒溪出訪東海岸各社，先至花蓮港一帶，再南下於25、26日至成廣澳與麻

---

[5] 伊能嘉矩，《理蕃志稿》，第一卷（臺北：臺灣總督府警察本署，1918），頁10。
[6] 王世慶，〈日據初期臺灣撫墾署始末〉，《臺灣文獻》，38：1（1987.3），頁205。
[7] 伊能嘉矩，《理蕃志稿》，第一卷，頁11。主事補於明治30年5月增設。
[8] 王世慶，前引文，頁207。

茇漏附近各社巡訪，27 日至小馬武窟、加里猛狎，28 日至都巒而歸卑南。[9]

　　此行奠定了日人在東海岸一帶統治的基礎，曾根俊虎等沿途訪晤各地總理、通事與頭目等，直接自這些地方領導人物口中獲得歸順的保證，並且獲得由總理通事手中所交出之各社戶數人口姓名等資料，成為日人有效掌控地方情勢的基礎。

　　在撫墾署的統治架構下，日本政府亦透過清代的制度建立與原住民溝通聯繫的管道。東部地區社會的組成向來以原住民為主體，在日人統治基礎未固的時期，藉由承認當地傳統的社會控制體系以換取地方各部落對日本統治的接受與支持。

　　故曾根俊虎認為應該擴大撫墾署的權限，以強化日人控制東部的基礎，他認為：[10]

　　（一）以當時臺東的情況而言，由於統治條件未備，並不需要設置屬於民政系統的支廳。因此，不如廢棄民政局出張所，擴張撫墾署。如果仍有設置出張所的必要，則不如由撫墾署長兼之，不僅可以節省財源，亦可避免二官署爭奪權限，齟齬扞格。

　　（二）應該繼續清代的作法，每月發給正副社長與通事口糧銀。由各社社長負責社內管理的責任，通事連接官府與社長之間，如此上下通情，地方情勢得以安定。

　　對於當地各原住民部落的土地所有權，曾根俊虎亦要求總督府方面予以一個明確的認定標準，以保障各社的權益。他指出若根據明治 28 年（1895）10 月「日令第 26 號」規定：「無地契或無其他確認文件之山林原野皆為官有」，則東部地區原住民除少數水田在清末清丈時有所登錄外，其他土地悉變為官有，對原住民之生計將造成衝擊，故他請求允許各自提出證明申請書，於實地調查後，對於確認無誤者頒發證明。

9　曾根俊虎，〈東海岸巡迴日誌〉，臺灣總督府檔案，第 4507 冊，明治 29 年，15 年保存，第 10 卷，第 12 門，殖產-撫墾。

10　曾根俊虎，〈臺東地方統治意見書，明治 29 年 8 月〉，臺灣總督府檔案，第 4499 冊，明治 29 年，15 年保存，第 2 卷，第 12 門，殖產-撫墾。中譯文見王學新，《日據時期東臺灣地區原住民史料彙編與研究》（南投：省文獻會，1998），頁 148-149。

但總督府並未同意，僅回覆應俟以後以一般規程辦理。換言之，即不同意臺東地區以特例辦理，以免其他地區援例要求，轉滋困擾。但是以撫墾署代替民政支廳與發放口糧銀的建議卻獲得允許，次第施行。[11]

惟曾根俊虎旋即於 8 月下旬去職，10 月 3 日正式免職。撫墾署主事暫時由恆春支廳長相良長綱代理。[12]由撫墾署主導地方事務的意見遂遭擱置，但是對於原住民的招撫工作，則仍繼續進行。

明治 30 年（1897）3 月至 5 月間，臺東撫墾署陸續任命各社通事、社長與副社長等人，並且頒發派令、訓諭與支給津貼等。使其職務具有官派的性質，並且明定通事與社長等的職責如下：[13]

通事的職責：

（一）獲知異狀或發生變故時，應立即報告撫墾署。

（二）族人之告訴與陳情應與社長研商後呈報。

（三）人口與戶數變動時應報告撫墾署。

（四）發生變故無暇報告時，應先報告附近之官署，並受其指揮。

社長、副社長的職責：

（一）應保持社內安寧、獎勵農事、勸導族人和睦相處並與他社和平相處。

（二）嚴禁破壞電桿絕緣器與切斷電線。

（三）嚴禁殺人越貨等暴行。

（四）族人被殺或財物被掠奪時，應立即報告撫墾署處理，不得私自報復。

（五）政令應立即通知族人。

（六）日本紙幣與銀幣價值相同，應勸導族人使用紙幣。又嚴禁在銀幣上穿孔作為裝飾。

（七）嚴禁妨礙公務，違者嚴厲處罰。

---

[11] 王學新，前引書，154。實際上應為根據明治 28 年 10 月 31 日公佈之「日令第 26 號」〈官有林野及樟腦製造業取締規則〉，曾根俊虎所引之「日令的 9 號」，恐誤。此條承蒙論文審查人提示指正，謹此致謝。

[12] 臺灣總督府檔案，第 120 冊，明治 29 年，進退追加，第 2 卷第 3 門，官規官職-進退。

[13] 伊能嘉矩，《理蕃志稿》，第一卷，頁 44-45。

（八）族人若遭日本人施暴、脅迫或危害全社時，應具狀陳訴該署。

（九）發生變故無暇報告時，應先報告附近之官署，並受其指揮。

因此各社內有事時，無論大小，社長皆要向撫墾署報告，小事由社長依社內舊慣處理，重大者由撫墾署指示處理方式，再由社長執行，或由撫墾署處置。撫墾署每三個月召集全轄區內之社長通事，宣示政令訓誡，並詳細詢問社內情況，與接受陳情。實施以來，頗具成效，雖然原住民區域內未設警察官署，但地方安謐仍能維持。[14]

明治 38 年（1905），為因應即將頒布之「蕃地取締規則」，臺灣總督府特別就東部地區「蕃社」民庄交錯的情形，根據下列的標準明確劃分二者的界線：[15]

（一）部落內雖有漢人居住但尚未有庄之名稱者，稱該社名。

（二）部落內已有漢人居住已用庄之名稱，且其位置獨立者，明確劃分境界後，各稱其社名與庄名。

（三）前項之情形，若是民「蕃」混居地域錯處，其地界之劃定則以人數境域多者為主，但社名庄名仍各別稱之。日後調整統計表時，將居住於民庄的原住民併入「蕃」社內計算，但備考欄內應註明某社內原住民若干戶若干人住在某庄內。

（四）新遷入庄內居住的原住民，調查統計表時，應併入原來之「蕃」社人口計算，備考欄之記載方式同前項。

（五）行政區域內鄉的境界，只包含「平地蕃」（卑南阿美二族）分佈的區域以及太麻里沿海一帶原住民的部落。以往的報告將「太魯閣蕃」所在稱為蓮鄉，與阿緱廳交界所在之部落亦稱南鄉，雖為誤記，畢竟係沒有明確鄉界之地圖所致，故土地調查的地圖應將境界線明確記入。

以上的分界，主要在於確定民庄與「蕃社」的界線，以劃分基層的行政區域。但是阿美族與卑南族居住的地區，早與漢人或平埔族人混雜

---

[14] 〈明治 31 年度臺東撫墾署事務成績報告〉，臺灣總督府檔案，第 272 冊，明治 31 年，乙種永久保存，第 13 卷。中譯文見王學新，前引書，頁 304-305。

[15] 伊能嘉矩，《理蕃志稿》，第一卷，頁 394-395。

在一起，生活方式亦日趨以農耕為主，與泰雅族、布農族、魯凱族與排灣族等居於山地，與平地之間界線分明的情況不同，因此所謂平地或「蕃地」的界線實難明確劃分。故 9 月間「蕃地取締規則」頒布後，在執行上即發生困難，當地民庄「蕃社」沿道路交錯，民「蕃」往來頻繁，管制民眾出入「蕃社」實有困難。臺東廳於是請求沿用既有的辦法，即由當地警察派出所予以管制，只對在特定「蕃社」內有職業或經常出入同一「蕃社」者發給通行執照，一般民人則另發許可證，出入時皆令其向派出所接受檢查後蓋章，以為憑證。[16]

明治 39 年（1906）起，開始對廳內卑南族與阿美族課徵地方稅中之戶稅，理由為清末以來，該二族受到漢人與平埔族的影響，土地私有之觀念漸生，清末之清丈土地更是承認了其業主權，並且開始向政府納稅。日據之後，與外界之交通日增，日常生活與觀念已漸改變。另一方面，徵收戶稅，又可寬裕地方政府之經費，用以開闢道路，興建水圳，所需之人工，則役使當地原住民義務擔任。故自該年所徵收之戶稅起，實象徵著日人正逐步改變其對卑南阿美二族的統治態度，其身分已成為受到國家法律保障之國民，而非排除於國家法律之外的化外之民。對阿美族之統治政策正逐漸將其納入一般的行政體系內。

明治 40 年（1907）4 月，臺灣總督府為加強對山地之控制，在「蕃地」派駐「蕃務官吏駐在所」，以警察從事撫育之工作。[17]但是此一政策並未在東海岸阿美族各部落內實施，反而於 5 月間，相繼在卑南與阿美二族各社設置「蕃社」役場（公所），各役場設置之方法與範圍一如街庄社之行政。亦即並未將卑南與阿美各社視作「蕃地」。各「蕃社」役場內依照各社原有之舊慣設置頭目、副頭目與長老（老蕃）等，在地方官吏的監督下，處理下列事務：[18]

（一）社內一般行政。

---

[16] 伊能嘉矩，《理蕃志稿》，第一卷，頁 411。

[17] 伊能嘉矩，《理蕃志稿》，第一卷，頁 521-522。藤井志津枝，《日治時期臺灣總督府理蕃政策》（臺北：文英堂，1977），頁 213。

[18] 伊能嘉矩，《理蕃志稿》，第一卷，頁 549-552。

（二）調解社內人事民事或其他之爭議。

（三）實行社內習慣規約。

（四）執行社內之懲戒。

（五）與青壯年男丁有關之事務。

並將各役場之頭目組成「頭目例會」，由廳警務課與各支廳警察派出所召集，每二個月至少要召開一次。開會時由當地警官或巡查擔任主席，亦得命令各社副頭目與長老參加。[19]例會的作用如下：

（一）傳達有關行政事務的訓示。

（二）頭目以下幹部業務報告。

（三）協議有關各社內教育勸業土木衛生等事務之推行方法。

（四）處理與協調各社之間的爭議與其他有關事項。

（五）協議如何矯正社內需要改變之慣習。

（六）如何約束各社既有之慣習。

（七）協議如何實行社內之懲罰規約。

（八）協議如何調解社內之紛爭。

（九）協議應如何管理各社之丁壯。

（十）協議其他行政上的必要事項。

按當時街庄社的性質僅為廳內的行政輔助組織，其作用在於輔助上級機關落實國家的政策與地方的管理。因此就「蕃社役場」的運作而言，其將各社既有的社會組織與國家的行政管理組織予以重疊，一方面希圖藉助各社內部傳統的社會勢力維繫地方秩序；另一方面，亦將國家的控制管理體制引入各社之內，由此直接強化了對於部落事務的控制，傳統通事的角色因而完全被排除。而且警察體系透過對於「頭目例會」的掌控，使得警察在蕃社事務上扮演更具有權威性和主宰性的角色，成為落實日人山地政策的主要推手。

---

[19] 同上註。

三、一般行政體系之建立

明治 30 年（1897）6 月，地方官制再度改正，東部地區自臺南縣劃出，單獨設置臺東廳，下轄卑南、水尾與奇萊三個辦務署。其中卑南辦務署管轄區域為原來之南鄉與廣鄉，水尾辦務署為新鄉與奉鄉，奇萊辦務署則為蓮鄉一帶。[20]可知當時三個辦務署的空間區劃仍然是以清代五鄉的劃分為基本架構，只是在廳與鄉之間加上了辦務署的層級。各辦務署之下再分區，東部地區共分為 30 區。同時，將原來直屬總督府之撫墾署改歸由縣知事或廳長管轄，亦即將原住民的管理歸於地方行政體系，[21]以收事權專一之效。撫墾署原由總督府民政局長指揮監督，如今在層級上則是被降低了。臺東廳長相良長綱便正式以廳長身分兼理臺東撫墾署署長。[22]此次地方官制的改變，確立了由民政系統的「廳」為主體的地方統治體系。

卑南辦務署轄下的廣鄉，即清代成廣澳一帶的庄社，其名稱如下：

表 1　明治 30 年廣鄉各區所轄庄社表

鄉名	管區名	街庄社所在地	管轄區域
廣鄉	第七區	馬蘭坳社	馬蘭坳社、沙鹿社、利基利基社、猴仔山社、加路蘭社、君滾巒社、都巒社、八里芒社、加里猛押社、大馬武窟社、嘎嘮吧灣社、小馬武窟社，計 12 社。
廣鄉	第八區	都歷社	都歷社、叭嗡嗡社、莪律社、加只來社、麻荖漏社、施龜彌咳社、芝路古咳社、白守蓮社、微沙鹿社，計 8 社。
廣鄉	第九區	成廣澳庄	成廣澳庄、石雨傘社、阿龜眉社、敦密社、沙理灣社、胆嘎社、烏石鼻社、僅那鹿角社、石寧埔、八桑安社、龜仔角社、姑仔寮社，計 1 庄、11 社。
廣鄉	第十區	加走灣庄	竹湖庄、掃北庄、加走灣庄、馬加拿咳社、城仔埔、大通鼻庄、三間屋庄，計 5 庄、2 社。

資料來源：〈臺東廳街庄社長所轄區域表，明治 30 年 11 月〉，見臺灣總督府檔案，第 239 冊，明治 31 年甲種永久保存，第二門，官規官職、行政區域。

---

20 〈臺灣總督府府令第 21 號〉，見《臺灣總督府報》，號外，明治 30 年 6 月 10 日。
21 伊能嘉矩，《理蕃志稿》，第一卷，頁 46。
22 王學新，前引書，頁 194。

　　根據田代安定的調查，清末廣鄉的範圍以成廣澳為中心，南至卑南
溪北端之猴仔山社（臺東市富岡里），沿海岸北至大港口一帶。奉鄉的
範圍則沿秀姑巒溪至東海岸一帶，北至加路蘭社（花蓮縣豐濱鄉磯崎
村），南至大港口之納納社（花蓮縣豐濱鄉靜浦村）。[23]納納社位居大港
口南岸，屬秀姑巒溪流域的秀姑巒阿美群。廣鄉的範圍，沿東海岸北上
至三間屋庄，亦即包括清代成廣澳沿海八社與阿美八社的範圍，三間屋
庄為平埔族人的部落，亦為東海岸一帶西拉雅族分布的北緣。[24]以北則
屬大港口阿美族的範圍，可知清代廣鄉與奉鄉的界線係以族群聚落為分
界。如此由族群關係所形成的「自然村」，彼此之間缺乏明顯的空間範
圍。[25]而且東海岸一帶由於族群的遷徙，部落的位置時有變動，故部落
間的空間界線仍不時在變動當中。

　　東部地區自清光緒 15 年（1889）劃分為五鄉，並分設都總管、副
都總管、鄉長與冊書等兼具維持秩序與收稅作用之人員，但五鄉之分並
不能視為是正式的行政區域，而是與臺灣西部拓墾時期一般，官方藉助
地方領導人物維持秩序與徵收賦稅的非正式機制。「鄉」並非行政系統，
也沒有組織，其範圍內是各自獨立分布的庄社，族群的界線常與庄社的
界線重疊，官方則透過通事與各社溝通聯繫。日據初期，設置辦務署的
意義，則是將國家權力的機制向下延伸，更加緊密的控制地方。但是如
此卻難免與傳統控制地方的力量有所衝突，從而迫使當地原住民的社會
權力結構產生變化。

　　辦務署所轄之區域再分設若干「區」，各區再選擇一部落作為街庄
社長的所在地，亦即地方的行政中心。卑南辦務署所轄東海岸原屬廣鄉
的區域劃分為四區，分別為自卑南以北至馬武窟溪北岸之小馬武窟社為
第七區，都歷社至成廣澳溪為第八區，成廣澳溪至彭仔存溪為第九區，
彭仔存溪以北至三間屋庄為第十區。各區之街庄社所在地分別為馬蘭坳

[23]　田代安定，《臺東殖民地預察報文》（臺北：總督府民政部殖產課，1900），頁 26-27。
[24]　施添福總編纂，《臺灣地名辭書—臺東縣》（南投：臺灣省文獻委員會，1999），頁 32。
[25]　施添福，〈日治時代臺灣地域社會的空間結構及其發展機制〉，《臺灣史研究》，8：1（2001.10），
　　　頁 3。

社、都歷社、成廣澳庄與加走灣庄。如此，原來各自分別存在的庄社被組合成四區，地方行政開始層級化，影響所及，東海岸一帶的庄社的空間關係亦由平面平行的關係轉化為有層級之分的垂直關係。都歷社、成廣澳庄與加走灣庄等三個聚落被指定為區之街庄社所在地，使此三地成為附近聚落的中心，日後成廣澳支廳空間範圍的雛型亦由此而奠定。

明治 31 年（1898）2 月，臺東廳長相良長綱建議增設撫墾署花蓮港出張所，[26]3 月間，在臺灣總督府擬廢止地方辦務署之際，相良長綱則建議大幅修改臺東廳之組織，廳內設置庶務、財務、警察與撫墾四課，地方則分設花蓮港、璞石閣、成廣澳與太麻里四個出張所，以處理行政與撫「蕃」的事務。[27]但是未被接受。6 月間，臺灣總督府改正地方官制，全臺分設三縣（臺北、臺中、臺南）三廳（宜蘭、臺東、澎湖），將縣廳之下的辦務署、警察署與撫墾署等機關組織整合裁併，以裁汰冗員加強行政效率。[28]東部地區之撫墾署因而裁撤，原來之業務改由廳直轄。[29]地方之管理體系，亦隨之調整，根據土地之廣袤、事務之繁簡，而使一街庄社長兼掌二區或三區。「蕃社」部分，亦因經費關係，各社通事及其管轄之區域亦加以調整變更。[30]臺東廳內仍維持三辦務署，但區數則由三十區調併為廿五區。卑南撫墾署所轄廣鄉內各區與庄社調併之後的情形之如下：

表2　明治31年廣鄉各區所轄庄社表

區名	所轄庄社
第五區	加路蘭社、君滾巒社、都巒社、八里芒社、加里猛狎社、大馬武窟社、嘎嘮吧灣社、小馬武窟社、都歷社、叭翁翁社、莪律社、加只來社、麻荖漏社、施龜彌咳社、芝路古咳社、白守蓮社。

26　〈臺東廳告示第 11 號，明治 31 年 2 月 18 日〉，臺灣總督府檔案，第 284 冊，明治 31 年，乙種永久保存，第 25 卷，第 4 門，文書-報告。

27　〈相良長綱致民政局長公文，明治 31 年 3 月 18 日〉，臺灣總督府檔案，第 240 冊，明治 31 年，甲種永久保存，第 25 卷，第 2 門，官規官職-行政區域。

28　井出季和太，《南進臺灣史考》（東京：誠美書閣，1943），頁 33。

29　伊能嘉矩，《理蕃志稿》，第一卷，頁 97。

30　〈臺東廳行政事務及轄內概況報告，明治 31 年 7 月〉，臺灣總督府檔案，第 272 冊，明治 31 年乙種永久保存，第 13 卷。中譯文見王學新，前引書，頁 282。

第六區	微沙鹿社、成廣澳庄、石雨傘社、阿龜眉社、敦密社、沙理灣社、胆嘎社、烏石鼻社、僅那鹿角社、彭仔存社、石寧埔、八桑安社、龜仔角社、姑仔寮社。
第七區	竹湖庄、掃北庄、加走灣庄、馬加拿咳社、城子埔庄、大通鼻庄、三間屋庄、大俱來社、水母丁庄。

資料來源：〈臺東廳令第 13 號，明治 31 年 7 月 30 日〉，見臺灣總督府檔案，第 322 冊，明治 31 年甲種永久保存，第 8 卷，第 4 門，文書-報告。

　　就調整之內容來看，原來南鄉第七區部分庄社與第八區合併為第五區，但將原屬第七區之馬蘭坳社、沙鹿社、利基利吉社、猴仔山社等社併入屬於卑南一帶的第一區。原來南鄉之第九區改稱之第六區，並將原屬第八區之微沙鹿社併入本區。原來奉鄉第十區之大埧來社與水母丁庄併入原來南鄉之第十區，並改稱為第七區。原來奉鄉第十區其他庄社改稱為第十五區。使得東海岸由原先六個區調併為四個區。如此調整的結果，將傳統上廣鄉的空間範圍向北延伸至大埧來社與水母丁庄，而南端之馬蘭坳社、沙鹿社、利基利吉社、猴仔山社等卑南族與阿美族的聚落則併入卑南一帶。在空間上包括了南起卑南溪，北至水母丁溪的東海岸地區，亦即今日東河、成功與長濱三個行政區域的範圍。

　　此外，地方官制更改後，相良長綱所提設置四個出張所的意見雖然未被接受，但是東部地區地形狹長，廳治居於南端，北端之花蓮港一帶基於地租徵收、鴉片管理與地方警戒等問題之考慮，仍有設置行政管理單位之必要，相良長綱乃於明治 31 年（1898）6 月間再度提請設置花蓮港出張所，[31]經總督府允准，於 9 月 7 日開廳辦公，[32]管轄原來蓮鄉的範圍。

　　另一方面，在辦務署與撫墾署相繼廢止後，地方的事務變成由廳長直接指揮控制各區的局面。各區調整合併後，臺東廳重新任命了各區的街庄社長。前述之第五、六、七區三區的區長由徐才普擔任，其管轄範

---

[31] 相良長綱，〈花蓮港地方二於ケル行政上ノ義二付具申〉，臺灣總督府檔案，第 240 冊，明治 31 年甲種永久保存，第 25 卷，第 2 門，官規官職-行政區域。

[32] 〈臺東廳告示第 68 號明治 31 年 9 月 7 日〉，見臺灣總督府檔案，第 284 冊，明治 31 年乙種永久保存，第 25 卷，第 4 門，文書-報告。

圍包括加路蘭社外之 15 社、微沙鹿社外之 13 社與竹湖庄外之 8 社。[33]按
徐才普在割臺時原為成廣澳庄與石雨傘莊二庄的總理，在漢人和平埔族
間具有一定的影響力。如此安排的作用，原因是日人的統治基礎尚未穩
固，為有效穩定地方情勢，遂不得不沿襲清代以來當地原有的社會控制
機制以管理之，故而仍然任命原來的總哩，以協助管理當地的漢人與平
埔族。對阿美族則仍以發放口糧銀的方式爭取通事與部落社長副社長的
合作。而且街庄社長被賦予更積極性的角色，即作為貫徹日人各項施政
計畫的協力者。茲將明治 31 年前後街庄社長之職能比較如下：[34]

表 3　街庄社長職權比較表

臺東廳令第 7 號（明治 30 年 11 月 22 日）	臺東廳令第 14 號（明治 31 年 8 月 20 日）
官方之命令諭告布達週知 管內民情之報告 民眾之稟請書類捺印證明（日人除外） 其他辦務署長委辦之事項	官方之命令諭告布達週知 管內民情之報告 民眾之稟請書類捺印證明（日人除外） 依照舊慣管理共同事業 天災地異等變異之報告 地方孝子節婦事蹟之報告 協助有司辦理徵收租稅、調查戶籍、預防傳染病與協助軍隊行進等事宜

　　就上表可知，街庄社長除了依照過去慣習，在地方事務上延續其傳
統的功能外，更重要的是要協助有司辦理徵收租稅、調查戶籍、預防傳
染病與協助軍隊行進等事宜，上述各項均為穩固日人在臺統治的基礎工
作，亦為國家權力向地方滲透延伸的重要手段，這期間自然需要掌握社
會網絡的地方領袖的協助，因此街庄社長的角色亦具有導引的作用。

　　而當時廢除辦務署，由廳長直接管轄各街庄社的另一項重要的配套
機制，則是警察機關的建立。日人進佔東部之初，治安的事務一直由憲
兵負責，明治 31 年（1898）3 月，相良長綱以日人至者日眾，各項事
業漸次興辦，其中需要警察管理的項目增加，然而憲兵卻不適合擔任此

一管理的工作，故要求配置警察官吏。總督府隨即同意配置警部 5 人與巡查 20 人。其中警部 1 人、巡查 16 人配置在花蓮港，其他人則配置在廳警察課內。10 月間駐防之憲兵調往臺南，為填補此治安上之空隙，相良長綱於是要求增加警察之配置。[35]明治 32 年（1899）5 月，開始於卑南、雷公火、公埔、璞石閣、水尾、太巴塱、成廣澳與加走灣等 8 處分別設置警察官吏出張所。[36]

　　警察出張所主要作用為治安，對象為居住平地的漢人與日本人，而原住民事務仍由廳直轄，並不屬於警察的管轄範圍。但由於當地原住民、平埔族人與漢人錯落而居，平地與山地的界線不明顯，警察之業務實質上有時亦兼含了原住民的管理。故由警察辦理撫綏原住民事務可謂以臺東廳為嚆矢。[37]警察的力量十足展示了國家的威權與意志，其在地方事務上所扮演的角色勢將逐步取代當地既有的社會控制勢力。

　　明治 33 年（1900）6 月，為了行政管理上的需要，臺東廳內增設卑南、成廣澳與璞石閣三處出張所，[38]與原先成立之花蓮港出張所合計成為四個出張所。各出張所分設警察課與總務課，警察課主管警察事務。總務課主管警察以外事務以及「蕃人蕃地」之管理。[39]並且廢除了卑南、璞石閣與成廣澳三處的警察官吏出張所，以將其業務轉入各地出張所內。該四處出張所之轄區則調整如下：

表 4　明治 33 年臺東廳各出張所所轄庄社區域表

出張所名稱	所在地	管轄區域
卑南出張所	南鄉卑南	南鄉全鄉 廣鄉內之加路蘭社、君滾蘭社、都巒社、八里芒社、加里猛狎社、大馬武窟社 火燒島

[35] 臺灣總督府警務局，《臺灣總督府警察沿革誌》，第一編（臺北：該局，1933），頁 462-463。

[36] 〈臺東廳行政事務及轄內概況報告，明治 32 年 4-6 月〉，見王學新，前引書，頁 329。

[37] 伊能嘉矩，《理蕃志稿》，第一卷，頁 383。

[38] 〈臺東廳告示第 8 號，明治 33 年 5 月 19 日〉，見臺灣總督府檔案，第 496 冊，明治 33 年乙種永久保存，第 10 卷，第 4 門，文書-報告。

[39] 〈臺東廳出張所事務規程〉，見臺灣總督府檔案，第 496 冊，明治 33 年乙種永久保存，第 10 卷，第 4 門，文書-報告。

成廣澳出張所	成廣澳庄	廣鄉內之庄社屬於卑南出張所者除外 奉鄉內之加路蘭社、新社、貓公社、八里環社、姑律社、石梯坪社、北頭溪社、大港口庄、納納社、葵扇埔庄、大峰峰庄、大金石庄、姑仔律社、大埧來社、水母丁庄
璞石閣出張所	璞石閣庄	新鄉全鄉 奉鄉內之庄社除去成廣澳與花蓮港二出張所所轄者
花蓮港出張所	花蓮港街	蓮鄉全鄉 奉鄉內之鎮平庄、節朱芒社、善化社、良化社、馬太鞍社、大巴塱庄、馬於文社、沙老社、馬弗社

資料來源：相良長綱，〈出張所設置ノ儀二付稟請〉，臺灣總督府檔案，第472冊，明治33年甲種永久保存，第1卷，第2門，官規官職-行政區域。

　　就成廣澳出張所之轄境而言，此時亦起了重大的變化，馬武窟溪以南被劃入卑南出張所轄境，成廣澳出張所管轄自馬武窟溪北岸之小馬武窟社，向北延伸到鄰近花蓮港之加路蘭社與新社一帶。就空間範圍而言，成廣澳支廳的位置向北移，更加凸顯成廣澳庄在東海岸一帶的領導性地位。

　　明治34年（1901），臺灣地方官制再度變革，廢除縣與辦務署，全臺分設20廳，廳之下再分設支廳。臺東廳下分設為巴塱衛、成廣澳、璞石閣與花蓮港等四個支廳。[40]各支廳之管轄區域則承續原來各出張所之轄境，但掌管之業務則考量各地人口比例與族群關係而有所不同：

　　花蓮港支廳：總務課、稅務課、警察事務

　　璞石閣支廳：總務課、警察事務

　　成廣澳、巴塱衛支廳：警察事務

　　按有關原住民之事務原來包含於總務課業務內，警察事務則專屬治安有關事項。

　　由上述各支廳業務內容的差異，可以看出日人對於東部縱谷與東海岸地區的管理態度是不同的。縱谷內部的民「蕃」事務全歸支廳掌管，但東海岸一帶的管理則仍為雙軌體系，有關阿美族各社事務與口糧銀之發放仍歸廳總務課直轄，而一般治安事務則歸地方警察管理。

---

[40] 伊能嘉矩，《理蕃志稿》，第一卷，頁171-172。

　　明治 34 年（1901）全臺所設各廳，直接受總督府民政部警察本署指揮。[41]廳之下設支廳，以警部為支廳長，所屬亦多由警察擔任，[42]如此一來全臺各地均由總督府直接控制，警察之權限亦隨之擴張。成廣澳支廳內自支廳長以下全由警察擔任，其編制如下：警部 1 人擔任支廳長，警部補 1 人，巡查 30 人，巡查補 11 人，合計 43 人。[43]各地之警察派出所管轄區域如下：

表 5 明治 34 年成廣澳支廳各派出所所轄庄社表

名稱	位置	管轄庄社
支廳直轄	成廣澳庄	成廣澳庄、石雨傘庄、阿龜眉庄、都威社、沙汝灣社、微沙鹿社、芝路古咳社
麻荖漏派出所	麻荖漏社	麻荖漏社、施龜彌咳社、白守蓮社、跋便社、加只來社
都歷派出所	都歷社	都歷社、義律社、叭翁翁社、小馬武窟社
石寧埔派出所	石寧埔庄	石寧埔庄、烏石鼻庄、胆噯社、沙里灣社、大竹湖社、僅那鹿角社、姑仔簝社、八桑安社、彭仔存社
加走灣派出所	加走灣庄	加走灣庄、加走灣中庄、加走灣頭庄、石坑社、城仔埔庄、大削別社、小削別社、小竹湖社
三間星派出所	三間屋庄	三間屋庄、大通鼻庄、馬稼海社、水母丁庄、大埧來社
姑仔律派出所	姑仔律社	姑仔律社、大峰峰社、大金石庄、加祿社
大港口派出所	大港口庄	大港口庄、納納社、葵扇埔庄、北頭溪庄、石梯坪庄、石坑庄
姑律派出所	姑律社	姑律社、貓公社
新社派出所	新社	新社、加路蘭社

資料來源：〈臺東廳告示第 15 號，明治 34 年 7 月 1 日〉，臺灣總督府檔案，第 617 冊，明治 34 年乙種永久保存，第 19 卷，第 4 門，文書-報告。

　　成廣澳支廳長亦兼長當地警察派出所，各個派出所內配置 2 名巡

---

[41] 井出季和太，《臺灣治績志》（臺北：成文出版社本，1985），頁 302。

[42] 鹽見俊二，〈日據時代臺灣之警察與經濟〉，《臺灣經濟史初集》（臺北：臺銀經濟研究室，1956），頁 128。

[43] 相良長綱，〈支廳設置ノ儀二付稟申〉，臺灣總督府檔案，第 597 冊，明治 34 年乙種永久保存第 1 卷，第 2 門，官規官職-行政區域。

查，日據以來日人即透過如此綿密的警察體系嚴密的控制地方。在地方
事務上警察的角色亦愈來愈重要，其所觸及的層面亦更加廣泛，於是與
過去將原住民事務歸於廳總務課掌管的情形，在職權上遂發生重疊的情
形。

　　當時臺東廳長相良長綱認為應以撫育的態度對待原住民，因此一直
不贊成由警察管理原住民事務，故相關業務仍由廳總務課掌理。按據臺
之初，日人以全臺情勢未靖，無力兼顧山地，故對原住民採取撫綏之政
策，但求無事。但明治 35 年（1902）7 月以後，臺人之反抗運動在日
人之壓制下已逐漸平定，日人為求原住民之撫育、山地之開發、樟腦事
業之推進，以及治安之維持等。明治 36 年（1903），臺灣總督府將山地
與原住民事務劃歸由各廳警務課主管。[44]但是臺東廳長相良長綱仍然力
爭廳內原住民事務應由總務課掌管。翌年（1904），相良長綱於任內病
故，遺缺由原恆春廳長森尾茂助繼任，乃一改相良以撫育為主的施政方
針，請准總督府將原住民事務改歸警務課管理，理由為廳總務課掌理之
原住民業務，由於事務日見繁雜，總務課已難勝任，而轄內各警察派出
所處理的事務，反而大多數與原住民有關，數年來已累積相當的經驗，
故要求將業務改由警務課主管，以統一事權嚴格監督。[45]如此一來，自相
良長綱以撫育為主的治理態度，一改為積極管理、有效監督的統治型
態。[46]過去依照舊慣運作的當地社會，在國家的意志下，開始面臨種種
新的挑戰與轉變。

　　明治 38 年（1905）7 月，臺東廳將明治 31 年以來街庄社管轄區域
自 26 區域裁併為 20 區。各區並按地名冠以名稱，一改從前僅以數字標
示的做法。成廣澳支廳內各區、街庄社長、派出所與管轄區域如下表：

---

[44] 井出季和太，《臺灣治績志》，頁 319-320。鷲巢敦哉，《臺灣警察四十年史話》（臺北：
　　作者自印，1938），頁 302-303。藤井志津枝，《日治時期臺灣總督府理蕃政策》，頁 167。

[45] 伊能嘉矩，《理蕃志稿》，第一卷，頁 347。

[46] 藤井志津枝，前引書，頁 204。

表 6 明治 38 年成廣澳支廳內各區、街庄社長、派出所與管轄庄社表

各區名稱	街庄社長	街庄所在地	管轄派出所	管轄庄社
都歷區	馬麟（兼）	無	都歷派出所	小馬武窟社、都歷社、叭翁翁社、莪律社、加只來社
			麻荖漏派出所	麻荖漏社、芝路古咳社、施龜彌咳社、跋便社
成廣澳區	馬麟	成廣澳庄	成廣澳支廳	成廣澳庄、石雨傘庄、阿龜眉庄、都威社、沙汝灣社、微沙鹿社、白守蓮社
			石寧埔派出所	石寧埔庄、烏石鼻社、胆嘎社、沙汝灣庄、大竹湖社、僅那鹿角社、姑仔簝庄、八桑安社、彭仔存庄、大竹湖庄
加走灣區	馬麟（兼）	加走灣庄	加走灣派出所	加走灣庄、加走灣中庄、加走灣頭庄、大削別庄、小削別庄、小竹湖庄、大削別社、城仔埔庄、小竹湖社、石坑社
			三間屋派出所	三間屋庄、大通鼻庄、馬稼海社、水母丁庄、大塂來社
			姑仔律派出所	姑仔律社、大峰峰社、大金石庄、加祿社
大港口區	林阿祥	大港口庄	大港口派出所	大港口庄、納納社、葵扇埔庄、北頭溪庄、石梯坪庄、石梯庄
			姑律派出所	姑律社、貓公社
			新社派出所	新社、加路蘭社

資料來源：(a)〈臺東廳令第 8 號，明治 38 年 7 月 17 日〉、〈臺東廳告示第 28 號，明治 38 年 7 月 26 日〉，臺灣總督府檔案，第 1077 冊，明治 38 年乙種永久保存，第 31 卷，第 5 門，地方-地方行政。(b) 森尾茂助，〈街庄社長管轄區域變更ノ義二付稟申，明治 38 年 5 月 16 日〉，臺灣總督府檔案，第 1066 冊，明治 38 年乙種永久保存，第 16 卷，第 5 門，地方—地方行政。

　　此次變更街庄社長轄區值得注意的是都歷、成廣澳與加走灣三區的街庄社長仍由一人擔任，人選為自清末即在成廣澳一帶擔任頭人的馬麟，其出身背景與原來擔任街庄社長的徐才普相同，均為當地漢人拓墾的領袖型人物，在地方上有著相當聲望，為眾人所敬服。此後都歷與成廣澳區長均由馬麟擔任，直到大正 10 年（1921）馬麟年老退休為止。另外，本次調整各區管轄庄社的結果，更加確定了日後以都歷、麻荖漏二派出所與成廣澳支廳所轄的庄社為範圍的成功鎮轄域。

　　明治 41 年時，臺東廳再度調整地方行政區域。就成廣澳支廳而言，都歷區內之莪律社被併入加只來社，其他庄社則無變化。值得注意的是，臺東廳內泰雅族、布農族、魯凱族與排灣族等部落皆設置了「蕃務官吏駐在所」，而阿美族與卑南族部落所在，則設警察派出所。[47]換句話說，日人對當地阿美族與卑南族，毋寧是視其為較為親近順服的，透過警察與蕃社役場的管理體系，日人認為已能控制當地的情勢。

　　明治 42 年（1909），全臺地方行政機關再度大幅修改，將原來 20 廳制裁併為 12 廳。東部地區分設為臺東與花蓮港二廳，其行政區域的調整，則是將成廣澳支廳內大港口區所屬各庄社併入花蓮港廳內，而原屬成廣澳支廳下之都歷、成廣澳與加走灣三區則屬臺東廳。按大港口區所轄庄社在清代原屬奉鄉之範圍，明治 33 年（1901）6 月時被併入成廣澳出張所轄區。本年臺東廳與花蓮港廳分治，其在東海岸一帶的分界，即清代屬於奉鄉之納納社為界，以迄於今。

　　各廳之下仍設支廳，但是廢止支廳下之街庄社長，新設區長。[48]日人之基層行政的體制又為一變。明治 42 年（1909）臺灣地方行政制度調整的精神即是將原來小區域的行政區劃加以整合，以專事權。[49]故在此朝向整合的理念下，將各地之街庄社調整合併為若干區，亦為配合整體地方施政所必須。區之職權如下：[50]

---

47 〈臺東廳告示第 43 號，明治 41 年 10 月 29 日〉，臺灣總督府檔案，第 1410 冊，明治 41 年永久追加，第 3 卷，第 5 門，地方-地方行政。

48 《臺灣省通志稿》，卷 3，政事志-行政篇（臺北：成文出版社，1983），頁 358。

49 井出季和太，《臺灣治績志》，頁 422。

50 〈敕令第 217 號，明治 42 年 9 月 13 日〉，《臺灣總督府府報》，第 2798 號，明治 42 年 9

（一）臺灣總督府轄內街庄社，合數個街庄社設區長一人與區書記若干人。區長與區書記均為判任官（委任）。

（二）區長承受廳長之指揮監督，輔助執行區內的行政事務。

（三）區書記承區長之命從事於庶務性的工作。

（四）區長與區書記均由廳長任命。

（五）但總督府認為有需要時區長得提供財產之保證。

（六）區書記發給津貼，區長則發給事務費。

（七）本規定以外之必要事項由總督府訂定之。

區長之職務如下：[51]

（一）週知有關之法令。

（二）進呈民眾向行政官廳所提之請願等事項。

（三）傳達行政官廳所發之命令。

（四）報告區內有關之情況。

（五）歲入、地方稅與其他稅收有關事項。

（六）公共費之保管與出納。

（七）其他廳長所命之事項。

　　就區的地位而言，仍是廳的行政補助機關，但給予區長與區書記相當於判任官的地位，發給事務費與津貼，屬於有給職的職務，在身分上無疑地是加強其與國家體系的連結。在功能上，與明治 31 年（1898）頒布之街庄社長職務規程比較，明顯是退縮的。當時街庄社長仍可依當地舊慣管理當地事務，地方民眾向官方的反映事項亦需街庄社長蓋印證明，而區長之職務則為純粹行政命令之轉呈與地方稅務之促進等，街庄社長之權限被壓縮的另外一面則是日本對於地方事務更深一層的控制。

　　就成廣澳支廳的情況而言，仍由馬麟擔任成廣澳區兼都歷區的區長，區書記為劉振業，新命邱鳳來為加走灣區區長，區書記為曾阿七。[52]

月 13 日。

51　〈府令第 68 號，明治 42 年 10 月 5 日〉，《臺灣總督府府報》，第 2805 號（明治 42 年 10 月 5 日），頁 12。

52　《臺東廳報》，第 34 號，明治 43 年 2 月 7 日。

劉振業原為警察派出所之雇員。可知日人控制地方的架構，廳、支廳與
派出所均為警察所主導，區長雖為臺人擔任，但區書記之身分仍為警
察。各庄社內之漢人、平埔族由警察派出所直接控制，對阿美族則是透
過對於各社頭目之控制，而達到掌控的目的。至此，日人地方基層的統
治架構已可謂完備，日後行政區域或名稱儘管有所調整改變，但是基層
的控制體系仍是不變的。

四、土地調查

明治 41 年（1908），臺灣總督府通信局長鹿子木小五郎視察東部之
後，力陳應在東部進行移民事業。次年，官營移民事業即次第實行，首
先進行適合移民地區與內外移民有關事務之調查，總督府內並成立移民
事務委員會以為指導機關。[53]但是當時東部地區尚未實施土地調查，官
有私有土地產權未明確劃分，因此，適當的集體移民所需之土地將如何
取得，以及私人企業用地與在地住民的耕地將如何規劃，均迫使總督府
方面必須全盤性的思考東部地區的土地整理問題。[54]

為此，總督府方面對於東部地區的土地整理問題，特別於明治 43
年（1910）5 月 16 日，由民政長官大島久滿次召集相關首長集會討論。
會中所提出之〈臺東花蓮港兩廳管內土地整理二關スル原案〉（以下簡
稱原案）即指出除非先對東部地區土著人民不規則與零散的耕地分布進
行整理，否則難以獲得適當的集團移民所需之土地。而開展東部移民事
業的三項前提為：（一）當地土著人民的耕作區域應適當整理，使其生
活安定。（二）應先確定移民農村之預定地，以為招徠移民的基礎。（三）
確定上述二類土地以外，適合作為農地與造林的土地。[55]

5 月 16 日的會議，達成若干決議：（一）實地調查之前，必須先收

---

[53] 臺灣總督府，《官營移民事業報告書》（臺北：該府，1919），頁 28-29。

[54] 李文良，〈林野整理事業與東臺灣土地所有權之成立型態（1910-1925）〉，《東臺灣研究》
　　 2（1997.12），頁 172。

[55] 〈臺東花蓮港兩廳管內土地整理二關スル原案〉，臺灣總督府檔案，第 5322 冊，明治 43 年
　　 15 年保存，第 62 卷，殖產-拓殖。

繳原住民武器，其辦法由蕃務本署署長與二廳廳長會商，應於明治 43
年 10 月底前完成。（二）實地調查期間自明治 43 年至 44 年 2 月底止。
（三）根據調查結果確定原住民耕作區域範圍後，其範圍內原住民土地
之分割由蕃務本署署長與二廳廳長協定處理。[56]

　　根據〈原案〉的規劃，成廣澳地區被劃為「土著部落整理區域」者
如下：[57]加走灣區：水母丁、三間屋、大通鼻、馬稼海、加走灣（含城
仔埔、加走灣、頭庄、中庄、尾庄）、大掃別（含大、小掃別）、小竹湖、
大竹湖、彭仔存、八桑安、姑仔簝（含僅那鹿角）。

　　成廣澳區：石寧埔、烏石鼻、胆嘪、沙汝灣、都威、阿龜眉、石雨
傘、成廣澳庄、微沙鹿、白守蓮。

　　都歷區：芝路古咳、麻荖漏、施龜彌咳、加只來、都歷、大馬武窟。

　　此舉無疑確定了當地阿美族的部落空間範圍，將部落以外的區域保
留作為保安林地或是其他用途之用。

　　臺東廳於是根據明治 43 年（1910）10 月 30 日府令第 76 號規定，
自該年 11 月起開始實施附屬於林野調查的土地調查。有關業主權之登
錄，業主必須提出丈單、新墾執照、地租領收證與拂下（放領）許可證
等書面證明，方得登錄為業主。土著部落的土地若為共業地，其共業者
的姓名由廳調查決定。土地整理後，每一庄社之土地按順序編號（地
番），且以自然區域為範圍者，其地目依地番而編造。[58]此次土地整理對
卑南族與阿美族等原住民除了土地產權的觀念產生變化外，另外的衝擊
則是土地整理之後，傳統地方的空間概念亦因而面臨重大重組。臺灣總
督府利用地籍上的「地番」作為戶籍登記上的「番地」，從而將地籍與
戶籍結為一體，達成總督府以地統人的目標。[59]

---

56 〈臺東花蓮港兩廳管內土地整理二關スル決議ノ件，明治 43 年 6 月 16 日〉，臺灣總督府檔
　案，第 5322 冊，明治 43 年 15 年保存，第 62 卷，殖產-拓殖。
57 〈臺東花蓮港廳管內土地整理預察圖〉，臺灣總督府檔案，第 5322 冊，明治 43 年 15 年保
　存，第 62 卷，殖產-拓殖。
58 〈臺東花蓮港兩廳管內土地整理二關スル決定，明治 43 年 11 月 4 日〉，臺灣總督府殖產局，
　《臺灣林野調查事業報告》（臺北：該局，1915），頁 76-77。
59 施添福，〈日治時期臺灣地域社會的空間結構及其發展機制〉，頁 6。

　　土地調查工作在明治 44 年（1911）2 月告一段落，民政長官內田嘉吉於該年 5 月 12、14 日針對調查結果召開會議，會中決定將共業地予以分割，賦予原住民各別土地的業主權。對於共業地分割後因耕地不足導致生計困難者，可以根據預約賣渡規則取得土地。街庄社也將依整理案的結果重新檢討合併。[60]如此轉變具有解開原住民傳統透過土地連結的鈕帶關係，而重編從屬關係的意義。[61]

　　根據前述 5 月 16 日的決議，臺東廳長朝倉菊三郎向總督府提出收繳阿美族人武器的建議，9 月 18 日，總督府同意辦理。經過諸般準備後，明治 44 年（1911）3 月，朝倉菊三郎親自擔任隊長，山地事務課課長井野邊幸如為副隊長，率領警部 7 人、警部補 8 人、巡查 105 人、巡查補 21 人及雇員 1 人組成之搜索隊，開始收繳成廣澳支廳與各直轄派出所內各部落的武器。以每把連發槍 14 圓、單發槍 10 圓、短槍 8 圓 50 錢、火繩槍 3 圓 50 錢，槍身 1 圓之價格作為各戶購買家畜之資金。並透過各社頭目與有影響力者訓諭社眾交出武器，但一則行前日方已確定各戶所有武器必須全部繳出的原則，二則如此龐大的收繳隊伍亦造成相當壓力。故三日間即收繳連發槍 563 把，單發槍 538 把、管打槍 1502 把、短槍 2 把、火繩槍 346 把、槍身 141 把，合計 3092 把，另外還有清代留下來的大砲 5 門。[62]

　　各社原住民之武器被收繳之後，傳統以打獵為主的生產型態因而被迫改變為農耕為主，從而增加了原住民對於土地的依賴，而國家勢力則藉由對地的掌控，例如土地調查、地籍登記、農業技術改良與產銷體系等，透過對於原住民生產活動的支配而將國家的影響力滲透到部落內部。另一方面，由於火槍等武器乃打獵禦敵的重要工具，擁有火槍等武器，不僅是身分地位的象徵；在小米祭時，火槍亦為重要儀式品，若無火槍隨祭，則違反神意，將使小米歉收。[63]故收繳火槍的政策不啻將火

---

[60] 〈臺東花蓮港兩廳管內土地整理ノ件，明治 44 年 6 月 19 日〉，臺灣總督府殖產局，《臺灣林野調查事業報告》，頁 78-80。

[61] 李文良，前引文，頁 179。

[62] 臺灣總督府警務局，《理蕃誌稿》，第二卷，頁 185-186。

[63] 同前書，頁 190。

槍的影響力自阿美族的社會文化中抽離，從而改變了其生活方式。失去
火槍等武器，猶如拔除了各部落的虎牙，由警察與軍隊所代表的國家權
力，從此更廣泛的介入部落內部的事務。其間雖曾發生明治 44 年（1911）
7 月之成廣澳阿美族人反抗日人的事件，但為日人壓制，如此更形加大
了日人在當地的影響力。

明治 45 年（1912）4 月 11 日，總督府以臺東廳內阿美族與卑南族
各社武器既已收繳，即使廢止按月撥給各社頭目津貼，亦不致影響民
情，故通知臺東廳相關津貼發至 5 月份，6 月以後即行停止。[64]頭目津
貼原為招撫當地部落領袖藉以穩定地方情勢而設，今既已收繳武器，日
警已可控制地方部落，自無再發給津貼的必要。大正 3 年（1914）1 月，
開始對於東部二廳居住於平地的阿美族所有地課以地租，視同為普通行
政區域。[65]矢內原忠雄更指出地租制度實施後，國家取代頭目成為部落
真正的領袖。[66]

除了上述個人與土地關係的變化外，大正 3 年（1914）5 月，林野
調查之後，根據〈原案〉中「土著部落區域」的規劃，重新調整合併臺
東花蓮二廳管內之庄社，有關成廣澳支廳轄內庄社合併的情形如下：[67]

都歷區：叭翁翁社併入都歷社

跋便社併入加只來社

施龜彌咳社與芝路古咳社併入麻荖漏社

成廣澳區：白守蓮社併入微沙鹿社

阿龜眉社與都威社併入石雨傘庄

沙汝灣庄與胆嘎社併入沙汝灣社

烏石鼻社併入石寧埔庄

---

64 同前書，頁 284。

65 臺灣總督府警務局，《理蕃志稿》，第二卷（臺北：南天書局複印，1995）頁 475。林聖欽，
〈花東縱谷中段的土地開發與聚落發展（1800-1945）〉（臺北：臺灣師範大學地理研究所
碩士論文，1995），頁 71。

66 矢內原忠雄原著，周憲文譯，《日本帝國主義下的臺灣》（臺北：帕米爾書店，1985），頁
20。

67 〈臺東花蓮港二廳管內庄社合併案，大正 3 年 5 月 16 日〉，臺灣總督府檔案，第 2244 冊，
大正 3 年永久保存，第 25 卷，第 5 門，地方-地方行政。

僅那鹿角社與八桑安社併入彭仔存社

加走灣區：大竹湖社、小竹湖社、大掃別社併入大掃別庄

城子埔庄與石坑庄併入馬稼海社

大垻來社與水母丁庄併入三間屋庄

上述被合併的庄社，並非消失，而是改稱為「土名」。施添福指出日據時期臺灣的街庄出現三種類型，一為原來的庄單獨成庄；二為合併數個小庄，以其中較著名的庄為名，其餘稱為土名；三為合併數個小庄，另取庄名，原來各庄街稱為土名。[68]按日據時期土地調查後的土地，原以庄社為單位將每一筆土地按順序編號，稱為地番。如今庄社合併之後，為解決被合併的庄社在土地臺帳上登記的問題，於是將被合併的庄社新設為所併入之庄社下的土名，以利土地臺帳之登記。[69]因此，土名具有一定的空間範圍，每一土名自成為一地籍編號系統，再以此地籍系統編制戶籍，將地番與番地（戶口號碼）結合起來，建立地籍與戶籍合一的「以地統人」的管理系統。[70]自表7可見，成廣澳支廳內新設的土名，有原為單獨一部落者，亦有合併鄰近部落而設者。被併入其他土名的部落，其作為空間的地理名稱或是行政單位名稱皆永遠消失，如施龜彌咳社、沙汝灣庄、大掃別社、小竹湖社、水母丁庄、加祿社與大尖石庄等。當時所新設之土名如下：

表7　大正3年成廣澳支廳新設土名一覽表

舊庄社名	改正後庄社名	新設土名
芝路古咳社	麻荖漏社	芝路古咳 麻荖漏
麻荖漏社		
施龜彌咳社		
沙汝灣社	沙汝灣社	沙汝灣 胆嘐
沙汝灣庄		

68　施添福，《蘭陽平原的傳統聚落-理論架構與基本資料》，上冊（宜蘭：宜蘭縣立文化中心，1996），頁56-58。

69　臺東廳，〈土名新設稟申ノ件〉，臺灣總督府檔案，第2246冊，大正3年永久保存，第27卷，第5門，地方-地方行政。

70　施添福，《蘭陽平原的傳統聚落-理論架構與基本資料》，上冊，頁62。

胆嘎社		
彭仔存庄	彭仔存庄	彭仔存 八桑安 僅那鹿角
八桑安社		
僅那鹿角社		
微沙鹿社	微沙鹿社	微沙鹿 白守蓮
白守蓮社		
大掃別庄	大掃別庄	掃別 竹湖
大掃別社		
大竹湖社		
小竹湖社		
三間屋庄	三間屋庄	三間屋 大埧來
大埧來社		
水母丁庄		
都歷社	都歷社	都歷 叭翁翁
叭翁翁社		
加只來社	加只來社	加只來 跋便
跋便社		
加錄社	姑仔津社	大峰峰 姑仔津
大峰峰社		
姑仔津社		
大尖石庄		

資料來源：臺灣總督府檔案，第 2246 冊，大正 3 年永久保存，第 27 卷，第 5 門，地方-地方行政。

　　大正 7 年（1918），臺東廳請求調整與更改廳內部分庄社的劃分與界線，成廣澳支廳內的變化如下：[71]

　　（一）都歷區：1.原屬微沙鹿社土名白守蓮者，劃入麻荖漏社。

　　　　　　　　　2.原屬加只來社土名跋便者，劃入麻荖漏社。

　　　　　　　　　3.加只來社與麻荖漏社以跋便社以南沿溪為界。

　　（二）成廣澳區：1.原屬微沙鹿社土名微沙鹿者，編入成廣澳庄，並廢除微沙鹿社的街庄社名稱。

---

[71] 臺灣總督府檔案，第 6508 冊，大正 7 年，15 年保存，第 3 卷，第 5 門，地方-地方行政。

2.麻荖漏社與成廣澳庄以キナブカ溪中線為界。

3.原屬石雨傘庄土名都威者，編入沙汝灣社。土
名石雨傘者，編入成廣澳庄。並廢除石雨傘庄的
街庄社名稱。

4.原屬沙汝灣社土名胆嘎者，編入石寧埔庄。

5.沙汝灣社與石寧埔庄以沙汝灣溪為界。

　　此次調整的意義，則是明確劃分了庄社之間的空間界線。成廣澳支
廳以成廣澳庄為中心，南以キナブカ溪（Kinabuka，今富家溪）與麻荖
漏為界，麻荖漏則以跋便以南之跋便溪與都歷區為界。成廣澳庄以北則
以都威溪與沙汝灣為界，沙汝灣以北則以沙汝灣溪與加走灣庄為界。如
此一來，行政疆界取代了過去部落之間自然形成的界線。而且麻荖漏逐
漸取代都歷成為區域的中心，意味著成廣澳支廳的重心已開始由成廣澳
庄向麻荖漏社新港一帶轉移了。

　　大正9年（1920），全臺地方行政機關再度大幅調整，改行州廳制，
西部地區設州，下設郡與市，並實施街庄制度。東部地區則仍舊實施廳
制，廳下設支廳，除了臺東街外，其他地區則為區制。[72]臺東廳內除了
臺東與大武二支廳外，原成廣澳支廳則更名為新港支廳，支廳所在仍為
成廣澳，並將卑南溪以北至馬武窟溪一帶新設之都巒區併入。[73]使得新
港支廳轄境擴大，自卑南溪以北至水母丁溪之間的海岸地帶均歸管轄。
各區之庄社調整合併如下：

表 8　大正 9 年成廣澳支廳管轄區域表

各區名稱	區役場所在	管轄派出所	管轄庄社
都巒區	都巒	都巒派出所	都巒社、八里芒社
		大馬武窟派出所	加里猛狎社、大馬武窟社、嘎嘮吧灣社
都歷區	成廣澳	都歷派出所	都歷社、小馬武窟社、加只來社

[72] 施添福總編纂，《關山鎮志》，下冊（臺東關山：關山鎮公所，2002），頁98-99。

[73] 《臺東廳報》，第206號，大正9年9月1日。

		麻荖漏派出所	麻荖漏社
成廣澳區	成廣澳	新港支廳直轄	成廣澳庄、沙汝灣社
		石寧埔派出所	石寧埔庄、彭仔存庄、土名大竹湖
加走灣區	加走灣	加走灣派出所	加走灣庄、大掃別庄、土名石坑、土名城仔埔
		三間屋派屋所	三間屋庄、馬稼海社
		姑仔律派出所	姑仔律社

資料來源：〈臺東廳令第 4 號，大正 9 年 9 月 1 日〉、〈臺東廳告示第 32 號，大正 9 年 9 月 1 日〉、《臺東廳報》，第 206 號，大正 9 年 9 月 1 日。

　　10 月起，通令將各街庄社名稱中之「街」、「庄」、「社」，以及澎湖廳內之「鄉」等名稱廢除，一律改稱為「大字」（オオアザ），土名則稱為「字」（アザ）。此舉將清代以來臺灣漢人社會的村社組織改變為日式的町字系統，企圖在基層組織系統上達到日化的目的。因此，10 月 1 日，根據總督府府令第 92 號之規定，公佈新港之廳轄內各區名稱與管轄區域：

表 9　大正 9 年成廣澳支廳管轄大字一覽表

各區名稱	區役場所在	管轄大字
都巒區	大馬武窟	都巒、八里芒
		加里猛狎、大馬武窟、嘎嘮吧灣
都歷區	成廣澳	都歷、小馬武窟、加只來
		麻荖漏
成廣澳區	成廣澳	成廣澳、沙汝灣
		石寧埔、彭仔存
加走灣區	加走灣	加走灣、大掃別
		三間屋、馬稼海
		姑仔律

資料來源：〈臺灣總督府府令第 92 號〉，《臺灣總督府府報》，號外（大正 9 年 9 月 1 日），頁 1。

　　與 9 月 1 日公佈之行政管轄區域不同處，除了改為大字之外，都巒

區區役場所在則由都鑾改為大馬武窟，其他則不變。

　　大正 10 年（1921），麻荖漏改稱為新港，並將支廳所在移至新港，都歷區改稱為新港區。自清代以來以成廣澳為地方中心的情勢開始轉移，新港地區隨著人口的增加與港口的設置，開始成為地方新興的中心。昭和 6 年（1931）10 月，廢除成廣澳區，將成廣澳與沙汝灣併入新港區，石寧埔與彭仔存併入加走灣區。[74]廢區後，原由馬榮通擔任之區長一職，亦遭廢除。[75]新港正式取代了成廣澳成為東海岸一帶新的政經中心。

結論

　　清代以來，成廣澳地區的阿美族傳統以社會組織作為社會控制的機制，用以維持內部成員或部落間的關係；在撫墾局的架構下，只要不去挑戰政府的威權，其內部的事務官方並不干涉。但是日據以後則不然，國家的力量延伸進入部落之內，國家行政體系與法律觀念取代了傳統的社會控制機制，國家力量延伸的目的除了政權的穩定外，並在社會動員的作用，例如動員阿美族人從事各種公共事務的勞動，如修橋鋪路等。

　　日人最初採取清代撫墾局的制度，以懷柔的態度化解當地阿美族對於政權更迭的疑慮。在此政策下，透過承認傳統社長通事的地位，給予津貼等方式維繫日人與原住民和諧的關係，基本上並未更動清代以來當地的社會情勢。但是隨著日人著眼臺灣山地森林資源的開發與意圖更加強勢控制臺灣原住民時，此一懷柔的政策也隨之改變。

　　自明治 38 年（1905）起，臺東廳將原屬總務課管轄的原住民業務轉交給警務課，由此警察的力量深入部落內。40 年（1907）起，在各

74　《臺東廳報》，第 208 號，昭和 6 年 9 月 28 日。成廣澳廢區一事自本年 10 月開始執行，自該年 10 月以後，《臺東廳報》內所載新港支廳內以未見成廣澳區，如 11 月 11 日所發布之公醫配置場所受持區域，即明列「新港區成廣澳」（《臺東廳報》，第 287 號，頁 175），是為明證。而昭和 7 年（1932）4 月 23 日，《臺東廳報》，第 306 號（頁 52），公佈之臺東廳令第 3 令將成廣澳區自新港支廳的管轄區域內削除。

75　《臺東廳報》第 283 號，昭和 6 年 10 月 6 日。

社內建立「蕃社役場」，此一制度雖然給予各社頭目管理社內事務的權力，但實質上「蕃社役場」為當地警察派出所控制，成為貫徹政府意志的工具。42 年（1909）新設區長取代了街庄社長，區長的身分雖然成為正式行政體系的一環，但與明治 31 年（1898）8 月，公佈之街庄長職權相比，（參見表 3）區長的職權毋寧是縮小的。[76]街庄社長對管內事務可依當地舊慣處理，而區長只能稟承廳長之命而行。亦即國家的政令已取代傳統的舊慣，換句話說，清代以來的社會控制機制已被國家的機制所替代。

在日人逐步掌控阿美族後，明治 43 年（1910）展開之土地調查，不僅在空間上確定了各社的空間範圍，而且土地整理之後，將原屬各社所有的共業土地分割，確定阿美族部落內的土地私有制度，並且透過地租制度，將傳統部落內透過土地所產生之個人與頭目的關係，轉變為個人與國家的關係，無論個人或部落均成為國家直接控制的對象。而此一趨勢在明治 44 年日人收繳當地阿美族人武器，以及阿美族人反抗日人失敗之後，國家的勢力變成絕對的力量。故日人自明治 45 年（1912）6 月起取消了日據初期以來對於各社頭目的津貼，以阿美族人再無反抗之力也。

在國家行政體系與警察官吏逐漸下移控制地方之際，由於行政執行的需要，行政疆域的界線逐漸取代了過去各社間模糊的狩獵或耕作界線，基於行政考量的空間區域取代了部落的空間範圍。部落間的調整合併，使得清代以來經由部落分布所形成的空間觀念逐漸改觀，其中最令人矚目者，則為麻荖漏社的興起，成為都歷與成廣澳庄之間最主要的聚落，隨著大正 8 年（1919）以後東海岸巡迴航線增加停靠新港，麻荖漏一帶迅速發展成為新的地方中心。

（原刊於《興大歷史學報》33（2002.7），頁 99-1290）

---

[76] 明治 35（1902）5 月，新公佈之「街庄社長之職務」，街庄社長的角色已轉化為廳的下層行政的輔助機關，輔助廳長，協辦行政事務。見施添福，《關山鎮志》，下冊，頁 88。

日治時期東臺灣成廣澳的林野整理與土地調查[*]

一、前言

　　矢內原忠雄認為日治時期臺灣的土地調查與林野整理工作，成為日資進入臺灣的管道，奠下臺灣資本主義化的基礎。[1]另一方面，土地調查的結果，將臺灣自清代以來自然形成的聚落，改變成為具有行政機能的街庄系統，奠定臺灣日後行政疆界、地籍與戶籍管理的基礎。[2]因此，土地調查與林野整理，不僅是日人遂行統治目的的重要手段，對於臺灣傳統聚落空間，亦起重整的作用。

　　土地調查與林野整理的相關研究討論，李文良曾以臺灣山林政策為題，整體的討論臺灣總督府在不同時期對於山林資源的定位，以及由此而生之山林政策。[3]相關林野政策之研究，李文良亦曾討論臺灣總督府在不同的考慮背景下，放寬相關法令對於緣故關係土地的解釋與處理方式。[4]在區域研究上，陳國川曾討論日治時期雲林地區官有原野的土地開發，[5]林聖欽曾討論花東縱谷中段林野調查前後當地住民間土地所有關係的變化。[6]李文良曾討論大科崁地區的林野調查事業，[7]以及東部地

[*] 本文原發表於國史館臺灣文獻館所舉辦之「92年度臺灣史學術研討會」（2003.9.29），會中承蒙評論人石萬壽教授指正許多寶貴意見，謹此致謝。本刊二位匿名審查人亦提供許多具體改正意見，一併致謝。

[1] 矢內原忠雄，《日本帝國主義下的臺灣》（臺北：帕米爾書店，1985），頁18。

[2] 施添福，《蘭陽平原的傳統聚落-理論架構與基本資料》，上冊（宜蘭：宜蘭縣立文化中心，1996），頁62。

[3] 李文良，〈帝國的山林-日治時期臺灣山林政策史研究〉，臺北：臺灣大學歷史研究所博士論文，2001。

[4] 李文良，〈日治時期臺灣總督府的林野支配與所有權-以緣故關係為中心〉，《臺灣史研究》5：1（2000.4）。

[5] 陳國川，〈日治時代雲林地區官有原野的土地開發〉，《師大地理研究報告》33（2000.11）。

[6] 林聖欽，〈花東縱谷中段的土地開發與聚落發展，1800-1945〉，臺北：臺灣師大地理系碩士論文，1995。

[7] 李文良，〈日治初期臺灣林野經營之展開過程-以大科崁（桃園大溪）地區為中心〉，《臺灣史研究》3：1（1996.6）。

區林野整理事業與東部土地所有權的成立。[8]可謂已累積了相當的研究成果。

本文即擬以上述之研究成果為基礎，探討東部地區土地調查與林野整理事業對於原住民部落的影響。作者曾以行政與警察體系所建構之「蕃社」管理體系，討論國家的控制力量在成廣澳阿美族部落逐步深化的過程。[9]但其中有關土地調查與林野整理的討論似嫌不足，本文之作，即圖有所補充。矢內原忠雄認為東部地區實施林野整理與附帶進行之土地調查後，廢止了各「番社」的頭目向所屬部落族人徵收土地貢租的舊習慣，國家取代了頭目。[10]矢內原忠雄的觀察指出了一個重要的課題，亦即土地關係的變化，將衝擊到原住民社會中以土地為樞紐的社會關係，許多傳統的社會關係與觀念，將隨土地關係的重組而發生改變。本文即試圖此一脈絡，以日治時期東臺灣的成廣澳庄為對象，探討林野整理事業對於當地阿美族的影響。

本論文分為三個部分，首先討論土地調查與後續之林野整理事業，將傳統之「荒地」改變成「官有原野」的過程，以及其間造成當地阿美族人傳統部落空間重組的情形。次則藉由當地阿美族人向官方申請開墾「官有原野」的過程，討論國家管理的機制如何延伸入阿美族傳統社會中。最後則討論上述之調整改變對於當地阿美族人部落的空間關係與社會關係的衝擊與影響。

二、林野整理與土地調查事業

明治 31 年（1898），臺灣總督府為整理地籍，制定單一而明瞭的土地所有權制度，設置臨時土地調查局，開始進行地籍調查、土地測量與地形測量工作，至明治 37 年（1904）告一段落。[11]此次調查之成效在於：

---

8 李文良，〈林野整理事業與東臺灣土地所有權之成立型態（1910-1925）〉，《東臺灣研究》2（1997.12）。

9 孟祥瀚，〈日據初期東臺灣的部落改造-以成廣澳阿美族為例〉，《興大歷史學報》13（2002.6）。

10 矢內原忠雄，前引書，頁 20。

11 周憲文，《臺灣經濟史》（臺北：臺灣開明書店，1980），頁 402。

　　（一）明白臺灣的地理地形，以利治安維護與產業規劃；（二）整理隱田，消除大租權，增加土地收入；（三）確定土地權利關係，明確劃分公有地與私有地，使土地交易獲得法律的保障。[12]也為日本資本進入臺灣提供有利的環境。

　　惟土地調查僅就田園確定其業主權，不及於林野，且僅限於西部，未及於東部地區。明治 42 年（1909），臺灣總督府為推動東部地區的官營移民事業，乃編列 30,000 日圓預算，進行相關的準備調查工作。[13]明治 43 年（1910）5 月 16 日，民政長官大島久滿次召集相關首長，研商調查的結果，會中決議以〈臺東花蓮港兩廳管內土地整理ニ關スル原案〉（簡稱〈原案〉），作為東部地區移民事業與土地整理的藍圖。換句話說，東部地區的土地整理工作，一開始即被放在移民事業的脈絡中去思考與落實。[14]〈原案〉中認為除非先對東部地區不規則與零散的耕地進行整理，否則難以獲得適當的集體移民所需的土地。而開展東部地區移民事業的前提有三：（一）應適當整理當地民眾的耕地，以安定其生活。（二）應先確定預定之移民地區，以為招徠移民的基礎。（三）除了確定上述二類土地外，亦應規劃適合做為農耕與造林的土地。[15]

　　依據以上三項前提，東部地區的土地將依照下述的方法加以整理：[16]

　　（一）「土著蕃人」[17]適當的耕作區域：根據天然地形，整理集中於部落附近。以每戶所需耕地 2 甲 7 分，放牧地 1 甲，合計 3 甲 7 分為標準，計算出各部落所需之土地面積。[18]

---

[12] 周憲文，前引書，頁 403。

[13] 臺灣總督府殖產局，《官營移民事業報告書》（臺北：該局，1919），頁 28。

[14] 李文良，〈林野整理事業與東臺灣土地所有權之成立型態（1910-1925）〉，《東臺灣研究》2（1997.12），頁 172。

[15] 〈臺東花蓮港兩廳管內土地整理ニ關スル原案〉，臺灣總督府檔案，第 5322 冊，明治 43 年 15 年保存，第 62 卷，殖產-拓殖。

[16] 同上註。

[17] 指東部地區為日人控制之卑南族與阿美族人之居住與耕作土地。

[18] 根據各廳統計書計算，臺東廳每農戶平均耕地面積為 2.69 甲，每戶平均人數為 4.87 人。相較於全臺每戶平均耕地 1.81 甲，每戶平均 5.51 人相比，每戶平均人數少於全臺平均數，平均耕地面積卻遠高於全臺平均數。故以每戶 2.7 甲之平均數目加上 1 甲放牧地作為每戶規劃面積。見〈臺東花蓮港兩廳管內土地整理ニ關決議ノ件〉，臺灣總督府檔案，第 5322 冊，

　　（二）「土著土人」[19]的區域比照「土著蕃人」部落之土地面積計算的標準，劃定區域。並可藉由土地申告的手續，清查整理清末以來，移入漢人（包含平埔族）土地開墾的實況，並確認其土地所有權，消除無斷（未申請許可）開墾的土地，以掌握東部地區土地利用與開發的實況。

　　（三）日本移民移入後，可教導附近原住民集約的農耕方式，故部落面積雖然縮小，但是由於農耕方式的改進，收獲量將會增加，其收入反而可能較從前為多。

　　因此，透過土地整理，日人企圖將原住民的土地以部落為中心而集中，改變以前耕地或獵場四處散佈的情形；並且將原住民的生產方式導入以農耕為主的型態。此舉對當地之原住民而言，無疑的將是一場巨大的變革。

　　根據〈原案〉，東部地區的土地利用被規劃為五類：[20]

　　（一）日本移民預定區域：其位置應避免與當地村落地域重疊。

　　（二）部落整理區域：初步選定 129 處，作為居住與耕作之地。

　　（三）其他用途區域：上述二類區域以外之平地或山地，經整理調查後，可以作為官營拓殖用途之土地。

　　（四）其他已調查整理區域：河川地與其他用途土地，以及適合造林的地區。

　　（五）尚未完成調查區域：前四項以外的地區，日後可作為造林畜牧用地者，其鄰近平地的地區，可規劃作為日後高山原住民移住的地區。

　　根據〈原案〉的規劃，成廣澳庄一帶並未規劃有日人的移民區域，「部落整理區域」則以原有庄社為中心，自北而南形成不連續的帶狀區域：包括沙汝灣、都威、阿龜眉、石雨傘、成廣澳、微沙鹿、白守蓮、麻荖漏、施龜彌咳、加只來、叭翁翁、都歷與大馬武窟等 13 處。各部落之間，則為「其他用途區域」。鄰近海岸山脈之山地，則劃為「其他已調查整理區域」。（參見圖 1）

明治 43 年 15 年保存，第 62 卷，殖產-拓殖。

[19] 指清代以來至東部地區拓墾的漢人與平埔族人與其開墾的土地。

[20] 李文良，〈林野整理事業與東臺灣土地所有權之成立型態（1910-1925）〉，頁 173-175。

圖 1：成廣澳一帶林野調查結果圖

資料來源：〈臺東花蓮港廳管內土地整理豫查圖〉，臺灣總督府檔案，第 5322
冊，明治 43 年 15 年保存，第 62 卷，殖產–拓殖。

當時成廣澳一帶庄社人口戶數與預定部落面積如下：

表 1：明治 43 年成廣澳地區各庄社戶數人數調查表

	漢人戶數（人數）	阿美族戶數（人數）	總戶數（人數）	預定部落面積（甲）[*]
微沙鹿社	7（30）	46（337）	53（367）	196.1
都威社	0	21（117）	21（117）	77.7
阿龜眉社	0	22（125）	22（125）	81.4
石雨傘庄	18（104）	0	18（104）	66.6
成廣澳庄	71（268）	4（25）	75（293）	277.5
微沙鹿社	7（30）	46（337）	53（367）	196.1
白守蓮社	0	19（127）	19（127）	70.3
芝路古咳社	1（11）	7（157）	8（168）	29.6
麻荖漏社	1（6）	77（586）	78（592）	288.6
施龜彌咳社	0	11（114）	11（114）	40.7
加只來社	1（4）	65（568）	66（572）	244.2
叭翁翁社	1（3）	31（262）	32（265）	118.4
都歷社[**]	1（4）	83（686）	84（690）	310.8
合計	108（460）	432（3441）	540（3901）	1998

＊以各庄社戶數乘以 3.7（3 甲 7 分）而得。
＊＊包括大馬武窟社。
資料來源：〈臺東花蓮港兩廳管內土地整理ニ關スル原案〉，臺灣總督府檔案，第 5322 冊，明治 43 年 15 年保存，第 62 卷，殖產－拓殖。

　　如此劃分的結果，將傳統阿美族人因狩獵居住而自然形成之部落空間，縮小侷限在以農耕與居住為主之特定區域內。出此區域，則為國家所有的土地，不能再如過去般自由耕墾。而且此區域僅考慮當下土地的需求。對於未來人口增加之後，所需要的土地，則未顧及。

　　5 月 16 日之會議，並作成如下決議：（一）土地整理工作預計自明治 43 年（1910）11 月起至 44 年（1911）2 月止；（二）其中有關業主

權的認定，根據尚在審議中的林野調查規則處理；（三）原住民耕作區域內，原住民業主權之分割，由蕃務本署署長與臺東花蓮港二廳廳長協議處理。所需之經費，則由殖產局在林野整理費與移民費中支應。[21]

　　因此，東部地區基於移民事業之需要而進行之土地調查，其空間規劃在〈原案〉中已明確劃定。而其落實，則藉由林野調查工作來達成。[22]明治 43 年（1910）10 月，臺灣總督府公佈「臺灣林野調查規則」，自 11 月 10 日開始，於東部地區進行林野整理，與作為附帶事業的土地調查。

　　調查工作以上述各類土地區域規劃為基礎，實地調查並確定其適當的境界。有關土地業主權之登錄，「日本移民預定地」與「其他用途區域」之土地，均劃為公有地，歸國家所有。其他土地所有者，應根據「臺灣林野調查規則」之規定，於 60 日內向官方提出申告，申告時必須提出丈單、開墾執照、地租領收證與拂下（放領）許可證等書面文件，經實際踏查無誤後，方得登錄為業主。「土著部落整理區域」內共業地的登錄名稱，則由廳調查後決定。[23]

　　「臺灣林野調查規則」要求土地所有人提出書面證明資料，清末在東部地區實行土地清丈時，當地阿美族人所開墾的土地，亦一併清查，發給丈單。成廣澳一帶當時登記在清丈圖冊上，屬於阿美族人者計 309 筆，分屬 175 人名下。每筆耕地面積平均為 0.34 甲，每人耕地面積平均為 0.6 甲。[24]因此要當地阿美族人舉出書面文件提出申告，並無問題。但是阿美族人的財產習慣為家庭共有制，由家長管理。[25]因此清末所製發的丈單，疑非個人所有，而是家庭所共有之土地。故於土地調查之際，曾發現數十人或數百人共有的情況。[26]

[21] 臺灣總督府殖產局，《臺灣林野調查事業報告》（臺北：該局，1915），頁 75-76。

[22] 李文良，〈林野整理事業與東臺灣土地所有權之成立型態（1910-1925）〉，頁 175。

[23] 〈臺灣林野調查規則〉、〈臺東花蓮港兩廳管內林野調查施行二關スル決定〉，見臺灣總督府殖產局，《臺灣林野調查事業報告》，頁 18、76-77。

[24] 孟祥瀚，〈清代臺東成廣澳的拓墾與發展〉，《興大人文學報》32：下（2002.6），頁 914。

[25] 中研院民族所編譯，《番族慣習調查報告書》，第 2 卷（臺北：中研院民族所，2000），頁 205。

[26] 臺灣總督府內務局，《臺灣官有林野整理事業報告書》（臺北：該局，1926），頁 425。

　　調查工作結束後，臺灣總督府隨即於明治44年（1911）5月12、14日，由民政長官內田嘉吉召集相關首長，會商花東二廳林野調查結果之處理原則。會中決議對於共業地將確定個別持分後進行分割，並賦予各自的業主權。土地分割後，若因耕地不足難以維生，則可依據「官有森林原野預約賣渡規則」，向官方申請開墾「其他用途區域」或「其他已調查整理區域」的土地。[27]

　　此次會議對於共業地的處理方式有了重大轉變，亦即要將共業地分割，由個別的所有人持有。此一決定之影響，不僅造成阿美族人傳統財產觀念的改變，而且共業同居背後之傳統社會倫理體系亦隨之發生變化。而且共業地分割後，不可避免的將造成土地分割過細，耕地普遍不足的現象，阿美族人在土地分割後，雖然取得業主權，但隨即陷入耕地零細的境況。雖然會議中認為耕地過小之業主，可以根據相關規定申請開墾土地，但原住民限於貲力與勞力，不一定每個人都有能力申請開墾新的土地。

　　對日人而言，共業地分割後，每筆土地均有一明確的所有人，按順序編號而成「地番」，再將「地番」作為戶籍登記上的「番地」，如此一來，將戶籍與地籍合而為一，建立起「以地統人」的控制體系。[28]因此，共業地的分割，其背後亦具有強化地方統治的意涵。

　　本次調查之土地，臺東廳內民有地計3,733筆、14,728甲，官有地1,031筆、79,267甲，合計4,764筆、93,995甲。但是經查定公告之土地，僅民有地1,357甲、官有地66甲。原因是前述明治44年（1911）5月12、14日臺灣總督府所召開之整理會議中，決議將共業地分割，造成許多土地必須重新測量，產權一時難以確定之故。[29]

　　林野調查事業將臺灣林野的大部分查定為官有地，但其中有地方民眾長期使用，從事竹林採伐等營生事業者，則以「緣故關係」，保障其經

27　〈臺東花蓮港兩廳管內土地整理ノ件〉，見臺灣總督府殖產局，《臺灣林野調查事業報告》，頁79。
28　施添福，〈日治時期臺灣地域社會的空間結構及其發展機制〉，《臺灣史研究》8：1（2001.10），頁6。
29　臺灣總督府殖產局，《臺灣林野調查事業報告》，頁7、80。

濟利益，許其利用，但不承認其業主權。為消除這些「緣故關係」土地，臺灣總督府自大正 4 年（1915）起，繼續進行官有林野整理事業。[30]其方法為將官有林野分為「要保存林野」與「不要保存林野」，「不要保存林野」則允許民眾依照「臺灣官有森林原野預約賣渡規則」與「臺灣官有森林原野預約貸渡規則」，向官方提出開墾之申請。故官有林野事業之成效，在於確定官有林野與東部田園之所有權，[31]從而提供進一步規劃利用的基礎。

對於東部地區而言，官有林野整理事業之內容，則是繼續林野調查事業與附屬土地調查事業未完成的工作。以查定地之整理、土地臺帳未登錄地之調查與無斷（未申請許可）開墾地之放領等三項為主。[32]造成東部地區土地未能完成登錄的原因，除了因相關書狀不完全而未能申告者外，另一因素為原住民土地登記方式由共業地改為分割成個別所有，所有土地必須要重新測量與登錄所致。

為使土地調查工作順利完成，有關未登錄地之處理，將土地業主權取得之原則，予以放寬。在明治 43 年（1910）東部林野調查開始之際，對於已有土地開墾之事實的現耕地，經查證屬實者，承認其業主權，並依其現耕之地目直接登錄。原住民部分，為配合共業地之分割，規定凡是依傳統舊慣所取得，在部落區域內開墾之土地，亦得登錄為業主。[33]

無斷（未申請許可）開墾地指的是林野調查之際，在被查定為公有之土地上，民眾自行開墾之土地，其開墾時間已歷經數年，且有收益，但未獲得業主權者。對於這些土地，臺灣總督府決議，允許開墾者依照「臺灣官有森林原野及產物特別處分令」第 1 條第 8 號之規定，賣給開墾人。[34]大正 7 年（1918）2 月，臺灣總督府財政局長給臺東花蓮港二

[30] 周憲文，《臺灣經濟史》，頁 403-404。

[31] 王益滔，《臺灣之土地制度與土地政策》（臺北：臺灣銀行經濟研究室，1964），頁 40。

[32] 李文良，〈林野整理事業與東臺灣土地所有權之成立型態（1910-1925）〉，頁 180。

[33] 〈花蓮港廳管內二於ケル未登錄地整理二關スル件，大正 5 年 11 月 15 日〉，臺灣總督府內務局，《臺灣官有林野整理事業報告書》，頁 176、422。

[34] 〈林野調查ノ際發見シタル開墾地整理ノ件，大正 2 年 2 月 27 日〉，臺灣總督府內務局，《臺灣官有林野整理事業報告書》，頁 156-157。

廳廳長之照會中，允許「其他已調查整理區域」內，民眾增闢之小面積土地，可以根據前述之規定，賣渡給開墾人。[35]9 月間，更明確指出在林野調查查定前，民眾依照慣習所開墾、畜牧或植樹，且已有收成之土地，亦可依照「臺灣官有森林原野及產物特別處分令」第 1 條第 8 號之規定，賣給開墾人。[36]

土地臺帳的登錄工作自大正 5 年（1916）持續至大正 7 年（1918），成廣澳庄的調查登錄工作於大正 7 年完成。其調查區域與結果如下：

表 2：成廣澳地區土地臺帳登錄地面積統計表

街庄社	土名	改測後登錄地		未登錄開墾地		合計	
		筆數	甲數	筆數	甲數	筆數	甲數
沙汝灣社	沙汝灣、都威	171*		360	68	360	68
石雨傘庄		189*		622	128	622	128
成廣澳庄		122※		236	38	236	38
微沙鹿社	微沙鹿、白守蓮	70	51	224	49	294	100
麻荖漏社	麻荖漏、芝路古咳	131	74	891	191	1022	265
加只來社	加只來、跋便	70	50	757	131	827	181
都歷社	叭翁翁、都歷	51	30	1807	357	1858	387
大馬武窟		2	1	449	82	451	83
合計		806	206	5346	1044	5670	1250

＊包含於未登錄地內
資料來源：臺灣總督府內務局，《臺灣官有林野整理事業報告書》，頁 204。

三、官有原野預約賣渡地

「臺灣官有森林原野及產物特別處分令」規定，臺灣總督府可在特定的條件下，將官有森林原野及其生產物以簽訂契約的方式，租賣給民

[35] 〈無斷開墾地處理方二關スル件，大正 7 年 2 月 9 日〉，臺灣總督府內務局，《臺灣官有林野整理事業報告書》，頁 160-161。
[36] 〈無斷開墾地處理方二關スル件，大正 7 年 9 月 12 日〉，臺灣總督府內務局，《臺灣官有林野整理事業報告書》，頁 161。

眾。據此,臺灣總督府另訂「臺灣官有森林原野豫約賣渡規則」,以為執行的依據。豫約賣渡的土地限以開墾、畜牧與造林為目的。其面積開墾者以 100 甲為限,畜牧與造林植樹者以 500 甲為限。申請者應備妥申請書、起業方法書、地圖謄本、實測設計圖與戶籍謄本等資料,向地方官廳提出申請,經審核後,發給許可書。申請者須在申請期限內完成計畫內容,預約賣渡地的完成期限,自許可年月起不得超過 10 年,但因天災或其他難以避免之緣故,可申請延長期限。在此期間,申請者須向所轄官廳繳付地租。[37]

土地調查後,大正年間,東部地區之預約賣渡申請案件,以花蓮港廳之鹽水港製糖株式會社與臺東廳之臺東製糖株式會社為大宗,申請地區集中於花蓮港支廳與臺東支廳,以種植甘蔗為主要用途。[38]昭和年間,臺東廳內之申請案,則以臺東拓殖株式會社申請新開園、利家與卑南一帶,作為日人移民之用。[39]成廣澳庄所在之成廣澳支廳(後改稱新港支廳)一無移民預定地,二無日人會社之投資事業地,故申請案件,以當地民眾所申請之零星耕地為主。其申請之原因有三:(一)前述共業地分割後,耕地過於狹小者;(二)前述無斷開墾地之處理上,臺灣總督府曾允許在其他已調查整理區域內已登錄之小面積新墾土地;(三)無斷開墾地。

成廣澳庄民眾根據「臺灣官有森林原野豫約賣渡規則」,向官方提出預約賣渡地之申請案件,自大正 8 年(1919)至 10 年(1921),總計 69 件,面積總計 29.34 甲,平均每件面積為 0.43 甲,土地賣渡價格合計 103.51 圓。(參見附件)上述之申請案件,均依據官有森林原野預約賣渡規則之規定,先向臺東廳轉呈臺灣總督府提出申請。茲舉成廣澳區石雨傘庄楊保才之申請案為例說明如下(見表 3)。楊保才於大正 7 年(1918)4 月 6 日向臺灣總督府提出官有原野預約賣渡申請。11 月 7 日,

[37] 〈臺灣官有森林原野及產物特別處分令〉、〈臺灣官有森林原野豫約賣渡規則〉,見臺灣山林會,《臺灣林務法規》(臺北:該會,1936),頁 95-97。

[38] 林聖欽,〈花東縱谷中段的土地開發與聚落發展,1800-1945〉,頁 103。

[39] 李文良,〈帝國的山林-日治時期臺灣山林政策史研究〉,頁 279。

臺灣總督府指令第 23343 號許可其申請，並指定開墾期限與地價。

　　根據此指令，楊保才簽署「請書」（承諾書），保證依照相關規定進行開墾工作。大正 9 年（1920）9 月 20 日，開墾完成後，臺灣總督府指令第 821 號正式核准土地賣渡，進行產權轉移與土地臺帳登錄工作。10 月 7 日，臺東廳再向臺灣總督府提出預約開墾地成功賣渡報告，整個土地賣渡的工作始告一段落。

表 3：楊保才申請案件流程表

個人背景	地址：石雨傘庄土名石雨傘 9 番戶，38 歲，務農。 土地所有狀況：有租地 1.5 甲，無租地 1 甲，合計 2.5 甲。
申請書內容 （4 月 6 日）	1. 經營方法： （1）出資方法：單獨經營。 （2）管理方法：自作。 （3）土地利用方式：全數作為田地使用。 （4）開墾方法：以自家勞力為之。 （5）成功期限：預約賣渡許可後一年內。 2.工作進度： （1）勞力：包括人力與牛隻，預計所需經費為 12 圓 76 錢 5 厘。 （2）水利：可直接接引鄰地既成灌溉水路。 （3）農具：預計購入犁、鐵耙、刈耙、番刀、鐮刀、畚箕等，所需經費為 21 圓 60 錢。 （4）修繕：農具修繕，所需經費 5 圓。 （5）種苗搬運、種植、除草、施肥等費用，預計 23 圓 36 錢 9 厘。 3.總經費預計 62 圓 73 錢 4 厘。
審查意見 （臺東廳）	1.人選：申請人擁有相當資力，素來熱心農事，極為適當。 2.起業方法：適當。 3.預約賣渡地情況：土地坐落於土名阿龜眉社南方 3 町許之高地，東接既墾水田，北鄰溪流，土質屬黏性壞土，表土深，地稍沃，現狀雜草叢生。 4.官業地或有其他妨礙公用之處：無 5.貸付料及預定賣渡價格：貸付料 30 錢，賣渡價格每甲 15 圓。 6.指定木：無 7.查定地：無

承諾書內容 （11月7日）	1.土地坐落：廣鄉石雨傘庄官有原野。 2.面積：3分2厘7毫3絲。 3.成功期間：自大正7年11月7日至大正8年11月6日。 4.地價：每甲15圓，開墾期間每甲貸付料（租金）一年30錢。 5.根據預約賣渡規則第25條，申請者因故未能完成而歸還土地時，應於指定期限內，無異議去除地上之工作物件。 6.應遵守官方對於事業上之指示。 7.天災或其他事故導致申請土地有所變動時，應立即向臺東廳呈報。 8.申請者若違反前二項規定，以及官方認為有其他公益上之需要時，可命其歸還土地，惟須負擔相關之賠償。

資料來源：臺灣總督府檔案，第3054冊，大正9年永久保存，第55卷，年期貸下及開墾。

　　本案之申請過程，值得注意者如下，申請者本人具有相當資產，始能獨力開墾土地。所申請之土地為官有原野地，比照圖1來看，屬「其他用途區域」，在土地調查時，這些土地均被判為官有地，原是預備作為官營拓殖的土地，由於成廣澳一帶並未規劃移民區域，因此這些土地，便被釋放出來，以預約賣渡的方式，轉移給民眾拓墾。由審查意見中所言，當地猶為雜草叢生的狀態來看，當屬新墾之地。就承諾書之內容而言，其地價與開墾期限乃臺灣總督府決定，期限為1年，與預約賣渡規則所定之土地開墾期限最長為10年者，相去甚遠。此或與開墾的土地面積有關。

　　就申請者之背景而言，69件申請案中，阿美族人申請者計55件，佔80%，漢人者（包括平埔族）13件，佔19%，日人1件，佔1%。（參見附件）其中漢人與日人之申請者如表4：

表 4：漢人與日人申請預約賣渡地一覽表

姓名	土地坐落	地目	面積（甲）	備註
溫泰坤	加走灣	田	0.44	地主、商人（經營廣恆發商號
	加走灣	田	0.202	
	成廣澳		2.52	
楊保才	阿龜眉	田	0.327	自耕農
潘輝仔	阿龜眉	田	0.262	平埔族、自耕農
楊雙春	石雨傘	田、	0.203	不詳
謝清泉	成廣澳		0.178	商人，經營謝源興店
劉阿倫	成廣澳		0.124	商人，經營劉榮美店

楊高玉發	成廣澳		0.255	商人、保正、信用組合理事
馬麟	成廣澳	田	0.306	成廣澳區區長
	成廣澳	田	0.821	
石陳氏何仙	成廣澳		0.832	不詳
范阿貴	白守蓮	田	4.936	巡查補
落合雄作	成廣澳		0.581	曾任巡查
合計			11.987	平均每件面積 0.856 甲

資料來源：整理自附件。個人背景部分，參考入澤滲，《臺東廳人名要鑑》，臺東：東臺灣宣傳協會，1925。

　　漢人與日人所預約賣渡的土地，主要以田地為主，計 7.294 甲，佔 11.987 甲之 60.8%。地次之，僅 3.909 甲，佔 32.6%。就上述各人之背景而言，若非巡查，便是地主，或為商人，並具有相當程度之政商關係。其預約開墾之土地，自行耕種之可能性甚低，仍以雇人開墾耕種為主。

　　陳國川研究雲林地區官有原野申請者之背景，認為日人對於申請案件之處理態度為以日資會社優先，次為特定地方人士，如臺日合資會社之代表人，再次為地方頭人，諸如擔任庄長、保正或甲長等基層職務者。[40]成廣澳庄漢人申請者之背景，與雲林地區近似。但阿美族人之情況則與此不同，由於所申請之面積不大，相關之經濟利益有限，因此申請者之背景並未特別被強調或重視，大部分之申請者並未有明顯之社會背景或與日人之特殊關係。

　　阿美族人之預約開墾地計 55 件，面積為 17.348 甲，平均每件開墾面積為 0.315 甲，與漢人日人之平均面積 0.856 甲，相差了 0.541 甲，呈現普遍零細的現象。其中開闢為水田者 17 件，計 7.53 甲，平均每件 0.44 甲。旱地者 30 件，計 5.38 甲，平均每件 0.18 甲。

表 5：阿美族人申請預約賣渡地一覽表

姓名	土地坐落	地目	面積（甲）	備註
リカル	沙汝灣	園	0.083	
サウマ	沙汝灣	田	0.143	
サウマ	沙汝灣	園	0.263	
ソユ	沙汝灣	園	0.112	

---

40 陳國川，〈日治時代雲林地區官有原野的土地開發〉，頁 21。

ロゲ	沙汝灣	田	0.116	
サウマ	沙汝灣	田	0.130	
パナン	沙汝灣	園	0.102	
リボク	沙汝灣	園	0.136	
サヲ	沙汝灣	園	0.097	
パナン	沙汝灣	園	0.135	
ウサイ	沙汝灣	園	0.382	
ガタ	沙汝灣	園	0.401	
パナン	沙汝灣	田	0.295	
ペヤウ	沙汝灣	田	0.060	
スラ	沙汝灣	園	0.152	
ウサイ	沙汝灣	田	0.219	
ルガツ	都威	園	0.059	
バラハン	都威	田	0.175	
オムイ	都威	田	0.083	
パナン	都威	園	0.153	
ナカウ	都威	園	0.121	
マヤオ	都威	園	0.145	
ラデ	都威	園	0.134	
スナイ	都威	園	0.165	
ビハイ	都威	園	0.292	
トヲイ	都威	園	0.242	
ブタル	都威	園	0.380	
パナン	阿龜眉	田	0.873	
カリテン	阿龜眉	田	0.792	
リバイ	阿龜眉	田	0.293	
ハルツ	阿龜眉	田	0.373	
ナカウ	阿龜眉	田	0.043	
インナ	阿龜眉	田	0.181	
ウサイ	阿龜眉	園	0.128	
コガ	阿龜眉	田	0.128	
マヤオ	石雨傘	園	0.209	
ビハイ	石雨傘	田	0.060	
コピル	石雨傘	田	0.085	
スラ	石雨傘	田	0.830	
ハバイ	石雨傘	園	0.143	
オケク	石雨傘	園	0.183	
ウサイ	石雨傘	田	0.918	
トヲイ	石雨傘	田	0.104	
ソオマ	石雨傘	田	0.509	
プタル	石雨傘	田	0.233	
アテロン	微沙鹿	園	0.090	

リサイ	微沙鹿	園	0.409	
サウマ	微沙鹿	園	0.102	
アリク	微沙鹿	園	0.119	
パナイ	微沙鹿	園	0.048	
ラビン	微沙鹿	園	0.314	
ラカウ	微沙鹿	田	0.179	
クライ	微沙鹿	園	0.086	
パナイ	白守蓮	田	4.937	
ラセ	芝路古咳	田	0.211	
合計			17.348	

資料來源：整理自附件。

　　就上述阿美族人申請案件來看，以申請地者居多，每件之平均面積 0.18 甲。當時阿美族人傳統之耕作習慣，主要以小米、甘藷、陸稻、高粱等旱地作物為主。其開墾之土地，主要選擇坡度平緩，泥土不易被雨水沖失、日照充足、背風、靠近水源與土性肥饒之地。[41]因此申請之案件中，以種植旱地作物之地為主，耕作方式多係自耕。另外，申請開闢為田地之案件亦達 17 件，顯見在清末以來，漢人與平埔族移入後，種植水稻的技術與觀念逐漸被接受，阿美族人生活型態之轉變，亦可由此見其端倪。[42]

　　就預約開墾土地之分布而言，可分為二類：

　　（一）河階兩岸可供開墾的平緩坡地：1、現今大濱溪沿岸，（參見圖 2）來自沙汝灣社與都威社北部之預約開墾地均集中於此，此處屬土地調查之「其他用途區域」，地目均為畑地，以種植旱地作物為主。2、現今新港溪上游，（參見圖 3）此處僅有 2 件，屬「其他用途區域」，為范阿貴（成廣澳）與バナイ（都歷社）所申請，預約面積均為 4.94 甲之田地，為成廣澳區面積最大之預約開墾土地，所需之開墾費用達八、九百圓。作此鉅額之投資者背後，與二人均為巡查補之身分，在資金與行政環節上較能取得有利的優勢有關。3、現今富家溪上游一帶，（參見圖 4）亦屬「其他用途區域」，來自白守蓮社之預約申請案均集中於此，

---

[41] 阮昌銳，《臺東麻荖漏阿美族的社會與文化》（臺北：臺灣省立博物館，1994），頁 259。

[42] 黃宣衛、黃貴潮、顏約翰、顏志光合撰，《成功鎮志-阿美族篇》（臺東成功：成功鎮公所，2002），頁 115-116。

主要以種植旱地作物之畑地為主。

（二）海階平地：1、加走灣一帶，（參見圖5）屬「土著部落整理區域」。原為清末平埔族拓墾的地區，最初聚落以靠近海岸山脈之加走灣頭庄為主，日治以後，漢人漸往加走灣庄一帶移入。[43]溫泰坤於此地申請預約開墾地，[44]代表了漢人向此地帶拓墾的趨勢。2、都威、阿龜眉一帶，（參見圖6）屬「土著部落整理區域」，預約開墾地主要集中於二處，一為現今都威溪一帶的海階平地上，都威與阿龜眉二社申請之土地主要分布於此。二為海老溪上游之坡地，部分阿龜眉社與石雨傘庄之預約開墾地則集中於此。3、成廣澳庄（參見圖7），屬「土著部落整理區域」。成廣澳庄為清代漢人移入東海岸的主要據點，亦為東海岸上最大的漢人聚落，日治初期，為東海岸上日人的統治中心。[45]因此漢人與日人之預約開墾地均集中於此。

對阿美族人而言，透過「預約開墾」的方式取得耕地，是一種新的體驗。阿美族人對於土地所有權之認定，傳統上是以先佔的方式，將所欲耕種的土地四隅結草以為標示，再獲得部落頭目、長老之承認後，即可著手開墾。[46]經過土地調查與林野整理之後，未登錄的土地均變為官方地。阿美族人不能再如過去一般，以先佔的方式獲有土地，任何土地之取得與轉讓，都必須經由最大的地主—臺灣總督府的同意與承認，方得進行。

---

[43] 施添福，《臺灣地名辭書-臺東縣》（南投：省文獻會，1999），頁36。

[44] 溫泰坤於清末至成廣澳經商致富，為當時最大之地主與商人。其事蹟見孟祥瀚、王河盛，《成功鎮志-歷史篇》（臺東成功：成功鎮公所，2003），頁227-229。

[45] 日治初期，成廣澳支廳廳治設置於此。大正10年，遷至麻荖漏，並改稱新港支廳。

[46] 中研院民族所編譯，《番族慣習調查報告書》，第2卷，頁103。

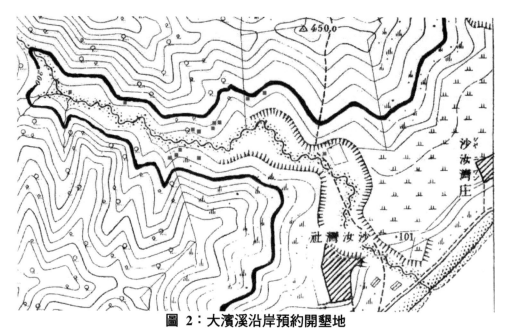

圖 2：大濱溪沿岸預約開墾地
資料來源：根據附件資料標示於《臺灣堡圖》之相關地圖。

　　大正3年（1914）1月1日，臺東花蓮港二廳開始實行地租規則，亦即官方正式承認查定土地所有者之業主權。[47]矢內原忠雄所謂在土地調查之後，「國家取代了頭目」一語，[48]其內涵不僅在於原住民向國家繳納地租而已，還包含國家對土地全面性的掌控，阿美族人必須依照國家所規定的程序申請。換句話說，在土地管理的層面上，阿美族人被納入了國家的機制中，所面對的是國家，而不是頭目。

---

[47] 臺灣總督府殖產局，《臺灣林野調查事業報告》，頁82。
[48] 矢內原忠雄原著，周憲文譯，《日本帝國主義下的臺灣》，頁20。

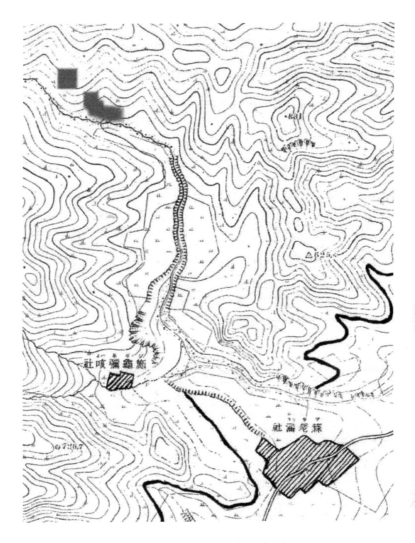

圖 3：新港溪上游預約開墾地

資料來源：同圖 2。

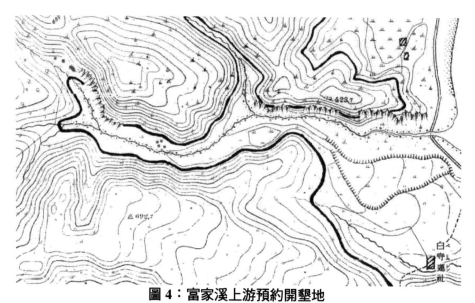

圖4：富家溪上游預約開墾地

資料來源：同圖2。

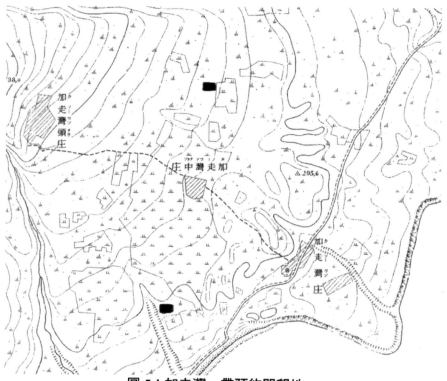

圖5：加走灣一帶預約開墾地

資料來源：同圖2。

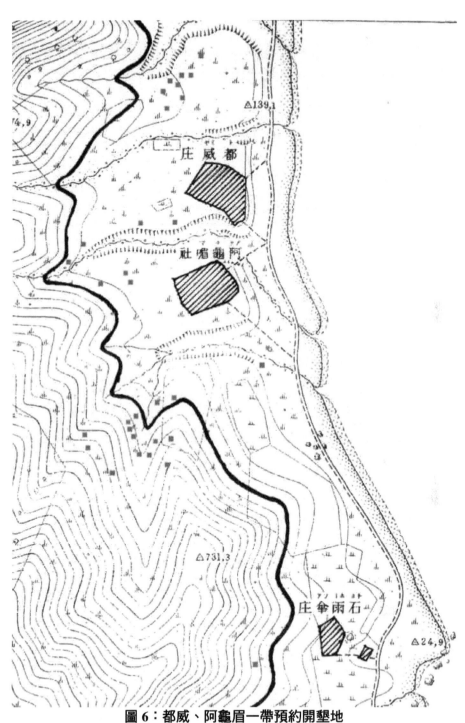

圖 6：都威、阿龜眉一帶預約開墾地

資料來源：同圖 2。

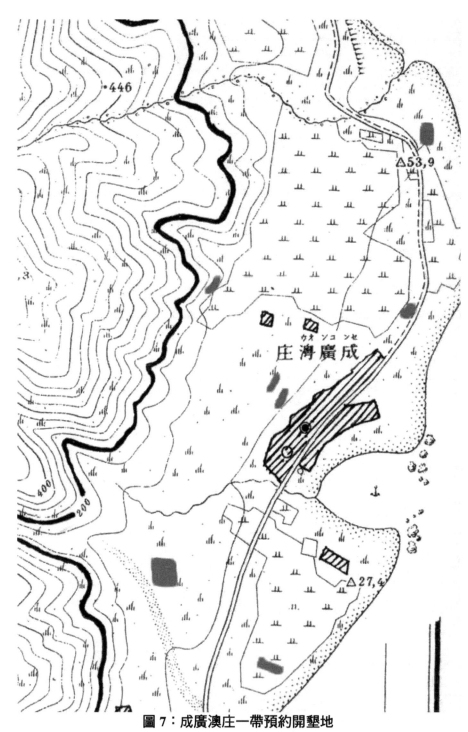

圖7：成廣澳庄一帶預約開墾地

資料來源：同圖2。

四、林野整理與部落改造

（一）部落空間重組

日治之初，日人統治的架構建立在當地既有的部落體系上，並未改變部落之間原有的空間關係與部落內部的權力關係。部落與部落之間，為耕地、獵場或荒（草）地，其間並沒有明確的行政界線。部落內部的控制，仍然以頭目、耆老與通事等傳統社會權力機制為主。明治 34 年（1901），全臺改設 20 廳，廳下設支廳，以強化總督府對地方的控制。成廣澳支廳內設置警察派出所，警察勢力開始延伸入部落事務。明治 40 年，設置「番社役場」，排除通事的角色，由警察直接掌控部落事務。[49]

明治 43 年（1910），實施土地調查，根據〈原案〉將部落所在規劃為「土著部落整理區域」，以現有人口劃定其部落的地域範圍。凡是未申告或是未能登錄的土地，全部收歸為官有。如此一來，阿美族人傳統的部落空間遭到壓縮。明治 45 年（1912）6 月，日人取消了按月撥給各社之頭目津貼，原因是日人弭平成廣澳事件後，清繳阿美族人武器，當地阿美族人已無反抗的能力。具有「招撫」性質之頭目津貼，自無再發放的必要。對阿美族人的控制也逐步轉以直接控制為主。

大正 3 年（1914）1 月，開始向阿美族所在部落民眾徵收地租，將部落區域視同一般行政區域，部落的空間關係也隨之調整。

5 月，各部落土地經查定後，日人於是重新調整合併部落的空間範圍，傳統地方庄社所形成的空間關係因而隨之改變。當時成廣澳庄合併的庄社與新設的土名如下表：

就表 6 來看，施龜彌咳社與芝路古咳社併入麻老漏社，沙汝灣庄與膽社併入沙汝灣社，白守蓮社並入微沙鹿社，叭翁翁社併入都歷社，跋便社併入加只來社。被合併的部落，改設「土名」，成為行政體系的末端。因此，庄社的合併，雖然未改變部落分布與族人居住的空間，但最主要的意義，在於將這些部落納入國家統治的上下層級體系中。

---

[49] 孟祥瀚，〈日據初期東臺灣的部落改造：以成廣澳阿美族為例〉，頁 107。

大正 7 年（1918），官有林野整理工作告一段落後，臺東廳再度調整或更改廳內部分庄社的劃分與界線，成廣澳庄一帶的改變如下：[50]

表 6：大正 3 年成廣澳庄一帶庄社合併與新設土名一覽表

舊庄社名	合併後社名	新設土名
芝路古咳社	麻荖漏社	芝路古咳 麻荖漏
麻荖漏社		
施龜彌咳社		
沙汝灣社	沙汝灣社	沙汝灣 膽
沙汝灣庄		
膽　社		
微沙鹿社	微沙鹿社	微沙鹿 白守蓮
白守蓮社		
都歷社	都歷社	都歷
叭翁翁社		叭翁翁
加只來社	加只來社	加只來 跋便
跋便社		

資料來源：臺灣總督府檔案，第 2246 冊，大正 3 年永久保存，第 27 卷，第 5 門，地方–地方行政。

都歷區：

1、原屬微沙鹿社土名白守蓮者，劃入麻荖漏社。

2、原屬加只來社土名跋便者，劃入麻荖漏社。

3、加只來社與麻荖漏社以跋便社以南沿溪為界。

成廣澳區：

1、原屬微沙鹿社土名微沙鹿者，編入成廣澳庄，並廢除微沙鹿社的街庄社名稱。

2、麻老漏社與成廣澳庄以富家溪中線為界。

3、原屬石雨傘庄土名都威者，編入沙汝灣社。土名石雨傘者，編入成廣澳庄。並廢除石雨傘庄的街庄社名稱。

---

[50] 臺灣總督府檔案，第 6508 冊，大正 7 年，15 年保存，第 3 卷，第 5 門，地方–地方行政。

4、沙汝灣社與石寧埔庄以沙汝灣溪為界。

此次再度調整，將白守蓮、跋便、微沙鹿與石雨傘庄等庄社合併，使成廣澳庄所轄為沙汝灣、成廣澳、麻荖漏、加只來、都歷與小馬武窟等庄社，彼此間之行政界線也告明確化。大正 9 年（1920），這些庄社再改稱為「大字」（オオアザ），「土名」則改為「小字」（アザ）。再者，土地調查後，共業地的分割，土地登記在個人名義下，同一「土名」之內的土地，按順序編號，成為地及編號之「地番」，再以此編成戶籍編號之「番地」，達到「以地統人」的控制目的。[51]在此過程中，清代至日治初期以來，建立在阿美族人原有權力結構上的間接統治關係，宣告結束。國家透過地籍與戶籍直接掌控土地與人民，加上警察與行政體系的建立，阿美族人被納入國家的直接控制體系內。

（二）土地所有權的重組

就部落與國家的關係而言，國家取代部落成為最大的土地所有者，不僅傳統部落的生存空間遭壓縮，有關土地的管理使用也全由國家所控制。大正 12 年（1924），「民法」與「商法」開始於施行於原住民地區，土地業主權的設定與質押典借的移轉變更，均必須向政府機關「登記」，方得有效。「臺灣土地登記規則施行細則」更規定有關原住民土地買賣與讓與的案件，必須先經由當地廳長蓋章同意，方准為之。此一規定，雖名為保障原住民的權益，但對原住民土地權力的限制，亦為事實。

就家庭內部關係而言，阿美族人傳統的親屬組織被認為是母系社會，[52]母系家屬中之年長女性方得為家長，其家長之繼承對象，亦是如此。家長具有維持家屬和睦、管理家產的權利與義務。[53]傳統上不鼓勵分家，因此家屬共居成為阿美族人家庭的特色之一。關於財產，包含動

---

[51] 參見施添福，《蘭陽平原的傳統聚落-理論架構與基本資料》，上冊，頁 62。

[52] 近年部分學者認為「家」才是阿美族社會的基本單位，妻居（uxorilocal）的婚姻制度是構成其早期親屬群體型態的關鍵因素。見黃宣衛、黃貴潮、顏約翰、顏志光合撰，《成功鎮志-阿美族篇》，頁 83-84。

[53] 中研院民族所編譯，《番族慣習調查報告書》2，頁 178-179。

產與不動產，除各人生活隨身物，如衣服、裝飾品等外，皆屬於「家產」。因此，不能視為可繼承的財產，家長之繼承人同時也繼承了家產的管理權。[54]

土地調查開始之初，有關部落的土地原來決議以共業地名義登錄。但共業地在土地稅與土地處分上容易造成不便與糾紛。[55]總督府於是決議將共業地在確定個別持分後進行分割，並賦予各自的業主權。

共業地之分割，係以現耕者為對象進行業主權的登錄，因此登記在土地臺帳者，便不一定為家長。由於現耕者多為家庭中的男性，於是土地臺帳與戶籍登記上之業主與戶長，便為同一人之男性現耕者。「業主」與「戶長」為具有法律意涵的稱謂，為國家所承認，可以行使各項法律的權力。如此一來，便衝擊到阿美族傳統的家族關係。傳統女性「家長」的地位，因社會習俗而形成，因此在有關土地或其他財產的處分上，造成國家法律與傳統舊慣的衝突，女性家長在家庭中地位與權威，面臨調整的壓力。[56]在有關家產的繼承問題上，造成了許多不愉快的事件。[57]

五、結論

日治時期在成廣澳一帶所進行的土調調查與林野整理工作，明確界定各部落的空間界限，傳統可耕可獵的土地被侷限在特定範圍內。明治44 年收繳各部落武器後，狩獵活動式微，農耕成為主要的生產型態。農作物中仍以傳統之旱地作物為主，此由其申請之預約賣渡地多為地可知。但是在水田經濟利益的誘因與日人之要求下，亦開始從事水田耕作。此趨勢在預約賣渡地中水田亦佔相當比例可知。但是，其所指定之部落整理區域面積，乃依當時各部落之戶數而定，部落空間有限，並且在忽略阿美族人家庭共居的背景下，將各家所有之共業地分割，造成分

---

[54] 中研院民族所編譯，《番族慣習調查報告書》2，頁 205。

[55] 臺灣總督府內務局，《臺灣官有林野整理事業報告書》，頁 423。

[56] 和田博，〈アミ族蕃社ノ社會革命〉，見《東臺灣研究叢書》，5：50（1928.10），頁 55。

[57] 黃宣衛、黃貴潮、顏約翰、顏志光合撰，《成功鎮志·阿美族篇》，頁 85。

割後各戶土地普遍狹小的現象，其結果是造成普遍貧窮，使其在經濟上，陷入弱勢的情境。

　　就日人之統治而言，在土地調查後，將原住民納入國家管理的三層機制內，一為確定各部落的空間界限，將其納入由行政官吏與警察所構成的行政體系，以發揮層層節制的作用。二為共業地分割後，原屬各家共居的人口，被劃分出來成立個別的「戶」，成為地籍與戶籍的基本單位，強化了日人對地與人的掌控。三為對於個人，則是編成保甲與壯丁團，由警察機關指揮監督，成為動員地方力量的重要組織。

　　在上述經濟與政治層面的變化下，阿美族傳統社會關係亦面臨衝擊，政府成為最大的地主，在土地管理層面上，取代了部落頭目的角色。傳統上以年長女性為家長，重視家庭共居的社會習俗，開始轉變。家庭共居的現象逐漸因共業地的分割而分家，家庭組織與規模上因而產生變化，家長的角色與地位逐漸轉換，家庭關係因而日漸轉變。

　　林野整理與土地調查事業的結果，除了上述層面的影響外，也逐漸型塑了當地的行政空間，歷次被合併的部落，則逐漸消失在地圖上。以原住民區域生活史為中心的「部落地圖」編製風氣日受重視的今日，[58]欲還原部落傳統的生活空間，土地調查過程中，對於傳統庄社聚落的整理合併，為重要的轉變階段。因此，土地調查與林野整理事業，在當時塑造了新的空間關係，在今日，則是還原傳統空間的起點。

---

[58] 部落地圖概念見李玉芬，〈社群、空間與再現權力-論馬蘭阿美部落地圖繪製的意義〉，「社會、空間與權力-理論文獻與研究視野學術研討會」（臺東：臺東大學籌備處主辦，2002.10.1）宣讀論文。

附件：日治時期成廣澳庄官有原野預約賣渡地申請案件一覽表

姓名	住所地址		土地坐落	面積（甲）	地目	官有森林原野預約賣渡報告				預約開墾地成功賣渡通報		
						賣渡價格/甲	一甲當貸付料	許可日期	完成期限	賣渡價格/甲	地代金	許可日期
溫泰坤	成廣澳		加走灣	0.440	田	140	7	9年5月19日第310號	10.5.18	140	61.53	10年5月9日第427號
溫泰坤	成廣澳		加走灣	0.202	田	140	7	9年5月19日第311號	9.11.18	140	28.35	10年5月9日第393號
リカル	沙汝灣		沙汝灣	0.083	園	29	1.45	9年7月29日第566號	10.1.28	29	2.4	10年5月9日第367號
サウマ	沙汝灣	27番戶	沙汝灣	0.143	田	29	1.45	9年7月29日第570號	10.1.28	29	4.15	10年5月9日第380號
サウマ	沙汝灣	24番戶	沙汝灣	0.263	園	29	1.45	9年5月19日第348號	9.11.18	29	7.63	10年5月9日第382號
ソユ	沙汝灣		沙汝灣	0.112	園	29	1.45	9年7月29日第567號	10.1.28	29	3.25	10年5月9日第382號
ロゲ	沙汝灣		沙汝灣	0.116	田	105	5.25	9年5月19日第357號	9.11.18	105	12.12	10年5月9日第373號
サウマ	沙汝灣	27番戶	沙汝灣	0.130	田	105	5.25	9年7月29日第572號	10.1.28	105	13.66	10年5月9日第371號
バナン	沙汝灣	13番戶	沙汝灣	0.102	園	29	1.45	9年7月29日第555號	10.1.28	29	2.96	10年5月9日第378號
リボク	沙汝灣		沙汝灣	0.136	園	29	1.45	9年7月29日第565號	10.1.28	29	3.93	10年5月9日第379號

サヲ	沙汝灣		沙汝灣	0.097	園	29	1.45	9年5月19日第358號	9.11.18	29	2.81	10年5月9日第381號
バナン	沙汝灣	18番戶	沙汝灣	0.135	園	39	2	10年7月13日第812號	11.7.12	39	5.26	11年6月2日第549號
ウサイ	沙汝灣	36番戶	沙汝灣	0.382	園	39	2	10年7月13日第816號	11.7.12	39	14.91	11年7月31日第730號
ガタ	沙汝灣		沙汝灣	0.401	園	39	2	10年7月13日第807號	11.7.12	39	15.61	11年7月31日第729號
バナン	沙汝灣	14番戶	沙汝灣	0.295	田	140	7	10年7月13日第814號	11.7.12	140	41.25	11年7月31日第729號
ペヤウ	沙汝灣		沙汝灣	0.060	田	140	7	10年7月13日第815號	11.7.12	140	8.35	11年7月31日第728號
スラ	都威	9番戶	沙汝灣	0.152	園	39	2	10年7月13日第810號	11.1.12	39	5.92	11年7月31日第727號
ウサイ	沙汝灣	34番戶	沙汝灣	0.219	田	140	7	10年7月13日第813號	11.1.12	140	30.59	11年6月2日第544號
ルガツ	都威		都威	0.059	園	29	1.45	9年5月19日第335號	9.11.18	29	1.71	10年5月9日第364號
バラハン	阿龜眉		都威	0.175	田	105	5.25	9年5月19日第349號	9.11.18	105	18.35	10年5月9日第372號

オムイ	阿龜眉		都威	0.083	田	105	5.25	9年5月19日第308號	9.11.18	105	8.71	10年5月9日第371號
バナン	都威	21番戶	都威	0.153	園	29	1.45	9年5月19日第360號	9.11.18	29	4.5	10年5月9日第369號
ナカウ	阿龜眉	15番戶	都威	0.121	園	29	1.45	9年5月19日第362號	9.11.18	29	3.49	10年5月9日第370號
マヤオ	都威	1番戶	都威	0.145	園	29	1.45	9年5月19日第306號	9.11.18	29	4.19	10年5月9日第392號
ラゲ	阿龜眉		都威	0.134	園	29	1.45	9年5月19日第355號	9.11.18	29	3.88	10年5月9日第391號
スナイ	都威		都威	0.165	園	39	2	10年7月13日第811號	11.7.12	39	6.45	11年6月2日第550號
ビハイ	都威	13番戶	都威	0.292	園	39	2	10年7月13日第804號	11.7.12	39	11.38	11年6月2日第547號
トヲイ	都威	14番戶	都威	0.242	園	39	2	10年7月13日第808號	11.1.12	39	9.42	11年6月2日第548號
ブタル	都威	20番戶	都威	0.380	園	29	1.45	9年5月19日第361號	9.7.18	29	11.01	10年5月9日第425號
楊保才	石雨傘		阿龜眉	0.327	田	15		7年11月7日第23343號	8.11.6	15	4.9	9年9月20日第821號
潘輝仔	石雨傘		阿龜眉	0.262	田	17		7年11月6日第23292號	8.11.5	17	4.46	9年9月20日第820號

バナン	阿龜眉	10番戶	阿龜眉	0.873	田園	67	3.35	9年7月29日第369號	10.1.28	67	58.49	10年5月9日第426號
カリテン	阿龜眉		阿龜眉	0.792	田園	105	5.25	9年7月29日第564號	10.7.28	105	83.17	10年5月9日第386號
リバイ	阿龜眉		阿龜眉	0.293	田園	29	1.45	9年5月19日第359號	9.11.18	29	8.48	10年5月9日第384號
ハルツ	阿龜眉		阿龜眉	0.373	田園	29	1.45	9年7月29日第568號	10.1.28	29	10.82	10年5月9日第385號
ナカウ	阿龜眉	15番戶	阿龜眉	0.043	田	105	5.25	9年5月19日第354號	9.11.18	105	4.51	10年5月9日第387號
インナ	都威		阿龜眉	0.181	田	105	5.25	9年5月19日第353號	9.11.18	105	18.98	10年5月9日第390號
ウサイ	阿龜眉	16番戶	阿龜眉	0.128	園	29	1.45	9年5月19日第352號	9.11.18	29	3.71	10年5月9日第389號
コガ	阿龜眉		阿龜眉	0.128	田園	105	5.25	9年5月19日第350號	9.11.18	105	13.48	10年5月9日第388號
楊雙春	石雨傘		石雨傘	0.203	田園	34	1.7	9年5月19日第312號	9.11.18	34	6.91	10年5月9日第374號
ビハイ	都威	1番戶	石雨傘	0.209	園	40	2	10年9月19日第1010號	11.2.18	40	8.34	11年6月2日第469號
コビル	都威	13番戶	石雨傘	0.060	田	140	7	10年9月19日第1007號	11.3.18	140	8.4	11年6月2日第472號

スラ	阿龜眉		石雨傘	0.085	田	140	7	10年9月19日第1006號	11.9.18	140	11.9	11年9月23日第1092號
ハバイ	阿龜眉	3番戶	石雨傘	0.830	田園	77	3.85	10年9月2日第884號	11.9.1	77	63.87	11年9月23日第1091號
オケク	阿龜眉		石雨傘	0.143	園	40	2	10年9月19日第1011號	11.9.18	40	5.71	11年9月23日第1090號
ウサイ	阿龜眉		石雨傘	0.183	園	40	2	10年9月19日第1040號	11.9.18	40	7.3	11年9月23日第1089號
トヲイ	阿龜眉	2番戶	石雨傘	0.918	田園	80	4	10年9月19日第1038號	11.3.18	80	73.4	11年6月2日第473號
ソオマ	都威	14番戶	石雨傘	0.104	田	140	7	10年9月19日第1041號	11.3.18	140	14.5	11年6月2日第470號
ブタル	微沙鹿		石雨傘	0.509	田	140	7	10年9月19日第1039號	11.3.18	140	71.2	11年6月2日第471號
ウサイ	阿龜眉	1番戶	石雨傘	0.233	田園	98	5	10年9月19日第1042號	11.9.18	98	22.82	11年9月25日第1093號
謝清泉	成廣澳		成廣澳	0.178	園	22	3.91	9年5月19日第314號	9.11.18	22	3.91	10年5月9日第423號
劉阿倫	成廣澳		成廣澳	0.124	園	22	1.1	9年5月19日第313號	10.2.18	22	2.72	10年5月9日第424號

楊高玉發	成廣澳		成廣澳	0.255	園	29	1.45	9年5月19日第305號	9.11.18	29	7.39	10年5月9日第377號
落合雄作	成廣澳		成廣澳	0.581	園	29	1.45	9年5月19日第309號	10.5.18	29	16.86	9年9月14日第993號
馬麟	成廣澳		成廣澳	0.306	田	105	5.25	9年10月21日第919號	10.10.21	105	32.17	10年7月7日第718號
石陳氏何仙	成廣澳		成廣澳	0.832	園	22		9年5月19日第315號		22	18.3	10年7月7日第716號
馬麟	成廣澳		成廣澳	0.821	田	140	7	10年7月12日第714號	11.7.11	140	114.91	11年9月30日第1110號
溫泰坤	成廣澳		成廣澳	2.520	園	49	2.5	10年7月12日第715號	11.7.11	49	123.49	11年9月23日第1095號
マテロン	白守蓮		微沙鹿	0.090	園	28	1.4	10年9月20日第1014號	11.9.19	28	2.52	11年9月23日第1087號
リサイ	白守蓮		微沙鹿	0.409	園	28	1.4	10年9月20日第1033號	11.9.19	28	11.45	11年9月23日第1088號
サウマ	白守蓮	8番戶	微沙鹿	0.102	園	28	1.4	10年9月20日第1035號	11.9.19	28	2.86	11年9月23日第1086號
アリク	白守蓮		微沙鹿	0.119	園	28	1.4	10年9月20日第1015號	11.9.19			

バナイ	白守蓮	微沙鹿	0.048	園	28	1.4	10年9月20日第1036號	11.9.19	28	1.33	11年9月23日第1082號
ラビン	白守蓮	微沙鹿	0.314	園	28	1.4	10年9月20日第1033號	11.9.19	28	9.06	11年9月23日第1084號
ラカウ	白守蓮	微沙鹿	0.179	田	140	7	10年9月20日第1034號	11.9.19	140	15.04	11年9月23日第1081號
クライ	白守蓮	微沙鹿	0.086	園	28	1.4	10年9月20日第1037號	11.9.19	28	3.4	11年9月23日第1083號
バナイ	都歷	白守蓮	4.937	田	15		8年2月17日第1555號	9.2.16	74.05		9年9月20日第818號
范阿貴	成廣澳	白守蓮	4.936	田	15		8年2月18日第2714號	10.2.17	15	74.04	10年5月9日第422號
ラセ	麻荖漏	芝路古咳	0.211	田	140	7	10年9月20日第1013號	11.9.19	140	29.47	11年9月25日第1094號

資料來源：整理自臺灣總督府檔案，大正 8 年至大正 11 年度。

（原刊於《東臺灣研究》8（2003.12），頁 59-92）

社會教化與地方控制：以日治時期東臺灣新港郡社會教化組織為例[*]

一、前言

　　新港即今臺東縣之成功鎮，原為阿美族麻荖漏社所在。清朝咸豐年間（1851-1861），漢人與平埔族人相繼移入成廣澳（臺東成功鎮小湊）一帶，土田日闢。清末時，已成為東海岸上，最大的漢人聚落。日治初期，成廣澳為成廣澳支廳所在，轄區北至秀姑巒溪，南至卑南溪之東海岸地區，即今之臺東縣長濱鄉、成功鎮與東河鄉。本地區人口以阿美族為主，漢人與平埔族人主要集中於成廣澳與加走灣庄（今長濱鄉長濱村）等處，其他地區則為阿美族人的聚落。大正 10 年（1921），成廣澳支廳更名為新港支廳，廳治亦由成廣澳遷至新港。昭和 12 年（1937），改置為新港郡，下轄新港、長濱與都蘭三庄。

　　十九世紀中葉以來，清朝推動之「開山撫番」政策，企圖以移民與設立行政機關加強對臺灣南部與東部的控制，杜絕外人的覬覦。但由於此一政策的背景在於海防的考慮，「撫番」的工作，只要「番社」不反不叛，不侵不擾，按時繳稅，官方對於部落內部的事務，並不加聞問。

　　日治以後，國家的形象與權力不斷放大與強化，對東部原住民的統治也轉為積極的干預與控制。明治大正之際（1895-1925），日人於成廣澳地區設立行政機關與警察派出所、收繳阿美族人武器、鎮壓阿美族人反抗、進行林野整理與土地調查、調整部落界線與名稱等，逐步確立與深化日人統治的權威地位。阿美族人居住的區域，也被納入一般行政區域內，而非「蕃地」。對阿美族人而言，隨著日人統治力量的深化，意味著與外界接觸的層面也將更加廣泛與深刻。[1]

---

* 本文曾發表於國立中興大學主辦之「全球化下的史學發展國際學術研討會」（2004.6.4-5）。會中承蒙賴亮郡教授評論與黃秀政教授指正，謹此致謝。並感謝學報論文審查人提供修改意見。

[1] 參見孟祥瀚，〈日據時期東臺灣的部落改造：以成廣澳阿美族為例〉，《興大歷史學報》，

　　大正 7 年（1918）9 月，日本原敬內閣成立，宣布對臺灣採行「內地延長主義」，開始改革殖民地官制，任命文官總督，通過法三號，終結六三法以來之特別法時期。日人在臺的統治，由後藤新平之「特別統治主義」，轉為「內地延長主義」。前者以維護治安、確立統治威權與經濟開發為目標，後者則以「同化」為前提，推動制度、文化與生活方式的一致性。[2]

　　大正 8 年（1919）10 月，首任文官總督田健治郎就任，揭示「同化主義」為其施政目標。[3]次年，改革臺灣地方官制，全臺設置五州二廳，州之下設郡與市，廳下設支廳。郡之下設街庄，支廳之下設區。州、市、街與庄皆具法人地位，以為地方自治的基礎。同時，在「同化」的理念下，臺灣島內也開始興起社會習俗「改正」運動。各街庄紛紛成立各種教化團體，倡導改善生活、風俗與「國語普及」等。[4]大正 12 年（1923）4 月，日本皇太子裕仁（後來之昭和天皇）訪問臺灣，企圖透過巡視的展開，作為宣達「國民道德」的示範。以迄昭和 11 年（1936），總督小林躋造提出「皇民化」，臺灣社會開始進入皇民化運動時期。此間社會教化組織與運動相連不斷，奠下皇民化的基礎。

　　相關的研究討論，王世慶曾探討臺北海山地區的社會教化團體對於地方社會風俗改善之影響。[5]洪秋芬曾探討中日戰爭期間，日人利用保甲制度推動皇民化運動，在生活改善方面的作為。[6]蔡慧玉以 1930 年代之民風作興運動與農事實行組合為經緯，探討 30 年代臺灣基層行政的空間結構。認為只有正確掌握「部落作興」在基層行政上的空間結構，

13（2002 年 7 月）。

[2] 春山明哲，〈明治憲法體制と臺灣統治〉，見大江志乃夫等編，《近代日本と植民地》4（東京：岩波書店，1993），頁 46、48。

[3] 同化政策於前任總督明石元二郎時即提出，惟明石在任 1 年 4 個月病逝，故同化政策主要由後任田健治郎推動。

[4] 王世慶，〈皇民化運動前的臺灣社會生活改善運動：以海山地區為例（1914-1937）〉，《思與言》29：4（1991.12），頁 6。

[5] 王世慶，前引文。

[6] 洪秋芬，〈臺灣保甲和「生活改善」運動：1937-1945〉，《思與言》29：4（1991.12），頁 115-153。

才能真正理解昭和 17 年（1942）「行政一元化」的問題意識。[7]施添福探討自土地調查後，地方上以大小字之地理空間為基礎，建構出臺灣地域社會的三層空間結構，即街庄民空間（公共空間）、警察官空間（權力空間）與部落民空間（生活空間）。日人更藉由此三層空間結構，改造人民，動員社會，投入戰爭。[8]黃宣衛則由國家勢力的角度，討論代表國家力量之警察與社會團體介入阿美族傳統社會組織，所造成的影響。[9]

上述研究所提出之研究議題、史實脈絡與思考架構，對於釐清 1930 年代之際臺灣基層行政空間的運作，提供極具參考的見解。本文即以上述研究為基礎，探討東臺灣以阿美族為主之新港地區，日人如何藉由推動社會教化而深入對部落的控制。

大正 12 年（1923）之際，新港地區紛紛成立青年會，是為設置教化組織之始。就阿美族與日人的接觸層面而言，由統治層面的權力深入與控制，進而開始「移風易俗」，營造出更深層的部落改造。

這段期間亦是日人調整塑造阿美族新的部落空間與概念的階段。大正前期經林野調查後，大小部落重新整併，劃定部落的空間界限，土地關係由共業分割為個人所有。就在阿美族人重新認知新的部落空間關係與適應新的社會關係之際，社會教化之風掩然而至。本文之另一脈落，則在探討此一新的空間認知如何藉社會教化運動來落實。

昭和以後，新港地區陸續設置保甲，增建神社，成立青年團、部落振興會等團體，不僅型塑阿美族人新的社會與國家概念，這些社會教化團體與保甲、神社之間橫向的互動關係，亦為日治時期阿美族人社會生活的一個重要側面。此為本文所欲探討的第三個面向。

---

[7] 蔡慧玉，〈一九三〇年代臺灣基層行政的空間結構分析，以「農事實行組合」為例〉，《臺灣史研究》5：2（1999.12），頁 59。

[8] 施添福，〈日治時代臺灣地域社會的空間結構及其發展機制-以民雄地方為例〉，《臺灣史研究》8：1（2001.6），頁 2-3。

[9] 黃宣衛等合撰，《成功鎮志-阿美族篇》（臺東成功：成功鎮公所，2002），頁 76。

二、大正時期的社會教化運動

　　臺東廳內的社會教化團體，最早始於大正 5 年（1916）11 月 3 日成立之鹿野（今臺東縣鹿野鄉鹿野村與龍田村一帶）青年會，其次為大正 6 年（1917）7 月 15 日成立之旭村（今臺東市豐榮、豐谷、豐里、豐源、豐年、康樂、永樂與豐樂等里）青年會。[10]鹿野與旭村均為大正 5 年（1916），臺東製糖會社招募日本新潟縣農業移民前來開墾而成立的移民村，村內仿照日本農村，設置青年會等團體。[11]因此，鹿野與旭村之青年會，其成員係以日本移民為主。其後臺東廳內紛紛成立相關團體：

表 1：臺東廳內青年會一覽表

支廳所在	名稱	成立時間
臺東支廳	卑南青年會 臺東青年會 馬蘭青年會 加路蘭青年會 臺東青年團 知本青年會	大正 9 年 5 月 大正 10 年 10 月 大正 11 年 6 月 大正 13 年 9 月 大正 13 年 8 月 大正 11 年 4 月
里壠支廳	里壠青年會 鹿寮青年會 擺仔擺青年會 大原青年會 新開園青年會	大正 12 年 4 月 大正 12 年 3 月 大正 12 年 3 月 大正 12 年 4 月 大正 12 年 2 月
大武支廳	大武青年會 太麻里青年會 タバカス青年會 ビララウ（密老老）青年會 カラタラン青年會	大正 12 年 6 月 大正 12 年 10 月 大正 10 年 9 月 大正 12 年 6 月 大正 12 年 6 月

資料來源：整理自入澤滲，《臺東廳人名要鑑》。

　　上述各支廳所設立之青年會，就行政區域而言，皆位於一般行政區內，「蕃地」則未設置。就時間而言，大致為大正 10 年（1921）以後，

---

[10] 入澤滲，《臺東廳人名要鑑》（臺東：東臺灣宣傳協會，1925），頁 113、144。
[11] 鄭全玄，《臺東平原的移民拓墾與聚落》（臺北中和：知書房，1995），頁 65。

自臺東支廳逐漸擴展及其他支廳內。普遍之成立在於大正 12 年間，新港支廳亦是如此（參見下表）。此一現象，則與當年日本皇太子裕仁訪問臺灣有關。

日本皇太子裕仁（後來之昭和天皇）於大正 12 年（1923）4 月訪問臺灣，巡視臺北、臺中、臺南與高雄等地。日本皇太子之訪臺，透過「奉迎」與「臺覽」（巡視）等典禮儀式，將天皇統治的空間意涵延伸及臺灣，象徵「內地延長主義」下殖民地的新的統治體制與理念。[12]巡視期間，皇太子訪視各地各級學校，其作用即在傳達對於「國民精神涵養」的重視，展現內地延長主義不僅只在於新的統治制度的建立，更在社會與文化風俗的同化上。

職是之故，當年之內，許多以紀念東宮行啟為名的青年會於焉成立。青年會原為日本農村中，民眾交換農耕知識，砥礪工作精神的團體。在東部地區原只設於日本移民村內，大正 10 年（1921）後，在內地延長主義的理念下，各地紛紛成立，而以大正 12 年（1923）間最多。

青年會之成員以當地公學校之畢業學生為主，接受學校教職員、警察或街庄長之指導與組織。以修養各種常識、振興體育、改善衛生觀念、改良習俗、提振公共意識等為目的，舉辦各類運動會、講習會、夜學會、音樂會等活動，以及實行相關的社會公共事務。[13]

新港支廳所設置之青年會均特別提及係為紀念當年東宮行啟而設：[14]

---

[12] 若林正丈，〈一九二三年東宮臺灣行啟と「內地延長主義」〉，見大江志乃夫等編，《近代日本と植民地》，第 2 冊（東京：岩波書店，1992），頁 99。

[13] 臺灣總督府內務局文教課，《大正 12 年度臺灣總督府學事第 22 年報》（臺北：該課，1926），頁 37。

[14] 施添福，《臺東縣史-大事篇》，上冊（臺東：臺東縣政府，2001），頁 382。

表 2：大正 12 年度新港支廳各青年會一覽表

名稱	成立時間	事業內容	會長與評議員
都巒青年會	為紀念攝政宮殿下行啟紀念，大正 12 年 5 月 5 日成立。	（一）設置青年會場與國語普及會場，以推行國（日）語，普及戶番年齡等觀念。 （二）成立消防隊。 （三）成員由 17-30 歲之青年組成。會內設會長、副會長、幹事、評議員與班長等，由會員選出。 （四）成立宗旨：1.自身修養、家業精進，提倡勤儉質素的生活。2.改良社內習俗與普及國語。3.風災火災等變故之警戒防範。4.從事傳染病之預防及其他衛生工作之。 （五）以警察與學校職員為顧問，接受其指導。	會長：サリバン 副會長：バサオ 評議員： スントク（都巒社頭目） クロリ都巒社副頭目） クラン（都巒社副頭目） アヤム（八里芒社頭目） バイラン（八里芒社副頭目）
大馬武窟青年會	東宮殿下御行啟紀念，大正 12 年 6 月 17 日成立。	（一）會則與都巒青年會相同。下分大馬武窟、加里艋舺與嘎嘮吧灣三個支會。 （二）活動內容： 1.每月集會一次商討會務，並從事道路、路樹、橋樑養護，搬運林產物等工作，所得收入作為會務基金。 2.鼓勵栽培蔬菜，將傳統阿美族人視為禁厭地之茅草地開闢為菜園。 3.指導堆肥與將從來被嫌忌之糞便作為自然肥料。 4.於青年會館設置便所，以維護宣導衛生觀念。 5.推廣國（日）語。 6.開始圈養牛豕，改變從前四處放養的習慣。 7.改變集會所內年幼者舖茅草睡地上的習慣，與壯年者一同睡床。 8.接受農會輔導，飼養新品種豬隻，並栽種芭蕉、木瓜、葡萄與柑橘等水果。	會長：バカル 副會長：リンクイ

都歷青年會	東宮殿下御行啟紀念，大正12年6月17日	（一）會則與都鑾青年會相同。	會長：サウトイ 副會長：ロカ 評議員： カイガ（都歷社頭目） タロル（都歷社副頭目） バゴル（吧翁翁社頭目） ブトル（吧翁翁社副頭目）
新港青年會	大正12年6月17日	（一）會則與都鑾青年會相同。 （二）活動內容：1.擔任都歷至石寧埔間郵遞夫。2.於加只來、白守蓮、芝路古咳三社選定3甲土地種植芭蕉。3.於新港耕作水田一甲步。	會長：ブラオ 副會長：カイガ 　　　タロル 　　　バゴル 　　　サリバン 評議員： ロオ（新港社頭目） リカル（白守蓮社副頭目）
微沙鹿青年會	東宮殿下御行啟紀念，大正12年7月20日成立。	（一）會則與都鑾青年會相同。 （二）活動內容：1.於夜間集會場舉辦國（日）語講習。2.會員集體採集蓮草，收入作基金。	會長：カサウ 副會長：ボトン 評議員： イリイ（微沙鹿社頭目） イロ（微沙鹿社副頭目）
成廣澳青年會	東宮殿下御行啟紀念，大正12年7月30日成立。	（一）居住於成廣澳之17-35歲之男子均可申請入會，入會時應繳納會費4圓。 （二）會內設置會長、幹事長、幹事與監查等幹部。 （三）舉辦讀書會、講演會、農事改良會與運動會等。	會長：馬榮通 副會長：高玉發 評議員：石再興 　　　楊保正 　　　馬清俊
都威青年會	東宮殿下御行啟紀念，大正12年4月16日	（一）會則與都鑾青年會相同。 （二）活動內容：1.夜間於集會所舉行國（日）語講習。2.召集會員研討相關的副業。	會長：リボク 副會長：リヌン
沙汝灣青年會	東宮殿下御行啟紀念，大正12年4月16日	（一）會則與都鑾青年會相同。 （二）活動內容：1.夜間於集會所舉行國（日）語講習。2.召集會員研討相關的副業。	會長：ロボン 副會長：サカラ
石寧埔青年會	東宮殿下御行啟紀念，大正12年4月16日	（一）會則與都鑾青年會相同。 （二）活動內容：1.夜間於集會所舉行國（日）語講習。2.召集會員研討相關的副業。	會長：ラバ 副會長：サウラン

| 加走灣青年會 | 東宮殿下御行啟紀念，大正12年4月16日 | （一）會則與都鑾青年會相同。（二）活動內容：1.夜間於集會所舉行國（日）語講習。2.召集會員研討相關的副業。 | 會長：スラ副會長：ヤメク |
| 三間屋青年會 | 東宮殿下御行啟紀念，大正12年4月16日 | （一）會則與都鑾青年會相同。（二）活動內容：1.夜間於集會所舉行國（日）語講習。2.召集會員研討相關的副業。 | 會長：マヤウ副會長：キト |

資料來源：整理自入澤滲，《臺東廳人名要鑑》。

　　新港支廳內之青年會，除成廣澳青年會以當地漢人為主外，其他各處之青年會則以當地之阿美族人為主，其分布多與警察派出所或學校的學區重疊。下表為各地青年會與所在行政區、警察派出所轄區及所在學校的對應關係。

表 3：新港支廳內青年會和所在行政區、警察派出所轄區與所在學校對應關係表

名稱	行政區別	所在派出所	所在學校
都鑾青年會	大字	都鑾派出所	都鑾蕃人公學校
大馬武窟青年會	大字	大馬武窟派出所	
都歷青年會	大字	都歷派出所	都歷蕃人公學校
新港青年會	大字	新港支廳直轄	新港蕃人公學校
微沙鹿青年會	土名	成廣澳派出所	
成廣澳青年會	大字	成廣澳派出所	
都威青年會	土名	成廣澳派出所	
沙汝灣青年會	大字	成廣澳派出所	沙汝灣蕃人公學校
石寧埔青年會	大字	石寧埔派出所	石寧埔蕃人公學校
加走灣青年會	大字	加走灣派出所	加走灣蕃人公學校
三間屋青年會	大字	三間屋派出所	

　　大正 3 年（1914），新港支廳完成附屬於林野整理的土地調查。根據土地調查的結果，重新整併當地既有之庄社，被合併之庄社，則新設

「土名」。大正 7 年（1918），東部地區官有林野整理工作告一段落後，再度整併當地庄社，以及劃分庄社的界線。大正 9 年（1920）10 月起，臺灣總督府通令將原有之街、庄與社等名稱，一律改稱為「大字」，原有之土名，則改稱為「小字」。[15]

因此，新港支廳內之「大字」與「小字」均由傳統的阿美族部落整併而來。大正 3 年至昭和 12 年（1937）之間，新港支廳內庄社整併之情況如下表：

表 4：大正 3 年至昭和 12 年間，新港支廳內庄社整併情況表

大正 3 年庄社之整併		大正 7 年之整併	大正 9 年之大字	昭和 12 年之大字
都歷社	都歷社	都歷社	都歷	都歷
叭翁翁社				
加只來社	加只來社	加只來社	加只來	鹽濱
跋便社				
施龜彌咳社	麻荖漏社	麻荖漏社	麻荖漏（大正 10 年更名為新港）	新港
芝路古咳社				
麻荖漏社				
白守蓮社	微沙鹿社			
微沙鹿社				
阿龜眉社	石雨傘庄	成廣澳庄	成廣澳	小湊
石雨傘庄				
都威社				
沙汝灣庄	沙汝灣社	沙汝灣社	沙汝灣	大濱
沙汝灣社				
膽曼社				
烏石鼻社	石寧埔庄	石寧埔庄	石寧埔	寧埔
石寧埔庄				
僅那鹿角社	彭仔存社	彭仔存社	彭仔存	城山
八桑安社				
彭仔存社				

---

[15] 孟祥瀚，〈日據初期東臺灣的部落改造：以成廣澳阿美族為例〉，頁 24-28。

大竹湖社	大掃別庄			
小竹湖社		大掃別庄	大掃別	中濱
大掃別社				
城仔埔庄	馬稼海社	馬稼海社	馬稼海	真柄
石坑庄				
馬稼海社				
大俱來社	三間屋庄	三間屋庄	三間屋	三間屋
水母丁庄				
三間屋庄				

資料來源：同註 15。

　　上述青年會的設置，以大正 9 年 10 月以後之「大字」為範圍，包含其內的相關部落。其中大馬武窟青年會，其下設大馬武窟、加里艋舺、嘎嘮吧灣等三個支會，而此三處，均為大字，推測應與同屬一管轄派出所有關。故就新港地區青年會之設置而言，應以同一派出所內之大字為單位。而此大字之範圍，即如施添福所言，係在土地調查後，重新整併地方庄社而得之新的地理空間。[16]較特殊者為成廣澳派出所轄區成立 4 個青年會，成廣澳庄為漢人的聚落，故專以漢人為主，設置一青年會。微沙鹿、都威與沙汝灣等則為阿美族之傳統部落。沙汝灣為大字，微沙鹿與都威則土名，但均屬成廣澳派出所管轄。與大馬武窟的情況相同，在同一派出所管轄下，依種族或部落所在彈性調整。

　　如上所示，大正年間，新港支廳內之部落關係乃處於重新整合的階段，隨著行政界線的劃分，部落間的互動關係也逐步調整，青年會的成立，透過共同議題的開展，集體的參與，在有形的行政界線內，逐漸凝塑出新的空間認同意識。

　　其次，青年會成員，限 17-35 歲之男性青年參加。此一年齡分布，比諸阿美族社會中特有之年齡組織，[17]相當於通過成年禮，編入年齡組

---

[16] 施添福，〈日治時代臺灣地域社會的空間結構及其發展機制-以民雄地方為例〉，頁 23。

[17] 阿美族男子經過成年禮後，編入一個級組，每一級組年齡約隔為 3-5 年，並有一專名。每個男子之長幼地位與社會責任，隨著所屬級組之進移而循序轉變。見黃貴潮，《阿美族傳統文化》（臺東成功：交通部觀光局東部海岸國家風景區管理處，1998），頁 52；黃宣衛等合撰，《成功鎮志-阿美族篇》，頁 64。

織之男子。每一青年會設置會長、副會長、評議員、幹事與班長等幹部，此一組織架構卻不與阿美族傳統的社會組織重疊。阿美族傳統社會以頭目為中心，組成一自治組織，作為部落事務的決策核心，相關事務則由各級年齡組織負責執行與推動。但青年會內，頭目僅擔任評議員，有些青年會甚至未見頭目參與。評議員的作用：參與評議會，對於會員因公死傷、日常善行或不良行為，經評議會議決後，予以治療撫恤費用、獎勵金、罰款或除名之處置等。可知評議員的作用僅在對於人員的獎懲，而無主導會務的權力。

而青年會之指導與管理，根據青年會會則，由警察或學校職員擔任顧問，接受其指導。因此，若說街庄與警察派出所係國家權力透過行政與治安體系建立與部落垂直的控制體系，青年會的設立，則是國家權力橫向的在部落內發展另一社會組織，建立起國家機制影響部落事務的切入點。

青年會的宗旨，在於推廣日語與改良習俗。就各青年會之活動而言（參見表 1），大馬武窟與新港二青年會較為活躍積極。其作為可分為三個方面：（一）推廣日語。（二）習俗改良：如大馬武窟青年會改革舊習，將傳統部落內視為不宜耕種的土地種植蔬菜，使用傳統為人嫌忌的糞便作為肥料，改良衛生習慣與習俗等。（三）改善經濟生活：引入新作物（水稻、芭蕉、柑橘、木瓜、葡萄等）、飼養新品種家畜（豕）與改變飼養方式等。

但是其他青年會之活動則僅限於推廣日語，其他方面似無作為。可知青年會的作用，仍以研習日語為主，以達成「同化」為最終目標。在風俗改良與改善經濟生活上，但開風氣，似仍未普遍。要到昭和以後，方見積極的作為。

三、昭和年間的社會教化團體

日治時期日人對於臺灣社會教育的指示方針，主要提出的時機，均

與地方制度之改正有關。[18]大正 9 年（1920），臺灣改行州廳制，昭和
10 年（1935），改革地方制度，州廳市街庄等行政組織法人化，成立議
會。大正 9 年之際，臺灣總督所發布有關地方制度改革之諭告中，即以
國家利益的角度，闡述地方公共團體之定位：

> 公共團體為國家的一份子，其健全鞏固與否，與國運之昌隆、富
> 強之消長關係至大。而欲促進地方公共團體之發達，其民眾必先
> 愛護鄉國、捨私徇公。小則鄰保相佑，大則義勇奉公，發揮健全
> 的公德心，進而為國家忠良的臣民，敢負擔國家的責任。[19]

可知地方公共團體欲發達，必先養成民眾愛護鄉土、捨私徇公、鄰
保相佑、義勇奉公之精神，以負擔國家之責任。因此，社會教化的目的，
是被放入國家責任的脈絡裡思考的。

昭和 9 年（1934）3 月，臺灣總督府與日本中央教化團體聯合會共
同舉辦臺灣社會教化協議會，會中訂定「臺灣社會教化要綱」，作為全
臺社會教化的指導要點。其要綱包含五個工作方向：（一）貫徹皇國精
神，強化國民意識。（二）作興助長融合親和一致的風氣。（三）徹底訓
練公民精神的涵養。（四）啟發培養實際的智能知識，養成樸質風氣。（五）
改善生活，其以向上。[20]並且組織部落團體，設置部落集會所與國（日）
語講習所，配置教化委員會，結成教化統治團體等。[21]

昭和 10 年（1935），臺灣總督府再度修改地方制度，實施地方自治，
上述地方團體對於強化國家意識、訓練自治奉公的公民之地位更形重
要。臺灣總督中川健藏在修改地方制度之告諭中，再度強調地方公共團
體之重要：

> 地方公眾團體之畛域更為明顯：處理共同事務，以舉公益；使住
> 民自覺其責任，選舉議員，參與地方公務，但仍予以適切之監督，

---

[18] 中越榮二，《臺灣の社會教育》（臺北：臺灣の社會教育刊行所，1936），頁 14。

[19] 井出季和太，《臺灣治績志》（臺北：臺灣日日新報社，1937），頁 633。

[20] 中越榮二，前引書，頁 20-22。

[21] 臺灣總督府文教局社會課，《臺灣に於ける優良部落施設概況》（臺北：該課，1940），序，
頁 2。

　　以圖地方自治行政順利進暢。

　　換句話說，臺灣實行地方自治的基礎，有賴於地方團體對於民眾之公民意識之訓練與養成，方得以順利推行。

　　昭和 11 年（1936），日本圖謀中國益切，臺灣作為日本帝國南進的基地，國防與經濟地位重要。因此以強化國體觀念、振作國民精神、實行徹底同化，提倡「民風作興」的社會教化運動因此而生。[22]7 月，臺灣總督府召開民風作興協議會，各州廳以下，市郡街庄之官民有力者組成「委員會」或「協議會」，作為推動的中心。地方上以「町」或「部落」為單位，成立「部落振興會」、「農事實行團體」或「町會」，作為實行機關。[23]

　　部落振興會成為行政系統最末端的組織，在市街庄下設立部落單位，部落內民眾共同建設理想部落的目標，保持部落內教育、教化、自治、產業、經濟、交通、衛生、保安、水利、納稅等工作橫向的聯繫，提供民眾綜合一元的指導。[24]

　　昭和 12 年（1937），盧溝橋事件發生，中日戰爭爆發，皇民化工作更形迫切。9 月，臺灣總督府成立「國民精神總動員本部」，各州廳成立支部，市郡成立支會，上下連成一氣，全面展開。[25]而部落振興會順勢成為最末端的實踐機關，與保甲制度的聯繫更加緊密。[26]

　　昭和 13 年（1938），新港地區成立之社會教化團體可參見表 5。若不論屬全郡聯合性質者，地方實行團體可分為五類。即國語普及組織、青年團、部落向上會、神社與農事實行組合等。以下分別敘之：

[22] 中越榮二，前引書，頁 26。

[23] 中越榮二，前引書，頁 26。臺灣總督府文教局，《臺灣の教育》（臺北：該局，1937），頁79。

[24] 臺灣總督府文教局，《臺灣の教育》，頁 79。

[25] 臺灣總督府文教局，《臺灣の教育》，頁 76。

[26] 灣總督府文教局社會課，《臺灣に於ける優良部落施設概況》，序，頁 3-4。蔡慧玉，〈一九三〇年代臺灣基層行政的空間結構分析，以「農事實行組合」為例〉，頁 72。

表 5：新港郡內各教化團體一覽表

	全郡聯合組織	國語普及組織	青年團	部落向上會	神社	農事實行組合
都蘭庄		都蘭國語講習所 大馬簡易國語講習所 佳里簡易國語講習所 高原簡易國語講習所	都蘭青年團 大馬青年團 高原青年團	都蘭部落向上會 大馬、佳里部落向上會 高原部落向上會	都蘭祠 大馬祠 高原祠	大馬農事實行組合 高原農事實行組合
新港庄	新港郡教育會 體育協會新港郡分會 新港郡聯合青年團 新港郡教化委員會 國民精神總動員新港郡支會	都歷國語講習所 新港國語講習所 新港第六保會場（新港） 新港第四保會場（都歷） 新港第七保會場（白守蓮） 成廣澳國語普及會 微沙鹿國語普及會 都威國語講習會 沙汝灣國語講習會	都歷青年團 新港青年團 小湊青年團	都歷部落向上會 新港部落向上會 成廣澳部落向上會 微沙鹿部落向上會 都威部落向上會 沙汝灣部落向上會	都歷祠 鹽濱祠 新港祠 小湊祠 大濱祠	都歷農事實行組合 小馬農事實行組合 鹽濱農事實行組合 大濱農事實行組合
長濱庄		寧埔國語講習會 城山國語講習會 長濱國語講習所 三間屋保會場 真炳保會場 長濱保會場 大掃別保會場 樟原國語講習所 樟原保會場 大俱來保會場 大峰峰保會場	寧埔青年團 長濱青年團 樟原青年團	寧埔部落向上會 城山部落向上會 石寧埔部落向上會 中濱部落向上會 長濱部落向上會 真炳（石坑）部落向上會 三間屋部落向上會 樟原本島人部落向上會 樟原部落向上會 大俱來部落向上會	寧埔祠 長濱祠 三間屋祠 樟原祠	城山農事實行組合 中濱農事實行組合 真柄農事實行組合 樟原農事實行組合

資料來源：新港郡役所，《新港郡要覽》（臺東新港：新港郡役所，1937），整理而得。

國語普及組織

國語普及組織根據昭和 6 年（1931）12 月，臺灣總督府公布之「臺灣に於ける公立の特殊教育施設規則」，分為國語講習所、簡易國語普及會與常設之失學兒童教育設施等三類。國語講習所以 12-25 歲之青少年為對象，一年內施以百日以上，以國（日）語教育為中心的國民教育。國語講習所之主事與指導員均由當地學校教師擔任。簡易國語講習所則以農閒期間以 3-6 個月為期教授國（日）語，設置於公學校或部落集會所所在。[27]

新港地區國語普及組織最早成立者為大正 7 年（1918）之臺東國語普及會成廣澳支會，9 年（1920）改稱為新港支會，11 年（1922）獨立為新港國語普及會，由新港支廳長擔任會長。其教育內容除國（日）語外，還包含習俗改良與國民性之涵養等社會教化內涵。主要以學校所在地為會場。[28]

因此，新港地區計有大正以來之國語普及會，亦有昭和以後設置之國語講習所與簡易國語講習所。

就設置的地點而言，以公學校與部落集會所為主。新港郡內設於公學校所在之國語講習所（會）計都蘭、高原、大馬、新港、都歷、小湊、長濱、寧埔、樟原等處。設於部落集會所者，分為二種：一為阿美族人原來部落所在者，如微沙鹿、都威、沙汝灣與城山等部落。二為保甲之會場，如新港庄第六（新港社）、第四（都歷）與第七（白守蓮）等保，長濱庄之三間屋、真柄、長濱、大掃別等保之會場。其中新港庄之第六、第四與第七等保為阿美族人之保，都歷另有以漢人為主之新港庄第一保，新港內也另有漢人為主之新港庄第二保。因而形成都歷、新港、長濱與樟原四地設於公學校，以漢人為主要對象之講習所，另於各保會場設置以阿美族人為對象之講習所。

---

[27] 臺灣總督府，《臺灣社會教育概要》（臺北：臺灣總督府，1937），頁 14-15。臺灣總督府文教局，《臺灣の教育》，頁 81。

[28] 入澤滲，《臺東廳人名要鑑》，頁 138。

青年團

　　大正 9 年（1920）臺灣地方制度改正之際，派街庄長前往日本考察模範村後，在臺增設青年團。昭和 6 年（1931）5 月，臺東廳訓令第 6 號公布「臺東廳青年團體設置要項」，[29]以修畢初等教育，20 歲以下之青年為對象，以相當於小公學校學區的部落區域為設置單位，其宗旨以推廣國語、產業開發、淨化鄉土、強壯身體為目標。團內設團長、副團長、顧問與指導者，顧問由街庄長或警察擔任，指導者以學校教師為主。

　　新港地區青年團之所在，即公學校之所在。每一青年團之團長均由日人擔任，副團長方由阿美族人擔任，團員亦以阿美族人為主。漢人並未成立青年團。此外，新港郡之青年團男女兼收，並未如其他地方分為男子青年團與女子青年團，而是青年團下分設男女副團長各一，各轄其團員。[30]

　　與大正 12 年度之 11 處青年會比較，就數量而言，新增高原一處，卻將微沙鹿、都威與沙汝灣等地之青年會分別併入小湊與寧埔。此係對應公學校學區所致。青年會與青年團名稱雖有不同，其著重教化的功能則前後相仍。為彰顯青年團教化的成效，歷次臺灣總督抵達新港視察時，均會安排參觀青年團之教化成果。例如昭和 7 年（1932）4 月 12 日，臺灣總督南弘巡視新港，曾觀賞女子青年團之舞蹈表演與都歷青年團之操練。8 月，總督中川健藏巡視新港，亦安排女子青年團演唱「新港小唄」與表演舞蹈等。[31]甚至於在臺東廳保甲制度未擴大之前，[32]青年團也成為動員的體系。例如昭和 11 年（1936）3 月，臺東廳為徵集勞力支援各項工程在雨季來臨前完工，乃召集新港支廳內頭目、副頭目與青年團長等研商各社動員支援的人力。[33]

---

[29] 施添福，《臺東縣史-大事篇》，上冊，頁 478。
[30] 新港郡役所，《新港郡要覽》（臺東新港：新港郡役所，1937），頁 23。
[31] 施添福，《臺東縣史-大事篇》，上冊，頁 490、494。
[32] 臺東廳於昭和 12 年實施街庄制之際，方擴大保甲之規模與數量。見孟祥瀚、王河盛，《成功鎮志-歷史篇》（臺東成功：成功鎮公所，2003），頁 103。
[33] 施添福，《臺東縣史-大事篇》，上冊，頁 545。

神社

1930 年代以後，日本以社會教化為名，積極展開「神社中心、大麻奉齋」等所謂精神涵養。開始在全臺廣建神社與改變家庭信仰。藉此將日本神道敬神崇祖、效忠天皇的觀念滲入臺灣社會中。[34]

新港地區設立者為「社」，[35]當地或稱為祠，一共 13 座，其中惠比須祠為日籍漁業移民所興建奉拜，其他 12 座，除小湊（昭和 12 年，1937）、鹽濱（昭和 13 年，1938）與高原（昭和 11 年，1936）等三座外，均完成於昭和 2 年（1927）10 月，[36]以作為慶祝昭和天皇即位的紀念措施。

神社奉祀的區域則包含其他鄰近的地區，新港地區各神社奉祀區域如下表：

表 6：新港地區神社與其奉祀區域

神社名稱	奉祀區域（大字）	神社名稱	奉祀區域（大字）
都蘭祠	都蘭、八里	小湊祠	小湊
大馬祠	大馬、佳里	大濱祠	大濱
高原祠	高原	寧埔	寧埔、城山
都歷祠	都歷、小馬	長濱祠	長濱、掃別
新港祠	新港	三間屋祠	真柄、三間屋
鹽濱祠	鹽濱	樟原祠	樟原

資料來源：新港郡役所，《新港郡要覽》，頁 26-27。

就上表可知，神社設於派出所所在地之「大字」，奉祀區域包含派出所轄區內其他之「大字」。例外者為鹽濱與大濱二祠，二地為阿美族人部落所在，或因其地處遠隔，往來不便，因而增設，以利當地阿美族人奉拜。

神社為日人展現國家意涵之所在，其建築刻意壯麗氣派，在茅茨土

---

[34] 蔡錦堂，〈日本治臺時期的神道教與神社建造〉，《宜蘭文獻》50：3（2001.9），頁 14。

[35] 所謂「社」，指「非屬於神社，但有奉祀神祇，供公眾參拜的建物」。原因或是財力不足，設備簡陋，不符神社的法令規範故。見蔡錦堂，前引文，頁 23。

[36] 臺灣總督府文教局社會課，《臺灣に於ける神社及宗教》（臺北：該課，1943），頁 28-31。

屋間特別顯眼。地方重要事情，均於神社舉行。例如許多青年結婚，即改在神社舉行。[37]長濱鄉耆老周春福回憶對神社之印象，說道：

> 神社蓋得非常雄偉，神社的屋頂還是用銅片覆蓋的，在陽光的照射下，遠遠望去就彷如一座黃金礦山，在龜山崙的半山腰間閃閃發亮。
>
> 年輕時，日警都會要求庄內的青年到神社做清掃的工作，當時我也是清掃神社的一員，神社的風采，記憶猶新。
>
> 庄內如有比較特殊的事蹟且值得表揚的地方，都會到神社前表揚並合影留念。[38]

農事實行組合

　　臺灣農事實行組合創始於大正 6 年（1917），以高雄州為期米種改良，設置共同苗代（購入秧苗）組合為嚆矢。其後各種型態之農事小組合紛紛成立，例如臺南州內臺南大圳內以水利管理為目的而設置水利實行小組合。新竹州內設立農事改良實行小組合作為產業五年計畫之實行機關。或是西部各州為貫徹業佃關係而成立業佃共濟農事組合等。各農業實行團體大致以部落區域以下之小區域為範圍，其人數不一，農事實行團體約為 40 餘人。[39]

　　農事實行團體以改良農業技術與農業經濟為目的，此外也推動社會生活的改善，諸如破除陋習、公民教育、普及國（日）語、注重衛生、完納稅金、保安自治等工作。

　　新港郡內之農業實行組合，均為畜牧業。臺東廳內地廣人稀，野草與水源豐盛，牛隻數量繁多，日治初期，屏東、恆春與臺南之牛販往來收購，牛隻往往為原住民視為重要的財產。大正 14 年（1925），臺東廳農會為牧草供應、畜牛繁殖與農閒時牛隻牧養問題，認為各部落應設置

---

[37] 施添福，《臺東縣史-大事篇》，上冊，頁 562。

[38] 後山文化工作群，《加走灣紀事》（臺東：臺東縣立文化中心，1995），頁 73-74。

[39] 臺灣總督府殖產局，〈本島に於ける農事實行團體の概況〉，見中越榮二，《臺灣の社會教育》，附錄，頁 12。

共同牧場，以利經營。昭和 3 年（1928）之後，紛紛輔導各地成立「農事實行組合」，亦即部落共同牧場。[40]昭和 9 年（1934），臺灣總督府修改產業組合法，允許以部落區域為範圍，組成具有法人資格的農事實行組合，加入產業組合。[41]臺東廳內於是紛紛成立農事實行組合。昭和 12 年（1937），因戰爭緣故，軍需牛肉罐頭需求大增，故積極輔導設置牧場，以利徵收牛隻。[42]在上述背景下，新港郡內之設置之農事實行組合如表 7：

表 7：新港郡內農事實行組合一覽表

名稱	地區	成立時間	備註
都歷農事實行組合	新港區都歷字叭翁翁	昭和 7 年 2 月	原稱都歷小馬牛畜販賣利用組合，昭和 9 年 11 月，小馬分出另設農事組合
中濱農事實行組合	加走灣區大掃別字竹湖	昭和 9 年 3 月	
大馬農事實行組合	都鑾區大馬武窟	昭和 9 年 11 月	
佳里農事實行組合	都鑾區加里猛狎	昭和 9 年 11 月	
高原農事實行組合	都鑾區嘎嘮吧灣	昭和 9 年 11 月	原成立於昭和 4 年 3 月
小馬農事實行組合	新港區小馬武窟	昭和 9 年 11 月	由都歷小馬牛畜販賣利用組合分出
樟原農事實行組合	加走灣區姑仔律	昭和 9 年 11 月	原成立於昭和 5 年 3 月
大濱農事實行組合	新港區沙汝灣	昭和 10 年 2 月	
鹽濱農事實行組合	新港區加只來	昭和 10 年 3 月	
都威農事實行組合	新港區沙汝灣字都威	昭和 12 年 1 月	
城山農事實行組合	加走灣區彭仔存字僅那鹿角	昭和 12 年 1 月	
都歷農事實行組合	新港庄都歷	昭和 12 年 6 月	
真柄農事實行組合	新港郡長濱庄真柄字石坑	昭和 12 年 12 月	

資料來源：新港郡役所，《新港郡要覽》，頁 39。整理自施添福，《臺東縣史-大事篇》，上冊。

---

[40] 陳憲明，《成功鎮志-經濟篇》（臺東成功：成功鎮公所，2003），頁 109。
[41] 施添福，〈日治時代臺灣地域社會的空間結構及其發展機制-以民雄地方為例〉，頁 28。
[42] 陳憲明，《成功鎮志-經濟篇》，頁 109。

　　每一農事實行組合之區域為大字或是字之所在，即「部落區域以下之小區域」，就新港地區而言，雖然各個組合冠以所在地大字的名稱，但仍以傳統部落所在為範圍。但亦有將事業延伸至附近區域者，如都威農事實行組合向總督府申請，在長濱庄中濱（大掃別）成立「中濱共同生產牧場」，面積 151.1 公頃。彭仔存農事實行組合亦申請城山字僅那鹿角與城山成立城山共同生產牧場，面積 304.7 公頃。[43]

部落向上會

　　臺灣部落振興會成立的背景已如前述，全臺之部落振興會團體名稱並不一致，臺東廳內名為部落向上會。新港郡內之部落向上會，如表 5 所示，昭和 13 年（1938）之際，總計 17 處。資料上各向上會名稱雖冠以所在大字之名，但實際上應係以「字」為單位，即傳統的阿美族部落為單位。但新港郡役所刊行之《新港郡要覽》（昭和 13 年，1938），則以公學校學區作為區分單位，明顯的將部落向上會定位為社會教化團體。但究其本源，昭和 11 年（1936）7 月，臺灣總督府要求地方上以「町」或「部落」為單位，成立「部落振興會」，其作用在於維持部落內教育、教化、自治、產業、經濟、交通、衛生、保安、水利、納稅等工作橫向的聯繫，提供民眾綜合一元的指導。因此，部落向上會的功能，反而類似一整合部落事務的平臺，特別是與國家相關的事務上面。

　　以新港郡長濱庄石坑部落為例，本部落獲選為臺東廳內優良部落，其運作內容具有示範的作用，以下即就其運作內容加以討論。[44]

　　石坑部落為於今臺東縣長濱鄉長濱村長光，昭和 13 年之際屬新港郡長濱庄真柄字石坑。當時長濱庄內大字「真柄」，其下「小字」有石坑、馬稼海與城仔埔等。城仔埔為平埔族人的聚落，石坑與馬稼海為位於馬稼海溪南北的阿美族人聚落。考《新港郡要覽》（昭和 13 年，1938）僅記載真柄部落向上會，而無石坑部落向上會之名。此現象是否與農事

---

[43] 施添福，《臺東縣史-大事篇》，上冊，頁 563、565。

[44] 以下資料引自〈新港郡長濱庄石坑部落向上會〉，見臺灣總督府文教局社會課，《臺灣に於優良部落施設概況》，頁 745-759。

實行組合一般，以「大字」為登記名稱，實際之範圍則在「小字」之部落。但此說法仍有問題，《新港郡要覽》記載之真柄部落向上會，總計113 戶，會員 1,304 人。而石坑部落向上會為 55 戶，700 人。二份資料相距 2 年，若為同一地方，人口數量變化不可能如此巨大。因此，真柄部落向上會的問題，仍有待查證。

石坑部落向上會成員為部落內各戶之家長，會內組織與幹部配置如下：

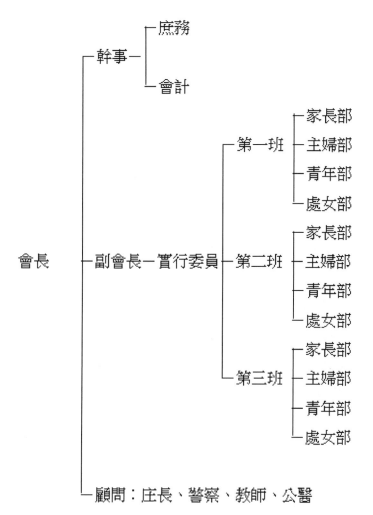

會長與副會長之人選，由新港郡教化委員會推薦，會長職務為總理會務與擔任每年召開一次之總會主席。幹事、實行委員與顧問等，由會長委任。幹事負責會中事務，實行委員由各班與各部推舉若干人，負責

推動各項事業。資料當時石坑部落內計 55 戶，每班戶數平均為 18 戶左右。各班下再設家長部、主婦部、青年部與處女部，將部落內已婚男女與未婚男女青年分別組織起來。家長部與主婦部原為成人社會教育組織，青年部與處女部即為男子青年團與女子青年團前身。

部落向上會之指導機關為新港郡教化委員會，在學區與派出所轄區再組成「小委員會」直接指導。[45]石坑部落向上會之辦公處所設於部落集會所，集會所興建於昭和 8 年（1933），主要作為開會與國語普及會之夜間教室。

部落向上會的宗旨為：涵養國體觀念，振興國民精神；確立宗教觀念；國語普及與改善風氣；打破陋習與改善生活；改良農業與振興產業等。部落向上會成立後之活動，在當地社會教化小委員會與農事實行組合之指導助長下，加速發展。因此，其工作的方向主要展現在三方面：教化事業、生活改善與產業振興。

在教化事業方面，成人每月廿八日，青少年每星期日進行集會訓練，以增強體魄。農閒期間，於集會所召集部落內未解日語者教以簡單之日常會話。七七事變以後，為強化後方支援能力，進行諸如徵調軍人家中農事的支援，獎勵國民儲蓄，栽種時局作物，或加入紅十字會與愛國婦人會等組織。

在改善生活方面：義務勞動，如清掃神社、道路與部落等；強化敬神觀念，鼓勵各戶信奉日本神教；家屋改善，注重通風與日照，屋內格局採和洋式設計；改良各戶便所、豬舍等，遷建牛柵於部落外，以重衛生；獎勵青年換穿洋和服；強化鄰保相扶精神、破除陋習等。

在產業振興方面：改變無契約耕作方式，穩定業佃關係；共同經營、共同勞作；改良土地品質，增加稻米產量、開墾荒地，栽種時局作物；鼓勵儲蓄，獎勵愛國儲金。

---

[45] 蔡慧玉，〈一九三〇年代臺灣基層行政的空間結構分析，以「農事實行組合」為例〉，頁 80。

四、社會教化團體的實踐

有關日治時期在新港郡推動之社會教化事業，主要在本地阿美族人身上，一則阿美族人口最多，二則可塑性高。故日人社會教化事業的重心，便是以阿美族人為主。在推動的過程中，傳統阿美族之社會文化因之受到衝擊，甚至於發生變化。

大正時期的社會教化團體以青年會為主，昭和時期的社會教化組織更多樣化。但此二時期之社會教化團體，其性質、對象與作用的層面仍有所不同。

就性質與對象而言，大正時期青年會之設置，猶以傳統部落為範圍，但受警察派出所控制，成員以青年男性為主，以推廣日語與移風易俗為目的。性質上官方的色彩較為淡薄。昭和時期之社會教化團體，諸如青年團、部落向上會、國語普及會等，均以官方命令而成立，受街庄役場與警察派出所控制，官方的色彩較為濃厚。其成員則擴及部落內之青壯男女，依性別年齡被編入同的團體內。

就作用的層面而言，推廣日語，均為二個階段社會教化團體的共同工作，作為地方動員的末稍，自青年會至青年團，並無軒輊。另一方面，昭和時期社會教化的工作，作用在生活方式、社會習俗與生產方式等層面上，則更加廣泛與普遍，對當地阿美族人的影響與衝擊，也更形明顯。

傳統阿美族社會文化受到衝擊之處，可分以下數點：

（一）社會事業團體本身對阿美族社會而言，乃一外來的組織，且其組織的運作，並非由傳統頭目與年齡組織負責規劃與推動，而是由國家力量在外牽引推動。如此，造成部落內另外一權力機制，加上原有之警察、「蕃社會議」，以及以後之保甲、壯丁團等系統，形成以保甲壯丁團為主之治安控制體系，與由街庄指導之青年團、部落會等體系。個人與部落的關係，被數種不同的身分所橫切。傳統年齡組織，逐漸被各種社會教化團體所取代，[46]部落也逐漸轉化為行政與地理空間的概念。

---

[46] 黃宣衛等合撰，《成功鎮志-阿美族篇》，頁76。

（二）部落頭目、耆老為部落傳統的領導人物，但是在社會教化事業中，各種團體之會長或團長等幹部，概由日人選出，並受街庄長、警察與學校教師的指導監督。這些幹部，並非傳統的頭目或耆老，亦即在部落傳統的權力結構中，增添一批由國家體系控制的系統，頭目與耆老的權威與影響力，因而衰弱。甚至後來連頭目都由日人指定，其前提則是能要聽從日人者。[47]如此一來，頭目的地位，更是低落。

（三）生活習慣之改變，首先及日語之普及，日人自公學校開始，至青年團、家長會等成人教育，均以日語訓練為第一要務。日人統計新港郡內畢業於公學校或是其他國語普及機關，以及在學學生數，日語之普及率，全郡平均為 68.4%，亦即將近 7 成的人會使用日語。其他透過青年團、部落向上會推動者，如宗教信仰，義務勞動、家居環境改善，注重公共衛生等，均為阿美族人的生活習慣與方式，帶來新的變化。其中日人特別重視國（日）語普及與神社之奉祀崇拜，對許多阿美族人而言，此部分應是記憶猶新的。

新港郡社會教化事業的推動，另外一層重要的意涵，則是對於自土地調查以來，重新整併傳統庄社而形成的空間關係，具有凝聚的作用。社會教化事業主要透過街庄與學校來推動，期間以新的街庄學區單位動員民眾參與，在此過程中，新的空間認同因此而生。加上警察派出所之轄區，形成的不同層次的空間概念，每個人隨身分的轉換，被編排在不同的空間裡，而每個空間，均為國家勢力的延伸。

昭和 13 年之際，新港郡內庄、派出所、大字、保甲與公學校的對應關係如表 8：

表 8：昭和 12 年新港郡內派出所、大字、保與公學校之對應關係

庄	派出所	大字	保甲	神社	公學校
都鑾庄	都蘭派出所	都蘭 八里	都蘭庄第一保 都蘭庄第二保	都蘭祠	都蘭公學校
	大馬派出所	大馬 佳里	都蘭庄第三保 都蘭庄第四保	大馬祠	大馬公學校

---

47 阮昌銳，《臺東麻老漏阿美族的社會與文化》（臺北：臺灣省立博物館，1994），頁 150。

	高原派出所	高原	都蘭庄第五保	高原祠	高原公學校
新港庄	直轄	新港鹽濱	新港庄第二保（漢人） 新港庄第六保（阿美族） 新港庄第七保（白守蓮） 新港庄第五保（鹽濱）	新港祠 鹽濱祠	新港尋常小學校 新港公學校
	都歷派出所	都歷 小馬	新港庄第一保（漢人） 新港庄第四保（都歷、小馬）	都歷祠	都歷公學校
	小湊派出所	小湊 大濱	新港庄第三保（成廣澳） 新港庄第八保（都威、沙汝灣）	小湊祠 大濱祠	小湊公學校
長濱庄	寧埔派出所	寧埔 城山	長濱庄第一保 長濱庄第二保	寧埔祠	寧埔公學校
	長濱派出所	長濱 中濱 真柄	長濱庄第三保 長濱庄第四保 長濱庄第五保	長濱祠	長濱公學校
	三間屋派出所	三間屋	長濱庄第六保 長濱庄第七保	三間屋祠	
	樟原派出所	樟原	長濱庄第八保 長濱庄第九保	樟原祠	樟原公學校

資料來源：新港郡役所，《新港郡要覽》，整理而得。

　　由上表可知，以派出所之轄區，包含數個「大字」，每一大字再包含一或數個保，公學校則是依派出所所在而設。「大字」的空間基礎，來自於土地調查後，整併原有庄社，區分為「社」與「土名」。昭和12年，「社」改為「大字」，「土名」改為「小字」，但無論「大字」或「小字」都可能包含數個鄰近的部落。因此，「部落」的概念，誠如黃宣衛指出，分為三個層面：一為指涉日治初期以前的社會型態，凸顯各聚落相當程度獨立自治的情態。二為納入國家體系後，以社代之。三為指地理上人群聚居的聚落。[48]日治時期，「部落」的概念，若由下而上，則指的是阿美族人傳統的聚落與其社會型態。若由上而下，則是指整併後的「大字」與「小字」，作為國家統治與教化的基層單位。

　　新港郡內社會教化團體之分布與表8之單位的對應關係來看，青年團與神社的位置，即派出所、公學校所在地，與派出所轄區或公學校學

---

[48] 黃宣衛等合撰，《成功鎮志-阿美族篇》，頁5，注釋2。

區重疊。而其位置，亦為庄內「大字」所在。換句話說，作為日本統治象徵所在之派出所所在，亦兼具地方教化中心之所在，故將具有高度同化象徵意涵的公學校、青年團與神社等場所設於此地。並以派出所與公學校為中心，向外輻射出各類的社會教化團體。「大字」成為國家施行「政教」措施的基礎空間單位，誠如施添福所言，字內的居民，在明確的空間範圍內，共耕共墾，同堂共學，形成以字的範圍的空間認同意識。[49]

對具有普及作用之團體，如國語普及會與部落向上會等之設置地區，則以保為基準。就國語普及會而言，以公學校與部落集會所為單位。有集會所之保，則設於保之會場，若無，則設於當地部落內之集會所。部落向上會以學區為單位，設於保內之各個部落（小字）內。保之範圍，相當於小字，係國家控制人民的基層組織，負有掌控與動員的作用。國語普及會與部落向上會可謂是施行教化的末梢組織，其作用之空間，與「小字」與保的空間重疊，一方面嚴密掌握人民動態，另方面施以教化，每個人都被羅致進入此綿密的網絡裡。

因此，日治時期，新港郡內社會教化事業作為實踐國家理念的教育機制，與派出所保甲體系的運作，實為一體之二面，均為達成國家目的的手段。而在實踐的過程中，對於當地住民，特別是阿美族人，無論是社會組織、精神思想、生活方式或是空間認知，都造成了深刻的影響。

五、結論

日治時期臺灣的社會教會事業，雖以社會改造為名，但實為同化政策之一環，以化育國民精神為目標，以培養帝國的臣民。其方式則為推廣日語、改變風俗、生活習慣等。戰爭爆發後，皇民化運動更被有組織的推動。在上述背景下，新港郡此一東海岸上的地方，也無可避免的捲入此一浪潮內，各類社會教化事業紛紛成立，當地民眾無論自願與否，都被納入這些團體，在思想與行為層面，或多或少的受到影響。阿美族

---

[49] 施添福，〈日治時代臺灣地域社會的空間結構及其發展機制-以民雄地方為例〉，頁34。

人也無可避免的更深層且廣泛的接觸到外面的世界，而此一外面的世界，正藉國家之力，透過社會教化團體，試圖改變阿美族人的傳統社會與文化。

（原刊於《興大歷史學報》16（2005.6），頁 277-304。）

日治時期花蓮地區客家移民的分布[*]

一、前言

　　同治 13 年（1874）以後，清廷在「開山撫番」的政策下，開始鼓勵漢人前往東部地區拓墾，以達到「移民實邊」的國防目的。此後漢人人口日漸增加，逐步改變了當地以原住民為主體的人文風貌。

　　這股臺灣西部漢人向東部地區流動的浪潮中，客家人亦未缺席，清末時，許多村落內已見客家人的蹤影。日治以後，東部地區之地廣人稀成為吸引西部地區人口東移的誘因，大量之漢人因之移入，使得東部地區成為人口成長最速的地區。客家人也隨之大量移入，由於數量眾多，被喻為是客家人的第二次遷移運動。[1]

　　日治時期以來客家人在東部的遷移，歷來已見討論。陳彩裕以統計之方法，分析日治時期新竹州與花蓮港廳人口遷移之動機與誘因，[2]對於新竹地區客家人在日治時期移入花蓮的現象，提出重要的實證性解釋。張振岳之《臺灣後山風土志》及與吳親恩合著之《人文花蓮》二書，[3]以及劉還月之《臺灣客家族群史--移墾篇》一書，對於花蓮地區客家人之遷移、分布、風俗信仰與社會文化等方面，提出深層細緻的紀錄與討論，允為了解花蓮地區客家文化的重要書籍。張維安之《臺灣客家族群史--產經篇訪談紀錄》一書，[4]對於客家人到東部拓墾的背景與生計經驗，提供了許多重要的紀錄。此外，施添福指出日治時期在東部地區為扶植日本資本事業，而企圖將當地產業導向以種植甘蔗為主之產業。[5]此

---

[*] 本文原發表於中央大學客家研究中心舉辦之「客家文化學術研討會」（2002.10），承蒙評論人張素玢教授與審查人之批評指正，以及會場諸位女士先生之惠供卓見，謹此致謝。

[1] 例如劉還月之《臺灣客家族群史--移墾篇》（南投：臺灣省文獻會，2001）一書，副標題便為「臺灣客家的初墾與二次移民」。

[2] 陳彩裕，〈臺灣戰前人口移動與東部（花蓮）的農業成長〉，《臺灣銀行季刊》34：1，1983.3。

[3] 張振岳，《臺灣後山風土志》，臺北：臺原出版社，1994。吳親恩、張振岳合著，《人文花蓮》，花蓮：花蓮洄瀾文教基金會，1995。

[4] 張維安，《臺灣客家族群史--產經篇訪談紀錄》，南投：臺灣省文獻會，2001。

[5] 施添福，〈日治時代臺灣東部的熱帶栽培業經營和區域發展〉，臺灣史研究百年回顧與專題

一政策背景，有助於說明客家人移入之產業背景。林聖欽與江美瑤曾討論花東縱谷中段與關山鹿野一帶之土地開發、人口移入與聚落發展，當中亦提及客家人在當地拓墾的經驗。[6]

　　基於上述研究的基礎，本文則意圖經由統計資料重建當時客家移民移入花蓮地區後的空間分布，探討此一空間分佈的現象與清末客家人之移墾據點，在時間上與空間上的延續關係。另外，亦期透過統計資料，較精細的刻劃出客家人空間分布的變化，此一變化的結果，型塑出現今人們對於花蓮地區客家人空間分布的印象。影響客家族群在花蓮地區遷移與分布的因素，則是本文在分析客家人的空間分布之後，所欲探討的問題，以期進一步了解影響移入分布的各種原因。

二、花蓮地區的人口增加

　　清廷自同光之際實施「開山撫番」以後，鼓勵漢人向東部拓墾，一直是官方的政策。但至割臺之時，日人於明治 29 年（1896）的調查，東部地區的漢人數量，不過 820 戶，3,214 人，約佔當時東部地區人口的 1/9。[7]所開墾的土地，不過 2,225 甲，每年所繳稅銀亦不過 1,142 兩。[8]

　　日治初期，漢人仍然持續向東部移墾，根據明治 38 年（1905）臨時臺灣戶口調查之結果，臺東廳內漢人之數量為 6,437 人，較割臺時增加一倍餘。大正 4 年（1915），增加為 15,233 人，又較明治 38 年（1905）時增加了一倍有餘。此一人口數量增加的趨勢，在明治 42 年（1909），花蓮港廳與臺東廳分治後，當地的人口數量亦隨著二地間發展情況之不同，而呈現明顯不同的趨勢，如表 1 所示。

　　研討會宣讀論文（1995.12），頁 24。

[6] 林聖欽，〈花東縱谷中段的土地開發與聚落發展（1800-1945）〉，臺北：國立臺灣師範大學地理研究所碩士論文，1995。江美瑤，〈日治時代以來臺灣東部移民與族群關係-以關山、鹿野地區為例〉，臺北：國立臺灣師範大學地理研究所碩士論文，1997。

[7] 田代安定，《臺東殖民地豫察報文》（臺北：臺灣總督府民政部殖產局，1896），頁 245。

[8] 胡傳，《臺東州采訪冊》，頁 42、46。

表1：日治時期東部二廳人口數量比較表

年度	花蓮港廳			臺東廳		
	總人口數	年增加率（%）	增加指數（%）	總人口數	年增加率（%）	增加指數（%）
1905	21,638		100	25,491		100
1910	27,298	4.71%	126.16	27,188	1.3	106.66
1915	45,521	10.77%	210.38	36,997	6.35	145.14
1920	49,433	1.66%	228.45	38,791	0.95	152.18
1925	58,934	3.58%	272.36	42,671	1.92	167.4
1930	86,859	9.07%	401.42	58,801	6.62	230.67
1935	111,497	5.12%	515.28	70,710	3.76	277.67
1940	147,744	5.79%	682.8	86,852	4.2	340.72

資料來源：孟祥瀚，〈日治時期臺灣東部人口增加之研究〉，《興大文史學報》
21（1991.3），頁189。

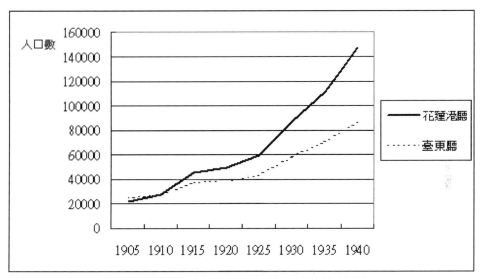

圖1：東部二廳歷年人口數量變化比較表

資料來源：根據表1繪製而成。

　　就表1與圖1來看，花蓮港廳無論在人口數量、年增加率或是年增
指數上，均超過臺東廳，成為日治時期東部地區人口增加的主要地區。
花蓮港廳由於鄰近北部，自清代以來，即為北部（包括宜蘭）人口遷移
與經商的對象。日治時期，在拓墾土地與經商貿易的誘因下，移入人口

　　迅速增加，逐漸超過臺北，成為臺灣移入人口比例最高的地區。[9]

　　日治時期花蓮港廳人口數量的變化，參見表 2。就各種族人口數量
所佔之比例而言，大正 9 年（1920）時，漢人人口之比例（28.8%），已
超過日人（22.4%）。昭和 10 年（1935），漢人人口之比例（43.78%），
更超過高山族與平埔族之人比例（40.31%），成為花蓮地區主要的人口。
此一人口比例之歷年變動趨勢，可以下圖呈現之。

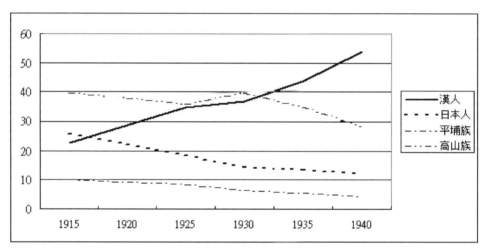

圖 2：花蓮港廳各種族歷年人口比例比較圖

資料來源：根據表 2 繪製而成。

表 2：花蓮港廳各種族人口變化比較表

	漢人								
	總數			福建籍			廣東籍		
	人口數	人口比例	循環指數	人口數	人口比例	循環指數	人口數	人口比例	循環指數
1905	3443	14.49%	100	2403	69.8	100	1040	30.2	100
1915	10350	22.74	300.6%	6966	67.3	289.9%	3383	32.69	325.3%
1920	14239	28.8	137.6%	8898	62.49	127.7%	5314	37.32	157.1%
1925	20423	34.65	143.4%	12602	62.25	141.6%	7814	38.6	147.0%
1930	31818	36.63	155.8%	19085	59.98	151.4%	12732	40	162.9%
1935	48808	43.78	153.4%	27473	56.29	144.0%	21333	43.7	167.6%

---

[9] Li Wen-lang, *Inter-Prefectural Migration of the Native Population in Taiwan, 1905-1940.*（PH.D Dissertation of the Univ. of Pennsylvania, 1967）p.105.

1940	79460	53.78	162.8%	43980	55.35	160.1%	35450	44.61	166.2%
	原住民						日本人		
	平埔族			高山族					
	人口數	人口比例	循環指數	人口數	人口比例	循環指數	人口數	人口比例	循環指數
1905	4302	18.11%	100	15696	69.76%	100	316	1.33%	100
1915	4584	10.07	106.6%	18180	39.94	115.8%	11900	26.14	3765.8%
1920	4551	9.21	99.3%	18799	38.03	103.4%	11074	22.4	93.1%
1925	5108	8.67	112.2%	21085	35.78	112.2%	10972	18.62	99.1%
1930	5667	6.52	110.9%	34676	39.92	164.5%	12426	14.31	113.3%
1935	6009	5.39	106.0%	38931	34.92	112.3%	15128	13.57	121.7%
1940	6424	4.35	106.9%	42000	28.43	107.9%	17642	11.94	116.6%

資料來源：孟祥瀚，前引文，頁 192。

　　上述各種族人口數量變化的趨勢，背後與日人對東部地區的殖民政策有關。相對臺灣西部，東部地區地廣人稀，日人為達土地開發與移民同化的目的，遂將東部地區保留為日人移民與拓墾的區域，在東部地區推行官營移民政策。明治 43 年（1910），臺灣總督府成立移民事務委員會，並公佈東部地區適合移民地區，花蓮港廳內 9 處，臺東廳內 6 處，合計 15 處。[10]次年（1911），臺東廳內因爆發阿美族反抗日本人之成廣澳事件，日人為避免因徵收土地讓阿美族人再度藉機起事，乃暫時擱置臺東廳內之移民事業，專務花蓮港廳之移民。[11]

　　花蓮港廳之移民事業，自明治 43 年（1910）成立荳蘭移民指導所，招募日本德島縣農民 9 戶開始，至大正 6 年（1917）宣布，停止官營移民事業止。[12]總計移入 687 戶，3,417 人。[13]如此有限的成效，與當初預計容納萬餘人的規劃，差距甚大。而花蓮港廳內之移民適用地計 15,655 餘甲，實際開墾者僅 2,040.68 甲。[14]

---

[10] 臺灣總督府，《官營移民事業報告書》，頁 50-51。

[11] 孟祥瀚，〈臺灣東部之拓墾與發展，1874-1945〉（臺北：國立臺灣師範大學歷史研究所碩士論文，1988），頁 116。

[12] 張素玢，《臺灣的日本農業移民-以官營移民為中心》（臺北：國史館，2001），頁 137。

[13] 臺灣總督府，《官營移民事業報告書》，頁 13-14。

[14] 張素玢，前引書，頁 121。

　　官營移民事業之推展，對於東部地區的影響，並不在於日籍移民的移入。事實上，移民的數量佔當地日人人口的比例並不高。反而是在移民政策下，被日本政府劃為移民預定地的土地，在移民政策成效不彰之下，又不開放讓臺民開墾，只有任由荒蕪。因此臺民要求前往闢墾的呼聲日益高漲。[15]

　　上述之政策背景，反映在人口數量的變化，如表2所示，日籍人口的數量，在明治38年（1905）與大正4年（1915）之10年間，人口比例自1.33%大幅增加為26.14%，成為除高山族外，人口最多的族群。其人口增加的幅度也遠超過漢人。此時日人的增加，應係殖民初期，各類公務人員、工商業者及其眷屬等之移入，故而造成人口數量激增的情勢。

　　漢人人口數量的增加雖不如日人之鉅，但是平均循環指數亦達300.6%，人口數量自3,443人增加為10,350人。在這段期間，除了原住民外，漢人與日人的數量均以不同程度的幅度在增加。換句話說，日人之移民政策，並未妨阻漢人對東部地區的移墾活動。

　　大正4年（1915）以後，日人之數量即出現負成長，就減少之數量而言，此或與移民陸續解約他去有關。漢人人口增加之幅度雖然降低，但仍然持續增加。大正9年（1920）以後，漢人的數量與所佔的比例，已超過日人。漢人之中，則以福建籍與廣東籍為主。此際福建籍與廣東籍之稱謂，雖係以祖籍省別區分，但廣東籍者，無疑均屬客家人。

　　自人口比例而言，福建籍雖然始終居於多數，但所佔比例則逐漸降低，自大正4年（1915）之67.3%降為昭和15年（1940）之55.35%。相對的，廣東籍所佔之比例，則逐年增加，自大正4年（1915）之32.69%增加為昭和15年（1940）之44.61%。（參見表2、圖3）就人口增加之循環指數觀之，自大正4年（1915）至昭和15年（1940）間，廣東籍之人口增加循環指數均高於福建籍。亦即歷年來廣東籍人口增加的幅度均高於福建籍，成為大正4年（1915）以後花蓮地區人口增加幅度最大者。

---

[15] 《臺灣民報》，第183號，大正6年11月20日。

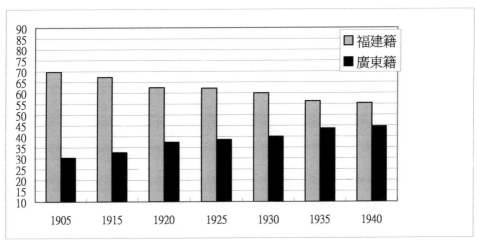

圖 3：花蓮港廳漢人人口數量比例比較圖

資料來源：根據表 2 繪製而成。

三、花蓮港廳內的廣東籍客家人口

根據田代安定於明治 29 年（1896）的調查，當時東部地區之廣東籍人口計 121 戶，498 人，[16]佔當地漢人總數 3,214 人之 15.5%。其分佈的村落如下：

表 3：明治 29 年東部地區廣東籍人口數量與分布表

村落名	戶數	人口數	村落名	戶數	人口數
加禮宛庄	19	61	中城庄	7	35
大巴塱庄	13	61	新開園庄	1	7
拔仔庄	12	64	成廣澳庄	7	30
打馬煙庄	9	46	大港口庄	5	16
璞石閣庄	41	170	合計	121	498

資料來源：整理自田代安定，前引書，頁 245-291。

當時粵籍人口的分布，以花東縱谷中部為主，分布在璞石閣（今玉里鎮）、打馬煙庄（瑞穗鄉瑞北村）、拔子庄（瑞穗鄉富源村）、大巴塱庄（光復鄉富田村）等處，即日後璞石閣（玉里）支廳的管轄區域內。

---

[16] 田代安定，《臺東殖民地豫察報文》，頁 41。

這些廣東籍人口,根據田代安定的調查,全都為來自臺南的客家人。[17]根據胡傳《臺東州采訪冊》的說法,認為璞石閣等處之廣東客家人,乃光緒3年(1877),福建巡撫丁日昌派員至廣東汕頭等處召募來臺拓墾者。[18]上述之說法如果屬實,則此時璞石閣等地之廣東人,或直接來自於廣東汕頭等處,或是自臺南等處經卑南遷移而來。但田代安定的調查又指出打馬煙庄與璞石閣等廣東人為主之聚落,其來自廣東原籍者為多,故與鳳山一帶的廣東聚落的風趣大相殊異。[19]由田代安定的觀察,證諸胡傳的看法,則清末璞石閣一帶的廣東籍客家人,部分可能為清末推行「開山撫番」政策時,自廣東汕頭等地直接遷移而來者。

其之所以來此,則與光緒元年(1875),總兵吳光亮所率粵勇屯駐璞石閣有關,這批光緒3年(1877)自廣東汕頭等處召募而來的粵人,最初雖分派在大港口與卑南一帶開墾,後來四處散逸。粵勇駐紮所在之璞石閣,對部分四逸的粵民而言,便因鄉誼而產生有吸引力,成為廣東籍客家人聚集的所在。

明治38年(1905),日人舉行據臺之後的第一次戶口調查,此次調查結果,(見表4)對於東部地區廣東籍人口的數量、分布與來源又透露出新的訊息。就人口數量而言,相較於明治29年(1896)之際,東部地區漢人的數量已增加為6,184人,其中廣東籍者1,511人,佔24.4%。較明治29年(1896)之15.5%,增加8.9%。另一方面,東部地區廣東籍客家人集中的趨勢也更加明顯。其主要集中於花蓮港與璞石閣二支廳境內,數量高達1,040人,佔68.8%。這種集中的趨勢,說明自清末日治初期以來,客家人仍然持續向東部地區移入,並且仍以花東縱谷中段之璞石閣支廳為主要的移入地區。

---

17 田代安定,《臺東殖民地豫察報文》,頁39-41。

18 胡傳,《臺東州採訪冊》,頁42。

19 田代安定,《臺東殖民地豫察報文》,頁42。

表 4：明治 38 年臺東廳人口統計表.

轄區	總數	日本人	臺灣人						外國人
			總數	福建人	廣東人	其他	平埔族	高山族	
直轄	16,965	332	16,628	1,930	332	108	30	14,228	5
巴塱衛支廳	271	29	147	112	25	10	1	94	0
成廣澳支廳	7,974	34	7,940	142	110	5	1,625	6,058	0
花蓮港支廳	11,176	145	11,020	1,451	395	4	428	8,742	11
璞石閣支廳	12,723	171	12,551	952	645	126	3,874	6,954	1
合計	49,223	726	48,480	4,673	1,511	253	5,967	36,078	17

資料來源：臨時臺灣戶口調查部，《臨時臺灣戶口調查集計原表-地方之部》，頁 22-25。

　　大正 4 年（1915）以前廣東客籍人口的增加，可視為清末以來臺灣西部人口在「開山撫番」政策下，向東部地區移墾的延續。此一趨勢持續至大正初年，隨著林野調查工作的完成，原來無主的土地悉被納為公有土地，東部地區不再是曠土遍野，任人拓墾，遷移的現象因而稍微消減。按東部地區在明治 43 年（1910）實施林野調查，對於在此之前佔有而現仍耕作的土地，則承認開墾者的所有權。[20]對於所有權查定的工作，則一直到大正 6 年（1917）才告一段落。[21]上述之土地調查事業，對於以拓墾為目的的遷移活動，自然造成阻礙。因此，延續著清末以來向東部拓墾的遷移運動，在大正 4 年前後，比較消沉。

　　大正 4 年（1915）以後，花蓮地區廣東客籍的人口數量則呈平穩增加的趨勢，歷年平均增幅為 160.2%，為各種族增加幅度最大者。此一階段以後的人口遷移，可視為是日治時期以後，另外一波人口向東部遷移的運動。此時增加的人口，其來源則以新竹、臺北一帶的客籍人口為主，成為當地客籍人口的主流。

　　根據大正 9 年（1920），臺灣第一回國勢調查的結果，（參見表 5）當時花蓮港廳內人口總計 49,433 人，臺人為 37,589 人，出生於花蓮港廳內者 25,822 人，佔 68.7%。非花蓮港廳出生者 11,767 人，佔 30.5%。

---

[20] 周憲文，《臺灣經濟史》（臺北：臺灣開明書店，1980），頁 404。
[21] 林聖欽，前引文，頁 97。

表 5：大正 9 年花蓮港廳人口出生地表

	總數	日本人	臺灣人	外國人
日本出生	8,785	8,785		
本廳出生	27,770	1,908	25,822	40
臺北州出生	5,380	143	5,219	18
新竹州出生	4,613	50	4,562	1
臺中州出生	450	31	419	
臺南州出生	343	51	292	
高雄州出生	737	40	696	1
臺東廳出生	525	17	508	
朝鮮出生	11	11		
外國出生	815	36	69	710
航海中出生	4	2	2	

資料來源：臨時國勢調查部，《第一回臺灣國勢調查
集計原表-州廳之部》，頁 554-558。

　　出生於其他州廳的人口中，來自臺北州者 5,219 人，佔非本廳出生
者之比例為 44.6%，新竹州計 4,562 人，佔 39%。二地出生之人口比例
合計高達 83.6%。臺北與新竹二地已成為花蓮地區最主要的人口移入來
源區域。其中新竹州人口，根據昭和元年（1926）的調查，籍貫屬廣東
潮州、嘉應州、惠州與福建之漳州、汀州二府，其比例為 80%。[22]照此
之比例估計，自新竹州移入之人口，80%以上具為客籍。

　　各州廳移入人口在花蓮港廳內分布的情形，根據昭和 5 年（1930）
人口調查之花蓮港廳各區人口出生地統計：（見表 6，見次頁）

　　經計算得知，花蓮港廳內各支廳來自臺北州與新竹州的臺籍人口比
例如下表：

---

[22] 臺灣總督府官房調查課，《臺灣在籍漢民族鄉貫別調查》（臺北：臺灣時報，1926），頁 4-5。

表7：昭和5年花蓮港廳來自臺北與新竹臺籍人口分布比例表

	臺北州出生者	新竹州出生者
總數	100%	100%
花蓮港支廳	58.4%	17%
鳳林支廳	24.3%	48.7%
玉里支廳	7.3%	32%
研海支廳	9.7%	2.3%

資料來源：根據表6計算而得。

　　來自臺北州者，以花蓮港支廳為中心，包括鳳林支廳與研海支廳；來自新竹州者，則以鳳林支廳為中心，向南延伸至玉里支廳。在空間分布上，已逐漸有所區隔。亦即客籍人口之分布，主要以鳳林支廳與玉里支廳為主。

表6：昭和5年花蓮港廳人口出生地表

		總數	內地出生	自廳出生	臺北州	新竹州	臺中州	臺南州	高雄州	臺東廳	澎湖廳	朝鮮出生	樺太出生	外國出生	航海中出生	不詳
總數	合計	86859	8070	50517	11015	10784	1232	474	1204	1477	61	36	1	1971	3	14
	日本人	12416	8067	3819	212	34	32	72	55	72	7	36	0	31	2	0
	臺灣人	72143	2	46387	10778	10732	1200	402	1149	1394	54	0	0	30	1	14
	外國人	2276	1	311	25	18	0	0	0	11	0	0	0	1910	0	0
花蓮港支廳	合計	28239	5048	12726	6486	1851	435	205	287	230	38	27	0	905	1	0
	日本人	7837	5048	2365	176	27	25	48	38	53	7	27	0	22	1	0
	臺灣人	19352	0	10205	6292	1820	410	157	249	174	31	0	0	14	0	0
	外國人	1050	0	156	18	4	0	0	0	3	0	0	0	869	0	0

鳳林支廳	合計	27666	1392	16719	2634	5235	305	139	213	246	12	5	0	763	1	2
	日本人	2136	1391	692	13	1	4	13	8	6	0	5	0	3	0	0
	臺灣人	24669	1	15934	2617	5226	301	126	205	240	12	0	0	4	0	2
	外國人	861	0	93	4	8	0	0	0	0	0	0	0	756	0	0
玉里支廳	合計	21001	1050	13391	813	3448	423	124	502	983	8	2	1	244	0	12
	日本人	1557	1048	460	21	4	1	7	4	8	0	0	1	1	0	0
	臺灣人	19146	1	12882	789	3438	422	117	498	967	8	2	0	12	0	12
	外國人	298	1	49	3	6	0	0	0	8	0	0	0	231	0	0
研海支廳	合計	9856	539	7678	1049	246	69	5	202	18	1	1	0	47	1	0
	日本人	864	539	301	2	2	2	3	5	5	0	1	0	3	1	0
	臺灣人	8936	0	7365	1047	244	67	2	197	13	1	0	0	0	0	0
	外國人	56	0	12	0	0	0	0	0	0	0	0	0	44	0	0
水面	合計	97	41	3	33	4	0	1	0	0	2	1	0	12	0	0
	日本人	46	41	1	0	0	0	1	0	0	0	1	0	2	0	0
	臺灣人	40	0	1	33	4	0	0	0	0	2	0	0	0	0	0
	外國人	11	0	1	0	0	0	0	0	0	0	0	0	12	0	0

資料來源：臺灣總督府臨時國勢調查部，《昭和五年國勢調查結果表-州廳篇》，頁126-127。

　　若是再進一步分析各支廳內各庄內福建籍與廣東籍人口數量與比例，如表8，則更能掌握廣東籍客家人在花蓮港廳的分布情況。

表8：昭和5年花蓮港廳各支廳漢人人口之數量與比例表

		漢人總數	福建籍		廣東籍		其他	平埔族	高山族
			人數	比例	人數	比例			
花蓮港廳		32045	19173	59.8%	12872	40.2%	1	5673	41552
花蓮港支廳		11332	9679	85.4%	1653	14.6%	1	864	7153
花蓮港街		5650	5288	93.6%	362	6.4%	0	237	480
	花蓮港	5434	4997	92.0%	437	8.0%	0	167	318
	米崙	306	291	95.1%	15	4.9%	0	70	162
吉野區		580	543	93.6%	37	6.4%	0	121	302
	吉野村	580	543	93.6%	37	6.4%	0	121	302
平野區		2898	2284	78.8%	614	21.2%	0	356	3455
	薄薄	677	439	64.8%	238	35.2%	0	27	1043
	里漏	279	149	53.4%	130	46.6%	0	10	551
	荳蘭	281	238	84.7%	43	15.3%	0	13	1171
	軍威	267	202	75.7%	65	24.3%	0	0	98
	平野村	244	204	83.6%	40	16.4%	0	6	4
	加禮宛	440	389	88.4%	51	11.6%	0	244	98
	十六股	452	419	92.7%	33	7.3%	0	32	98
	歸化	258	244	94.6%	14	5.4%	0	24	392
壽區		2105	1564	74.3%	541	25.7%	0	148	1880
	賀田村	660	592	89.7%	68	10.3%	0	21	89
	壽村	763	570	74.7%	193	25.3%	1	82	857

	月眉	375	155	41.3%	220	58.7%	0	11	549
	豐田村	307	247	80.5%	60	19.5%	0	34	385
	蕃地	9	0	0.0%	9	100.0%	0	2	1036
鳳林支廳		11381	5228	45.9%	6153	54.1%	0	675	12623
鳳林區		6580	2678	40.7%	3902	59.3%	0	128	5466
	鳳林	2195	559	25.5%	1636	74.5%	0	2	448
	林田村	1745	642	36.8%	1103	63.2%	0	28	129
	萬里橋村	647	263	40.6%	384	59.4%	0	12	51
	六階鼻	232	132	56.9%	100	43.1%	0	39	127
	馬太鞍	1105	737	66.7%	368	33.3%	0	31	2086
	太巴塱	656	345	52.6%	311	47.4%	0	16	2625
新社區		598	244	40.8%	354	59.2%	0	429	2325
	水璉尾	417	164	39.3%	253	60.7%	0	39	377
	加路蘭	34	16	47.1%	18	52.9%	0	61	128
	新社	15	12	80.0%	3	20.0%	0	197	176
	貓公	30	8	26.7%	22	73.3%	0	38	737
	姑律	1	1	100.0%	0	0.0%	0	58	10
	石梯	3	3	100.0%	0	0.0%	0	32	11
	大港口	45	30	66.7%	15	33.3%	0	2	513
	納納	53	10	18.9%	43	81.1%	0	2	373
瑞穗區		3919	2121	54.1%	1798	45.9%	0	113	3646
	拔子	460	154	33.5%	306	66.5%	0	3	1440
	大和村	1901	1195	62.9%	706	37.1%	0	66	247
	烏鴉立	131	57	38.2%	50	61.8%	0	10	665

	瑞穗村	1264	617	48.8%	647	51.2%	0	22	172
	奇密	109	72	66.1%	37	33.9%	0	6	472
	舞鶴	54	33	61.1%	21	38.9%	0	6	650
蕃地		284	185	65.1%	99	34.9%	0	5	1186
玉里支廳		7319	2693	36.8%	4626	63.2%	0	4005	7837
玉里庄		4372	1601	36.6%	2771	63.4%	0	1222	4078
	三笠村	411	195	47.4%	216	52.6%	0	114	90
	末廣村	409	83	20.3%	326	79.7%	0	28	220
	織羅	260	93	35.8%	167	64.2%	0	72	1231
	觀音山	366	195	53.3%	171	46.7%	0	616	1191
	玉里	2550	954	37.4%	1596	62.6%	0	170	301
	下勞灣	315	45	14.3%	270	85.7%	0	95	893
	長良村	71	46	64.8%	25	35.2%	0	127	152
大庄區		2719	1059	38.9%	1660	61.1%	0	2774	694
	大庄	591	209	35.4%	382	64.6%	0	727	14
	頭人埔	682	168	24.6%	514	75.4%	0	747	177
	公埔	1303	579	44.4%	724	55.6%	0	1167	392
	堵港埔	233	103	44.2%	130	55.8%	0	133	111
蕃地		228	33	14.5%	195	85.5%	0	9	3065
研海支廳		1745	1452	83.2%	293	16.8%	0	123	7063
研海區		1477	1331	90.1%	146	9.9%	0	117	187
	新城	760	705	92.8%	55	7.2%	0	80	66
	北埔	717	626	87.3%	91	12.7%	0	37	121
蕃地		268	121	45.1%	147	54.9%	0	6	6876

資料來源：臺灣總督府臨時國勢調查部，《昭和五年國勢調查結果中間報-花蓮港

廳》，頁 16-21。

　　表 8 中，各聚落內廣東客籍人口超過 50%者，以灰色標記之。則各
支廳內廣東客籍人口佔優勢的聚落如下：月眉（壽豐鄉月眉村）、鳳林、
林田（鳳林鎮南平里）、萬里橋（鳳林鎮長橋里）、水漣尾（壽豐鄉水璉
村）、加路蘭（豐濱鄉磯崎村）、貓公（豐濱鄉豐濱村）、納納（豐濱鄉
靜浦村）、拔子（瑞穗鄉富源村）、烏鴉立（瑞穗鄉鶴岡村）、瑞穗、玉
里、三笠（玉里鎮三民里）、末廣（玉里鎮大禹里）、織羅（玉里鎮春日
里）、下勞灣（玉里鎮樂合里）、大庄（富里鄉東里村）、頭人埔（富里
鄉竹田村）、公埔（富里鄉富里村）、堵港埔（富里鄉富南村二臺）。以
上之聚落可以再整埋為五個區域：（參考圖 1）

　　（一）以鳳林為中心：林田、鳳林、萬里橋。人口 3,123 人。

　　（二）以瑞穗為中心：拔子、烏鴉立、瑞穗。人口 1,034 人。

　　（三）以玉里為中心：玉里、三笠、末廣、織羅、下勞灣。人口
2,575 人。

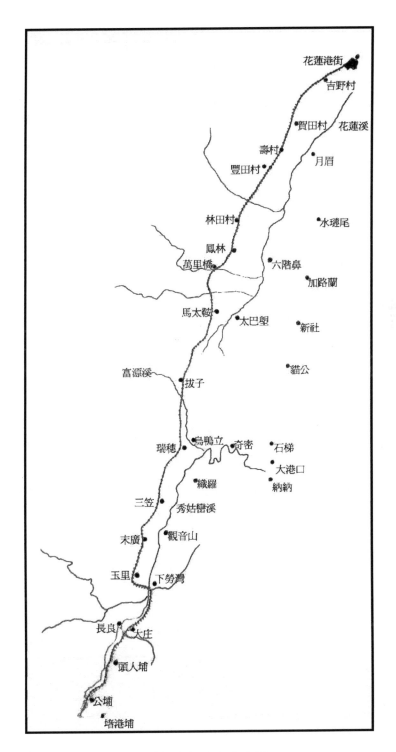

圖 1：花蓮港廳各街庄分布圖

（四）富里沿綫：大庄、頭人埔、公埔、堵港埔。人口 1,750 人。

（五）東海岸沿綫：水漣尾、加路蘭、貓公、納納。人口 336 人。

（六）其他：月眉。人口 220。

上述區域中，林田、鳳林至萬里橋一帶為此時廣東客籍人口主要集中的區域。鳳林與萬里橋一帶，阿美族語謂之「馬里勿」，為上坡之意。早年林木茂密，漢人來墾之後，故名鳳林。[23]此區域原為南勢阿美群分布之南緣荳蘭（吉安鄉宜昌村）、薄薄（吉安鄉仁里村）與七腳川社（吉安鄉吉安村），與秀姑巒阿美群北緣之馬太鞍（光復鄉光復）、太巴塱（光復鄉富田）之間的甌脫地區。大正 3 年（1914），日人於林田村設置移民村，但成立初期，屢遭水旱災與傳染病之侵襲，移民他去者眾。[24]為填補日籍移民勞動力之不足，於是在林田村北林聚落南側，便開始有漢人佃農聚居，而稱為「臺灣村」。[25]漢人乃以佃農的身分逐漸入駐林田村。昭和 5 年（1930），林田村之日人數量為 807 人，而漢人已有 1745 人，在數量上已凌駕於日人之上。大正 5 年（1916），為因應漢人人口之增加，始設鳳林區。此處人口之特色，以漢人為主，原住民不到千人。漢人之中，又以廣東客籍為主，總計鳳林、林田與萬里橋三地之廣東客籍人數比例達 68.1%。為花蓮港廳內廣東客籍人口最主要的聚集區域。大正 8 年（1919），萬里橋已建立供奉義民爺之褒忠亭，為東部地區最早之義民爺信仰。[26]

清末以來以璞石閣原為廣東客籍主要的聚集地區，但大正 9 年（1920）以後，鳳林區隨著新竹地區廣東客籍人口的移入，成為另一個客家人口聚集的中心。

拔子（瑞穗鄉富源村）與打馬煙（瑞穗鄉瑞北村）二村，分別位於富源溪東側與西側，清末時即見廣東籍客家人在此拓墾。瑞穗原稱水尾，位於富源溪西側，原為臺東直隸州州治所在，但因光緒 14 年（1888）

[23] 苗允豐、黃瑞祥，〈花蓮縣疆域-附地名考〉，《花蓮文獻》（成文書局影印合訂本），第 4 期（1955.10），頁 380。

[24] 張素玢，《臺灣的日本農業移民-以官營移民為中心》，頁 93。

[25] 張素玢，前引書，頁 371。

[26] 張振岳，《臺灣後山風土志》，頁 217。

大庄之役，焚毀殆盡。明治 29 年之際，僅剩閩籍人家 6 戶，16 人。[27]日治以後，漢人漸次入墾，其中廣東客籍的人口比例佔 51.2%，與福建籍相當。故知廣東客籍人口入墾的腳步，主要沿富源溪兩側向南，西側至瑞穗，東側至烏鴉立（瑞穗鄉鶴岡村）。

玉里舊稱璞石閣，由於位居花東縱谷中段，清咸豐 3 年（1853）已有粵人沈思省、陳唐、羅將利等人東來拓墾，故名其地曰「客人城」（玉里鎮源城里）。[28]但明治 29 年（1896）時，本地已不見粵人蹤影，僅餘閩籍人口 16 戶。而距客人城稍北之璞石閣，其地福建籍人口 39 戶，161人，廣東客籍 41 戶，170 人。[29]為當時後山廣東客籍人口分布最多的地方。昭和 5 年（1930）之際，玉里庄已為花東縱谷中段最大之漢人聚落，其中廣東客籍佔漢人人口數量之 62.6%。庄內之協天宮，奉祀關聖帝君，原為吳光亮粵勇軍中所崇奉，旋為附近民眾信仰的中心，在維繫信仰、團結民氣、鞏固鄉誼與推動建設均扮演積極而重要的角色。[30]

三笠、末廣、織羅、下勝灣等處，原來則為阿美族或平埔族的聚落，日治以後，粵人以璞石閣為中心，沿秀姑巒溪兩岸北上，西側自璞石閣至末廣與三笠，東側越秀姑巒溪至下勝灣，迤北至織羅。織羅一帶之廣東客籍人口，乃為日治初期日人在海岸山脈一帶熬製樟腦，許多新竹一帶的客家人由於身具製腦的經驗，因而東遷至此處，從事樟腦事業。[31]

大庄、頭人埔、公埔、堵港埔等處，清末時原來均為平埔族拓墾的聚落。但是亦有部份客民散居其間，光緒 14 年（1888）爆發之大庄之役，便有客民劉添旺、杜焉、張少南、陳士貞等煽誘當地平埔族人起事，肇成事端，[32]便是著名的例子。但大庄之役以後，大庄一帶的客籍人口似乎因官方追捕而亡逸。故明治 29 年（1896），田代安定的調查中，大

27 孟祥瀚，《臺東縣史-開拓篇》（臺東：臺東縣政府，1997 年初版），頁 157。

28 《花蓮縣志稿》，卷 3 上，頁 6。

29 孟祥瀚，前引書，頁 157。

30 吳榮發，〈從璞石閣到玉里：一個東臺灣是鎮的早期發展〉，《臺灣文獻》50：3（1999.9），頁 274。

31 張振岳，《臺灣後山風土志》，頁 218。劉還月，《臺灣客家族群史-移墾篇》，頁 353-354。

32 胡傳，《臺東州采訪冊》，頁 69。

庄並無漢人。但次年（1897），伊能嘉矩前往探查時，大庄 100 多戶人家中，已見 6 戶漢人，其中 3 戶且為客籍。[33]日治以後漢人漸次移入，大庄以南之頭人埔與公埔，漢人人口數量已與原住民相當，而廣東籍人口，在漢人中之比例為 62.3%。

海岸地區的水漣尾、加路蘭、貓公、納納等處。除了水漣尾之漢人人口 417 人（廣東客籍者 253 人，佔 60.7%），與當地原住民人口 416 人相當外，其他各處廣東籍人口均為 10 餘戶，僅可謂是零星的移墾。其來源應多為是自臺北、宜蘭等地遷移而來者。

月眉位於花蓮溪東側鄰近海岸山脈，為日治以後因漢人入墾而出現的聚落，由於花蓮溪西側即為日本移民村，客家人來此之初，遂以東側阿美族人聚落附近為落腳處，為當時花蓮溪以北唯一廣東客籍人口數量佔優勢的聚落。

以上的討論，證諸表 7 論及花蓮港廳人口出生於臺北州者，主要分布在花蓮港支廳（58.4%），其次為鳳林支廳（24.3%）；來自於新竹州者，主要分布在鳳林支廳（48.7%）與玉里支廳（32%）。可知此際花蓮港廳內廣東客籍人口的分布，大致以花蓮溪以南的縱谷地區為主，其間又可分為鳳林、瑞穗、玉里、大庄與海岸地區等五個區域。花蓮溪以北，則是以閩籍主要的入墾分部地區。

昭和 10 年（1935），花蓮港廳內廣東客籍人口分布的變化，（參見表 9）：

表 9：昭和 10 年花蓮港廳各支廳漢人人口之數量與比例表

		漢人總數	福建籍		廣東籍		其他	平埔族	高山族
			人數	比例	人數	比例			
花蓮港廳		93748	27473	56.3%	21333	43.7%	2	6009	38931
花蓮港支廳		28620	15277	78.0%	4318	22.0%	2	857	8166
花蓮港街		9405	7666	89.4%	913	10.6%	0	230	596
	花蓮港	7849	6729	89.6%	777	10.4%	0	153	190
	米崙	1556	937	87.3%	136	12.7%	0	77	406

---

[33] 伊能嘉矩，楊南郡譯註，《臺灣踏查日記》（臺北：遠流出版公司，1996），頁 312。

吉野區		1678	913	69.7%	397	30.3%	0	35	333
	吉野村	1678	913	69.7%	397	30.3%	0	35	333
平野區		10383	4370	72.4%	1665	27.6%	0	374	3974
	薄薄	3252	1482	70.6%	616	29.4%	0	27	1127
	里漏	1205	229	39.7%	348	60.3%	0	23	605
	荳蘭	1979	418	56.9%	316	43.1%	0	28	1217
	軍威	807	520	82.8%	108	17.2%	0	2	177
	平野村	285	253	88.8%	32	11.2%	0	0	0
	加禮宛	962	517	81.2%	120	18.8%	0	237	88
	十六股	760	587	94.7%	33	5.3%	0	24	116
	歸化	1133	364	79.8%	92	20.2%	0	33	644
壽區		5809	2166	62.4%	1307	37.6%	2	216	2118
	賀田村	1089	802	81.7%	180	18.3%	0	10	97
	壽村	2157	715	64.5%	394	35.5%	0	108	940
	月眉	1042	176	44.8%	217	55.2%	1	22	626
	豐田村	1521	473	47.8%	516	52.2%	1	76	455
	蕃地	1345	162	81.8%	36	18.2%	0	2	1145
鳳林支廳		31657	6605	41.1%	9476	58.9%	0	685	14873
鳳林區		15587	3352	35.8%	6010	64.2%	0	113	6112
	鳳林	3566	612	20.2%	2414	79.8%	0	7	533
	林田村	2400	648	27.2%	1731	72.8%	0	4	17
	萬里橋村	905	255	29.2%	619	70.8%	0	11	20
	六階鼻	590	192	48.4%	205	51.6%	0	30	163
	馬太鞍	4384	1238	66.7%	619	33.3%	0	46	2481
	太巴塱	3742	407	49.1%	422	50.9%	0	15	2898
新社區		4013	497	55.8%	393	44.2%	0	455	2668
	水璉尾	1091	387	63.1%	226	36.9%	0	50	428
	加路蘭	217	30	65.2%	16	34.8%	0	43	128
	新社	487	23	34.3%	44	65.7%	0	209	211
	貓公	970	9	16.1%	47	83.9%	0	38	876
	姑律	90	5	100.0%	0	0.0%	0	57	28
	石梯	61	1	100.0%	0	0.0%	0	43	17

	大港口	603	32	72.7%	12	27.3%	0	7	552
	納納	494	10	17.2%	48	82.8%	0	8	428
瑞穗區		9807	2742	47.3%	3049	52.7%	0	115	3901
	拔子	2200	214	32.0%	455	68.0%	0	13	1518
	大和村	2930	1410	55.3%	1141	44.7%	0	43	336
	烏鴨立	845	50	38.2%	81	61.8%	0	3	735
	瑞穗村	2412	948	43.2%	1248	56.8%	0	28	188
	奇密	550	31	40.3%	46	59.7%	0	11	462
	舞鶴	870	82	42.9%	109	57.1%	0	17	662
蕃地		2250	14	36.8%	24	63.2%	0	2	2210
玉里支廳		23725	3689	33.6%	7282	66.4%	0	4376	8378
玉里庄		12123	2177	34.7%	4097	65.3%	0	1258	4591
	三笠村	773	188	33.0%	382	67.0%	0	99	104
	末廣村	921	107	17.5%	506	82.5%	0	27	281
	織羅	1739	92	25.4%	270	74.6%	0	59	1318
	觀音山	2416	195	48.4%	208	51.6%	0	611	1402
	玉里	4347	1504	39.8%	2272	60.2%	0	201	370
	下勞灣	1528	49	11.3%	386	88.7%	0	98	995
	長良村	399	42	36.5%	73	63.5%	0	163	121
大庄區		8347	1472	32.8%	3011	67.2%	0	3118	746
	大庄	1653	277	34.3%	531	65.7%	0	821	24
	頭人埔	2106	237	20.5%	921	79.5%	0	764	184
	公埔	3803	777	37.2%	1312	62.8%	0	1304	410
	堵港埔	785	181	42.3%	247	57.7%	0	229	128
蕃地		3255	40	18.7%	174	81.3%	0	0	3041
研海支廳		9746	1902	88.1%	257	11.9%	0	91	7496
研海區		1792	1670	93.2%	122	6.8%	0	90	300
	新城	1089	1022	93.8%	67	6.2%	0	64	172
	北埔	703	648	92.2%	55	7.8%	0	26	128
蕃地		367	232	63.2%	135	36.8%	0	1	7196

資料來源：臺灣總督府臨時國勢調查部，《昭和10年國勢調查結果表》，頁296-301。

自表 9 中得知廣東客籍人口比例超過 50%的村落如下，其為昭和 5
年（1930）以後新增者，則以底綫標示之：（參考圖 1）

花蓮港支廳：

　　平野區：里漏（吉安鄉仁里村）

　　壽　區：月眉、豐田村（壽豐鄉豐山、豐裡、豐坪村）

鳳林支廳：

　　鳳林區：鳳林、林田村、萬里橋、六階鼻（鳳林鎮山興里）、
　　　　　　太巴塱

　　新社區：新社（豐濱鄉新社村）、貓公、納納

　　瑞穗區：拔子、烏鴉立、瑞穗、奇密（瑞穗鄉奇美村）、舞鶴
　　　　　　（瑞穗鄉舞鶴村）

玉里支廳：

　　玉里庄：三笠、末廣、觀音山（玉里鎮觀音里）、下勝灣、長
　　　　　　良（玉里鎮長良里）

　　大庄區：大庄、頭人埔、公埔、堵港埔

昭和 10 年（1935）的情形，有數端值得注意：

（一）各支廳福建籍與廣東籍人口的分布二極化的現象更加明顯。
各支廳福建籍與廣東籍人口比例如下表：

表 10：各支廳福建籍與廣東籍人口比例

	福建籍（%）	廣東籍（%）
花蓮港廳	56.3	43.7
花蓮港支廳	78.0	22.0
鳳林支廳	41.1	58.9
玉里支廳	33.6	66.4
研海支廳	88.1	11.9

資料來源：整理自表 9。

由表 10 可知福建籍人口往北集中，廣東籍人口則向南集中。花東
縱谷內自鳳林支廳以南的各個村落，除了馬太鞍（光復鄉光復）與上大

和（光復鄉光復）外，全數為廣東籍人口居多的村落，成為花蓮港廳內廣東客籍人口主要的聚集地區。舞鶴一帶廣東客籍人口的移入，則與日人在當地鼓勵種植茶葉有關，於是新竹北埔一帶之茶農乃將當地之烏龍茶與青心茶移植過來，成為東部地區最早的茶園。[34]頭人埔（富里鄉竹山村）且於昭和 20 年（1945）建立供奉義民爺之義民廟，成為附近客家人的信仰重心。[35]

　　（二）花蓮溪以北之荳蘭、薄薄、里漏等地原為沿七腳川溪的阿美族聚落，此時漢人大量遷移其間，儼然為花蓮港街南郊最大的漢人聚集區。其中薄薄一地漢人人口便高達 2,098 人（廣東客籍 616 人），乃為花蓮港街南端最大的漢人聚落。三地之間，福建籍人口集中於稍偏七腳川溪上游二側之荳蘭、薄薄，廣東籍人口則集中於七腳川溪下游北側鄰近海岸之里漏。亦即在空間分布上，福建籍與廣東客籍人口之間還是有所差異的。

　　（三）日人移民村附近的漢人移民的聚落。豐田村為日人移民村之一，此時當地日人數量為 951 人，漢人則有 1,521 人，當中廣東客籍佔 52.2%。漢人之移入可能與移民村內勞動力之需求有關，形成移民村附近之衛星聚落。[36]此時吉野村之草分（吉安鄉永興、稻香），豐田村之森本（豐裡）、山下（豐山）等聚落因而逐漸成為以廣東客籍為主要人口的聚落。[37]

四、福建籍客家人的問題

　　以上之討論，由於日治時期的統計資料，僅以原籍分類，並未兼顧福建籍客家人的問題，造成客家人全屬廣東籍客家人的印象。事實上，福建漳州與汀州的部分縣份，亦屬客家人的系統。[38]昭和元年（1926）

---

[34] 張振岳，《臺灣後山風土志》，頁 222-223。

[35] 張振岳，前引書，頁 214。

[36] 張素玢，前引書，頁 371。

[37] 吳親恩、張振岳，《人文花蓮》（花蓮：花蓮洄瀾文教基金會，1995），頁 177

[38] 陳運棟，《客家人》（臺北：東門出版社，1991，八版），頁 66。邱彥貴、吳中杰，《臺灣

之《臺灣在籍漢民族鄉貫別調查》一書，則提供了若干福建籍客家人的訊息。（見表11）

　　檢視表 11，更令人強化了廣東客籍人口分布偏於花蓮港廳南部的印象，自鳳林區至大庄區，為廣東籍人口集中之處。福建籍客家人口則主要集中於鳳林區以北至花蓮港街一帶。其次，花蓮港廳各區庄內，漳州籍之人口，主要集中在花蓮港街、鳳林區與瑞穗區三處，汀州籍之人口則在平野區與鳳林區。此處自不能將所有之漳州籍者均視為客家籍，僅能謂福建籍客家人之分布，主要以花蓮港街一帶為主。

表 11：昭和元年花蓮港廳各區各種族人口統計表（單位：百人）

| | 福建省 | | | | | | | | | | 廣東省 | | | | 合計 |
| | 泉州府 | | | 漳州府 | 汀州府 | 龍巖州 | 福州府 | 興化府 | 永春州 | 小計 | 潮州府 | 嘉應州 | 惠州府 | 小計 | |
	安溪縣	同安縣	三邑												
花蓮港廳	23	12	12	46	1	2	3	0	0	90	21	35	16	72	171
花蓮港街	7	7	6	15						35	1		1	2	37
吉野區				1						1					1
平野區	2	2	1	3	1	1	2			12	2			2	14
壽區	3	1		3						7	2	1		3	10
鳳林區	1		2	11		1	1			16	5	13	10	28	44
新社區															
瑞穗區	2	1	1	9						13	3	9		12	25
玉里庄	2	1	2	3						8	3	9	5	17	25
大庄區	6									7	5	3		8	15
研海區															

資料來源：臺灣總督府官房調查課，《臺灣在籍漢民族鄉貫別調查》（臺北：臺

客家地圖》（臺北：貓頭鷹出版社，2001），頁29。

灣時報，1926），頁 28-29。

　　另一方面，經由當地家譜之祖籍及其居住地區之分析，對於花蓮地區福建籍客家人的分布，當能有進一步的認識。表 12 為根據族譜所統計出花蓮地區福建籍客家人之區域分布。[39]總數 61 筆資料中，其中屬漳州者有平和、南靖與詔安等縣；汀州者有上杭、永定、武平、長汀等縣。二者中以漳州籍者為多，其分布於今花蓮市一帶者（包括吉安），佔 29筆（47.5%），壽豐者 8 筆（13.1%），鳳林一帶（包括光復）者 5 筆（8.2%），瑞穗者 12 筆（19.7%），玉里者（包括富里）6 筆（9.8%）。此一分布趨勢，與表 11 之昭和元年漳州與汀州籍人口之分布比較，當時花蓮港街（包括吉野區）漳州汀州二籍人口比例為 34%，壽區 6.4%，鳳林區23.4%，瑞穗區 19.1%，玉里庄 6.4%。前後相較之下，可以發現：（一）花蓮市至壽豐一帶福建籍客家人口集中的趨勢更加明顯；（二）：光復瑞穗地區之比例並未出現大幅變化；（三）：鳳林地區與玉里地區福建籍客家人口互有消長，此為日治後期至光復以後的變化。

表 12：花蓮港廳福建籍客家人口分布表

	編號	姓氏	祖籍	分布	編號	姓氏	祖籍	分布
汀州府	35	李	上杭	花蓮	206	賴江	永定	花蓮
	36	李	上杭	花蓮	235	蘇	永定	玉里
	184	劉	上杭	新城	52	林	武平	花蓮
	209	謝	上杭	吉安	214	鍾	武平	吉安
	228	簡	上杭	富里	215	鍾	武平	吉安
	17	余	永定	壽豐	216	鍾	武平	瑞穗
	19	吳	永定	吉安	217	鍾	武平	瑞穗
	20	吳	永定	壽豐	72	許	長汀	瑞穗
	106	巫	永定	壽豐				
漳州府	編號	姓氏	祖籍	分布	編號	姓氏	祖籍	分布
	12	朱	平和	鳳林	31	李	詔安	吉安
	13	江	平和	壽豐	32	李	詔安	吉安

---

[39] 本文家譜資料取自《臺灣區族譜目錄》一書，本文過濾出花蓮地區各姓氏屬於客家籍者，共得 237 筆。（參見附錄）其中再過濾出福建籍客家籍者計 61 筆。本數字自不能作為代表全部的統計數字，僅可以趨勢值視之。

22	吳	平和	吉安	33	李	詔安	光復
23	吳	平和	瑞穗	34	李	詔安	吉安
51	林	平和	瑞穗	39	李	詔安	瑞穗
55	周	平和	花蓮	42	邱	詔安	富里
74	張	平和	花蓮	43	邱	詔安	壽豐
75	張	平和	花蓮	44	邱	詔安	壽豐
108	黃	平和	壽豐	87	張廖	詔安	光復
229	羅	平和	花蓮市	88	張廖	詔安	光復
234	羅	平和	玉里	89	張廖	詔安	花蓮
21	吳	南靖	花蓮	90	張廖	詔安	瑞穗
41	邱	南靖	吉安	109	黃	詔安	吉安
73	張	南靖	瑞穗	110	黃	詔安	花蓮市
91	莊	南靖	瑞穗	143	游	詔安	吉安
92	莊	南靖	花蓮	144	游	詔安	光復
183	劉	南靖	玉里	145	游	詔安	瑞穗
197	蕭	南靖	花蓮	146	游	詔安	瑞穗
208	謝	南靖	玉里	178	廖	詔安	壽豐
227	簡	南靖	瑞穗	179	廖	詔安	花蓮
8	田	南靖	花蓮	180	廖	詔安	花蓮
14	江	南靖	花蓮市	205	賴	詔安	花蓮

資料來源：整理自附錄。

五、客家人移入相關原因的探討

　　對於日治時期，客籍人口向東部拓墾的原因，可由人口遷移之推拉的理論加以說明。首先就推的力量而言，花蓮地區的客籍人口主要來自新竹州，日治時期的新竹州實包括現今之桃竹苗三縣，自清代以來本處即為北臺灣客家族群主要的聚集地區。但是日治時期以後，新竹州卻成為臺灣各州廳移出人口最多的地區。[40]根據陳彩裕的分析，大正 10 年（1921）時，新竹州土地所有集中的情況嚴重，州內耕地面積不滿 1 甲的零星耕地所有者佔農家總戶數之 60.37%，耕地面積僅佔耕地總面積之 9.41%。擁有 10 甲以上的地主，佔農家總戶數之 3.7%，所佔之總耕

---

[40] 陳彩裕，〈臺灣戰前人口移動與東部（花蓮）的農業成長〉，《臺灣銀行季刊》34：1（1983.3），頁 156。

地面積卻達 40.97%。[41]自耕農佔農家戶數之 31%，半自耕農 16%，佃農 53%。不僅土地過細，所得亦因而偏低，再加上佃權之不穩定，生計沒有保障，因而他遷，且當時遷出的人口絕大部份均為佃農。[42]

　　新竹州人口向外移出，昭和 5 年（1930）之前，主要為臺北與臺中，昭和 14 年（1940），花蓮已成為僅次臺北的人口移入地區。[43]促成新竹州人口向花蓮地區大量移入的誘因，不外土地開發與獲取工作機會等原因。

　　大正 6 年（1917），東部地區土地所有權查定工作完成後，民眾可以根據明治 29 年（1896）公布之「官有森林原野預約賣渡規則」，向地方州廳申請開墾官有土地。花蓮港廳內無租地的面積，自昭和 4 年（1929）以後的變化如下表：

表13：昭和4年（1929）以後花蓮港廳無租地面積歷年變化表（單位：甲）

	官有無租地		民有無租地			
	原野		原野		山林	
花蓮支廳	面積	指數	面積	指數	面積	指數
1929	1579	100	287	100	28	100
1930	1218	77.13	317	110.45	28	100
1932	824	52.18	311	108.36	24	85.71
1933	665	42.11	166	57.84	119	425
1934	527	33.38	133	46.34	144	514.28
1935	491	31.09	132	45.99		
1936	458	29	128	44.6		
1638	396	25.08	216	75.26		
鳳林支廳	面積	指數	面積	指數	面積	指數
1929	981	100	979	100	248	100
1930	773	78.8	1022	104.39	253	98.02
1932	641	65.34	1066	108.89	269	108.46
1933	572	58.3	1065	108.78	270	108.87
1934	544	55.45	887	90.6	230	92.74
1935	494	50.36	1251	127.78		
1936	482	49.13	1395	142.49	4	1.61
1938	398	40.57	1402	143.01	4	1.61

[41] 陳彩裕，前引文，159-160。

[42] 陳彩裕，前引文，頁 162、168。

[43] Li Wen-lang, *Inter-Prefectural Migration of the Native Population in Taiwan, 1905-1940.* p.94.

玉里支廳	面積	指數	面積	指數	面積	指數
1929	127	100	123	100	11	100
1930	130	102.36	175	142.28	20	181.82
1932	130	102.36	206	167.48	20	181.82
1933	130	102.36	239	194.31	20	181.82
1934	81	63.28	114	92.68	14	127.27
1935	69	54.33	86	69.92	1	9.09
1936	65	51.18	72	58.53	1	9.09
1638	67	52.76	86	69.92	1	9.09

資料來源：整理自陳彩裕，前引文，頁182-183，表23。

　　上表中，無論是官有無租地或民有無租地之面積，均呈現減少之趨勢，亦即上述無租地已逐漸釋出成為各種用途之土地。其釋出之速度，花蓮港支廳最早最速，次而鳳林支廳再至玉里支廳，此一趨勢，亦與人口移入漸次向南移動的速度相符。

　　昭和14年（1940），花蓮港廳各支廳水田與旱地之面積如下：

表14：昭和14年花蓮港廳水田與旱地面積表（單位：甲）

	水田	旱地	合計
花蓮港支廳	1399.48	319.24	1718.72
鳳林支廳	631.38	3419.74	4051.12
玉里支廳	944.35	560.71	1505.06
合計	2975.21	4299.69	7274.9

資料來源：整理自陳彩裕，前引文，頁185，表26。

　　如上表，花蓮港廳內水田與旱地的面積大幅增加，其原因之一乃上述無租地逐漸釋出的結果。這些土地，提供了移民入墾的廣大空間與誘因。但是申請開墾官有林野，必須具備相當資本，如此一來，當地民眾經濟情況較佳者，往往較有機會申請開墾官有林野。根據林聖欽在玉里地區的調查統計，發現當地申請開墾官有地案件之比例，仍以當地人為多。換句話說，當地之地主仍為地方拓墾的主力，[44]當時移居玉里的漢人，包括客家人，大部分人依然為佃農，向人承墾土地耕種。

　　獲取工作機會方面，日治時期花蓮港廳在總督府之殖產政策下，大

---

[44] 林勝欽，前引文，頁106。

力推廣種植甘蔗，以滿足當地製糖會社的原料需求。[45]明治 32 年
（1899），賀田金三郎之賀田組向總督府申請在臺東廳內進行拓墾事
業，並於明治 37 年（1904），獲得月眉、流仔皮山、木瓜山、七腳川山、
中城庄、客人城等地之製腦特許狀。[46]明治 45 年（1912），賀田組改組
為臺東拓殖製糖會社，大正 3 年（1914），再與鹽水港株式會社合併，
稱為鹽水港製糖拓殖株式會社。期間亦陸續設置新式糖廠，大正 2 年
（1913）將鯉魚尾製糖工場（壽豐鄉壽豐）改為 500 噸產能的新式工場，
並改稱為壽工場。翌年，於公埔增設改良糖廍。大正 10 年（1921），於
上大和增設產能 500 噸之新式糖場。[47]其中壽工場與上大和二座新式糖
場，便需要 3500 甲左右之蔗園，方符經濟效益。[48]於是，為保障製糖原
料的來源，萬里橋以南之蔗園，全數劃為上大和糖場的原料採取區域；
鳳林以北之蔗園，則劃為壽工場的原料採取區域。[49]

　　大正 13 年（1924），鹽水港製糖株式會社在花蓮各糖場之蔗園面積
如下：

表 15：大正 13 年鹽糖在花蓮港廳各工場蔗園面積表（單位：甲）

	自作	小作	一般民有地	合計
壽工場	596.13	475.39	837.55	1909.07
大和工場	447.06	624.65	1178.21	2249.92
合計	1043.19	1100.04	2015.76	4158.99

資料來源：〈鹽水港製糖會社花蓮港製糖所近況〉，見《東臺研究叢書》，17
（1925.12），頁 68。

　　此外，鹽水港製糖會社所有之農場土地種植甘蔗之面積如下：

---

[45] 施添福，〈日治時代臺灣東部的熱帶栽培業經營和區域發展〉，臺灣史研究百年回顧與專題
　　研討會宣讀論文（1995.12），頁 24。

[46] 施添福，前引文，頁 14。

[47] 駱香林，《花蓮縣志》，卷 16（花蓮：花蓮縣文獻委員會，1979），頁 26。

[48] 施添福，前引文，頁 24。

[49] 〈花蓮港廳下糖業沿革概要〉，見《東臺研究叢書》3（1924.7），頁 62。

表 16：鹽水港製糖會社所有之農場種植甘蔗之面積表（單位：甲）

	總面積	蔗園面積
北埔農場	1410.92	366.38
壽農場	2141.06	429.4
鳳林農場	1330.62	308.77
萬里橋農場	2235.86	201.74
大和農場	1677.36	64.08
瑞穗農場	218.95	59.83
合計	9002.78	2007

資料來源：〈花蓮港廳下糖業沿革概要〉，見《東臺研究叢書》3（1924.7），頁 63-65。

　　根據以上二表，鹽水港製糖會社之甘蔗種植面積達 6,000 餘甲。除此之外，並在農場外的鄉村地區，如荳蘭、吉野、壽、鳳林、馬太鞍、瑞穗、三笠、末廣、玉里、里行（富里鄉明里村）等地，以原料獎勵金、肥料貸予、配置蔗作指導人員等方式獎勵甘蔗的種植。[50] 上述鹽水港製糖會社之農場與農場附近的地區，正為客籍人口的主要分布地區，是故製糖事業的開展，對客籍人口的移入而言，亦為重要的誘因。

六、結論

　　影響漢人遷移東部地區的政策性因素，一為清初之封山禁令，限制了漢人向東部拓展的機會；二為清末之「開山撫番」政策，開始有計畫之鼓勵漢人前往東部拓墾；三為日治時期以移植日人為目的之移民政策，再度阻礙了漢人前往的機會。但是在封山禁令下，仍有漢人私下越界前往拓墾。在「開山撫番」政策下，漢人之移入成效卻有限。在日人移民政策下，漢人仍然持續移入。可見除了政府政策之主導外，民眾對於遷移目的地的期待，亦為遷移的誘因之一。

　　日治時期，東部地區漢人大量增加，乃以獲取土地耕種與爭取更多工作機會為重要動機。客家人即在上述之背景下，在臺灣開始「第二次

---

[50]　〈鹽水港製糖會社花蓮港製糖所近況〉，見《東臺研究叢書》17（1925.12），頁 66。施添福，前引文，24。

遷移」，其入墾的據點，一為當時新興之鳳林地區，二為清末以來客家人集中之玉里地區。隨後即以此二處為中心向南北擴散，往北入住日籍移民的村落，逐漸成為移民村內的主要人口。往南至富里一帶，甚至與自關山、池上北上的高屏客家人錯落而居。使花東縱谷的中段，成為客家移民的重心。

　　客家人口移入後，適值土地調查後，官有林野漸次釋出，客家移民或是自行申請、或是向人承租土地，使其在東部掙得一落腳處。另一方面，日人為發展糖業，雇工種植甘蔗，亦使客籍移民因為糖場種植甘蔗而得有生根立足的機會。

附錄：族譜所見之花蓮地區客家人之祖籍與分布

編號	姓氏	祖籍	分布地	始祖	編號	姓氏	祖籍	分布地	始祖
1	王	廣東梅縣	吉安	王念四郎	30	宋	廣東長樂	玉里	宋元東
2	古	廣東梅縣	光復	古雲應	31	李	福建詔安	吉安	李火德
3	古	廣東長樂	萬寧	古雲應	32	李	福建詔安	吉安	李仲儀
4	古	廣東鎮平	吉安	古儒進	33	李	福建詔安	光復	李念七
5	古	廣東新安	瑞穗	古志超	34	李	福建詔安	吉安	李珠
6	古	廣東新安	鳳林	古弼	35	李	福建上杭	花蓮	李火德
7	甘	廣東長樂	瑞穗	甘清海	36	李	福建上杭	花蓮	李保珠
8	田	福建詔安	花蓮	田阿榮	37	李	廣東長樂	花蓮	李敏
9	向	廣東陸豐	玉里	向德鄉	38	李	廣東陸豐	壽豐	李伯英
10	向	廣東陸豐	玉里	向德鄉	39	李	福建詔安	瑞穗	李珠
11	向	廣東陸豐	玉里	向德鄉	40	沈	廣東饒平	光復	沈雪簡
12	朱	福建平和	鳳林	朱恭敬	41	邱	福建南靖	吉安	邱如海
13	江	福建平和	壽豐	江季郎	42	邱	福建詔安	富理	邱成實
14	江	福建詔安	花蓮市	江阿掛	43	邱	福建詔安	壽豐	邱杰
15	何	廣東陸豐	鳳林	何雙山	44	邱	福建詔安	壽豐	邱杰
16	何	廣東陸豐	新城	何城	45	邱	廣東饒平	壽豐	邱杰
17	余	福建永定	壽豐	余九五郎	46	邱	廣東饒平	吉安	邱杰
18	宋	廣東惠來	吉安	余德宗	47	邱	廣東饒平	鳳林	邱杰
19	吳	福建永定	吉安	吳洋兆	48	邱	廣東饒平	鳳林	邱杰
20	吳	福建永定	壽豐	吳泰伯	49	邱	廣東豐順	壽豐	邱祖輝
21	吳	福建南靖	花蓮	吳碧秀	50	邱	廣東饒平	玉里	邱杰
22	吳	福建平和	吉安	吳友恭	51	林	福建平和	瑞穗	林篤信
23	吳	福建平和	瑞穗	吳純真	52	林	福建武平	花蓮	林彥英
24	吳	廣東海豐	吉安	吳五四郎	53	林	廣東梅縣	花蓮市	林成添
25	吳	廣東陸豐	光復	吳元秀	54	林	廣東梅縣	光復	林阿山
26	吳	廣東陸豐	瑞穗	吳宣	56	周	廣東陸豐	吉安	周維欽
27	吳	廣東陸豐	玉里	吳永伸	57	卓	廣東海陽	光復	卓西陵
28	吳	廣東大埔	壽豐	吳楓授	58	范	廣東陸豐	花蓮	范法登
29	吳	廣東大埔	壽豐	吳楓授	59	范	廣東陸豐	瑞穗	范向斗

編號	姓氏	祖籍	分布地	始祖	編號	姓氏	祖籍	分布地	始祖
60	胡	廣東長樂	吉安	胡寧	91	莊	福建南靖	瑞穗	莊三郎
61	馬	廣東陸豐	壽豐	馬成期	92	莊	福建南靖	花蓮	莊三郎
62	孫	廣東鎮平	鳳林	孫天佑	93	莊	廣東陸豐	鳳林	莊致政
63	徐	廣東鎮平	瑞穗	徐探玄	94	莊	廣東陸豐	鳳林	莊九郎
64	徐	廣東鎮平	鳳林	徐景山	95	莊	廣東陸豐	花蓮	莊詔
65	徐	廣東鎮平	鳳林	徐肇吉	96	陳	廣東鎮平	吉安	陳觀珠
66	徐	廣東鎮平	鳳林	徐樨	97	陳	廣東鎮平	花蓮	陳念一郎
67	徐	廣東鎮平	花蓮	徐興福	98	陳	廣東鎮平	瑞穗	陳雲山
68	徐	廣東陸豐	瑞穗	徐子千	99	陳	廣東鎮平	富里	陳進興
69	徐	廣東嘉應	壽豐	徐探元	100	陳	廣東鎮平	富里	陳邱七郎
70	徐	廣東鎮平	吉安	徐樨	101	陳	廣東鎮平	富里	陳真官
71	翁	廣東陸豐	鳳林	翁俊達	102	陳	廣東陸豐	光復	陳念五郎
72	許	福建長汀	瑞穗	許六郎	103	陳	廣東梅縣	壽豐	陳秀甫
73	張	福建南靖	瑞穗	張仕貴	104	陳	廣東五華	鳳林	陳萬一郎
74	張	福建平和	花蓮	張新興	105	陳	廣東饒平	鳳林	陳廷植
75	張	福建平和	花蓮	張新興	106	巫	福建永定	壽豐	巫念七郎
76	張	廣東鎮平	鳳林	張騰玉	107	巫	廣東豐順	鳳林	巫乃儒
77	張	廣東鎮平	富里	張彩麟	108	黃	福建平和	壽豐	黃日炳
78	張	廣東長樂	玉里	張後連	109	黃	福建詔安	吉安	黃均仲
79	張	廣東海陽	富里	張純慈	110	黃	福建詔安	花蓮市	黃久盛
80	張	廣東饒平	富里	張潮興	111	黃	廣東鎮平	鳳林	黃庭政
81	張	廣東大埔	壽豐	張八拾郎	112	黃	廣東鎮平	花蓮	黃庭政
82	張	廣東大埔	吉安	張鼎才	113	黃	廣東鎮平	瑞穗	黃政
83	張	廣東大埔	吉安	張秀安	114	黃	廣東鎮平	花蓮	黃政
84	張	廣東大埔	花蓮	張存對	115	黃	廣東饒平	玉里	黃九
85	張	廣東陸豐	吉安	張吉秀	116	黃	廣東陸豐	瑞穗	黃肖
86	張	廣東陸豐	花蓮	張炳生	117	黃	廣東陸豐	玉里	黃均信
87	張廖	福建詔安	光復	張璽善	118	黃	廣東陸豐	富里	黃勝
88	張廖	福建詔安	光復	張璽善	119	黃	廣東陸豐	吉安	黃廷拔
89	張廖	福建詔安	花蓮	張吉	120	黃	廣東程鄉	吉安	黃庭政
90	張廖	福建詔安	瑞穗	張元子	121	黃	廣東程鄉	富里	黃庭政

編號	姓氏	祖籍	分布地	始祖	編號	姓氏	祖籍	分布地	始祖
122	黃	廣東程鄉	瑞穗	黃庭政	153	溫	廣東陸豐	光復	溫昌春
123	黃	廣東程鄉	富里	黃日新	154	溫	廣東陸豐	玉里	溫貴和
124	黃	廣東陸豐	壽豐	黃高	155	溫	廣東陸豐	玉里	溫瑞臨
125	黃	廣東陸豐	玉里	黃高	156	溫	廣東陸豐	鳳林	溫神若
126	黃	廣東陸豐	玉里	黃高	157	曾	廣東蕉嶺	花蓮市	曾雲吉
127	黃	廣東陸豐	瑞穗	黃敦勤	158	曾	廣東程鄉	吉安	曾巫
128	黃	廣東陸豐	壽豐	黃庚生	159	楊	廣東長樂	花蓮	楊清源
129	彭	廣東陸豐	花蓮	彭象照	160	楊	廣東長樂	壽豐	楊宗淵
130	彭	廣東陸豐	花蓮	彭兆瑞	161	楊	廣東陸豐	花蓮	楊議
131	彭	廣東陸豐	花蓮市	彭朝祥	162	楊	廣東大埔	吉安	楊四十郎
132	彭	廣東陸豐	花蓮	彭維尚	163	楊	廣東普寧	光復	楊天極
133	彭	廣東陸豐	光復	彭受章	164	葉	廣東陸豐	玉里	葉元美
134	彭	廣東陸豐	鳳林	彭受章	165	葉	廣東陸豐	壽豐	葉德威
135	彭	廣東陸豐	富里	彭受章	166	葉	廣東陸豐	玉里	葉奕明
136	彭	廣東陸豐	光復	彭信芝	167	葉	廣東陸豐	富里	葉奕明
137	彭	廣東陸豐	玉里	彭維順	168	葉	廣東陸豐	花蓮	葉仁奏
138	彭	廣東陸豐	瑞穗	彭茂松	169	葉	廣東陸豐	花蓮	葉開仕
139	彭	廣東陸豐	富里	彭祖年	170	葉	廣東陸豐	富里	葉道高
140	彭	廣東陸豐	富里	彭達源	171	葉	廣東陸豐	富里	葉文淑
141	彭	廣東潮州	富里	彭受章	172	葉	廣東海豐	花蓮	葉仁奏
142	湯	廣東鎮平	鳳林	湯四十七郎	173	葉	廣東陸豐	鳳林	葉諸梁
143	游	福建詔安	吉安	王念八	174	葉	廣東陸豐	玉里	葉諸梁
144	游	福建詔安	光復	游世伍	175	葉	廣東陸豐	玉里	葉諸梁
145	游	福建詔安	瑞穗	游文佈	176	鄧	廣東饒平	富里	鄧金生
146	游	福建詔安	瑞穗	王念八	177	鄧	廣東饒平	富里	鄧志齊
147	游	廣東鎮平	鳳林	游仲九	178	廖	福建詔安	壽豐	廖阿賜
148	游	廣東鎮平	吉安	游永茂	179	廖	福建詔安	花蓮	廖純林
149	游	廣東鎮平	光復	游維文	180	廖	福建詔安	花蓮	廖敬齊
150	溫	廣東寧化	光復	溫九郎	181	蔡	廣東揭陽	玉里	蔡拱
151	溫	廣東陸豐	壽豐	溫志禮	182	蔡	廣東揭陽	吉安	蔡八郎
152	溫	廣東陸豐	花蓮市	溫道開	183	劉	福建南靖	玉里	劉正道

編號	姓氏	祖籍	分布地	始祖	編號	姓氏	祖籍	分布地	始祖
184	劉	福建上杭	新城	劉光義	211	謝	廣東梅縣	鳳林	謝新
185	劉	廣東長樂	鳳林	劉千一郎	212	謝	廣東梅縣	吉安	謝安來
186	劉	廣東長樂	鳳林	劉仕九郎	213	謝	廣東梅縣	吉安	謝相文
187	劉	廣東揭陽	鳳林	劉興盡	214	鍾	福建武平	吉安	鍾法泉
188	劉	廣東饒平	花蓮	劉恬逸	215	鍾	福建武平	吉安	鍾法泉
189	劉	廣東饒平	鳳林	劉可永	216	鍾	福建武平	瑞穗	鍾十一郎
190	劉	廣東饒平	壽豐	劉禎善	217	鍾	福建武平	瑞穗	鍾百三郎
191	劉	廣東饒平	玉里	劉萬來	218	鍾	廣東鎮平	花蓮市	鍾德重
192	劉	廣東饒平	壽豐	劉宗法	219	鍾	廣東鎮平	鳳林	鍾順水
193	劉	廣東饒平	富里	劉開七	220	鍾	廣東鎮平	瑞穗	鍾必進
194	劉	廣東長樂	鳳林	劉萬七郎	221	鍾	廣東鎮平	瑞穗	鍾十一郎
195	劉	廣東長樂	富里	劉萬七郎	222	鍾	廣東嘉應	富里	鍾接
196	劉	廣東嘉應	鳳林	劉萬一郎	223	鍾	廣東陸豐	玉里	鍾甄
197	蕭	福建南靖	花蓮	蕭孟容	224	鍾	廣東海豐	吉安	鍾奇英
198	蕭	廣東嘉應	花蓮	蕭奇叔	225	鍾	廣東嘉應	富里	鍾接
199	蕭	廣東陸豐	瑞穗	蕭念三	226	魏	廣東長樂	壽豐	魏日元
200	鄭	廣東陸豐	鳳林	鄭阿元	227	簡	福建南靖	瑞穗	簡正以
201	鄭	廣東陸豐	富里	鄭清之	228	簡	福建上杭	富里	簡會益
202	黎	廣東陸豐	吉安	黎傳永	229	羅	福建平和	花蓮市	羅有哲
203	黎	廣東陸豐	瑞穗	黎元定	230	羅	廣東陸豐	花蓮	羅昌齡
204	黎	廣東嘉應	鳳林	黎天麟	231	羅	廣東陸豐	吉安	羅象琳
205	賴	福建詔安	花蓮	賴忠義	232	羅	廣東陸豐	鳳林	羅法遊
206	賴江	福建永定	花蓮	賴立	233	羅	廣東梅縣	玉里	羅漢葉
207	藍	廣東饒平	玉里	藍元善	234	羅	福建平和	玉里	羅美源
208	謝	福建南靖	玉里	謝祖歌	235	蘇	福建永定	玉里	蘇九三郎
209	謝	福建上杭	吉安	謝肇興	236	饒	廣東長樂	玉里	饒元亮
210	謝	廣東嘉應	吉安	謝猶復	237	饒	廣東長樂	花蓮	饒元亮

資料來源：整理自臺灣區姓譜研究社，《臺灣區族譜目錄》，臺北：該社發行，1987。

（原刊於中央大學客家研究中心編，《客家文化學術研討會論文集》（2002.3））

藍張興庄與清代臺中盆地的拓墾

一、前言

　　清代臺中盆地的拓墾，分由南北向中間推進，南以藍張興庄為首，北以張達京為首之六館業戶為主。自雍正至乾隆年間，已開墾成田，沿溪一帶，聚落成群。現今臺中盆地內傳統聚落的名稱與位置，已然成形。

　　有關臺中盆地拓墾之研究，日治初期關口隆正以臺中廳長兼任臨時土地調查局臺中出張所長，曾對中部之拓墾，留下若干調查與研究資料。[1]張耀焜透過岸裡社所藏檔案，探討岸裡大社與臺中平野的開發。[2]戰後，有關六館業戶在臺中盆地的拓墾，則是環繞在岸裡社與張達京等割地換水後，張振萬等六館業戶在臺中盆地北端的拓墾而開展。[3]或是透過岸裡社檔案，探討岸裡社土地在漢佃入墾後，土地逐漸喪失的問題。[4]另一方面，有關臺中盆地南部區域的拓墾，洪敏麟與洪麗完透過文獻檔案與田野調查，進一步對臺中地區的發展提出深入的討論，也獲致若干重要的結論。諸如張國之開拓事蹟，犁頭店街之開發與發展，萬和宮之研究等。[5]柯志明透過建立清廷對沿山地區的控制，由故宮檔案詳細討論康熙至乾隆年間中部地區因拓墾引發之越界問題，對大肚溪北岸的拓墾，提供清晰的討論。[6]楊護源之博士論文探討清代臺中地區的聚落拓殖，於藍張興庄之拓墾亦見詳細討論。[7]

[1] 岡（關）口隆正，《臺中沿革誌》，刊年不詳，收錄於成文出版社編，《臺中概況》，臺北：成文出版社，1985。

[2] 張耀焜，〈岸裡大社と臺中平野の開拓〉，臺北：臺北帝國大學理農學部卒業論文，1939。

[3] 陳炎正主編，《臺中縣岸裡社開發史》，臺中：臺中縣立文化中心，1986。

[4] 施添福，〈清代臺灣岸裡社地域的族群轉換〉，見潘英海、詹素娟編，《平埔研究論文集》，臺北：中央研究院臺灣史研究所籌備處，1995。陳秋坤，《清代臺灣土著地權-官僚、漢佃與岸裡社人的土地變遷，1700-1895》，臺北：中央研究院近代史研究所，1997。

[5] 洪敏麟，〈從東大墩街到臺中市的都市發展經過〉，《臺灣文獻》26：2（1975）。洪敏麟、屈慧麗，《犁頭店歷史的回顧》，臺中：臺中市立文化中心，1994。洪麗完，〈大安、大肚兩溪間墾拓史研究，1683-1874〉，《臺灣文獻》43：3（1992）。

[6] 柯志明，《番頭家：清代臺灣族群政治與熟番地權》，臺北：中央研究院社會科學研究所。

[7] 楊護源，〈清代臺中地區的聚落拓殖〉，嘉義：國立中正大學歷史研究所博士論文，2005。

本文在上述研究的基礎上，除探討藍張興庄拓墾的背景過程外，並擬討論藍張興庄在性質上最初作為合資拓墾之墾號名稱，轉換為拓墾區域的名稱，再轉換為藍興庄與張家之產業之背後原因。且藍張興庄屬界外開墾，其涉及之越墾、番界與偷渡問題，十足為清初拓墾的縮影，且藍家世代封疆海上，亦使其發展過程起伏周折。本文以臺灣總督府公文類纂內藏乾隆年間藍家土地訟案之材料與國立臺灣博物館典藏之乾隆年間地圖，探討雍正乾隆間藍張興庄墾業的發展。

隨著拓墾事業的開展，人口與聚落漸增，官方的力量也隨之而入。因此在乾隆年間由聚落發展與交通動線所形成之新的空間景觀下，因官方力量的介入，使得犁頭店街與大墩街在不同的功能考量下，卻都同樣成為盆地內拓墾的重心。

二、由張鎮庄至藍張興庄

藍張興庄墾業始於張國，張國字昭侯，福建泉州晉江人，曾參與康熙 22 年（1683）平臺之役，因功授湖北襄陽游擊，44 年（1705），因平定紅苗有功，轉陞為臺灣北路營參將，48 年（1709），陞福州城守副將，50 年（1711），調臺灣安平水師副將，54 年（1715），陞任浙江定海總兵。張國在臺任職時間前後將近 10 年，北路營參將原駐加里興，康熙 43 年（1704）移駐諸羅縣治營盤，北路營轄半線（彰化市）、斗六門（雲林縣斗六市）、下加冬（臺南縣後壁鄉嘉苳村）與佳里興（臺南縣佳里鎮興化里）等汛，[8] 自曾文溪以北至大肚溪一帶，皆其防區。此一區域，自康熙 35 年以來，變亂迭起，吳球、吞宵（道卡斯族）、劉卻等案相繼發生，43 年，遂將秩官、營汛移歸縣治，以強化地方控制與治安。而移墾之漢人也隨之往北越過斗六門。49 年（1710），海盜鄭盡心部眾陳明隆稱鄭盡心潛伏於江浙交界之盡山、花鳥、臺州魚山與臺灣淡水一帶，清軍遂於次年調佳里興分防千總移駐淡水，並且於大甲以北

---

[8] 周鍾瑄，《諸羅縣志》，頁 115。汛為設弁駐兵之處。

增設 7 塘，[9]以為防備。

康熙 50 年（1711）之際，臺灣中北部地區的防務，濁水溪以北於半線駐防守備一員、隨防把總一員，轄大武郡、燕霧、大肚與牛罵等 4 塘。大甲溪以北則於八里岔駐防千總一員，轄大甲、貓盂、吞霄、後壠、中港、竹塹與南崁等 7 塘。這些添兵駐防的所在，沿大肚溪北岸、大肚臺地西側，過大甲溪而北。雖係為海防考量，但沿海布防地帶，也往往成為漢人拓墾的動線與據點。

張國職司北路營參將，負責中北部防務，熟悉地方情勢，對於漢人入墾之情狀，亦不陌生。因此，雖然在 48 年調任福建城守副將，但仍於 49 年（1710）報墾貓霧捒社一帶土地，立戶陞科，自為業主，名為「張鎮庄」。雍正 3 年（1725），巡臺御史禪濟布與景考祥述其事：[10]

> 查此藍張興庄舊名張鎮庄，逼近生番鹿場，兇番不時出入，不令民人開墾者也。自康熙四十九年原任臺灣副將張國報墾立戶陞科，遂至生番擾害，於五十八年九月間，該庄佃民被生番殺死九命，通詳各上司，奉原任總督臣滿保檄行，將該庄毀棄，逐散佃民，開除課額在案。

張國以在任職官身分報墾土地，並非特例。清初在臺文武官員佔墾土地習然成風。[11]雍正 3 年（1725），浙閩總督高其倬論其事：[12]

> 諸羅鳳山二縣皆係未墾之土，招人認墾，而領兵之官自原任提督施琅以下，皆有認佔，而地方文武亦佔做官庄，再其下豪強之戶，亦皆任意報佔，又俱招佃墾種取租，迨後佃戶又招佃戶，輾轉頂授，層層欺隱。

施琅佔墾之土地十分廣闊，向耕種佃農徵收田租，號為「施侯租」。「領兵之官」張國為當時臺灣中北部地區最具權勢的官員，認佔土地，

---

[9] 周鍾瑄，《諸羅縣志》，頁 110、117-118。塘為駐兵巡守之處。

[10] 國學文獻館，《臺灣研究資料彙編》（臺北：聯經出版公司，1993），頁 1335-1336。

[11] 柯志明，《番頭家：清代臺灣族群政治與熟番地權》，頁 70-74。

[12] 國學文獻館，《臺灣研究資料彙編》，頁 1769-1770。

招攬墾民，自有其背景。雖然報墾立戶陞科時，張國已調陞福州城守副將，不在臺灣，但以施琅之例，人雖不在臺，仍指派專人收租，再轉運施家。張國自立為業戶，招佃開墾，坐收租穀，土地或由家人經營，或委託管事董理，與其是否在臺，並無必要關係。況且張國隨即於康熙50 年轉任回臺，擔任安平水師副將，統領在臺水師，任職四年，方調陞浙江定海總兵。此期間應為張鎮庄墾務穩定發展的時期。

　　張鎮庄所在，居大肚溪北岸，原屬大肚社與貓霧捒社土地，相當於今臺中縣烏日鄉至臺中市南屯區，鄰近大肚臺地東側與南側的地區。張國以每年代二社繳納「番餉」240 兩為條件，獲得耕種土地的權力，招攬佃民前來開墾取租。[13]另一方面，則向官府報墾陞科，獲得土地的所有權。張鎮庄以大肚臺地南側與東側為主要開墾範圍，就漢人在臺中盆地之拓墾而言，實具有開創性的意義。

　　康熙56 年（1717），諸羅縣令周鍾瑄捐穀二百石協助庄民興築馬龍潭陂，以利耕墾。[14]就該陂灌溉的範圍，可窺知張鎮庄大致拓墾的地區，馬龍潭陂源流出自大肚臺地，於馬龍潭西方注入筏仔溪，其圳道有二：一沿筏仔溪東側，新庄仔以南至烏日庄，包含新庄仔、三塊厝、劉厝、永定厝、鎮平庄、水碓、下牛埔、下楓樹腳與烏日等聚落；二沿筏仔溪西側之大肚臺地，包含知高、頂坑仔、下坑仔、番社腳與永安厝等聚落。[15]可知當時拓墾的主要區域為大肚臺地東側，乃沿筏仔溪兩岸而北，自烏日庄以上至新庄子（臺中市南屯區新生里）兩側。

　　但因墾地與社眾獵場重疊，漢佃開墾土地造成獵場縮減，因而產生衝突。康熙58 年（1719）9 月，漢佃九人遭到殺害，此重大治安事件，引起閩浙總督覺羅滿保重視，下令毀棄該莊墾業，逐散佃民，開除賦額，以免引發更大規模的衝突。[16]張鎮庄的墾業受此影響，轉趨消沈。

　　康熙61 年（1721），朱一貴事件後，總督覺羅滿保為確保治安計，

---

[13] 國學文獻館，《臺灣研究資料彙編》，頁 1772。

[14] 周鍾瑄，《諸羅縣志》，頁 37-38。

[15] 洪敏麟、屈慧麗，《犁頭店歷史的回顧》，頁 63-64。

[16] 同註 10。

實行遷民劃界，將「臺、鳳、諸三縣山中居民盡行驅逐，房舍盡行拆毀，各山口俱用巨木塞斷，不許一人出入。山外以十里為界，凡附山十里內民家，俱令遷移他處，田地俱置荒蕪。自北路起，至南路止，築土牆高五六尺，挖溝濠塹，永為定界。」[17]企圖以分隔漢人與原住民的方式，達到維持治安的目的。此議雖經在臺總兵藍廷珍幕僚藍鼎元上書反對，但未被接受，遂於沿山之處立石為界。中部地區立石所在為半線之投揀溪墘、貓霧揀之張鎮莊，崩山之南曰山腳，與吞霄、後壠、貓裏各山下。[18]（參見圖1）諸羅縣令孫魯即赴該地立石為界，不許民人擅到彼處。[19]張鎮庄被劃為界外，墾業更形停滯。

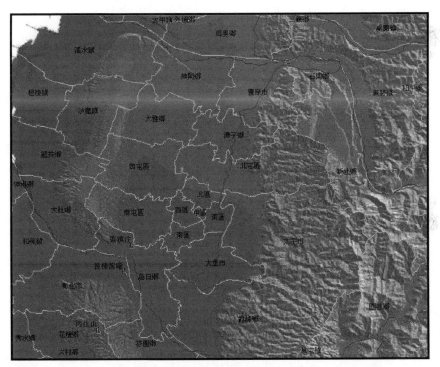

圖1：清康熙與乾隆時期中部地區番界與現今行政區域對照圖

資料來源：中央研究院，《臺灣歷史文化地圖系統》，第一版，臺北：中央研究院，2003.9。

---

[17] 藍鼎元，《東征集》，頁40。

[18] 黃叔璥，《臺海使槎錄》，頁168。

[19] 國學文獻館，《臺灣研究資料彙編》，頁1336。

　　投揀溪墘位置有二說，一為今彰化市石牌里舊名石牌坑，[20]為通往南投或埔里山區的入口。二為今彰化市田中里舊稱田中央所在，為越過大肚溪通往貓霧揀的要道。[21]二處均位於大肚溪南岸。張鎮庄立碑所在，根據圖 1，位於今臺中縣烏日鄉湖日村，筏子溪與大里溪交會注入大肚溪的所在。意即大肚溪以北之拓墾區域，均劃為界外，總督覺羅滿保的禁令，透過立碑更進一步落實。

　　但是率兵來臺平定朱一貴事件之總兵藍廷珍，對於封界遷民之消極做法卻有不同的看法，他認為應積極拓墾，以免土地閒曠。他於雍正元年（1723）致首任巡臺御史吳達禮之〈論臺灣事宜書〉中認為：[22]

> 臺北彰化縣，地多荒蕪，宜令民開墾為業，勿致閒曠。前此皆以番地禁民侵墾，今已設縣治，無仍棄拋荒之理。若云番地，則全臺皆取之番，欲還不勝還也。宜先出示令各土番自行墾闢，限一年之內盡成田園，不墾者聽民墾耕。照依部例，即為業主。或令民貼番納餉，易地開墾，亦兩便之道也。

　　藍廷珍提出由當地原住民先行開墾，一年之後仍未開墾者，則聽由漢人耕墾；或者代納餉額，易地開墾的辦法，事實上均有利於漢人。原住民在資金與技術均不足的情況下，一年之內盡成田園，何其容易？由漢人代納「番餉」，易地而墾，土地最終仍歸於漢人。藍廷珍不僅書面提出積極拓墾的主張，更親自實踐其積極拓墾的企圖。

　　藍廷珍族祖藍理，與張國同為施琅攻臺時之部將，惟職級較高，以署右營游擊率舟師為前鋒，獨當一面，進攻澎湖，力戰奏功。平臺後授為參將，加左都督，康熙 29 年（1690），調陸浙江定海總兵，42 年（1703），轉調天津，直到 45 年（1706），擢為福建陸路提督。[23]此時張國方為臺灣北路營參將，在制度上為藍理之下屬。藍廷珍投奔藍理從軍，康熙 34 年（1695），擔任定海鎮標右營把總，45 年（1706），遷為溫州鎮標

---

[20] 洪敏麟，《臺灣舊地名之沿革》，第二冊（下），頁 235。

[21] 參見圖 1。

[22] 藍鼎元，《平臺紀略》，頁 54。

[23] 趙爾巽，《清史稿》（北京：中華書局，1977），卷 261，頁 9878。

左營游擊。57 年（1718），因總督覺羅滿保之薦，擢拔福建澎湖副將，58 年，再擢為廣東南澳鎮總兵。[24]

藍廷珍長期任職浙江水師，張國於康熙 54 年（1715）調任浙江定海總兵，同在浙江水師任職，直到藍廷珍調任福建澎湖副將。因此，張國與藍理、藍廷珍之間，公私淵源深長。藍廷珍前在澎湖副將任內，已接觸臺灣防務，於臺灣情事並非全然陌生。朱一貴事件後，藍廷珍升任福建水師提督，但仍留駐臺灣彈壓，直到雍正元年 5 月方還駐福建。

藍廷珍何時開始與張國合作拓墾土地，無法斷定，但積極之開墾，則是在雍正 2 年以後，其後因佃眾屢遭殺害，藍廷珍在地方治安壓力之下，於雍正 5 年 5 月 26 日（1727.7.14），奏請將份內土地充公為官莊。藍廷珍之奏摺如下：[25]

> 竊臣於昔年同原任浙江定海總兵臣張國合置有北路貓霧捒社庄一所，未經開墾。嗣因雍正元年新設彰化縣治，該地離縣只有十餘里程途，臣思為闢土增賦起見，即於貳年拾壹月內，差家人蔡克俊前往查勘，立業戶藍張興姓名，赴新任彰化縣知縣談（譚）經正請墾貓霧捒大肚社二處荒埔，隨經該縣談（譚）經正吊詢各社熟番，立定四至，並查明果無妨碍。出示曉諭，仍給印單，准墾執照。又與二社熟番立有合同，年代大肚社輸納餉銀壹百柒拾兩，貓霧捒社餉銀柒拾兩，其代納二社餉銀共貳百肆拾兩。
> 自貳年冬新墾起，俱已按年代納全完，茲於本年（按：雍正五年）貳月內，據臣家人蔡克俊開報該庄所墾荒埔，係新開之地，所有收租納粟，僅堪人工一切食用。臣查自貳年冬間報墾至今，將滿三年，所有該庄墾成田地，確有若干甲數墾熟後，每甲收有租粟若干石，逐年通共收有若干石，隨即劄行見今彰化縣知縣張縞查明，係臣開墾田地，立速丈明若干甲，每年收有租粟若干石，迅行造具清冊申報，以憑咨送總督臣高其倬署巡撫印務鎮海將軍臣毛文銓檄歸縣倉收貯，以充公用。并節次劄催速清丈造報，仍先

[24] 趙爾巽，《清史稿》，卷 284，頁 10191。《清耆獻類徵選編》，頁 688。
[25] 中國第一歷史檔案館，《雍正朝漢文硃批奏摺彙編》9（江蘇：江蘇古籍出版社，1986），頁 859-860。

行咨明督撫二臣在案。茲於本年五月貳拾貳日據彰化縣知縣張縞
丈明微臣合置庄業，除荒埔未有開墾不計外，實在報墾熟田，共
有陸百玖拾伍甲玖分貳釐，另本年初墾田陸甲肆分，通共丈明計
田業柒百零貳甲叄分貳釐。計今墾熟後，每甲年收有租粟陸石，
共粟肆千貳百壹拾叄石玖斗貳升，造具清冊印驗繳報前來。
臣查此項田業係與已故定海總兵臣張國合置，今該知縣張縞丈明
甲數，臣分內應得熟田實有肆百玖拾壹甲，計今墾熟後，年應收
租粟貳千玖百肆拾陸石，見將送到印冊，具文茲送督撫二臣檄行
彰化縣知縣張縞知照，自本年起所有照數收納租粟，即歸倉貯，
以充公用。再已故總兵臣張國分內所得熟田，應憑伊兒子張嗣徽
赴縣照例完納課銀，其前項餉銀貳百肆拾兩，毋庸輸納外，緣係
微臣開墾熟田充公事理，理合繕摺，專差家人林世雄賚捧奏聞。

　　雍正 2 年（1724），戶部覆准福建臺灣地方各番社鹿場閒曠地方可
以墾種者，令地方官曉諭，聽各番社與民人耕種。[26]允許開墾番地閒曠
地方，對藍廷珍之墾業，自是一種鼓舞。

　　所謂貓霧捒庄為藍廷珍與張國「共置」的說法，根據雍正 4 年
（1726），浙閩總督高其倬的奏摺謂是「轉典其庄」。因此，應是藍廷珍
對張鎮庄投資若干資本，以「合股」的形式，與張家共同擁有業主權，
故更名為「藍張興庄」。但「昔年」究指是在何時？則難斷定。若是藍
廷珍與張國「共置」，則時間在張國去世之康熙 60 年之前。但若為「轉
典」，則可能是藍廷珍在張鎮庄墾業消沈之際，投注資金再啟墾業。並
藉其威望，使地方官難以抗拒其請。並沿襲過去的慣例，與貓霧捒與大
肚二社「立有合同」，代納餉銀，作為報酬。

　　故知「藍張興」原為墾號，以藍廷珍與張國合股之故也。其拓墾之
地區遂名為藍張興庄，由墾號轉變為拓墾地區的名稱。藍張興庄的範
圍，除了張鎮庄原有的範圍外，更向臺中盆地內擴張延伸，根據乾隆
22 年（1757）臺灣府知府鍾德的調查，雍正 2 年（1724）藍張興庄報
墾的四至為：

---

[26] 臺灣銀行經濟研究室輯，《清會典臺灣事例》（臺北：臺灣銀行經濟研究室，1966），頁 43。

東至旱溪土牛（臺中市東區東信里土牛）

西至轆牙溝（犁頭店溪）

南至阿密里烏溪（大肚溪）

北至二分埔貓抵（臺中市北屯區平田里、平和里）[27]

　　此一範圍包括臺中盆地南半部，應係大肚社與貓霧捒社之土地，按盆地北部為屬巴布拉族之沙轆社與牛罵社所有。是否為張鎮庄原來申請的拓墾範圍，或是另行擴大增加，並無資料可證。

　　藍張興庄位於封山界外，藍廷珍公然違反當時仍在任之總督覺羅滿保所頒之禁令，越界報墾，彰化縣令莫之奈何，所憑藉者，係雍正皇帝之寵任，雖知其違禁，仍為優容，成為封山界外的特例。

　　雍正 5 年（1727），藍張興庄所墾土地已屆三年陞租繳賦之期，總計已墾土地計 702.32 甲，每甲收租 6 石，年收 4213.92 石。藍廷珍在土地即將墾闢成熟之際，將份內土地 491 甲「造報清冊」、「歸縣倉收貯，以充公用」，即將土地報請充公。其背後原因，殆與雍正 2 年後，藍張興墾號報墾獲准後，因拓墾所引發之民番衝突與違禁偷渡的案例層出不窮，藍廷珍在福建地方官員交相指摘下，不得不奏請將所墾田園充公。

　　藍張興庄原為大肚社與貓霧捒社土地，張鎮庄時期便因漢佃 9 人被殺，而遭禁止。藍張興墾號入墾以後，即發生漢佃遭到攻擊的事件。雍正 3 年 8 月 17 日（1725.9.23）遭水沙連社攻擊，放火燒庄，殺死佃丁林愷、賴戀、徐生、徐傑、劉洞、葉天恩、陳泰、林曉等 8 人。[28]10 月 20 日（12.24），再遭攻擊，藍張興墾號內之南勢庄，當晚值更之庄民林逸、朱宣二人被殺，林耕走脫。[29]

　　地方官檢討攻擊事件頻生的原因，咸認為是漢人的拓墾侵犯了當地原住民既有的生存空間。雍正 3 年 11 月 19 日（1725.12.23），福建巡撫毛文銓奏陳：[30]

27　王世慶，〈貓霧捒藍興庄拓墾史料二則〉，《史聯雜誌》，23（1993），頁 22。

28　國學文獻館，《臺灣研究資料彙編》，頁 1334。

29　國學文獻館，《臺灣研究資料彙編》，頁 1383。

30　國學文獻館，《臺灣研究資料彙編》，頁 1358-1360。

推原生番殺害人民，而被殺者悉由自取。夫生番一種向不出外，
皆潛處於伊界之中耕耘度活，內地人民不知利害，或因開墾而佔
其空地閘山，或因砍伐而擾其藤梢竹木。生番見之，未有不即行
殺害，釀成大案者。為今之計，唯有清其域限，嚴禁諸色人等，
總不許輕入生番界內，方得無事。歷任督撫諸臣亦無不頻加禁
飭，總難禁絕。今臣已檄行道府，移會營員，務令逐一查明，在
於逼近生番交界之間，各立大碑，杜其擅入。

硃批：此論甚當，先前嚴時甚平靜，後因藍廷珍為小利而遺此風
也。

12 月 2 日（1726.1.4），巡臺御史禪濟布亦奏稱：[31]

細查歷年生番傷人緣由，皆因一二無知愚民，貪圖小利，入內山
溪岸，非為樵採竹林，便是開掘水道，甚至踞其鹿場而募丁耕種，
無非自取其禍，以戕厥命。

因此地方官員雖知問題所在，歷任督撫亦嚴加禁飭，但總難禁絕，
原因便在於官員本身便違禁開墾，故毛文銓雖然提議要「清其域限，嚴
禁諸色人等，總不許輕入生番界內」，並「檄行道府，移會營員，務令
逐一查明」，雍正雖然贊同其意見，但仍然寬容藍廷珍所為，故所謂「嚴
禁」，實難貫徹。

另一方面，拓墾土地，需要大量人力，藍廷珍身為水師提督，下屬
藉巡哨之名，挾帶「不兵不民」之人來臺，為海防同知查獲扣押，並上
報閩浙總督宜兆熊處理。藍廷珍雖然覆稱哨船乃係捐備巡哨，亦即係由
民船給予印牌，充作哨船，並派差員管押，嚴禁私自夾帶。但宜兆熊認
為夾帶私人與「生番」殺人互為因果，其作用所在即在藍張興庄。他說：
「貓霧捒社庄該縣以在禁界，而提臣藍廷珍亦以是否生番地界，該佃丁
侵入滋擾，自取殺害，現在迅查。臣等伏思自備哨船與在禁地開墾，均
屬違例之事，且其所用之人亦斷不能奉公守法。」既為違例，地方官卻
不敢逕行處置，仍待雍正親自處置。但雍正仍為優容，批答曰：「此等

---

31 國學文獻館，《臺灣研究資料彙編》，頁 1387。

事如何容隱得，當查明者，但有干藍廷珍處，少存些體局，密以奏聞就是了，亦不可全為之同互（迴護）」。[32]地方官既然無法完全禁絕，來人日眾，唯有開禁，設官管理一途。

雍正 4 年（1726），浙閩總督高其倬鑒於夾帶渡臺之風日盛與墾地日闢，人口漸多，提請清查田畝、報墾認賦、清編保甲、更立四界等，將已墾土地與現有人口納入管理，以杜流弊。高其倬奏議內容如下：[33]

> 彰化一縣新經設立，田土錢糧俱為有限，其所管有藍張興一庄，其地向係番人納餉二百四十兩，原任總兵張國原認墾其地，代番納餉，招墾取租，數年之前，提督藍廷珍轉典其庄，現聚墾種田土者，已二千餘人。地方文武官因生番到其處殺人，以為開田惹番，意欲驅逐墾戶，以地還番。
>
> 臣細思詳問，以為此處若不令開墾，當禁之於始，今已有二千餘人，又有墾出之地，一經驅逐，則此二千有餘失業之人，俱在海外，置之何所。但若聽業主私據，佃戶混佔，不於起初清理，又必似諸鳳二邑之流弊。臣意欲將此田總行清查，所有田畝，令各墾戶報出認賦，即為永業。各墾戶當初開未定之時，又聞驅逐，自無不聽從。俟報明查清，不必照諸鳳二縣之例，以一甲之田，定粟八石，只照內地，照其畝數以定糧數，量寬其力以下則起科，大約可得一千二千兩額賦，再稍多亦未可定。竟請將原納二百四十兩之番餉，題請開除，藍張二家總不許霸佔，并趁量田之時，兼查人戶，編清保甲，更立四界，令官嚴查，不許墾戶侵耕出外，似屬一勞永逸久長可行。

根據高其倬的說法，當時藍張興庄一帶耕墾的漢人，已二千餘人，與其驅逐，不如令其「報出認賦，即為永業」。對墾者而言，所墾之地即可合法擁有；對官方而言，既能掌握人員土地，又能增加稅收。並將新墾地區按內地田制，以畝為單位，劃定疆界，計其面積，按下則例起科，以寬其力。同時清查人口，編定保甲，確定庄界，將前此「封山界

外」所在，轉變為報墾納租之地。對漢人而言，固然有利於拓墾的進行，但對原住民而言，傳統生活空間卻因此而加速流失。

　　對於高其倬的建議，雍正則批示：「**何不密知會藍張二家，令其檢舉，不由妙乎！**」[34]與其由官方清理，還不如諷勸藍張二家自行報請清理，以為其他佔地開墾官員的榜樣。另一方面，亦見雍正迴護藍廷珍體面之意。唯高其倬之意見乃是許其報墾之後，永為己業，即給予土地所有權。但藍廷珍卻將土地報請充公，變成官產。

　　藍廷珍將自己份內已墾土地 491 甲，每年所收租穀 2,946 石，全數歸縣倉貯，以充公用。即是將所墾田園獻為官庄，佃戶照佃租原額歸入官庄徵收，以官為業主，稱其地為「藍興庄」。[35]張國份內所有之 211.32 甲，因張國已卒，則由其子張嗣徽赴縣申告，完納賦課，作為己業。藍張興庄由此分為二，一為充作官庄之藍興庄，一為張家物業，張國之子張嗣徽自為業主，拓墾其份內土地。乾隆 13 年（1748），與秦張江、張承祖、張振萬、廖盛、陳用（周）文等業戶，共同呈請嚴禁養鴨破壞田作，經彰化知縣陸廣霖勒石立碑，懸為禁令。[36]

　　雍正 6 年 9 月 13 日（1728.10.15），藍廷珍再將一年來自己份內新墾完成的土地奏請充公，原摺謂：[37]

　　　　竊臣在臺灣北路彰化縣治內，將昔年合置貓霧捒社庄一所，為闢土增賦起見，報明開墾。嗣緣三年期屆登，經札據前知縣張縞丈明，除荒埔未有開墾不計外，所有微臣份內應得熟田肆百玖拾壹甲，造具印冊申繳，臣隨於雍正伍年伍月內，備文咨送督臣高其倬前撫臣毛文銓查照檄歸縣倉收貯，以充公用。并備敘緣由，繕摺專差賚捧奏聞，業奉硃批：知道了，題到自然有旨，欽此。
　　　　今臣又據家人吳祖稟稱各佃丁已將荒埔陸續開墾，業有稟報新任彰化知縣湯啟聲丈明，新開田地有肆百肆拾柒甲柒分肆釐壹絲伍忽，所有張嗣徽新墾田園俱聽其赴縣報明，照例納課外等情到

34　國學文獻館，《臺灣研究資料彙編》，頁 1776。
35　諸家，《臺案彙錄丙集》（臺北：臺灣銀行經濟研究室，1963），頁 17。
36　劉枝萬，《臺灣中部碑文集成》（臺北：臺灣銀行經濟研究室，1962），頁 63-64。
37　中國第一歷史檔案館，《雍正朝漢文硃批奏摺彙編》13，頁 467-468。

臣。臣隨於雍正陸年捌月拾陸日將臣份內新墾田園備敘甲數，具
文咨達督臣高其倬撫臣朱綱檄行該縣湯啟聲就近查明，俟各田園
收成之日，除應給各佃丁費用外，內有微臣應得若干稻穀，概行
收貯，以充公用，其前項代納餉銀貳百肆拾兩，統聽督撫二臣酌
覈，毋庸輸納，繕疏提報，恭候睿裁。緣係微臣新墾田園充公事
理，理合繕摺專差賫捧奏聞。

藍廷珍將自己份內土地報請充公，應係回應雍正 3 年以來，藍張興
庄不斷發生佃民被殺之治安事件，屢遭文武官員上奏舉發其越界開墾，
釀成事端；雍正亦時時提醒藍廷珍注意其操守。[38]在此壓力下，適總督
高其倬提出就地報墾立業之議，在雍正之授意下，諷諭藍廷珍自行提
出，以保全官方與藍氏體面。藍廷珍則將份內引發爭議之已墾土地充
公，以平爭議，張國份內則予保存，以迴護故人之利益。

三、藍興庄的發展

藍張二家土地分配

藍廷珍將土地充公之際，尚未正式陞科，由各佃將原向藍氏繳納的
租穀，改繳官方。雍正 7 年（1729），臺灣查辦隱匿田畝，勸民報墾，
藍興庄佃眾因官方之田賦較輕，租穀較重，意圖避重就輕，乃將土地重
報陞科，請求免其租穀，只繳田賦。同時將雍正 7 年官方丈量查出未報
田園 493 甲，所應繳納之田賦，以已繳之租穀抵充。但為戶部批駁，認
為官庄土地，應於租穀外，再加徵其田賦。因此官庄土地，負擔二份地
租，佃眾不堪負荷，不是棄耕他去，便是輾轉頂租，土地關係變得十分
混亂複雜。[39]

後來清廷雖然豁免乾隆 10 年（1745）以前之租穀，10 年以後者分
年帶征，但田賦應如何繳納，仍無定議。加以耕種者輾轉頂讓，均非原

---

38 國學文獻館，《臺灣研究資料彙編》，頁 1641。
39 諸家，《臺案彙錄丙集》，頁 17-18。

人承種，地方官員更迭頻繁，雖屢催議覆而無結果，以致莫衷一是。直
到乾隆 21 年（1756），閩浙總督喀爾吉善與福建巡撫鍾音聯銜奏請，佃
戶仍照每甲 6 石納租，再由租穀內扣出應納之田賦，餘數則作為官庄收
入。佃戶依照舊額輸納後，即可永久承耕。[40]如此一來，佃戶無須繳納
二份地租，又可長久耕種，對於地方的開發與發展，極具穩固與推動的
作用。藍興庄迅速成為漢人臺灣中部地區新興的移墾地區。但稅賦、越
墾與治安問題也隨之而生。

　　藍張興墾號土地原分屬張家與藍家，雍正乾隆年間土地陸續開墾
後，雙方地界開始明確劃分。根據國立臺灣歷史博物館典藏之乾隆年間
地圖，明確標示藍張二家土地的分布。

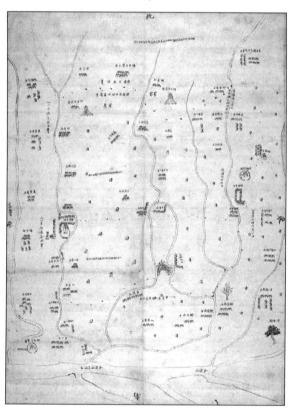

圖 2：藍家與張家土地分佈圖
資料來源：國立臺灣博物館館典藏

---

40 諸家，《臺案彙錄丙集》，頁 19。

　　首先在圖面上方，劃分藍張興庄與六館業戶土地的分界，今柳川以東至旱溪之間，以「秦廷鑑三十張犁庄」為界，柳川以西至土庫溪之間，以「賴屋庄」與「邱厝庄」為界，土庫溪以西至犁頭圳溝之間，則以陳周文庄田為界。亦即陳平庄、賴厝庄、邱厝庄、三十張犁庄均為六館業戶土地，以南則為藍張興庄的土地。

　　張家土地的範圍，位於今柳川與犁頭店溝之間，就圖面上所見之村落有後壠仔庄、棋盤屋庄、麻園頭庄、麻園仔、後土庫仔庄、土庫庄、半片屋庄、何厝庄、溝仔墘庄、大目魚庄、田心仔庄、江屋庄。

　　犁頭店溝東側，密勞與轆牙二處原來是由貓霧捒社防守的營柵，但其土地也為張家所拓墾，成為耕地。

　　藍家土地分布在二處，一、柳川以東至旱溪之間，所見之村落有後壠仔庄（柳川東側部份）、大墩庄、棋盤屋庄（柳川東側部份）、上橋仔頭庄、下橋仔頭庄、涼傘樹庄、樹仔腳庄。

　　二、柳川與土庫溪之間，所見村落有樹仔腳庄（柳川西側部份）、九張犁庄與番婆庄。

　　藍家之土地，均註記係「收租併充公田」，藍廷珍將土地奏請充公，但此地屬藍家所有，農民必須先向藍家承墾土地，如藍廷珍之姪藍日仁「擅收生番地界，任意侵佔，給人耕種，按年抽取租穀，名為犁頭。」[41]佃農向業主繳付「犁頭銀」後，即取得土地之田底權，此後業主僅能抽取大租，不再過問田園耕種之事。佃農獲得土地之永佃權後，每年再向官方繳納田賦。因此，雖然土地日益開墾，但藍家自行耕種之土地也逐漸流失減少。

　　犁頭店溪以西至筏仔溪之間的土地，均為「府官庄田界」，包含石牌庄、惠來厝庄、永定厝庄、鎮平庄、犁頭店街一帶、大瓦屋庄、牛埔仔庄、上楓樹下庄等。此一帶所謂府官庄田界，乃林爽文事件後，被官方抄沒的土地。

　　按事件期間，中部地區，幾全為林爽文所控制。林爽文勒派當地民

眾每旱園一畝抽其一成，水田畝抽其二，使得大里杙左右貓霧捒一帶，成為林爽文主要糧食輜重的根據地。又阻絕灌溉水源，使大肚山西側水田無法耕種，迫使民眾屈服。以致大肚溪北岸之烏日庄、九張犁、溝仔墘、西大庄、新庄仔、草官田等均受其控制。[42]乾隆 52 年（1787）11月，福康安等奏稱：「其賊巢附近地方，自大肚溪以北，大甲溪以南，皆係漳人村莊，半已從逆。如烏日庄、田中央庄、犁頭店、大肚社、水窟（堀）頭社、豬哥（按：知高）庄等處，賊目分路佔據，為大里杙賊巢羽翼。」[43]藍張興庄一帶之村落，自事件開始時，即為起事民眾「脅從」，成為林爽文主要的根據地。因此事件結束後，此一地區的土地，因為附從林爽文，盡遭抄沒。

藍元枚積極護產

乾隆 26 年（1761）10 月，福建巡撫突然以藍興庄隱匿土地未報墾陞科為由，令將土地沒入充公，作為淡水地區隘丁口糧。此舉立刻引發藍廷珍之孫，時為候補參將藍元枚之抗議。藍元枚父藍日寵（藍天秀）曾官福建銅山營水師參將，藍元枚初襲三等輕車都尉世職，乾隆 31 年（1766）補福建海門營水師參將，累遷總兵、提督等職，為繼藍廷珍後，另一傑出之士。乾隆 52 年（1787）8 月病卒於討伐林爽文軍次，諡襄毅，與其祖藍廷珍同諡。

藍元枚父祖三代任職福建，均不在臺灣，故藍元枚稱「*故祖於此庄，夙遭侵佔，枚故父歷年供職莫由清理。*」在臺之產業則委由藍日仁、表親林奮揚、藍日寵妻弟蔡長浩、蔡長浯等親族管理經營。[44]藍元枚之辯狀，首由官府歷年對藍興庄土地之丈勘清查談起。

乾隆 11 年（1746）2 月，戶部資料顯示藍興庄已開墾土地面積如

---

[42] 臺灣銀行經濟研究室編，《平臺紀事本末》（臺北：臺灣銀行經濟研究室，1958），頁 22。

[43] 臺灣銀行經濟研究室編，《欽定平定臺灣紀略》，頁 732。

[44] 臺灣總督府檔案，第 9349 冊，〈臺中市街處分案〉。本件檔案中相關抄錄清代藍家丈量之官方文件曾經王世慶教授整理刊行，見王世慶，〈貓霧捒藍興庄拓墾史料二則〉，頁 16-23。本文對照參引上述二份資料內容。

下：

表 1：乾隆 11 年藍興庄土地拓墾概況

土地所有狀況	面積（甲）	備註
藍廷珍充公及丈溢田園	984	
張嗣徽所有田園	350	
密勝、轆牙二處歸番管業田園	448	
小計	1,782	

資料來源：同註 44。

按雍正 5 年（1727）藍廷珍報墾熟田 720 餘甲，尚餘未墾荒埔 4,384 甲，合計 5,104 甲。今將已墾之 1,782 甲扣除 720 甲後，即為雍正 5 年至乾隆 11 年間新闢土地計 1,062 甲，尚餘荒埔 3,322 甲。[45]

乾隆 22 年（1757），臺灣府卸任知府鍾德奉命勘查藍興庄越界私墾土地案，對藍興庄土地拓墾情形，再做詳細的調查，乾隆 11 年以後新增闢的土地如下：

表 2：藍興庄乾隆 11 年至 22 年間新墾土地

土地所有狀況	面積（甲）	備註
藍日仁管業	333	楓樹腳等七庄田園
藍張興庄墾地	419	分張嗣徽 209 甲、藍日仁 210 甲
張嗣徽名下丈溢土地	186	
小計	938	

資料來源：同註 44。

因此，該年藍張興庄土地實際拓墾面積達 2,000 甲，亦即雍正 5 年至乾隆 22 年新闢的土地面積，剩餘荒埔 2384 甲，加上原屬界外詹厝園（今臺中縣大里市夏田村）之 105 甲，合計為 2,489 甲。[46]

乾隆 26 年（1761）10 月，福建巡撫以隱墾未報陞科為由，命令將

---

[45] 同上註。原檔案中抄錄之數字似有錯誤，新闢土地根據文中數字加總應為 1,062 甲，但原檔案抄錄作 1,081 甲，荒埔應為 3,322 甲，原檔案抄錄為 3,302 甲。

[46] 同前註。原檔案作尚餘荒埔 2,468 甲。

藍家所有土地 595 甲充公，其收入扣除供耗外，餘粟撥充淡屬隘糧。藍元枚辯稱這批土地係因乾隆 11 年前彰化知縣陸廣霖勘丈土地時，混為界外禁止開墾所致。直到 22 年卸任知府鍾德重新履勘，始行查出，歸藍家開墾。故並未違反新闢土地六年起科之例，也未隱墾不報。

　　本案經彰化知縣胡邦翰之調查整理，藍興庄原報墾土地面積實為 5,189 甲，歷年土地變化的情況如下：

表 3：藍張興庄土地歷年變化一覽表

土地變動情況	面積（甲）	備註
a.奏請充公田園	984.5	
b.張嗣徽所有田園	747.3	
c.密勝、轆牙二處歸番管業田園	448.9	臺中市土庫溪至犁頭店溪之間
d.沙歷巴來積積歸番管業田園	817.9	臺中市東區之十甲、土牛，太平市之番仔路一帶
e.竹圍牛埔等埔地	447.7	
小計（A）	3446.3	a+b+c+d+e
秦廷鑑田	316	在藍興庄內，但係向岸裡社承墾，與藍家土地無涉。
張承祖田	206.1	在藍興庄內，但係向岸裡社承墾，與藍家土地無涉。
陳周文田	38.7	在藍興庄內，但係向岸裡社承墾，與藍家土地無涉。
f.藍朝珍賣出	173	
g.藍日寵（藍天秀）賣出	123	林奮揚（藍日寵表親）承買，後轉賣徐恭盛，徐再轉賣南北二路及水師各營作為隆恩官庄。
藍日寵（藍天秀）賣出	152.9	蔡長浩（藍日寵妻弟）承買，後轉典蔡長浯，乾隆 25 年，藍陳氏同孫藍元枚另立賣契買回。
藍元曠（藍日仁子）	68	蔡長浯（藍日寵妻弟）承賣，但買後旋據控贖。

小計（B）	1446.7	A-（f+g）

資料來源：同註44。

　　上表中藍張興庄界內土地，扣除充公田園、張嗣徽管業田園、密勝轆牙二處歸番管業田園、沙歷巴來積積歸番管業田園與竹圍牛埔等埔地計 3,446.3 甲後，餘 1,742.7 甲。秦廷鑑、張承祖與陳周文等屬六館業戶之土地，係向岸裡社承墾，故雖在藍興庄內，卻與藍家無關。至乾隆 27 年，歷年賣出之土地，僅藍朝珍賣出之 173 甲與藍日寵賣與林奮揚之 123 甲等二筆，故 1742.7 甲內扣除 173 甲與 123 甲後，實際剩餘土地為 1446.7 甲。

　　這 1446.7 甲中，未陞科面積 849 甲，原因是輾轉頂賣，或因承買未久，或因告贖圖索，且新近開墾，不成坵段，以致尚未報陞。另剩 597.7 甲，由各佃開墾。此即被認為隱墾未報，要將其充公撥作隘糧者。藍元枚起而力爭，以保其最後之家產。本案經彰化知縣胡邦翰調查後，同意藍元枚所言該筆土地並非隱墾，而係未屆報陞期限之論點。且隘糧以就近撥補為原則，以彰化之糧遠就淡水之需，似為不宜。故陳請「可否念藍興庄田產從前入官歸番，截劃界外，又各已多。今此五百甲之產，既與撥給淡屬之例不符，仍佔原案聽列戶報陞，免押入官。」而且，若是能免入官，這些土地「尚須將官庄民庄逐細清丈，每勻計算，撥佃歸管，勒石立界，庶無虧缺，亦免訟端。」經知府蔣允焄核議後，以「藍興庄丈溢未報陞田園一千四百四十五甲零，原係奉文聽藍姓開墾之項，乾隆二十二年查丈之時，實係荒埔，並非隱匿。今以淡屬隘糧毋庸議，請免入官，姑如詳，准其分別歸管補陞，以結塵案。」並呈送督撫批示同意。本案終告確定。[47]

　　但因藍張興庄土地面積廣大，其間輾轉分賣，坵段錯落，界線難清。乾隆 43 年（1778）4 月，彰化知縣馬鳴鑣再度勘查地段，清理地界，繪圖造冊，並立碑宣示，諭知各佃務必照冊納課，無得覬覦混爭。此碑現存萬春宮，碑文早已模糊難辨，僅餘數字，為免斷章取義，特錄全文

---

[47] 同註44。

如下：[48]

> 特調福建臺灣府彰化縣正堂加七級馬
>
> 為勒石示諭以期遵守事，照得貓霧捒保藍興庄田地，原係藍天秀與張嗣徽合置物業，立戶藍張興開墾分管。迨後藍姓田畝，奏請充公，張姓產業，報陞納課，所有餘埔，節經業佃陸續墾闢，典賣不一，以致民番訐控，次第分管在案。
>
> 嗣于列憲檄行，據藍元枚呈稱，伊祖藍天秀遺下藍興庄餘地，現被各佃盡數墾成，請飭丈給管業等因。經歷任勘詳駁飭，案延未結，本縣于乾隆四十年間調任斯土，檢閱各卷，纏亂絲棼，而輾轉拖累，情堪憫惻。用是立意澄清，親詣查勘，眼同業佃，按址鱗丈，溯本窮源，矢公矢慎，旋經繪圖造冊，詳蒙府憲核明，詳轉道憲，移明藩憲，詳奉督撫兩憲批給在案。
>
> 是該處田園，業經勘丈通詳，涇渭已定，從此安耕樂業，既無蕉角之虞，而立案如山，永免勘丈之累。合行勒石示諭，爾等業佃，務須恪遵成讞，照冊納課輸租，毋再覬覦混爭，有負本縣清釐塵牘之至意。特此勒石，以垂遵守云爾。
>
> 乾隆四十三年四月　　　立

四、官方力量的建立

設置貓霧捒巡檢

雍正4年（1726）之際，藍張興庄一帶聚集拓墾的人數已達二千餘人，聚落漸增，治安問題隨之而生，地方管理人力不足的窘境立即湧現。雍正6年5月6日（1728.6.13），巡視臺灣御史赫碩色與夏之芳奏陳臺地事宜，請於彰化縣添設官員，以巡查地方治安：[49]

> 彰化一縣，地方空闊，谷邃山深，奸民易匿，其地文武官止同知知縣典史各一員，知縣有刑名錢穀之責，典史力微，不能遠巡，

---

[48] 同註44。
[49] 國學文獻館，《臺灣研究資料彙編》，頁2583。

止靠同知一員，巡查七八百里崎嶇之地，實難遍及。臣等查彰化縣東南竹腳寮至南北投貓霧捒一帶，係生番出入之所，應於適中之地添設巡檢一員，帶領民壯，專巡沿山地方。彰化縣西北後壟至竹塹南崁一路遼闊，口岸亦多，應於適中之地，添設巡檢一員，帶領民壯，專巡沿海地方。

彰化縣東南竹腳寮至南北投貓霧捒一帶，即虎尾溪以北至大肚溪之間，為康熙末年至雍正年間漢人大量入墾的地區，也是容易與原住民衝突的區域。奏請添設巡檢的目的，在於帶領民壯，巡邏沿山地區。此處沿山地區自指封山界線沿線，以防止漢人私越番界，引發事端，亦在防阻原住民越界攻擊漢人，以維護漢人的安全。

對於赫碩色與夏之芳之奏請，雍正批示「與督撫商酌具題」，要總督巡撫等地方大員商議後，再行提出。雍正 8 年（1730），福建總督劉世明根據赫碩色的奏議，進一步奏請將大肚溪以北至竹塹一帶漢人新墾地區，分防設置，建立官方在大肚溪北岸的管理機構。其奏摺內容如下：[50]

查竹腳寮在虎尾溪之南，屬諸邑管轄，已設有弁兵巡察稽查，毋庸添設。至於溪北之貓霧捒，逼近生番之地，僅有民壯四十名，不但乏員約束訓練，及其勢亦甚孤單，請於貓霧捒適中之地，添設巡檢一員，給民壯一百名；以六十名分防南北鎮番、北勝二寨，四十名訓練隨帶遊巡，按季輪換，並查一切盜匪、賭博等事。又疏稱虎尾溪之西至大甲溪，長一百四、五十里，皆係船隻出入，稽查不可不嚴，應請添設巡檢一員，民壯二十名，駐紮鹿仔港，汛防均為周密。再大甲溪以北，自後壟至竹塹，竹塹至南崁，相去二百餘里，或恐藏奸，不可不防杜未萌。查淡水同知現駐沙轆社，實屬無益。應請移駐竹塹，上可控制後壟以南，下可控制南崁以北，並可管理大甲溪以北一切錢糧詞訟。但該同知既有錢糧刑名之責，捕巡司獄，不可乏員，請於竹塹再添設巡檢一員，民壯二十名，兼管司獄事務，統聽該同知管轄等語。

劉世明建議將淡水同知移駐竹塹，增設竹塹、鹿仔港與貓霧捒三巡

---

50 諸家，《臺案彙錄丙集》，頁 294。

檢，其中鹿仔港巡檢巡查虎尾溪以北至大甲溪海防治安，[51]貓霧捒巡檢則負責大肚溪以北至大甲溪之間沿山治安。初步回應了雍正以來漢人在中部地區拓墾，對於官方勢力維護地方治安的需求。

當時貓霧捒一帶，以藍興庄為中心之漢人拓墾區域，僅有民壯四十名維持治安，又無官員駐紮，以之約束當地二千餘人之漢人，與防範原住民之攻擊，實嫌單薄。故劉世明奏請添設巡檢一員，按巡檢一職，屬文官從九品，掌捕盜賊，詰姦宄，為負責地方治安之官員，常設於州縣關津等險要之處。[52]並編制民壯一百名，以六十名分防「鎮番」與「北勝」二寨，四十名則隨巡檢巡弋所轄。「鎮番」與「北勝」二寨係此時新設，或原為當地民壯防守所在，並不清楚，但二寨應為防範原住民之攻擊而設。所有民壯，為安定其生活，乃倣古屯田之制，每名就近給草地三甲，任其開墾，以資日食，並由彰化縣給與執照為憑，如有不法，則斥革另行招募。所需器械，則由官給予牌刀鳥槍等。[53]

雍正 9 年 2 月 11 日（1731.3.18），清廷批准劉世明奏請，將淡水廳同知移駐竹塹，並於貓霧捒、鹿仔港、竹塹、八里坌與大社等處添設巡檢各一員。[54]所有書役、弓兵與門皂等，照例召募充當，其署房、器械、工食等則令確估造冊，題報戶部與工部審核動支興建。並由禮部鑄給巡檢印信，印文曰「彰化縣貓霧捒巡檢司巡檢」。按巡檢司為巡檢衙門所在，巡檢司署則為其辦公房舍，根據《彰化縣志》，貓霧捒巡檢署興建於雍正 10 年。[55]

乾隆 6 年（1741）5 月，大學士鄂爾泰議覆戶部奏陳，令各省督撫

---

[51] 嘉慶 19 年 11 月 26 日（1815.1.6），閩浙總督汪志伊奏請將鹿仔港巡檢移駐大甲，21 年，奉准移駐。見故宮博物院編，《宮中檔嘉慶朝奏摺》29，頁 344。周璽，《彰化縣志》（臺北：臺灣銀行經濟研究室，1962），頁 38，誤為雍正 6 年置，嘉慶 14 年移駐。

[52] 趙爾巽，《清史稿》，卷 116，頁 3359。

[53] 諸家，《臺案彙錄丙集》，頁 295。

[54] 《清實錄-雍正實錄》，雍正 9 年 2 月 21 日條。范咸，《重修臺灣府志》（臺北：臺灣銀行經濟研究室，1961），頁 97。余文儀，《續修臺灣府志》（臺北：臺灣銀行經濟研究室，1962），頁 119。劉良璧，《重修福建臺灣府志》（臺北：臺灣銀行經濟研究室，1961），頁 348。

[55] 周璽，《彰化縣志》，頁 38。

查明從前添設官員，現在設置情形，提出檢討。但因未將雍正 9 年添設之鳳山縣縣丞、諸羅縣縣丞與彰化縣屬巡檢等列入檢討，故於乾隆 8 年（1743），要求閩省督撫再行確查檢討。事經閩浙總督那蘇圖根據臺灣府縣提報奏覆，認為：[56]

> 彰化縣添設貓霧捒巡檢一員，該處逼近生番，巡檢分防南北鎮番、壯勝二寨，由巡後壠、南北投各處，查拿盜匪賭博等事。……以上各該巡檢並無閒冗。

貓霧捒巡檢的職守，除了防範原住民的攻擊外，更兼巡守地方、往來緝盜的責任。但那蘇圖奏文謂其巡守北至後壠（苗栗後壠），未免誇大失實。按大甲溪以北為淡水廳轄境，設有同知與竹塹巡檢管轄，非貓霧捒巡檢轄區，但南北投二處，現今南投縣草屯與南投市一帶，則為其巡防之地，說明漢人拓墾的足跡，已沿大肚溪上游之烏溪，進入鄰近中央山脈的地區。

除了巡守各地，維護治安外，督辦各項官方差役，亦為重要的工作。例如為供應臺灣水師修造戰船所需之木料，分別於大甲溪南北之阿里史（臺中縣潭子）、舊社（臺中縣后里鄉）與樸仔籬（臺中縣東勢）三處開辦軍工料場，砍伐之樟木則徵調各社社眾載送至水裡港，轉運府城。各級衙門所需之木炭亦由各社運送，貓霧捒巡檢亦兼辦督導轉運的工作。此外，乾隆 26 年（1761），清廷於淡水彰化修築土牛界線後，彰化縣內之土牛線，平時則由貓霧捒巡檢負責維護管理，若遭沖毀，則責成岸裡社就近修復。[57]

光緒 13 年（1887），福建臺灣巡撫劉銘傳奏請添設臺灣縣（臺中縣市），16 年 3 月 23 日（1890.5.11），劉銘傳請將原彰化縣貓霧捒巡檢改為臺灣縣捒東巡檢，移駐葫蘆墩（臺中縣豐原市），巡查捒東與大肚二

---

[56] 諸家，《臺案彙錄丙集》，頁 304-305。

[57] 施添福，〈清代臺灣岸裡社地域的族群轉換〉，見潘英海、詹素娟編，《平埔研究論文集》，頁 322-325。

堡。[58]貓霧捒巡檢正式劃上句點。

設置貓霧捒汛

雍正 11 年（1733）2 月，大甲西社反抗事件平定後，福建總督郝玉麟條奏臺灣營制事宜，認為臺灣北路番社眾多，應嚴密稽查，故奏請提升將領層級，增加駐防軍隊，將北路營統帥由參將提升為副將，添設都司 1 員、守備 1 員、千總 4 員、把總 8 員，兵 1,280 名，與原有駐兵合計為 2,400 名。[59]8 月，獲得允准。[60]

臺灣北路駐兵原僅一營，雍正 11 年擴編為中、左、右三營。副將駐彰化縣治，左營駐防諸羅，右營巡防竹塹、中港與後壠等地，中營駐守彰化，以都司 1 員、把總 1 員帶兵 250 名駐紮貓霧捒。[61]此為清廷首度於臺中盆地內駐兵設防，反映出雍正年間，由於漢人越大肚溪以北，深入臺中盆地與大里、草屯與南投等地開墾，引發與當地原住民的緊張關係。水沙連社、大甲、沙轆各社相繼反抗，截殺漢人，即為此緊張關係之表現，清廷在大甲西社反抗事件後，決定大幅增加北路的駐軍，不僅宣示以武力彈壓的態度，亦為國家權力遍及本地的象徵，為漢人之拓墾事業提供有力的保障，加速了漢人移入的腳步。

貓霧捒汛位於大墩，《彰化縣志》謂：「大墩居貓霧捒中，昔嘗以都司駐箚於此。」[62]此地位於藍張興庄內，距彰化縣城與葫蘆墩各五里，位置適中，且鄰近東緣山地，位處「防番」的前哨。犁頭店街與大墩街一為行政管理的中心，一為軍事防衛的中心，均為貫徹國家權力的據點，提供與維護漢人在大肚溪北岸拓墾的廣大空間。大墩因軍隊駐防，民眾聚集，乾隆年間已見市集。

雍正 13 年（1735）10 月，柳樹湳與登臺庄之原住民起而攻殺漢人，

---

[58] 臺灣銀行經濟研究室，《劉銘傳撫臺前後檔案》（臺北：臺灣銀行經濟研究室，1969），頁197。《清實錄-光緒朝實錄》，光緒16年3月23日條。

[59] 劉良璧，《重修福建臺灣府志》，頁316。

[60] 《清世宗實錄》，卷134，頁1-3。

[61] 劉良璧，《重修福建臺灣府志》，頁317。

[62] 周璽，《彰化縣志》，頁197。

為副將靳光瀚、同知趙奇芳平定。乾隆 3 年（1738），清廷准總督郝玉麟之請，增強柳樹湳一帶的防務，除於登臺與新庄二處設置義勝與永勝二寨，各置鄉勇 30 名巡守外，並增設柳樹湳汛，撥貓霧捒汛兵 50 名與彰化汛兵 50 名駐守。並將原駐貓霧捒汛之都司移駐彰化，由北路中營調千總 1 員，彰化汛派把總 1 員前往貓霧捒汛駐紮。[63]大墩汛之編制大幅減縮，由都司，降為千總屯駐。其原因為隨著漢人大量入墾，「番情」日漸「平穩」，大墩汛之角色也開始隨之調整，由「防番」逐漸轉為防制「民變」，特別是因各籍漢人相繼入墾臺中盆地後，所引發之械鬥。

林爽文事件後，乾隆 53 年（1788）大幅增加彰化縣內之駐軍，計增外委 3 員，額外外委 1 員，中營兵丁合計 1,224 名。[64]嘉慶 15 年（1810），閩浙總督方維甸奏請裁併臺灣各營汛數量與員額，北路協中營，共裁把總 1 員，外委 2 員，九汛併為 4 汛，另添 2 汛 2 塘。[65]

乾隆嘉慶道光咸豐百年之間（1736-1860），彰化縣因移墾人數大增，分類械鬥亦益發嚴重。《彰化縣志》謂：「彰俗素患分類，自乾隆四十七年，及嘉慶十一、十四兩年，彰泉械鬥三次，難民逃避紛集，男女以千計。」、「夫彰之民好武也，釁起睚眥，而分類鬥爭，其相怨相仇，亦幾沿為風俗。」[66]清代彰化縣內分類械鬥之發生時間與地點如下表：

表 4：清代彰化縣分類械鬥事件一覽表

時間	性質	發生地區	備註
乾隆 47 年（1782）	漳泉	莿桐腳	《彰化縣志》：「邑之有自此始，時承平日久，甫經亂離，人心惶惑，凡交界之處，互相焚殺。」
乾隆 51 年（1786）	漳泉、閩粵	中部地區	《彰化縣志》：「林爽文煽亂，其謀逆之由，起於會匪，而其後亦變為分類，乃昔日祇分彰泉，爾來又分閩粵。」

[63] 《清高宗實錄》，卷 63，頁 13-14。劉良璧，《重修福建臺灣府志》，頁 320。

[64] 周璽，《彰化縣志》，頁 191。

[65] 《清仁宗實錄》，卷 229，頁 19-21。

[66] 周璽，《彰化縣志》，頁 246、421。

嘉慶 11 年（1806）	漳泉	鹿港、沙鹿、大甲	海盜蔡牽進犯鹿港，漳勇入鹿港協防，與當地民眾衝突，相互攻殺，波及鄰近地區。
嘉慶 14 年（1809）	漳泉、閩粵	豐原、石岡、東勢、沙鹿、清水、大甲、大肚	
道光 6 年（1826）	泉粵	豐原、清水、大雅	東螺保民眾李通因竊豬隻與黃文潤起畔爭鬥，各處謠言閩粵分類，由是庄民聞風蠢動，各處搬徙，匪徒乘勢劫掠，糾眾焚殺。
道光 10 年（1830）	閩粵	東勢	
道光 12 年（1833）	閩粵	豐原、后里、神岡、大甲	
道光 24 年（1844）	漳泉	豐原、大雅、龍井、大安	
咸豐元年（1851）	漳泉	豐原、大甲	
同治元年（1862）	漳與泉粵	臺中市北屯、霧峰、大雅	戴潮春事件引發之分類械鬥。

資料來源：a. 整理自周璽，《彰化縣志》，兵燹。b. 洪麗完，〈清代臺中地方福客關係初探－兼以清水平原三山國王廟之興衰為例〉，《臺灣文獻》，41：2（1990.6），頁 90-91。

　　嘉慶以後，豐原一帶之揀東上保閩粵雜居最盛，分類械鬥亦以此地最為頻繁與激烈。[67]各地汛防也隨之增加，道光初年，彰化縣內計有縣城內汛、八卦山汛、貓霧揀汛、外四汛、燕霧汛、許厝埔汛、南北投汛、內木柵汛、大里杙汛、崁頂汛、觸口汛、葫蘆墩汛、四張犁汛等。道光 13 年 11 月 14 日（1833.12.24），閩浙總督程祖洛因應地方情勢之轉變，奏請裁改營汛，他認為大墩地方，初為閩粵雜處之地，故設貓霧揀汛，由千總帶兵駐防彈壓。自嘉慶以來械鬥頻仍，大墩一帶粵民多遷往他處，葫蘆墩轉成為閩粵交錯之地，情勢複雜緊張，原有官兵不足壓制。故建請將原貓霧揀汛千總與兵 85 名移駐葫蘆墩，原葫蘆墩汛外委一員

---

[67] 關口隆正著，陳金田譯，〈臺中地區移民史〉，《臺灣風物》30：1（1980.3），頁 14。

與兵 40 名則移駐大墩，並改稱大墩汛。[68]

五、聚落的發展

貓霧捒保與藍興保

隨著土地的拓墾，聚落的數量也逐漸增加。清代臺灣縣以下的地方區劃，分為里、保、鄉與澳。保甲本為維持治安而設，並非行政的組織或區域。但因保甲常隨地方拓墾而設置，久之反而成為地方的稱呼。

「貓霧捒保」之名初見於劉良璧《重修福建臺灣府志》，該書纂輯於乾隆 7 年（1742）之際。內轄義學庄（臺中縣烏日鄉學田村）、王田庄（臺中縣大肚鄉王田村）、龜山庄、加投庄（臺中縣龍井鄉竹坑、龍東、龍西、田中等村）、水里庄（臺中縣龍井鄉龍泉村）、沙轆庄（臺中縣沙鹿鎮居仁、洛泉、沙鹿、美仁、興仁、抖抵等里）、牛罵庄、橫山仔庄、岸裡社口庄、楓樹腳庄、北勢庄、藍張興庄、涼傘樹腳庄、新興庄、烏日庄、鎮平庄、劉厝庄、阿里史庄等 18 個庄。[69]空間範圍包含大肚溪與大甲溪之間，大肚臺地東西側的區域。就拓墾的脈絡而言，貓霧捒保為此際大甲溪與大肚溪之間漢人拓墾聚落的總稱。

但三十餘年後，貓霧捒保以隨著漢人拓墾聚落的增加而分化。乾隆39 年（1774）出版之余文儀《續修臺灣府志》，貓霧捒保已以大肚臺地為界，分為東西二保。

貓霧捒東保轄馬明潭庄（或寫馬龍潭，西屯區龍潭里）、藍張興庄、水堀頭庄（西屯區永安、福安里）、岸裡新庄（臺中縣豐原市區）等 4 庄。主要範圍為大甲溪南岸沿大肚臺地東側漢人拓墾的區域，亦即六館業戶與藍張興墾號拓墾的地區。

貓霧捒西保轄九張犁庄（臺中縣烏日鄉九德村）、王田庄（臺中縣大肚鄉王田村）、水師寮庄（臺中縣龍井鄉龍崗村）、沙轆新庄、牛罵頭

---

68 諸家，《臺案彙錄甲集》，頁 113。
69 劉良璧，《重修福建臺灣府志》，頁 79。范咸，《重修臺灣府志》，頁 67。

庄等 5 庄。[70]主要為大肚溪北岸之烏日至大肚山脈西側龍井、沙鹿、清水與大甲之海岸地區。

　　道光年間，貓霧捒保之範圍，已專指大肚臺地以東至中央山脈西側一帶的漢人聚落分布所在，在空間上已較原來貓霧捒東保擴大。保內再分捒東、捒西二保，東西二保內再分上下保，一共四保。大肚臺地西側至海岸一帶，原來貓霧捒西保所在，包含大肚溪北側今烏日鄉區域，則另劃分為大肚上、中、下等三保。[71]由於貓霧捒保原為貓霧捒東保範圍，地方開始以「捒東」之名，泛稱整個貓霧捒保地區。例如道光 4 年（1824），藍興庄監生鄭卿雲等捐置過溪仔庄（東區東信里）田一甲二分為萬春宮廟產，彰化縣特立碑宣告所有各佃應照契向萬春宮完納租穀。碑文內即稱：「示仰捒東上、下保各村庄居民佃人等知悉：照得大墩過溪仔庄水田一處，係鄭卿雲等公置，喜捨各廟，以作祭祀香燈之業。」[72]因此，「捒東」之名，至遲於 19 世紀初期，已成為地方的通稱。

　　同治初年（1862-1865）纂輯之《臺灣府輿圖纂要》，貓霧捒保分上下二保。[73]惟《臺灣府輿圖纂要》一書，亦以「捒東保」概稱貓霧捒保，[74]故「捒東」之名，一直與貓霧捒保混稱，迨光緒年間，遂取代之。

　　戴潮春事件後，清廷鑒於事變之際，地方響從者眾，為彈壓地方，管理秩序，先於犂頭店街設保安局，再重劃保甲，將原來幅員遼闊之捒東上保劃出藍興保，任命林志芳為藍興保保甲局局守。[75]林志芳籌建藍興保事蹟，亦見臺灣總督府公文類纂內載臺中縣辦務署參事林汝言口述大墩街發展沿革。其謂大墩街遭戴潮春事件兵燹後十餘年間，房屋毀棄，樹木叢林，景況荒涼，且匪徒匿跡其間，往來商人，時遭搶掠。故紳董林志芳首倡恢復，稟官招民，積極復市。並將本地改稱藍興保，所

---

[70] 余文儀，《續修臺灣府志》，頁 73-74。

[71] 周璽，《彰化縣志》，頁 48-49。

[72] 劉枝萬，《臺灣中部碑文集成》，頁 91。

[73] 臺銀行經濟研究室編，《臺灣府輿圖纂要》（臺北：臺灣銀行經濟研究室，1963），頁 223、227。

[74] 同上書，該書〈橋渡〉，記橋樑津渡所在，貓霧捒保均稱捒東保。頁 244-248。

[75] 林獻堂等編，《臺灣霧峰林氏族譜》（臺北：臺灣銀行經濟研究室，1971），頁 121。

有地租依照舊例繳納。[76]故知藍興保之名源起於同治中期（1870 年左右）。原貓霧捒保遂分為藍興保、捒東上保與捒東下保等三保，舊有貓霧捒之名終於被取代而消失。

　　根據日治初期之調查，捒東上保之範圍包含今臺中縣豐原、神岡、東勢、石岡、新社與潭子等地區，此地區原為岸里社之土地，此時已完全成為漢人之聚落耕地。藍興保範圍為今中區、西區與南區，以及臺中縣大里鄉、太平市與烏日鄉。捒東下保則包含今西區、北區、西屯區、北屯區、南屯區，以及臺中縣大雅鄉與烏日鄉部分。

街市的興起

　　臺中盆地之拓墾，始康熙晚期，盛於雍正乾隆之際，至 19 世紀初期之嘉慶道光年間，已充分開發。清康熙至乾隆嘉慶之際，藍張興庄內有關的拓墾事蹟如下表：

表 5：雍正乾隆之際藍張興庄拓墾事蹟

	拓墾之個人或家族	出處
東區	康熙末葉，福建漳州府平和縣林固入墾。	A：184
	雍正 8 年漳州府平和縣銅壺林純樸入墾旱溪庄，後遷樹仔腳庄。	C：196
南區	雍正 7 年，福建汀州府永定縣江在河入墾。	A：258
南屯區	雍正年間，福建汀州府永定縣黃維英，黃日英、只仁父子等，入墾。	A：191
	嘉慶年間，福建汀州府永定縣張佛元入墾。	A：196
	乾隆中葉，廣東惠州府陸豐縣張協貴入墾。	A：197
	康熙末葉，福建王成楚入墾。	A：206
	雍正年間，福建漳州府平和縣山蓮房賴文義入墾今嘉義市，子賴亮移墾。	A：244
	康熙年間，福建漳州府南靖縣第七大房，簡貴智派下之簡以恭入墾。	A：275

---

[76] 臺灣總督府檔案，第 9349 冊，〈臺中市街處分案〉。

乾隆末葉,福建漳州府南靖縣阮會辮入墾今臺中市南屯區。	A：366
下楓樹腳附近在乾隆年間,有漳籍陳、柳、黃姓墾戶抵此拓荒。	B：49

資料來源：A：楊緒賢,臺灣地區姓氏堂號考,B：洪敏麟,臺灣舊地名之沿革》,第二冊(下)。C：臺中市政府,臺中市志。

　　臺中盆地內之聚落自乾隆至光緒年間變化情況如下表：

表 6：藍張興庄聚落之發展

現今區域	A	B	C	D
中區	大墩街	大墩街	大墩街	東大墩街 下小北街
東區	旱溪 外新庄 上橋頭	旱溪 外新庄 上橋仔頭	旱溝庄 新庄仔 頂橋頭	旱溪庄 新庄仔庄 頂橋仔頭庄 東勢仔庄
西區	蔴園頭 土庫 後壠仔	麻園頭 土庫 公館庄 後壠仔	蔴園頭 土庫庄 公館庄 後壠仔	蔴園頭庄 土庫庄 公館庄 後壠仔庄
南區	番婆厝 半坪厝 下橋頭	番婆庄 樹仔腳庄 半片厝 下橋頭	番婆厝 半坪厝 下橋頭	樹仔腳庄 番婆庄 半平厝庄 下橋頭庄 瓦磘庄
南屯區	犁頭店 上溝仔 下溝仔 三坐屋 永定厝 楓樹下庄	犁頭店街 田心仔庄 溝仔墘 永定厝 劉厝庄 山仔腳 貓霧捒社 鎮平庄 楓樹下庄	犁頭店街 溝仔墘 三塊厝 永定厝 山仔腳 番社腳 鎮平庄 同安厝 蔴糍埔 水碓庄 下楓樹腳	犁頭店街 田心庄 溝仔墘庄 三塊厝庄 永定厝庄 劉厝庄 山仔腳庄 番社腳庄 鎮平庄 同安厝庄 蔴糍埔庄 水碓庄

臺中縣境內	烏日庄 九張犁庄 涼傘樹庄	烏日庄 九張犁 半路店 勞塍庄 上阿密魯 五張犁 大里杙庄 內新庄	學田庄 詹厝園 大里杙 土城庄 埔里庄 涼傘樹 大突寮 草湖庄 五張犁 九張犁 番仔寮 鳥銃頭 車籠埔	學田庄 詹厝園庄 大里杙庄 埔里庄 涼傘樹庄 大突寮庄 草湖庄 五張犁庄 九張犁庄 蘆竹湳庄 阿密哩庄 番仔路庄 三汴庄 頭汴坑庄 太平庄 車籠埔庄

資料來源：A 國立臺灣博物館典藏，「烏溪以西一帶庄社交通路線圖」（乾隆年間）。B 國立臺灣博物館典藏，「彰化縣聚落分布圖」（嘉慶年間）。C 周璽，《彰化縣志》，頁 49-50。D《廳報》120（明治 35 年 5 月 20 日），見臺灣總督府檔案，第 4452 冊，第 58 案。

　　自上表觀之，雍正乾隆之際，隨著拓墾，村落紛紛出現，嘉慶道光（1796-1849）以後，村落的發展，在於範圍的擴大，與因鄰近土地的開墾，而零星出現新的村落。

　　村落之間，道路縱橫，構成綿密的互動網絡，由於臺中盆地內河川均為南北向，因此在乾隆嘉慶年間，亦即 18 世紀中葉至 19 世紀初，臺中盆地內已形成三條沿著河川以聯通南北為主的交通動線。（參見圖3）

　　一、越大肚溪而北，自烏日庄開始，沿著轆牙溝（今梨頭店溝）經楓樹下庄、田心仔庄、劉厝庄、鎮平庄至犁頭店街，自此分二路：（一）沿轆牙溝東岸往北經溝仔墘、北勢頭、何厝庄、陳平庄至員寶庄通往岸裡社。；西岸則經惠來厝、石牌仔、陳平庄、馬崗厝至楓樹下庄、社口至岸裡社。（二）自犁頭店街向西經永定厝、潮陽庄再分二路：1、往北至西大墩庄、牛埔仔、八張犁、湳子庄、港尾仔至塭仔庄，經四塊厝往楓樹下庄；2、向西至貓霧捒社、山仔腳、水堀頭往八張犁或下橫山。這些村落分布在轆牙溝至大肚臺地之間，今南屯區與西屯區的所在。

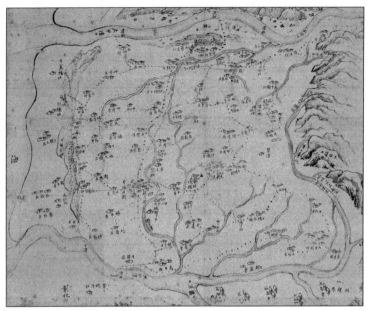

圖 3：清乾隆間臺中盆地村莊聚落分布圖
資料來源：國立臺灣博物館典藏

二、自烏日庄沿土庫溪東岸往北，經樹仔腳、番婆庄、半片厝、棋盤厝與公館庄，往西越過土庫溪經土庫，至犁頭店街；公館庄往東則至大墩汛與大墩街，轉北經後壠仔、邱厝庄、賴厝廊、三十張犁至四張犁。此處村落主要分布在土庫溪、柳川與綠川之間。

三、柳川以東至旱溪之間，自樹仔腳庄經下橋仔頭、上橋仔頭至外新庄，連接旱溪庄與大墩街。

其間橫貫的道路為犁頭店街經土庫、棋盤厝、大墩汛至大墩街，連接外新庄經內新庄至大里杙；或是上、下橋仔頭庄。

村落之間更形成犁頭店街、大墩街等街市，作為區域內商品貨物流通的中心。

犁頭店街為藍張興庄拓墾大肚溪北岸的主要根據地，考諸雍正時期的檔案，尚未出現犁頭店之名，本地或稱「貓霧捒庄」或「藍張興庄」，前者指其鄰近貓霧捒社，而貓霧捒社自來為臺中盆地岸裡、樸仔籬、阿里史、掃捒與烏牛欄等社前來貿易的對象，[77]自來為臺中盆地內對外交

---

77 黃叔璥，《臺海使槎錄》，頁 124。

易聯繫的窗口，漢人拓墾大肚溪北岸，以此作為拓墾的基地，亦屬情理之事。稱「藍張興庄」，一指本地為為藍張興庄墾號拓墾的範圍，二為藍張興庄聚落的所在。隨著漢人數量日增，代表漢人拓墾意涵的藍張興庄逐漸取代代表貓霧捒社原野的貓霧捒庄。

雍正乾隆之際，犁頭店街已然出現，就街的意涵而言，仍然側重於本地作為臺中盆地內外聯繫的孔道，人員與物資往來頻繁，商業油然而生，成為漢人向盆地內拓墾的根據地。另一方面，「犁頭」之意，原為業主向佃農收取田底工本銀後，將土地經營耕種的權力，移轉給農民。因此，犁頭店之本意或許指稱的是業主所在之地。日治初期，伊能嘉矩就字面意涵認為當地打製農具犁頭的鐵店甚多，故稱之犁頭店。[78]

雍正 4 年（1726），興建萬和宮，主祀「老大媽」，適值藍張興墾業大幅擴展之際，作為漢人拓墾者精神的依託，透過對媽祖的共同信仰過程，凝聚移民間的情感，也由此深化了對土地的認同。雍正 9 年，設貓霧捒巡檢於此，犁頭店街成為臺中盆地南端商貿與行政的樞紐，人口更形聚集。嘉慶 2 年（1797），曾玉音等捐建文昌帝君祠，奉祀文昌帝君、關聖帝君與魁斗星君，文昌帝君主文教考試，代表傳統禮樂教化等文化體系在此延續發展。19 年（1814），犁頭店街一帶知識份子 25 人成立新蘭社，[79]以時會文，相互砥礪。[80]24 年（1819），張天德等 108 人發起成立「騰起社」，光緒 2 年（1876），烏日學田庄陳光輝等 16 人成立「大觀社」。光緒 8 年（1882），彰化知縣朱幹隆倡建義學，供平民子弟讀書，經費由彰化白沙書院之學租支應。[81]

咸豐 3 年（1853），街內設商法會議所，由汀州、泉州、漳州與廣東等四地商人組成，故又稱四府。每府推派一負責人，公議市價等，所

---

[78] 伊能嘉矩，《大日本地名辭書續編-臺灣》，頁 69，認為當初此地因為製造農具犁頭之打鐵店甚多，故稱為犁頭店。洪敏麟，《臺灣舊地名之沿革》，第二冊（下），頁 48；及洪敏麟、屈慧麗，《犁頭店歷史的回顧》，頁 82，亦持此說。

[79] 《彰化縣志》稱為「蘭社」，頁 149。

[80] 施少峰，《臺中市文昌公廟沿革史》（臺中：財團法人臺灣省臺中市文昌公廟，1993），頁 35。

[81] 關口隆正原著，陳金田譯，〈臺中地區移民史〉，頁 19。

需經費則由各商人負擔。運作 4 年而中止，同治 12 年（1873）復設，光緒 3 年（1877）因官方諭告將設聯庄保甲而解散。[82]

犁頭店街興盛於清代，作為盆地南端連接彰化縣城的據點，街內集地方政治、經濟、宗教、文教等機能於一身，直到光緒年間，省城設於大墩街一帶，中部地區政治中心開始轉移，日治以後，大墩街更發展成為中部政治中心，復以交通動線更易，鐵路與公路未經其間，相關之經濟文教重心隨之改移，犁頭店街遂退而成為小區域的中心，南屯庄庄治所在。

大墩街之名始見於乾隆中期余文儀纂修之《續修臺灣府志》，書內記「（貓霧揀）保內更有大墩、新庄二小市。」[83]可知 18 世紀中期大墩已然成為「小市」，雖有市集，但規模不及犁頭店街。雍正 11 年（1733）12 月，於當地設置貓霧揀汛，由都司千總帶兵 250 名駐紮，成為防備的前哨。雖然駐軍的目的由「防番」轉為「防民變」，且隨地方治安情勢的轉變，駐軍的數量逐漸減少。但由於駐兵提供了安全的保障與消費的需求，大墩一帶成為向盆地內部移墾的據點，墾民商家日益匯集，柳川與綠川之間半月型地帶，漳、泉、汀、粵各籍移民紛然聚集。此處沿溪設置水碓，逐漸發展成為一農產集散加工中心，[84]成為大墩最早的市街所在。道光 4 年（1824），〈萬春宮廟產諭示碑〉謂：「**伏念揀東保藍興萬春宮崇祀天上聖母，溯自藍提憲開闢建蓋廟宇以來，計將百載。**」[85]由此推知萬春宮最早當興建於雍正年間，柳川以東原為藍家拓墾區域，萬春宮之興建，自有凝聚墾民的作用，使大墩街成為盆地中部拓墾的中心。

林爽文事件（1786-1788）與戴潮春事件（1862-1864）之際，大墩街二度遭到焚掠，市街二度重建於灰燼之中。林爽文事件後，墾民再度聚耕於此，萬春宮重建於乾隆 54 年（1789），嘉慶 15 年（1810），興建撫順將軍廟（原址於今光復國小操場司令臺一帶，日治時期遷至中山路

82 關口隆正，上引文，頁 16。
83 余文儀，《續修臺灣府志》，頁 89。
84 洪敏麟，〈從東大墩街到臺中市的都市發展過程〉，《臺灣文獻》26：2（1975），頁 119。
85 劉枝萬，《臺灣中部碑文集成》，頁 91。

現址），道光年間，當地文士成立「超然社」（或稱孔孟堂），文教之風逐漸昌盛。戴潮春事件後，紳董林志芳倡議重建，市況逐漸逐漸恢復。同治 12 年（1873）間，大墩街已分頂街、中街、下街，其間舖戶相連，中街尤為殷盛。[86]惜光緒 9 年（1883）6 月，大墩街再遭祝融，街市燒毀殆盡。[87]至臺灣建省，省城卜定於此，方得一新的發展契機。

犁頭店街與大墩街均為藍張興庄在臺中盆地內拓墾的據點，就拓墾的層面而言，一為越大肚溪後，進入盆地拓墾的門戶，一為盆地內部延伸拓墾事業之支點。就藍張二家開發的層面而言，一為張家主要拓墾的據點，一為藍家拓墾的重心。就官方統治的層面而言，一為行政控制的中心，一為武力彈壓的據點，作為國家力量延伸進入臺中盆地內的主要據點。

六、結論

藍張興庄的拓墾事業，對臺中盆地的發展影響深遠，就政策的層面，拓墾的過程中，涉及在臺武員私置田產，自立墾號「藍張興」越墾界外土地，挑戰清初對臺之海禁與山禁政策，私下包庇偷渡墾民來臺，違法越界私墾等問題。其背後的問題，除了漢人尋求新拓墾的空間的經濟性因素外，藍家的勢力亦為重要的支撐力量。藍廷珍、藍日寵（藍天秀）與藍元枚祖孫三代歷任海疆大吏，藍廷珍越界報墾於前，藍元枚力爭保產於後，其時間適為雍正乾隆二朝近八十年間，也為藍張興庄墾業最為發達的階段。臺中盆地的拓墾，也於此際最盛，自大度溪北岸延伸向盆地內部，甚至越界拓墾旱溪以東的地區。

藍廷珍為杜眾人指責，主動將田產析分給張嗣徽，自己名下田園則報請充公，但非全數充公，仍然保有相當的田產。「藍張興」墾號所在之藍張興庄，開始分割為藍家所有之「藍興庄」與張家所有的田產。但這些土地歷來輾轉分賣，坵段錯亂，界限不清，藍張二家的土地逐漸轉

---

[86] 洪敏麟，前引文，頁 122。
[87] 岡口隆正，《臺中沿革志》，頁 12。

為墾民所有，但直到光緒年間，藍家仍保有部份的產業。

　　臺中盆地的拓墾，隨著藍張興庄墾業的發展，土地日闢，人口漸增，聚落也隨之增加。初期聚落主要沿著盆地內溪流二側分布，犁頭店溪、土庫溪、柳川與旱溪等河川沿岸，都為聚落的主要分布區域。往來道路也大致沿溪流南北而行，形成數條南北走向的路徑，南以犁頭店街作為連通烏日、彰化的孔道，北則沿筏仔溪、土庫溪與柳川等連接岸裡社。另外犁頭店街與大墩街之間則形成盆地內東西向的路徑，作為盆地內橫向連線的管道。犁頭店街作為漢人北越大肚溪向臺中盆地拓墾的前哨站，其角色不僅是拓墾的據點、南北交通的端點，也是雍正9年至光緒13年間（1731-1887）百餘年間，臺中盆地行政管理的中心，集地方管理、文教、宗教與商貿中心於一身。直到建省設府以後，政治與經貿的中心方轉移至大墩街。大墩街作為清代武力控制的中樞，初期作用在於防範原住民與漢人的衝突，後則轉為鎮壓漢人動亂的基地。故林爽文事件與戴潮春事件初起之際，莫不以大墩街為首要攻擊的目標，以瓦解清廷在臺中盆地內的武裝力量，故使大墩街數度燬於兵燹。但因駐兵之故，大墩街反成為盆地內部，柳川與旱溪之間的拓墾中心。光緒13年臺灣建省，於大墩街一帶建設省城，雖未成功，但由此改變大墩的地位，逐漸成為盆地內政治與經貿中心，直到日治時期，成為臺灣中部政治與經濟樞紐的臺中州州治所在。

　　（原刊於《興大歷史學報》17（2006.6），頁395-430）

清代臺中盆地東側阿拔溝沿岸番界的研究

一、前言

臺中盆地的地形主要由大甲溪古沖積扇、太平合成沖積扇與烏溪沖積扇組成。大甲溪古沖積扇扇面的網狀殘留河川，即現今南北流貫臺中市區的旱溪、柳川、綠川、梅川、土庫溪與筏子溪。太平沖積扇位於臺中盆地東側，係由大里溪、草湖溪及其支流廊子坑溪、頭汴坑溪等，分別由頭嵙山山地與南投山地所形成的合成沖積扇。[1]北端自軍功寮、大坑迤南至霧峰北溝一帶，呈南北長約 12 公里，東西約 3 公里之長方形區域。烏溪在出山進入臺中盆地後，向西北方流出許多放射狀分流，呈現網狀流路。這些放射狀分流並與太平合成沖積扇之扇端湧泉為水源之小河連結，形成臺中盆地東側複雜的網狀水流分布。[2]清初漢人沿著烏溪進入臺中盆地南側，並經由這些連結網狀水流，進入盆地東側沿山地帶拓墾。

此區域北部屬平埔族巴宰海族阿里史社傳統社域，康熙 55 年（1716）後，岸裡社因軍功獲得阿里史社以南之沙歷巴來積積與校栗林等地，但因非屬該社傳統領域，雍正年間因漢人入墾問題方受重視。本區域南部烏溪支流貓羅溪、頭汴坑溪、大里溪與旱溪臚列，其間並穿插小支流。貓羅溪一帶以洪雅族之貓羅社為名，烏溪北岸則為巴布薩族之貓霧拺社，漢人沿八卦臺地東緣或烏溪東入，開始接觸者即為此二社。

臺中盆地東緣地區鄰近中央山脈山腳，傳統上為各族的獵場，除阿里史社外，並無其他平埔族聚落分布。但在清初漢人入墾引發原漢衝突後，清廷基於治安考量，開始介入地方的族群關係與土地分配。使得本地的發展，受到國家勢力的支配與主導，但是官方的政策卻成為漢人入墾的引力，終究還是無法遏止漢人的力量，清中葉以後，已然成為漢人

---

[1] 陳國川，《臺中市志・地理志》（臺中市：臺中市政府，2009），頁 27。

[2] 林朝棨，《臺灣省通志稿・土地志・地理篇》一地形（臺北：臺灣省文獻委員會，1957），頁 315-316。

的聚落。

　　本論文擬由國家力量介入的界面-番界開始討論，番界牽涉地表的界線、族群的分界、拓墾的情況與國家的政策，是一條變動的，兼具地理與歷史過程的界線。文獻上的記載常因而游移不定，加上當地水文複雜，番界究竟在哪裡，實為需要先釐清的課題。再者，番屯制的實施，代表國家的力量再度支配與改變了地方發展形態，原來授與岸裡社具有番社私業性質的土地，變成番屯各社的養贍埔地與番租地，在此制度下，能否實質上充作保障各社生活的資源，以及當地在此政策脈絡下如何發展，亦為本論文探討的課題。

　　上述漢人拓墾的烏溪下游區域，在朱一貴事件後，清廷畫界立石，屬「番地」所在。按康熙 61 年（1722）所所立界碑，烏溪南北二側位置分別為頭揀溪墘與張鎮庄。張鎮庄位於溪北，原為總兵張國招佃拓墾所在，位置約於今臺中縣烏日鄉湖日村，康熙 58 年（1719）庄內漢佃 9 人遭原住民攻擊殺害，總督覺羅滿保為避免引發更大事端，下令毀棄該庄，逐散佃民，開除賦額。[3]以致 61 年畫界時，張鎮庄被畫為界外，禁止漢人越界拓墾。但是雍正 2 年（1724）提督藍廷珍卻公然違反禁令，以張國故業為基礎，請墾烏溪北岸，東自旱溪，西至轆牙溝（今犁頭店溪），北至二分埔貓抵，約當臺中盆地南半之地，立號藍張興，招攬墾民前來拓墾。

　　藍張興墾號致力烏溪北岸拓墾之際，漢人拓墾的腳步亦溯烏溪而上，拓墾大里杙鄰近山區的柳樹湳、丁臺一帶。雍正 3 年（1725），部議允准臺灣各番鹿場可以耕種者，租與民人耕種。[4]鼓勵了漢人前往近山一帶拓墾的趨勢。11 年 2 月（1733.2），業戶楊秦盛招佃認墾其位於膀胥的土地。7 年（1729）簡經向北投社贌墾土地，13 年，張法拓墾大哮庄凹仔埔東北隅之土地 125 甲。[5]雍正年間，漢人拓墾的腳步已沿著

3 孟祥瀚，《臺中市志‧沿革志》（臺中市：臺中市政府，2009）），頁 20-21。

4 洪麗完，〈大安、大肚兩溪間拓墾史研究〉，《臺灣文獻》43：3（1992.9），頁 190。

5 陳哲三，〈清代臺灣烏溪流域的移墾與水圳修築〉，見氏著，《古文書與臺灣史研究--陳哲三教授榮退論文集》（臺北：文史哲出版社，2008），頁 97-98。臺灣銀行經濟研究室編，《清代臺灣大租調查書》（臺北：臺灣銀行經濟研究室，1953），頁 61-62。

烏溪進入烏溪沖積扇扇端之今太平、大里與霧峰地區，在扇端網狀分流
的水流間，建立拓墾的據點。官方為防止原住民攻擊漢人，於當地駐兵
防守，此地已然成為漢人在烏溪流域拓墾的前緣。

　　康熙 61 年沿山畫界，禁止漢人侵越，但藍張興庄挾武官之勢入墾
於先，漢人藉烏溪進入沿山地區於後，「番界」的界限在烏溪出山口一
帶之複雜水路間愈發模糊。烏溪北岸與草湖溪之間的柳樹湳（今臺中縣
霧峰鄉北柳村）與丁臺一帶，為烏溪北岸自烏日向東拓墾的前緣，乾隆
元年，巡視臺灣御史白起圖奏報當地每於秋冬水涸之際，眉佳臘社（今
屬泰雅族）時出獵首，地方文武官員防範無從。[6]漢人在丁臺與柳樹湳
地區的拓墾，早已逾越康熙 61 年所畫番界，番界的作用在此已成為具
文。乾隆 2 年（1737），清廷議准白起圖條陳，飭禁漢人私買番地，並
劃清近番地界，以杜滋擾。所有私佔番地，勒令歸番，若是契買土地，
已經熟墾陞科者，查明四至，造冊報部。[7]面對滋擾不斷的衝突案件，
迫使官方必須重新面對原初畫界的實際效應與整頓原漢的關係。乾隆 3
年（1738），官方於丁臺、柳樹湳設置義勝、永勝二寨，各安鄉勇 30 名
巡防，另於柳樹湳設立營盤，駐兵 100 名以資彈壓。[8]但當地複雜的漢
移民、熟番與生番之間關係仍舊引發衝突。乾隆 16 年（1751），北投社
與漢墾戶之間因土地、租額引發番通事串連水沙連內山生番攻殺內凹庄
（今內轆）漢人與柳樹湳汛的事件。[9]

　　對官方而言，駐兵設防僅處理了部份問題，釐清界址，嚴禁侵越乃
為防止衝突的另一重要作為。乾隆 9 年（1744），福建布政使高山奏請
重新勘查「番地」，禁止漢人瞨墾未墾「番地」，保留由「熟番」自耕。[10]15
年（1750），總督喀爾吉善重新定界，彰化縣內「除大里杙等五處及東

[6] 中國第一歷史檔案館，《軍機檔錄副奏摺（微捲：3， 乾隆內政）》（北京市：中國第一歷
　　史檔案館），頁 1382-1384。轉引自臺大歷史數位圖書館（THDL）全文資料庫。
[7] 《大清實錄-高宗實錄》，乾隆二年閏九月十二日（1737.11.4）條。柯志明，《番頭家-清代
　　臺灣族群政治與熟番地權》（臺北：中央研究院社會學研究所，2001），頁 150。
[8] 《大清實錄-高宗實錄》，乾隆三年二月二十七日（1738.4.15）條。
[9] 柯志明，《番頭家-清代臺灣族群政治與熟番地權》，頁 166-168。
[10] 柯志明，前引書，頁 154。陳哲三，〈18 世紀中葉中臺灣的漢番關係-以彰化縣內四庄、柳
　　樹湳汛番殺兵民事件為例〉，《逢甲人文社會學報》19（2009.12），頁 143-173。

埔臘各庄照舊界外，其內外新庄各界均移至旱溝為定，又竹腳寮地方，以外山山根為界。」並明令熟番土地均自行耕種，不得奸民擅越。[11]乾隆25年（1760），總督楊廷章根據22年與23年間，臺灣知府鐘德奉令清丈的結果，奏准新定界限，繪圖刊石，並挑挖深溝，堆築土牛為界。[12]

二、旱溪、旱溝與大里溪

　　乾隆初年至25年間，數度清查畫界，反映出漢人頻盛出入其間的情況。前述乾隆15年總督喀爾吉善所定「番界」，確認大里杙庄與內外新庄俱屬界內，並以旱溝為界。比對臺灣堡圖（見圖一）大里杙庄與內新庄的位置，可知作為「番界」的「旱溝」，即圖內之大里杙溪，今之大里溪。乾隆22年，臺灣知府鐘德奉命清查彰化縣屬通土民番私墾田園時，查出藍廷珍之侄藍日仁，藉詞准墾官庄餘埔為名，私墾位於界外之詹厝園（今臺中縣大里市夏田村）。詹厝園座落於大里杙庄後溪東係屬界外，界內屬藍興庄入官田園。鐘德並指出雍正2年藍張興庄報墾時，東以眉仔老旱溪，即大里杙庄後水溪為界。[13]此處所謂「大里杙庄後」之水溪，即為大里杙溪。由此可知，當時所稱之旱溪即今之大里溪。

---

[11] 柯志明，前引書，頁157。《大清實錄-高宗實錄》，乾隆十五年七月二十二日（1750.8.3）條。

[12] 柯志明，前引書，頁177-178。

[13] 王世慶，〈貓霧捒藍興庄拓墾史料二則〉，《史聯雜誌》23（1993），頁18。

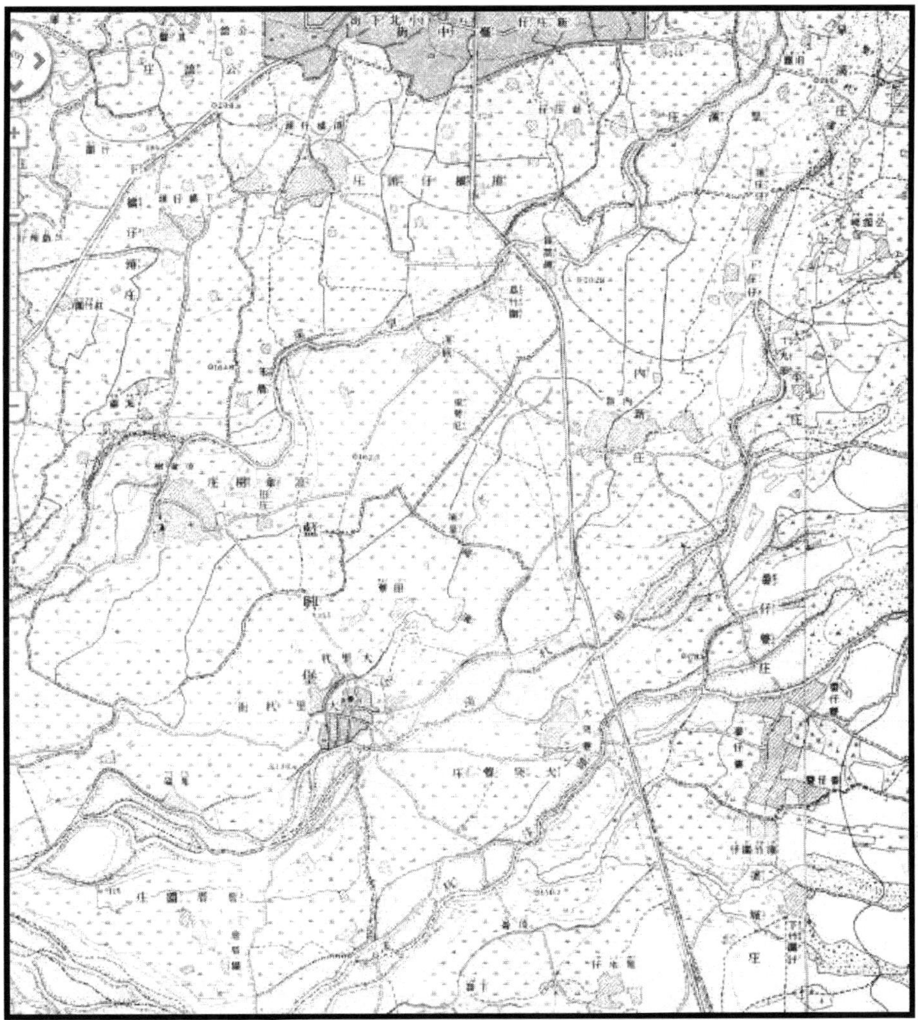

圖一：臺灣堡圖之大里杙、內新庄與大里杙溪的相對位置圖
資料來源：中央研究院，臺灣百年歷史地圖資料庫整理繪製。

　　沿著「旱溝」，經內新庄而上，陸續為大姑婆、校栗林與沙歷巴來積積等地。這些地方為岸裡社與阿里史社的地域。康熙 55 年（1716），諸羅知縣周鍾瑄諭示將「東至大山，西至沙轆地界大山，南至大姑婆，北至大溪，東南至阿里史，西南至揀加頭」，以及「校標林、大姑婆等處曠平草地」土地賦予岸裡社前去開墾耕種。[14]此際番地尚未封禁，東界範圍直抵大山，即中央山脈西側山腳，包含阿里史，以及其南之校標

---

[14] 伊能嘉矩，《臺灣蕃政志》（臺北：臺灣總督府民政部殖產局，1904），頁 84。

林與大姑婆等處。雍正 10 年（1732）11 月，岸裡等社將東南勢旱埔地
與六館業戶交換工本銀，以開鑿水圳。東南勢旱埔地之範圍「東至旱復
溝，直透至賴家草地為界，西至張振萬自己田地、草地為界，南至石牌，
透至何家草地，與張振萬為界，北至岸裡圳，橫透至西，與張振萬圳汴
為界。」[15]次月，六館業戶中之陳周文即以所得分土地，向官府請給墾
照，其範圍在貓霧捒東堡四圍，「東至旱溝，西至廖朝孔大溝，南至姚
家大橫路，北至里史社大橫路。」[16]亦言東至「旱溝」，但此處所稱「旱
溝」，與大里杙庄、內新庄之旱溝是否屬同一河流，不無疑義。

　　雍正 10 年六館業戶所得之地「東至旱復溝，直透至賴家草地為
界」，此際以旱復溝為界，主要原因為溝之東側為阿里史社社域，或是
在此份書契內，以溝為界，劃定了阿里史社與六館業戶的界限。沿著旱
溝東側，依序為阿里史社、沙歷巴來積積、校栗林等地，旱溝於此成為
原漢分布與土地分布的界限。

　　惟此旱溝，為今之旱溪，並非大里溪。今之旱溪發源於豐原市東部
公老坪南麓，西流至豐原高中東南側 275 公尺處轉向南流，經潭子、臺
中市北屯區、東區於烏日鄉五光路自治橋西南 550 公尺處注入大里溪。[17]大
里溪源出臺中市北屯區二崁山西麓，於東山路逢甲橋一帶出山南流。大
里溪與旱溪之間即為沙歷巴來積積、校栗林、大姑婆等地所在。因此，
「旱溝」的意涵，隨著空間與族群的差異而有不同的指涉對象。大里杙
一帶為藍張興墾業，漢人自烏日沿烏溪北岸入墾，至大里溪呈環狀包覆
的態勢，藍張興庄墾業以此為界，大里溪對岸即詹厝園、大小黃竹坑等
界外之地。岸裡等社取得之大甲溪南土地，與六館業戶割地換水時，仍
保留了阿里史社社域所在土地，以及新獲得之沙歷巴來積積、校栗林、
大姑婆等地，故以今旱溪為界。雍正二年，藍廷珍等請墾之際，係由烏
溪、大里溪為範圍往北延伸，岸裡社則以大甲溪往南分布，彼此間土地

[15] 臺灣銀行經濟研究室編，《臺灣私法物權篇》（臺北：臺灣銀行經濟研究室，1963），頁 1283。
　　臺灣銀行經濟研究室編，《清代臺灣大租調查書》，頁 23-26。
[16] 臺灣銀行經濟研究室編，《清代臺灣大租調查書》，頁 8。
[17] 陳國川，《臺中市志・地理志》（臺中市：臺中市政府，2008），頁 35。

遂發生重疊的現象，造成藍張興庄內有秦廷鑑、張承祖、陳周文拓墾的土地，以及沿大里溪而上，出現沙歷巴來積積土地遭到開墾的情況。[18]藍張興庄與六館業戶在不同的歷史情境下同時進入臺中盆地東緣相鄰的地區拓墾，在地理界線的稱呼上，雖均以「旱溝」為名，但所指稱的，卻是不同的河川。

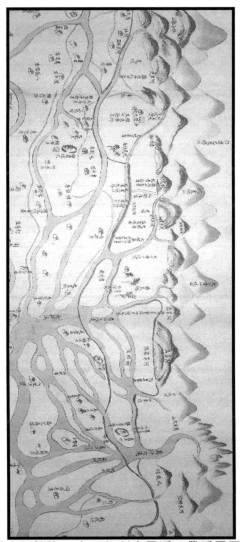

圖二：乾隆二十五年所定旱溪一帶番界圖

資料來源：陳秋坤，《清代臺灣土著地權－官僚、漢佃與岸裡社人的土地變遷，

---

[18]　孟祥瀚，《臺中市志・沿革志》（臺中市：臺中市政府，2009），頁30。

1700-1895》

　　康熙 61 年於烏溪南北二岸立碑設禁，雍正年間藍張興庄與六館業
戶相繼入墾臺中盆地，已使番界成為具文。乾隆 2 年（1737），白起圖
奏准飭禁漢人私買番地，並劃清近番地界。私佔番地者，勒令歸番，契
買土地，則查明四至，造冊報部陞科。此項措施禁止漢人佔有番地，但
仍准許漢人承墾番地，成為番地流失的管道之一。乾隆 11 年（1746）
定例，臺屬番界聽番自行耕種，如有再購，告發之日，將地歸番，私購
之人照盜耕他人田地治罪。[19]此時則完全禁止漢人購墾番地。乾隆 15
年（1750），總督喀爾吉善重新定界，將「內外新庄各界均移至旱溝為
定。」此處「旱溝」應指今大里溪，在大里杙與內外新庄一帶原藍張興
庄墾地應無疑義，但至阿里史社與六館業戶墾地時，是否仍為今大里
溪，則不無疑義。又重新定界之際，也重申「嗣後熟番餘地均自行耕種，
不許奸民擅越，違者分別治罪。」可知乾隆初年以來，官方對於番地的
態度一直維持由番自耕，不許漢人購墾的態度。此種禁止的態度，以重
懲越界私墾之藍日仁作為政策的指標，具有十足的宣告警示作用。但是
對於沙歷巴來積積一帶漢人越界私墾之情況，則是仍未積極處理。

三、番界的劃定

　　乾隆 25 年（1760）8 月，總督楊廷璋奏准重定臺灣番界，訂定管
理章程，以山溪為界，其無山溪處，挑溝堆土，以為界限。彰化縣內越
墾土地，均應還番，應遵照乾隆 11 年之例，還番耕種，以各社通事、
土目為管事，以各墾戶為佃人，分別納租，仍令各通事、土目，將經收
每年租粟及完納課銀各數目，造冊查核。淡水、彰化逼近生番之內山處
所悉行畫出新界之外，其田園埔地，盡皆退為荒埔，還番管業，不許漢
人購墾。彰屬沿邊各地，應設隘寮十處，撥派熟番 217 名，每名日給口
糧 2 升。[20]並且沿界繪圖以昭，其於旱溪一帶之界線如圖四。

---

[19] 柯志明，《番頭家-清代臺灣族群政治與熟番地權》，頁 387。
[20] 張本政，《清實錄臺灣史資料專輯》（福建省福州市：福建人民出版社，1993），頁 199。

　　本次重新定界將彰化縣境清水溝、集集埔、八娘坑、虎仔坑、萬斗六、黃竹坑、大姑婆、校栗林、沙歷巴來積積、阿里史與朴子籬等 11 處畫出界外，開挖深溝堆築土牛為界。[21]其中黃竹坑、大姑婆、校栗林、沙歷巴來積積、阿里史與朴子籬等六處屬烏溪北岸，鄰近生番所在被劃為界外，原屬界外之詹厝園則被劃入界內。細查圖二藍線（乾隆 25 年新定界線）所經，比對圖一臺灣堡圖各庄位置，詹厝園位於大里溪與頭汴坑溪之間，此次劃入界內，番界移至頭汴坑溪，沿詹厝園而北至內新庄，界線移至大里溪，在圖二上可見一明顯的轉折，過內新庄隔大里溪對岸為大姑婆，內新庄而西，至沙歷巴來積積處，由於該處劃屬界外，故界線再轉至今旱溪而上，一直延伸至朴子籬。惟沙歷巴來積積的範圍並未沿旱溪分布，圖面標示以旱溪定界，實有爭議，此部份容後再論。

　　大姑婆、校栗林、沙歷巴來積積一帶為岸裡等社於康熙 55 年所獲土地，但長期以來以，多由漢人贌墾，並向官方報墾陞科。乾隆 20 年（1755），岸裡社謂：「乾隆十五年復就本社口東勢，土名沙歷積積一處可以墾種。經赴前任費陸任內請墾，業蒙親勘，果係民番界址之內，與生番界限無涉，取結給示准墾在案。」[22]22 年 5 月再稟稱：[23]

　　　　敦仔祖遺沙歷巴來積積埔地，蒙恩准墾報陞，於上年十二月內委勘丈量，未墾之荒地共七百餘甲。……再沙歷巴來積積界內之埔，未蒙經丈之先，乃有不法奸民自行爭墾。今已蒙清丈，倘奸民得以藉口而自墾自報，並不赴給單批，而互相爭墾，萬一鬥毆滋事，難免貽累。理合預稟太老爺臺前，恩准給示，嚴禁所有敦仔請墾界內之地，悉赴先行給單，分定犁分、甲數、屋地等項，各自耕種，庶無爭競之虞。

　　當地已是「奸民自行爭墾」的情況，敦仔為保障自身權益，要求所

　　奏折原件見柯志明，《番頭家-清代臺灣族群政治與熟番地權》，頁 386-388。

[21] 國立臺灣大學圖書館整理，《岸裡大社文書》，編號第 952 號。轉引自臺大歷史數位圖書館（THDL）全文資料庫。

[22] 國立臺灣大學圖書館整理，《岸裡大社文書》，編號第 907 號。轉引自臺大歷史數位圖書館（THDL）全文資料庫。

[23] 省立臺中圖書館編藏，〈臺灣中部地方文獻資料四〉《臺灣文獻》34：4，頁 121。

有贌墾之人須先行給單，釐定犁份、甲數與屋地等項，使各自耕種，避免糾紛。清廷雖於乾隆 2 年、11 年與 15 年屢次下令禁止漢人贌墾番地，但效果有限，甚至地方官也違令頒發墾照。為遏止漢人越界私墾風氣，乾隆 22 年（1757），知府鐘德奉命赴彰化縣勘查界外田畝，更揭開了沙歷巴來積積等地為漢人越界拓墾的情狀。沙歷巴來積積與校栗林的位置，參考國立臺灣博物館典藏之岸裡社地圖，詳如圖三。

　　該圖為乾隆 22 年勘丈當時畫的草圖，圖中旱溝為今大里溪，沿旱溝而下，溪右為沙歷巴來積積，左為校栗林。圖中之阿拔溝，係今日之旱溪。可知沙歷巴來積積的位置，相當今大里溪與旱溪之間（參見圖四），行政區域相當於今臺中市東區。圖三標示出軍工寮、沙歷巴來積積、校栗林與大姑婆等相關位置，以旱溝（今大里溪）為基準，沿溪而下右側為軍工寮與沙歷巴來積積，對岸為校栗林，位於大里溪與廊仔溪之間，今臺中市北屯區廊仔里所在。隔岸為大姑婆，包含自廊仔溪、頭汴坑溪至草湖溪沿山地區。

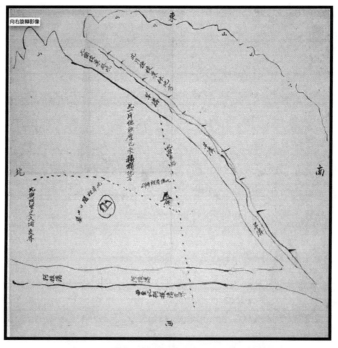

圖三：沙歷巴來積積與校栗林位置圖
資料來源：國立臺灣博物館典藏（局部）

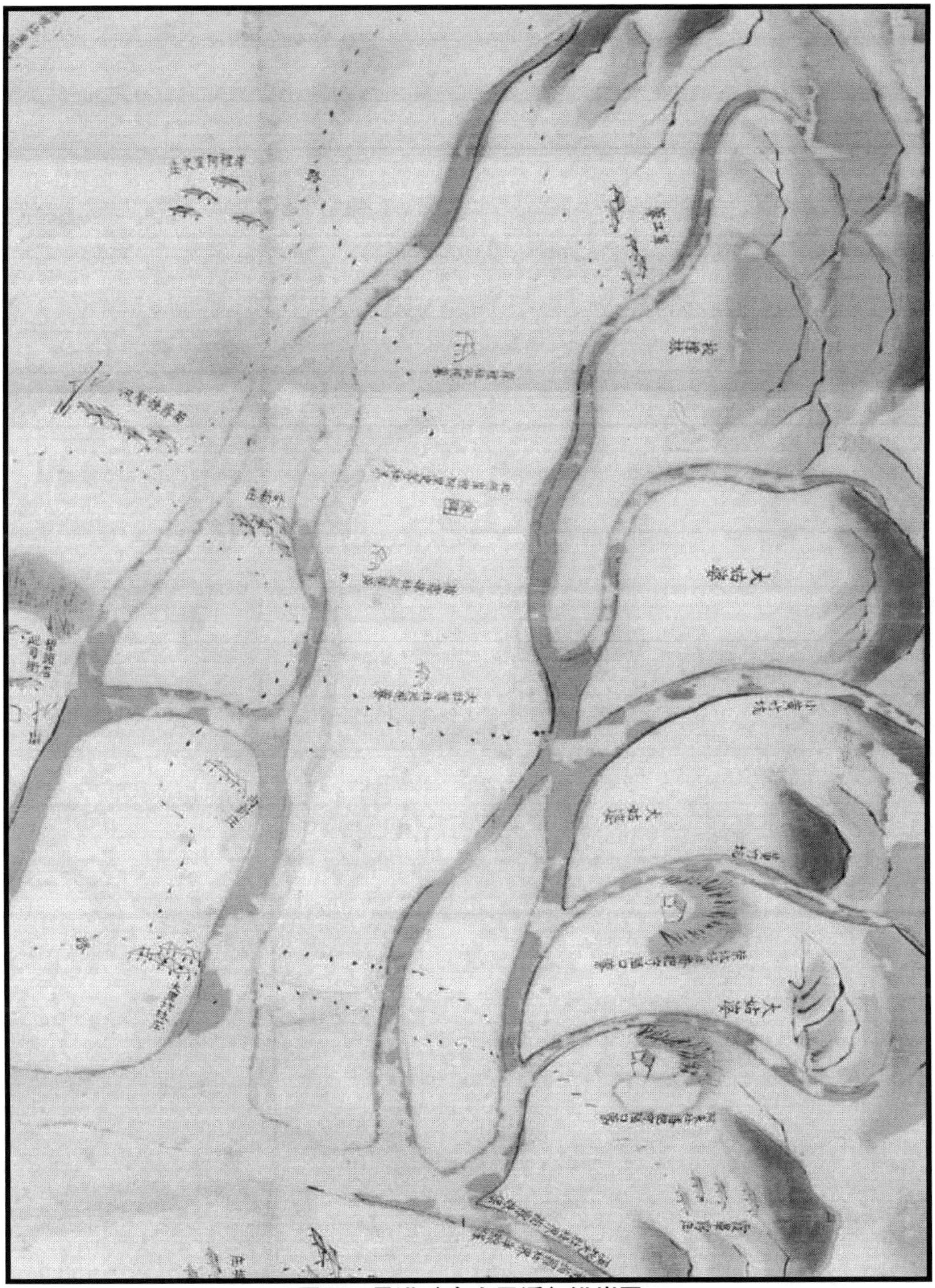

圖四：旱溝（今大里溪）沿岸圖

資料來源：國立臺灣博物館典藏（局部）

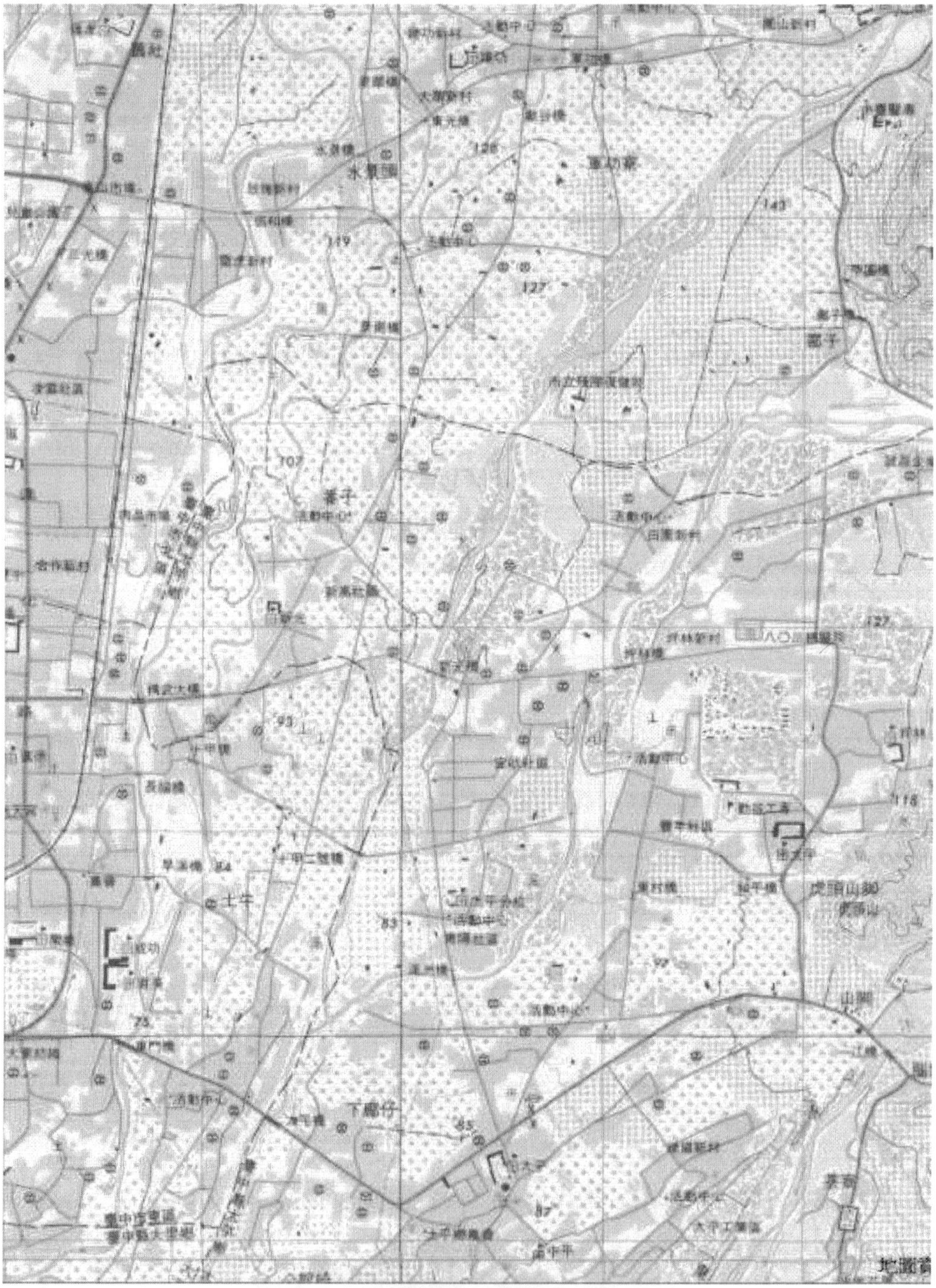

圖五：大里溪與旱溪之間聚落位置圖

資料來源：臺灣二萬五千分之一經建版地形圖（1985）

　　但是上述地形上的河流是否為族群的界限,若參考土地拓墾與族群分布的情況,河流似乎並非絕對的界限。由圖六觀之,校栗林的範圍,應包含圖面上旱溪(今大里溪)西側沿岸一帶的土地。圖中旱溪與阿拔溝會合處,標注「此岸裡界碑,前因原通(事)張達京帶管貓霧捒社,所以界碑登在此處,今已分通事,故該移回本界,校栗林原係貓霧捒社地方。」圖面左側標注「沙歷巴來積積地方,東至山界,西至阿拔溝,南至車路與校栗林交界,北與阿里大埔車路交界。」可知校栗林的範圍除旱溪(今大里溪)以東之土地外,尚包含溪西圖面上標示「車路」以東的範圍。且校栗林原為貓霧捒社所有地域,因張達京兼管貓霧捒社通事故,將岸裡社界碑延伸至校栗林,此次清丈時方申明原為貓霧捒社之土地。比對圖三,可明顯看出岸裡社界碑的位置已移至車路以西,沙歷巴來積積的範圍介於車路以西,以及與阿里史車路以北的區域。亦即所謂沙歷巴來積積的所在,僅為今大里溪以西與旱溪以東的部份地區,並非全部。

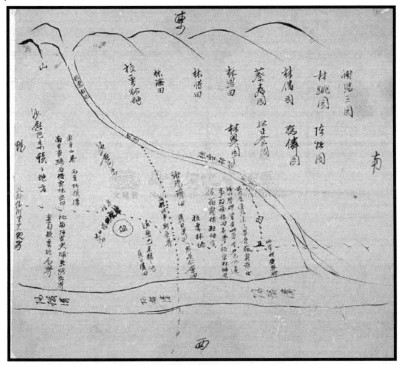

圖六:校栗林耕種地域分布圖
資料來源:國立臺灣博物館典藏(局部)

乾隆 22 年的旱溪沿岸的清丈，包含沙歷巴來積積、校栗林與阿里史等地，其結果如下：[24]

1.沙歷巴來積積

沙歷巴來積積的範圍如前述東至山，西至沙拔溝，南至校栗林，中隔車路，北至阿里史車路交界。原丈下則田共 25.1 甲，園 12.5 甲，22 年重丈為田 37.6 甲，東至山腳車路，西至大車路，南至校栗林車路，北至旱溝。園 274.9 甲，東至山腳車路，西至阿拔溝，南至校栗林車路，北至小旱溝。

原丈田 25.1 甲與園 12.5 甲的土地，應係前文引錄乾隆 20 年岸裡社向官方請墾的土地，其中位於校栗林所墾之旱園 12.5 甲，則係漢人越界私墾的結果，其情形在本次勘丈中被清楚供出：

> 小番們這沙歷巴來積積原係祖遺埔地，四至界址先年奉勘豎立石牌，前縣主陸任內，小番稟請開墾，已蒙批准。只因無力開圳，尚未墾成，即有山坑小泉，時有時竭，不過墾成下則旱田貳拾參甲一分，遞年暫充隘番口糧，于本年五月內稟報在案。上年十二月內，經蒙委官丈後，正值春雨膏渥，小番們又在田頭地角，墾成下則旱園一甲，今蒙委官勘丈，連前共墾田共貳拾伍甲壹分。又蒙丈附近校栗林地方現墾下則旱園一十二甲五分，俱係內外新庄之人私墾，已蒙訊明係屬小番界內，小番情愿認為佃人，照數一并陞科，就佔恩了。

上述田 37.6 甲中，包含來自內外新庄之漢人吳日漢、吳足仁、謝瑞瓊等向岸裡社贌墾的土地，其清丈之際的供稱如下，但是知府鍾德等顯然未採信吳日漢等的說法，認為此三人並非親自拓墾，現丈土地並非其名，或係擅自添入，待以後若有墾成，再行申報。

又問據庄民吳日漢、吳足仁、謝瑞瓊等全供小的們俱係內地鎮平

[24] 本節所引勘丈記錄參考省立臺中圖書館編藏，〈臺灣中部地方文獻資料四〉《臺灣文獻》34：4，頁 116-121。

縣人民，現居住內外新莊，上年內蒙丈，岸裡社土目敦仔請墾沙
歷巴來積積埔地，今年春，小的等即向敦仔求他近年墾闢田頭之
地給小的現墾未成下則未種旱田，各肆甲捌分六厘。今蒙清丈，
此係原地敦仔物業，今小的各墾得成田，情願納租敦仔完課，小
的亦得養生，就沾恩了。

此一段供，經內相公駁出云，此三人現丈之內並無其名，且不必
擅自添入，後有投陞，再報可也。是以此段無敘入案。

旱園之 274.9 甲中，岸裡北勢番土目斗六等八人開墾 24 甲，岸裡
社眾阿四老等 29 人開墾未種旱園 207.1 甲外，尚包含漢人私墾之 43.8
甲。其供詞如下：

但這沙歷巴來積積地方與校栗林僅隔車路，近年亦有漢人私墾，
蒙恩定界清丈名戶姓名，墾成園四十三甲八分。小番情願認為
佃，一併照例報陞，仍舊時時撥番常以巡查，不敢推諉就是。

另外尚有將墾埔地 320.1 甲，東至軍工寮車路，西至阿拔溝，南至
隘寮前，北至阿里史舊社前。未墾荒埔 210.4 甲，東至山腳，西至車路，
南至旱溝，北至軍工寮旱溝。將墾與未墾的埔地共 520.5 甲。此 500 餘
甲的土地留下了日後繼續拓墾的空間。

清丈之後土地的處理方式，由岸裡社土目敦仔出面報墾，所有已墾
田園，照例陞科；未墾荒埔，則認明收管，不得私墾。此次清丈的結果，
除釐清土地拓墾情況與範圍界址外，更重要的是重申確定岸裡社業主權
的地位。對於來自內外新庄越界私墾的漢人，則將其拓墾的土地，確定
以岸裡社為業主，漢人以墾佃的身分，繼續拓墾，照數陞科。

一認狀具認狀彰化縣貓霧捒東保岸裡社番土目敦仔，為首報私墾
田園事，認得報墾沙歷巴來積積處所田參拾七甲六分，東至山腳
車路，西至大車路，南至校栗林車路，北至旱溝。園共貳百七十
四甲九分，東至山腳，西至阿拔溝，南至校栗林車路，北至
小旱溝。將墾埔地三百二十甲一分，東至軍工寮車路，西至阿拔
溝，南至隘寮前，北至阿里史舊社前。未墾荒埔二百一十甲四分，

東至山腳，西至車路，南至旱溝，北至軍工寮旱溝。其已墾田園，
情願例照陞科，未墾荒埔，認明收管，不敢私墾。合具認狀是實。

2.校栗林

根據清丈的記錄，校栗林位於東勢山腳，東至山，西至貓霧捒陰旱
溝，南與太姑婆毗連，北至溝，與沙歷巴來積積中隔車路交界。此範圍
與清丈之時土地均為漢人拓墾。供詞內對於漢人強行越界佔地私墾的情
狀，有著詳細的描述：

又供這校栗林地方，離小番們遠，且與旱溝相隔，這兩三年是外
內新庄的漢人來私墾。小番們他有去阻止他，怎賴小番去看，他
都走散了，及小番們回來，他們又去私墾。到今年來，他就開墾
得多了，小番們並沒有賟與他，也沒有損他耕的。如今蒙恩清丈
田園，原在小番地界之內，仍祈歸給小番，以便隨時撥番巡查，
免致推諉。小番亦情願認為個人，照例報陞就是。

此地原先勘丈計田 4.6 甲，東至車路，西至車路，南至石界牌，北
至車路。園 19.13 甲，東至車路，西至車路，南至田面，北至車路園。
清丈後田 41.54 甲，園 19.1 甲，共計 60.64 甲。均為漢人所墾，其個人
所墾土地如下：（另參見圖六）

表一：校栗林漢人拓墾土地面積表

	田（甲）	園（甲）
林濟	2.86	0.97
林瑤	2.82	
曾觀佑	2.64	2.16
林正賢	5.87	
孫儞	2.91	
林□	2.9	
林將	2.98	
蔡壽	3.96	
陳拙	2.94	

林僗	10.42	9.75
李祿	2.61	6.35
合計	41.5	19.1

校栗林所在原為貓霧捒社所有，但是在清丈後，岸裡社敦仔請求歸給岸裡社所有，由敦仔出首認墾管理：

> 土目敦仔供這校栗林地方亦是小番祖遺界內之地，今蒙清丈田園，都是漢人開的。現蒙委官跟全貓霧捒大肚二社番仔，係小番界內，仍祈歸給小番，以便隨時撥番巡查，免致推諉，就沾恩了。具認狀彰化縣貓霧捒東保岸裡社番土目敦仔，為首報私墾田園事，認得私墾校栗林處所，已墾埔地無，未墾荒埔無，其已墾田園情願照例陞科，未墾荒埔認明收管，不敢私墾，合具認狀是實。

3.阿里史

阿里史為阿里史社所在，根據土目打烏茅格阿打歪供稱，係阿拔溝（今旱溪）以東至山腳的土地，南以沙歷巴來積積車路為界。清丈之際，部份地區已整地為埔，但尚未耕種。

> 這挨山一帶荒埔，東至山根，西至阿拔溝為界，南至沙歷巴來積積車路交界，原是小番們祖遺荒埔。從前俱沒有開，因這幾年小番們生養的漸漸多了，日食也不穀，所以纔把這一塊荒埔，將小樹砍去，要想來耕犂種些小米、薯芋，添些口糧，但只是纔砍去樹木，成了埔地，當未耕種的。

清丈後得出埔地 153 甲，荒埔 137.5 甲。由土目打烏茅格阿、打歪等首報承管，伺候若墾成田園，再行稟報陞科。

乾隆 22 年清丈後，土地歸岸裡等社所有，原來私墾的土地必須報墾陞科，沙歷巴來積積等地原議應照中則田園例，於乾隆 22 年為始起科，但岸裡社一直未將土地造報陞科。乾隆 24 年 4 月「嚴著岸裡社通土即照後開田畝造具科則、界址清冊，同首墾認陞各結，統限二日內赴

縣呈繳，以憑察核。」[25]5 月「立催沙歷巴來業戶岸裡社土目速將該管界內新舊墾田園甲數造具冊結，限三日內親賚赴縣，以憑察核。」[26]至 25 年 2 月，官方嚴令敦仔等將歸管土地將各佃姓名、甲數與番租額造具清冊，「敢再違延，即帶該通土責比。」[27]在官方的嚴令下，6 月，岸裡社始以在校栗林拓墾之漢人吳日漢為管事，代收租粟，清理田甲，幫辦大小事物等。其文曰：

> 立請帖岸裡社土目阿六萬老難、敦加勝下、阿四老阿勝萬等，今來請得吳日漢為沙歷巴來積積管事，代收租粟，清理田甲，幫辦庄中大小事物，不得私容庄人藉端越墾，及越入界外除山抽藤吊鹿，並不得容隱窩藏匪類，開場聚賭，拖欠租粟，至誤田課等情。自請之後，務宜照依帖內遵守規矩，並不得侵蝕租粟，懈怠公事。今欲有憑，立請帖為照。[28]

沙歷巴來積積、校栗林與大姑婆等地，為岸裡等社因功向官方爭取而來的土地，除阿里史社外，並非彼等傳統的居住或耕獵的區域。漢人緣地勢之便，自今大里溪沿溪而上，進入今大里溪與旱溪之間的地區。岸裡社委託漢人吳日漢為管事，自為番業戶，土地拓墾之事委諸漢佃戶，並立管事，但實質上則可能加速土地向漢人轉移的結果。

乾隆 25 年（1760）8 月，總督楊廷璋奏准重定臺灣番界，沙歷巴來積積在治安的考量下被劃入番界並設置土牛。[29]根據楊廷璋訂定的章程，畫為界外土地，其田園埔地，盡皆退為荒埔，還番管業，不許漢人贌墾。並以山溪為界，或挑築土牛，定為界線。

然則沙歷巴來積積被畫入番地後，界線畫於何處？前引《清乾隆臺灣民番界址圖》（參見圖二）顯示以今旱溪為界，但根據前述清丈之際，對於沙歷巴來積積、阿里史與校栗林範圍的討論，沿今旱溪一帶的土

---

25 省立臺中圖書館編藏，〈臺灣中部地方文獻資料四〉《臺灣文獻》34：4，頁 122。
26 同上註。
27 同上註，頁 122-123。
28 國立臺灣博物館藏，《岸裡社文書》，編號 AH2320-8。
29 柯志明，《番頭家-清代臺灣族群政治與熟番地權》，頁 180-181。

地，分別屬阿里史與校栗林，沿今大里溪一帶的土地，亦屬校栗林。（參見圖三、圖六）沙歷巴來積積的範圍位於今大里溪與今旱溪之間迤北的中間地帶，故實際上是以土牛定界，並非以溪為界。且在岸裡社文書中，亦屢見貓霧揀巡檢督飭岸裡社維護巡視本地土牛可知。[30]《清乾隆臺灣民番界址圖》所繪界線與現地情況恐有誤差。

界外之地，盡退為荒埔？實際上並非如此。乾隆 26 年（1761）11月，岸裡社通事敦仔將沙歷巴來積積土地歸由阿里史通事該旦管理時供稱：乾隆 16 年（1751）之際，沙歷巴來積積草地已奉例報墾，22 年清丈後，將所有丈報地畝由敦仔承管，但因位置偏遠，故將既墾未墾地業，交由該佃「收租供課」。故知並非「退為荒埔」。敦仔呈文之內容如下：

> 具稟彰化縣岸裡社通事敦仔，為業割分管專主有人稟明劃一事。切敦岸裡社與阿里史社原各有通事，各管各務，現有界碑確據。嗣因張達京為通事，將阿里史社一併帶管，敦為土目，亦隨辦理。乾隆十六年即此阿里史社沙歷巴來積積草地奉例報墾，二十二年蒙臺灣府主鍾丈報墾熟田園二十五甲一分，既奉陞科供輸，尚有丈明界內既墾未種地畝，及有未墾埔地俱通報各憲。迨二十三年秋，奉文將張達京通事裁退，另舉敦為通事，又舉阿里史社番該旦為副通事。復奉文將鍾府主丈報地畝，仍著照舊承管。時敦自揣一介愚昧，恐鞭長不及，有誤大事，登與史社副通事該旦傳齊土目眾番等，議明此史社百凡事務俱分割該旦辦理，將史社之沙歷巴來積積地業，凡既墾未墾并交該旦承管收租供課，策應公務。[31]

31 年（1766），阿里史通事潘繩武將沙歷巴來積積埔地與校栗林荒埔，以價銀二百大圓贌給漢人林德前往掌管築圳，開墾田園，永為己業。約定三年限滿，每年納業主大租穀 17 石。[32]按此二處均為界外土地，潘

---

30 國立臺灣大學圖書館整理，《岸裡大社文書》，編號第 951、952 號歷年各件。轉引自臺大歷史數位圖書館（THDL）全文資料庫。

31 國立臺灣大學圖書館整理，《岸裡大社文書》，編號第 951-015-01 號。轉引自臺大歷史數位圖書館（THDL）全文資料庫。

32 臺灣銀行經濟研究室編，《清代臺灣大租調查書》，頁 354-355。

繩武卻贌給林德開墾，三年後收取大租穀，並言明「永為己業」，形式
上潘繩武為業戶，但實質上土地已為林德所有。42 年（1777），岸裡社
總通事潘輝光、阿里史社通事阿斗與土目潘習開更具結保證當地「漢佃」
並無深入越墾情事，其文如下：

> 轄下岸裡社總通事潘輝光、阿里史社通事阿斗、土目潘習開等。
> 今當大老爺臺前結得佃首鄭時敷，全各佃謝次三、林簪、林益、
> 林鼎、賴昌、徐遠生、羅三、江長開、曾乾、陳阿五、黃阿久、
> 陳送、劉習、蕭定、吳勝、蕭元、戴祿、陳定、王雪、胡景、王
> 傑、李友、林達、沈山、宋□月、藍習隆、張世輅、沈全、王炎、
> 洪堅、郭參、鄭天祿、郭轉、郭阿通、王岸、高剪、林攀、張恩、
> 楊挺、林昌、藍國振等所耕田園俱在奉部准墾之校標林、沙歷巴
> 來積積、茄志角等處耕納。並無深越情弊，如深越，光等願甘坐
> 罪，不敢冒結，合具甘結是實。[33]

上引文「佃首」、「各佃」、「奉部准墾」等語，說明了當時在校標林、
沙歷巴來積積、茄志角等處，已為漢人入墾，並且是在官方同意的狀態
下進行的。總督楊廷璋清理界外漢人私墾土地，要求「退為荒埔，還番
管業」的政策，實質上並未確實被執行。

乾隆 45 年（1782）3 月，大里杙庄、內外新庄與大墩庄一帶漢人
林士慊、林圭、盧伯玉、林應祥等十餘人結夥攻擊阿里史社，焚毀房舍、
打傷社眾、劫掠財物而去。原因竟是其工人進入內山被殺，因而遷怒阿
里史社，忿而攻擊阿里史社報復。但阿里史社雖然負責當地隘寮，本案
卻是漢人私自越界被殺，與阿里史社無干，毫無遷怒阿里史社之理。岸
裡社總通事潘明慈雖向彰化縣與理番同知控訴，但官方並未積極處理。
4 月 1 日，方派捕役前來調查，亦無下文。潘明慈等後來直接向府道控
訴，但仍批回調查，最後由地方官賞恤銀兩結案。官方未敢積極查辦的
原因，與地方豪強有關，阿里史社稱大里杙庄林姓「原本勢族，豪強素
著，搶劫之犯，案積山河，查四鄰之口，如川可鞫，衙門受厚賄，未便

---

[33] 國立臺灣大學圖書館整理，《岸裡大社文書》，編號第 957-005-01 號。轉引自臺大歷史數位
圖書館（THDL）全文資料庫。

說其非，鄉保畏豪強，不敢寔彰其短。」[34]漢人的強勢，官方尚未能約
束，其向界外拓墾之勢，無論向阿里史社承租土地與否，阿里史社都難
以遏阻。林爽文事件後，當地的土地情勢又為之一變。

四、養贍埔地與屯租地

　　乾隆 25 年（1760），總督楊廷彰除重定番界外，亦要求沿界設置隘
寮，其謂「彰屬沿邊共應設隘寮十處，撥派熟番二百一十七名。」[35]實
際上彰化縣內隘寮計 12 處，分別為虎仔坑、萬丹坑、圳頭坑、內木柵、
萬斗六、阿罩霧、大黃竹坑、內新庄、外新庄、猴栗林、阿里史大溪口
與岸裡舊社等。[36]今大里溪與旱溪以東處，分別為大黃竹坑、猴栗林與
阿里史大溪口三處。乾隆 32 年（1767）5 月，岸裡社通事敦仔曾詳細
說明阿里史一帶隘寮情況：

> 敦細查原管阿里史地方有沙歷巴來積積、校栗林隘口貳處。歷係
> 撥番八十名把守，朴仔籬隘寮乙處，撥番四十名把守。三日輪換
> 一次，每名日給隘糧貳升，三處壹年應米八百六十四石，如閏月
> 照日多給。其所出之糧，岸裡社等社有業戶張振萬、張承祖、秦
> 廷鑑、陳周文等貼納社租，併沙歷巴來積積隘邊為奉憲准種田產
> 收租，足以給發，經縣憲具報列憲在案。續乾隆廿三年間。史社
> 係委副通事一名，自受該處邊界社務，因該社番丁稀少，在經稟
> 明縣憲，只給守隘之腰牌五十一張，故如今每日只有五十一名番
> 丁巡守，口糧每年俱多存隘，番用剩外，另番均分。[37]

　　沙歷巴來積積（即阿里史大坑口隘）與校栗林二處隘寮自乾隆 26

---

[34] 省立臺中圖書館編藏，〈臺灣中部地方文獻資料（四）〉《臺灣文獻》34：4，頁 94-95。陳
　　秋坤，《清代臺灣土著地權-官僚、漢佃與岸裡社人的土地變遷，1700-1895》（臺北市：中
　　央研究院近代史研究所，1994），頁 130-131。

[35] 轉引自柯志明，《番頭家-清代臺灣族群政治與熟番地權》，頁 388。

[36] 柯志明，《番頭家-清代臺灣族群政治與熟番地權》，頁 188。

[37] 國立臺灣大學圖書館整理，《岸裡大社文書》，編號第 951-060-01 號。轉引自臺大歷史數位
　　圖書館（THDL）全文資料庫。

年後，屬阿里史社負責，但因人丁稀少，並未足額，二處僅有 51 名社
丁負責巡守。隘丁每日貼給口糧 2 升，由六館業戶繳納的社租，以及沙
歷巴來積積地方奉准耕種土地的收入來支應。

　　大黃竹坑隘位於頭汴坑溪出山處，隘租來自柴坑仔社與貓霧捒社耕
種眉目義等處田園租粟。[38]頭汴坑溪與大里溪下游地區，乾隆間已為藍
張興墾號拓墾地域，隘租來自漢人墾戶，也具有以平埔熟番代漢人防守
生番的意味。

　　由隘租的來源可以看出背後拓墾的脈絡，隘租用於隘丁，岸裡與阿
里史等社隘丁口糧來自於六館業戶所納番租，但是乾隆間於校栗林一帶
拓墾的漢人，卻來自今大里溪沿溪而上者，與六館業戶的背景不同。亦
即隘糧並非出自當地耕種的漢人，而是來自族群背後具有合作關係的漢
人拓墾團體。

　　隘寮之設，承受生番對於本地區的攻擊，對於地方秩序的維持，仍
具有相當程度的作用。但其代價，則是負責把守的熟番不斷遭受攻擊，
顯示當地熟番夾於生番威脅與漢人拓墾土地的窘境。如乾隆 45 年 3 月，
阿里史社隘丁潘習開於抵禦生番攻擊時被殺。[39]7 月，生番 30 餘名攻擊
沙歷巴來積積隘寮附近民人，遭到擊退。[40]

　　乾隆 53 年（1788）林爽文事件後，清廷實行番屯，國家力量強行
介入土地分配，旱溪一帶岸裡社土地在國家的支配下，成為番屯之養贍
埔地。時軍機大臣議覆福康安奏設挑募屯丁的建議，認為「**臺灣地方番
民間處，當逆滋事時，該處熟番均能奮勇出力，現在事竣，自應酌量挑
補兵弁，分給田園，以示撫綏，以資捍衛。**」各屯概令在本社「**防守地
方，稽查盜賊。**」[41]設屯的時機在林爽文事件後，清廷為強化地方治安，

---

[38] 柯志明，《番頭家-清代臺灣族群政治與熟番地權》，頁 205。

[39] 國立臺灣大學圖書館整理，《岸裡大社文書》，編號第 957-148-01 號。轉引自臺大歷史數位
　　圖書館（THDL）全文資料庫。

[40] 國立臺灣大學圖書館整理，《岸裡大社文書》，編號第 955-206-02 號。轉引自臺大歷史數位
　　圖書館（THDL）全文資料庫。

[41] 臺灣銀行經濟研究室編，《清代臺灣大租調查書》，頁 1023、1030。番屯與治安的關係，相
　　關討論亦見洪麗完，〈國家制度與熟番社會關係（1790-1895）：以清代臺灣番屯組織為例〉，
　　見氏編，《國家與原住民-亞太地區族群歷史研究》（臺北市：中央研究院臺灣史研究所，

在事件中協助清軍的熟番成為動員的對象，但既有之隘寮系統不是數量寡少，難以多設，就是零星散處，不能與各地營汛聲勢連絡，構成地方治安網絡。[42]於是另外設屯，要能捍衛地方與稽查盜賊，亦即協助官方防治盜賊與壓制動亂，與沿山地區既有防範生番之隘寮，成為官方動員熟番的二大系統。

　　番屯的課題包含番屯位置、把守番社與屯租土地等三個面向，前二項涉及番社人力的動員，後一項則涉及土地的重新分配與再利用。清彰化縣內議准設置的番屯與負責支援的番社社丁數量如下表：

表二：清彰化縣屬各屯

		人數	養贍埔地位置與面積
東螺社小屯	把總	1	沙歷巴來積積 5 甲
	外委	1	沙歷巴來積積 3 甲
	東螺社	152	沙歷巴來積積 203 甲
	馬之遴社	23	
	二林社	28	
	眉裡社	50	校標林 50.62 甲
	大武郡社	28	萬斗六 42.26 甲
	半線社	13	
	大突社	76	水底寮 106 甲
	阿束社	30	
北投社小屯	外委	1	內木柵埔地 3 甲
	北投社	128	本社內木柵埔地 128 甲
	南投社	23	虎仔坑 23.52 甲
	貓羅社	45	萬斗六 45 甲
	柴坑社	33	水底寮埔地 104 甲
	大肚北社	31	
	大肚南社	31	
	貓霧揀西社	10	

2009），頁 30。

[42] 臺灣銀行經濟研究室編，《清代臺灣大租調查書》，頁 1024。

阿里史大屯	外委	1	水底寮埔地 3 甲
	阿里史社	119	水底寮埔地 253 甲
	水裡社	26	
	遷善南社	30	
	遷善北社	14	
	感恩社	27	
	烏牛欄社	32	
	大肚中社	47	大姑婆埔地 47 甲

資料來源：臺灣銀行經濟研究室編，《清代臺灣大租調查書》，頁 1044-1045。

　　東螺社至北投社之間乃「山口邊中要地」，北屯社至阿里史社之間為「彰化縣北界」，阿里史社至淡水廳屬之蔴薯舊社，「地臨大溪，正為扼要。」上述各地設屯的理由，乃沿山治安、交通要地，亦即設屯的理由，防範生番並非首要功能，而是作為全臺治安考量的一部份。隘寮與番屯仍有其重疊所在，特別是沿山各社，原本已負責隘寮，此際又增添屯防的工作。彰屬各屯與隘寮的關係如下表：

表三：彰屬各隘與番屯關係表

負責番社	隘寮部份			番屯部份	
	所在	隘丁數	隘糧數（石）	屯丁數	養贍埔地
阿揀社	阿罩霧	15	216（自墾阿罩霧新界埔地，與由漢業戶貼納番租）	30	與大突社共配水底寮埔地 106 甲
北投社	圳頭坑內木柵	30	432（自墾北投埔番租與漢業戶簡經等貼納番租）	128	本社內木柵埔地 128 甲
南投社	虎仔坑	12	168.8（虎仔坑、膃塞頭、中洲仔等處田園番租）	23	虎仔坑 23.52 甲
貓羅社	萬斗六	15	216（萬斗六歸番田園與漢業戶貼納之番租）	45	萬斗六埔地 45 甲

柴坑仔社 貓霧捒社	黃竹坑	10	144 （番耕田園租粟 與漢庄番租）	33 10	與大肚南社、 大肚北社共配 水底寮埔地 104甲
大肚中社 貓霧捒社	內外新 庄	15	216 （藍張興庄歸番 埔地）	47 （未含 貓霧捒 社）	大姑婆埔地47 甲

資料來源：1.柯志明，《番頭家-清代臺灣族群政治與熟番地權》，頁205。2.整理自表二。

　　上表之南投、北投、貓羅各社分布於沿山地區，隘寮與養贍土地相同，均位於鄰近的埔地，柴坑仔社、貓霧捒社與大肚中社等臨傍烏溪，沿溪而上，自大里溪入內外新庄，沿頭汴坑溪深入大小黃竹坑，這些地方都屬藍張興庄拓墾的範圍，顯示本地設屯各社和其養贍埔地與作為防番機制的隘寮，在地域與族群上仍有相當的關連性。阿束社、水里、遷善、感恩等沿海各社與烏牛欄、阿里史等社則做為一配撥單位，分配水底寮埔地，與地與各社有相當距離，這些非沿山分布的番社，在土地的分配上，更向山區分布。烏牛欄與阿里史二社，並未配撥原有隘寮一帶的土地，如校栗林、沙歷巴來積積等處，反而配撥較遠之水底寮地區，該地為朴子籬社分布地域，[43]阿里史與烏牛欄二社土地配撥於此，亦有跡可循。

　　各屯的土地如《彰化縣志》謂：「內山界外丈溢田園歸屯納租，由地方官徵收，按照二、八月支放；仍給未墾埔地以為自耕養贍。」[44]乾隆五十五年清丈全臺界外未墾埔地總計 5691.398 甲，彰化縣境計 2196.68 甲，其位置、面積與分撥各屯作為養贍埔地的情形詳如表四。

表四：彰化縣屬勘定界外荒埔所在與分配情況表

界外荒埔所在	甲數	
永平坑	169.81	1.蕭壠社小屯外委分撥3甲 2.蕭壠社小屯蕭壠社、蔴荳社、蕭里社分撥166.82甲

---

[43] 洪麗完，《熟番社會網絡與集體意識-臺灣中部平埔族群歷史變遷1700-1900》（臺北：聯經出版公司，2009），頁213-214。
[44] 周璽，《彰化縣志》（臺北：臺灣銀行經濟研究室，1962），頁221。

丈八娘坑	159.32	1.蕭壠社小屯灣裡社分撥 69.52 甲 2.柴里小屯水沙連社分撥 90 甲
虎仔坑	33.52	1.北投社小屯南投社分撥 23.52 甲
內木柵	187.5	1.北投社小屯北投社分撥 128 甲
萬斗六	87.26	1.東螺社大屯大武郡社、半線社分撥 42.26 甲 2.北投社小屯貓羅社分撥 45 甲
大姑婆	176.19	1.蕭壠社小屯大武壠社、茄拔社、芒仔芒社、大武壠派社分撥 129.19 甲 2.阿里史小屯大肚中社分撥 47 甲
校標林	50.63	1.東螺社大屯眉裡社分撥 50.62 甲
沙歷巴來積積	320.36	1.蕭壠社小屯嘉義社、哆囉喀社分撥 60 甲 2.柴里小屯打貓社、他里霧社分撥 49.34 甲 3.東螺社大屯東螺社把總、外委分撥 8 甲 4.東螺社大屯東螺社、馬芝遴社、二林社分撥 203 甲
水底寮	597.74	1.東螺社大屯大突社、阿束社分撥 106 甲 2.北投社小屯柴坑社、大肚北社、大肚南社、貓霧西社分撥 104 甲 3.阿里史小屯阿里史社、水里社、遷善南社、遷善北社、感恩社、烏牛欄社分撥 253 甲 4.柴里小屯西螺社、貓兒干社、南社分撥 131.75 甲
東勢角	13.18	1.蔴薯社大屯把總、外委分撥罩欄埔 8 甲 2.蔴薯社大屯蔴薯舊社、岸裡社、翁仔社、葫蘆墩社、岐仔腳社、西勢尾社、林仔籬社、貓裡蘭社分撥 298.9 甲、雞油埔 94.53 甲、東勢角埔地 13.18 甲
雞油埔	94.53	
罩欄埔	316.96	

資料來源：臺灣銀行經濟研究室編，《清代臺灣大租調查書》，頁 1042-1045。

　　番屯之設，各屯內部各社之間係以社群間的社會網絡為基礎而組成，[45]上表養贍埔地的分配基本上亦循各屯諸社的社群網絡而分配，[46]各屯的埔地可能分成數處，但區分之間，仍以各社既有之空間與社群網絡為基礎。但是養贍埔地常為距社遙遠之處，要求自耕，實有困難，土地因而贌給漢人耕眾，收取地租。蕭壠社小屯大武壠等社分配大姑婆一帶土地，即自為業戶，收取「應份大租」，土地則由漢人墾戶承墾。光緒八年（1882），將位於「土城莊」、「番仔寮莊」與「車籠埔莊」等處之

---

[45] 洪麗完，〈國家制度與熟番社會關係（1790-1895）：以清代臺灣番屯組織為例〉，頁 30。
[46] 各屯諸社彼此間地域與社群關係，參閱洪麗完，《熟番社會網絡與集體意識-臺灣中部平埔族群歷史變遷 1700-1900》，頁 248-251。

大租權售與林振興廍，當時番界已經解禁，大租權的轉賣即為地權的轉賣。

> 立杜賣盡根大租契字大武壠社屯目林炎生，蒙蒙社屯目江中安，加拔社屯目王登貴，頭社屯目潘添生等，同有應份大租在貓羅、藍興兩堡。今因開費不敷，眾屯目相商，抽出土城莊、番仔寮莊、車籠埔莊等處大租穀共三十八石六斗六升正出賣，先盡問番親人等不能承就，外托中引就向與林振興廍出首承買，三面議定時值盡根價銀七兌一百九十三大員正。其銀即日同中交收足訖；隨即現對各佃戶租額，湊合三十八石六斗六升，交付買主收抵利息，永為己業。自此一賣千休，日後不敢言找言贖，生端滋事。保此租業是炎生等應份大租，與別社及本社番親無干，並無重張典借他人財物，以及拖欠正供為礙；如有此弊，炎生等同出首抵擋，不干買主之事。此係二比甘愿，各無抑勒反悔，口恐無憑，同立杜賣盡根契字一紙，付執為照。即日同中親收過契字內七兌銀一百九十三大員正完訖，再照。
> 光緒八年五月　日。為中人　□□□ 代筆人　李進修 立杜賣盡根大租契字人　王登貴 潘添生[47]

　　另外，乾隆 55 年實行番屯之際，界外丈溢土地約 3,700 餘甲，年應收租穀 41,000 餘石，充作屯餉。其土地仍發原墾佃戶耕種，每穀一石折銀一元，於晚稻收成時繳納，由佃首負責經理。[48]彰化縣境全年應收租穀 11,354.275 石，折佛銀 11,354.275 元。其中支給東勢角佃首何統妹，年給辛勞穀 60 石，折銀 60 元。沙歷巴來積積、校栗（林）、車壠埔等處租務，由佃首張標松負責，大姑婆一帶租務則由林延瑄負責。[49]下述乾隆 55 年彰化知縣宋永清的報告，說明丈溢與續墾田園應定等則科收租穀，由該管佃首、通土收繳，充作屯餉。對於清丈後的土地，其田園甲數則為丈單執照，以為憑證。根據這個辦法，車壠埔庄佃戶林燕龍續墾園 4.285 甲，應納屯租 12.85 石，以每石折銀一元計，交給該管佃

---

47 臺灣銀行經濟研究室編，《清代臺灣大租調查書》，頁 690。
48 臺灣銀行經濟研究室編，《清代臺灣大租調查書》，頁 1034、1036。
49 臺灣銀行經濟研究室編，《清代臺灣大租調查書》，頁 1053。

首張標松。但林燕龍原先墾地所應繳之隘番口糧仍應照舊繳納。

> 特授福建臺灣府彰化縣正堂、加六級紀錄十次宋，為遵旨定議具
> 奏事。案照本邑界外沿山一帶田園埔地，經奉大憲奏明清釐，檄
> 委理番分憲黃親詣勘丈，分別民番墾業，應陞應免，未墾埔地酌
> 給屯番弁丁勻分耕種，丈溢及續墾田園定等科租，責成該管佃
> 主、通土收繳，撥充屯餉，詳奉憲檄縣遵照辦理等因。除頒發租
> 冊諭飭該管佃首、通土按佃徵收，並出示曉諭外，所有經丈各佃
> 現耕田園甲數，合給丈單執照。
>
> 為此，單給該佃戶即便查照後開經丈田園，按年將本名下應完屯
> 租穀石，遵照憲議，每石折佛銀頭銀一員，照數向該管佃首張標
> 松交收彙繳，取具收單執照安業，仍將應給隘番口糧照舊交納；
> 倘棍徒藉端爭佔，許齎丈單呈告赴縣，以憑拏究。該佃戶抗欠租
> 穀，定將現耕田園起出歸官，從嚴究治不貸須至丈單者。
>
> 計開：貓霧捒保車籠埔莊佃戶林燕龍，現丈續墾園四甲二分八釐
> 四毛八絲。除原額園甲仍歸該社番照舊征租外，實丈溢五等園四
> 甲二分八釐四毛八絲，該納屯租穀一十二石八斗五升四合四勺。
> 右照給佃戶林燕龍准此。
>
> 乾隆五十五年八月初九日給。[50]

　　道光 18 年（1838），福建布政使以臺灣府造報之屯地面積與原報出
入甚大，要求臺灣道府委員勘查清釐各地屯墾土地，並說明此次清釐，
在於杜絕漢人侵佔典賣，以免屯丁困苦。對於屯丁不能遠耕而招佃承
墾，則須明列照何則例征納，並妥議章程。[51]但實際上臺灣各地屯租土
地流入漢人情況已十分嚴重，原本用意保障番丁的制度，卻成為造成番
丁流離的重要原因。道光年間成書之《彰化縣志》於此有深刻討論。

　　屯政之弊在於埔與餉皆圖具虛名，原先撥配土地與發給屯餉用意在
安定屯丁生活，但因所給埔地皆遠其所居，難以往耕，不得不給佃開墾，
歲收租稅。但結果「鱷弁盜為給贌者有之，虎佃抗其租者有之，蠹胥潛

50　臺灣銀行經濟研究室編，《清代臺灣大租調查書》，頁 1069-1070。
51　臺灣銀行經濟研究室編，《臺灣彙錄甲集》（臺北：該室，1959），頁 71。

為埋沒者有之」，造成埔地流失。屯餉由官設佃首徵收，但「非諉之佃人之抗欠，即推之宮司之挪移」，加以屯書發串以刁難、勒索屯弁、冒領、捏假名報銷等，造成屯餉僅實存其名，屯丁無所依，只好離棄土地。沿邊各隘的情況，弊亦相同，佃人推諉不納隘租，若「屯丁欲向徵收，則曰此納隘也，隘丁欲向徵收，則曰此納屯也。」「昔日土牛紅線，至今已無遺跡，界外之荒埔具為民間樂土。」隘丁首悉由漢業戶舉充，多為當地豪強，其不惜以重貲投充此役，在於收取地租，實非為隘務。[52]屯丁生活無依，自然他遷。

　　車壠埔、校標林、大姑婆、沙歷巴來積積、阿里史社與黃竹坑等烏溪支流沿山地帶的土地，乾隆 25 年在國家的政策下，畫為番界，作為漢番分界所在，所有界外已墾未墾土地悉由岸裡社認墾報陞，作為番業，不許漢人侵越。乾隆 55 年，政策又巨大轉變，沿山未墾的土地被納作番屯土地，原作為岸裡社的「番業」，變成國家酬給各社屯弁的土地，岸裡社的番業地被分割。但無論養贍埔地或屯租地後皆漸被漢佃所侵據，轉變成為漢人的聚落，用以保障番丁的制度終致失效，車壠埔、校標林、大姑婆、沙歷巴來積積等代表番地認知的地名，終究消失在漢人命名的聚落間。

五、結論

　　臺中盆地東緣沿山地帶，由於鄰近沖積扇端湧泉帶，形成許多沿著地勢由北而南的河流，沖積扇端的土地堆積加上河川水利的便利，成為清代漢人自烏溪而入，沿溪而上的入墾據點。另一方面，康熙 55 年，官方將此區域撥給岸裡社墾耕，可說是國家力量介入本地發展的開始。本地區原為臺中盆地的邊緣地帶，亦屬族群與開發上的邊緣地區，土地原非岸裡社傳統領域，岸裡社雖領有此地，但一開始並非有積極的作為。直至與六館業戶割地換水，大甲溪東南一帶之土地開始受到關注，

---

52 周璽，《彰化縣志》，頁 226-227。

並於雍正 10 年，大甲西社事件後，向官方重申在本地區的土地權利。由此官方的勢力開始介入當地的族群關係，劃分番界，實行漢番分隔的政策。但所謂政策的界線雖然依賴地形特徵而呈現，但當地交錯的水系，加上人為操弄，使番界線難以確定，如此模糊曖昧的空間界線，反而助長漢人入墾的現象，使得本地區成為國家政策與漢人自主入墾力量拉鋸的場所。番界線分隔族群的作用，不斷受到挑戰。

　　林爽文事件後，在國家勢力的支配下，本區域丈溢墾地與未墾荒埔轉變為番屯之養贍埔地與屯租地，先前番業、漢墾、番界三者混淆重疊的現象，表面上看起來似乎釐清，本地區成為國家勢力支配下的各屯所有土地，但諸社未能自耕的結果，反而使本地區加速轉變成為漢人的墾地。

　　（原刊於逢甲大學主編，《第四屆臺灣古文書與歷史研究學術研討會論文集》（臺中：逢甲大學，2010），頁 195-236。）

軸線翻轉
——由日治時期萬春宮七媽會看大墩街的變與不變

一、前言

日治時期臺中市的範圍是以清代大墩街與省城二個區塊為基礎，合併稱為臺中街，包含二個土名，臺中與東大墩，包含於臺中區內。大正9年（1920），地方制度改正，臺中區改制為臺中市。原以省城城牆分隔之臺中與東大墩，在拆除城牆與開闢南北向之道路後，原來東西向之空間區隔線（城牆）逐漸為南北向之都市計畫道路所取代，形成以道路（鈴蘭通）區隔的東西二塊生活空間。西側為以車站、行政官署、銀行、郵局、圖書館、官員宿舍等公共建築所在為主，主要為日人的分布區。東側則為臺人的生活空間，以市場、商店與寺廟為主要的空間特色。

本論文計劃探討日治時期大墩街在市區改正的過程中，如何將傳統街區融入新的都市框架內，但即使城市的規模與外觀發生巨大改變，但傳統大墩街所在仍為臺人社群主要的活動場域，既有的生活作息上仍然依循既有習俗脈絡而運作。

本文接著擬以萬春宮七媽會活動為例，說明清代以來臺中盆地內以大墩街為中心的臺人生活圈，以及以萬春宮為中心的宗教活動，在日治時期有形的寺廟建築雖然遭到拆除，但有臺中媽祖稱號之萬春宮媽祖仍為在地臺人的宗教中心。以此探討日治時期臺中市新舊空間外觀在轉換過程中，臺人一方面逐步接納現代生活方式的同時，傳統生活的步調也同時延續著，形成臺中城市新舊兼容的城市風貌。

二、自大墩街至臺灣省城

大墩之名首見於余文儀纂修之《續修臺灣府志》，該書編修於乾隆

25 年（1760）至 27 年（1762）之間，其「規制」項下載各縣街市，彰
化縣犁頭店街下註明：「**在貓霧捒保犁頭厝莊，距縣東北三十里。保內**
更有大墩、新莊二小市。」[1]意思為犁頭店街位於犁頭厝莊內，大墩與
新莊二小市，是否也位於大墩庄或新庄內？岸裡大社文書載乾隆 31 年
（1766），貓霧捒巡檢汪國順要求各庄查明越界私墾「奸民」，以憑嚴究
詳逐。其諭知對象包括大墩庄、內新庄、三十張犁、樂好庄、老社庄、
下瓦窯、上瓦窯、潭子唇、茄荖閣、烏牛欄、葫蘆墩、朴子篱等各庄甲
長。[2]此時大墩稱大墩庄，《續修臺灣府志》所謂小市，應為在大墩庄內
已有小規模的市集。乾隆 45 年（1780），岸裡社總通事潘慈明向北路理
番同知史嵩壽控訴「**阿里史社被大里杙、內新庄、外新庄、東大墩庄等**
漢奸糾眾數百圍社焚搶」等情。[3]大墩庄又稱為「東大墩庄」。

　　綜合上述二件岸裡大社文書可知，乾隆中期大墩庄內設有甲長，管
理庄內事務，且內新庄、三十張犁、樂好庄、老社庄、下瓦窯、上瓦窯、
潭子唇、茄荖閣、烏牛欄、葫蘆墩、朴子篱等近山各庄均設甲長，由貓
霧捒巡檢直接指令各甲長執行政令。貓霧捒保係新闢之地，設保甲以維
持秩序，各庄即為保甲，對內管理庄內事務，對外防範漢原人等出入「番
界」。大墩庄（或稱東大墩庄）又與大里杙、內新庄一帶的漢人前往攻
擊阿里史社。大墩庄位居臺中盆地東側，臨近「番界」，居漢人拓墾的
前緣地區，與大里杙、內新庄、三十張犁至葫蘆墩串聯成一條盆地東側
向番界外近山地區拓墾的前哨動線，人員貨物往來頻繁，大里杙與葫蘆
墩日後均發展成市街所在。

　　大墩庄的發展與藍興庄墾業有關。根據藍廷珍的奏摺，其於雍正 2
年（1724）11 月，差家人蔡克俊前往查勘，立業戶藍張興，向彰化縣
請墾貓霧捒社與大肚社二處荒埔獲准，給予印單墾照，並與二社立約，
代納餉銀。[4]按藍廷珍於雍正元年就任福建水師提督，還駐福建，故遣

---

[1] 余文儀，《續修臺灣府志》（臺北市：行政院文化建設委員會，2007），頁 193。

[2] 岸裡大社文書出版編輯委員會編，《國立臺灣大學藏岸裡大社文書（三）》（臺北市：國立臺灣大學，1998），頁 1027。

[3] 同上書，頁 1531。

[4] 孟祥瀚，〈藍張興庄與清代臺中盆地的拓墾〉，《興大歷史學報》17（2008），頁 421。

家人蔡克俊前往請墾。立墾號藍張興，寓意為土地係藍家與張家所合置。張家即為原任北路營參將、於福建城守營副將任內招佃開墾，立號張鎮庄之張國，但張國逝於康熙60年（1721），故實際上與藍廷珍合作者為張國之子張嗣徽。藍張興墾號代大肚社與貓霧捒社繳納餉銀，說明其請墾之地，原為大肚社與貓霧捒社所有，藍張興墾號以繳納餉銀的形式換取拓墾土地的使用權。但是藍張興墾號在向官方請墾之後，就官方的法律而言，即成為土地的業主，獲得土地的所有權。

藍張二家的土地大致以柳川為界，東側屬藍家所有，後稱為藍興庄，西側至今南屯溪一帶則屬張家墾業。藍興庄的區域主要以今日柳川與綠川之間，向東南延伸至今旱溪北岸與西岸一帶，包含番婆庄、九張犁庄、樹仔腳庄、下橋仔頭庄、上橋仔頭庄、棋盤厝、大墩街、後壟子等。乾隆以後，再陸續增加大里杙、萬斗六、太平庄等番界線內外之地，同治年間合而形成藍興保。

大墩庄作為藍興庄的中心，其因素有二：一此處為藍家經營藍興庄墾業的根據地，乾隆43年（1778），藍廷珍孫藍元枚以藍興庄土地遭佃陸續開墾，典賣不一，產權紛亂，要求重新丈量，確認土地所有權。經過官方「**親詣查勘，眼同業佃，按址鱗丈**」後，繪圖造冊，歷經臺灣府道，福建督撫批給在案。彰化知縣馬鳴鑣立碑諭示藍興庄各佃須「**照冊納課輸租，毋再覬覦混爭**」。[5]透過本次勘定田畝界線，再度確認藍家土地所有權。光緒年間，藍家後人仍以「藍興館」，經營管理大墩街一帶的土地。二為設汛駐守，雍正11年（1733），設貓霧捒汛位於大墩，以都司一員、把總一員帶兵250名駐紮。清廷在大甲西社反抗事件後，大幅增加北路的駐軍，不僅宣示以武力彈壓的態度，亦為國家權力遍及本地的象徵，為漢人之拓墾事業提供有力的保障，加速了漢人移入的腳步。大墩莊因有軍隊駐防，加速了發展的速度，自雍正初年立號拓墾，至乾隆25年，前後約40年，墾民聚集，已成市集所在。

大墩莊因設貓霧捒汛而為駐軍的中心，雖然乾隆3年（1738），增

---

5 同上註。

設柳樹湳汛，撥貓霧捒汛兵 50 名與彰化汛兵 50 名駐守。但貓霧捒汛仍為主要盆地內主要的軍事重心所在。林爽文事件初起，中營游擊耿世文會同北路營副將赫生額與彰化知縣俞峻率軍進駐防貓霧捒汛，但遭林爽文攻破，從而席捲大肚溪以北之地。道光年間，經過百年的拓墾，原來旱溪以東界外近山之地已為漢人聚落，原漢的衝突已然降低，原來設汛「防番」的作用已然消失，大墩街的軍事作用降低。然而乾隆以來的械鬥事件，卻仍然蔓延於葫蘆墩、石岡、東勢與后里之間，治安的重心轉向北部的葫蘆墩一帶。道光 13 年（1833），撤貓霧捒汛移駐葫蘆墩街，原葫蘆墩汛外委一員與兵四十名則移駐大墩，改稱大墩汛。

　　大墩莊軍事作用雖然降低，但是位於盆地東側交通動線上，市肆商貿反而更加繁榮發達。道光年間纂修之《彰化縣志》載貓霧捒保內街市計有大墩街、犁頭店街、葫蘆墩街、大里杙街、四張犁街、東勢角街與石岡仔街等七處。葫蘆墩街、石岡仔街與東勢角街沿大甲溪構成一條人員貨物東西往來的動線。大墩街、犁頭店街、葫蘆墩街、大里杙街、四張犁街分據盆地周邊，構成盆地內部聚落間交通動線的支點。由於臺中盆地內溪流以東北西南走向為主，聚落多沿溪流而分布，因此沿溪南北而行串連各聚落的道路成為盆地內交通路線的主要特色。

　　大墩街位於盆地內相對中心的位置，往北經四張犁街可達葫蘆墩街，往南越旱溪至大里杙街，再連通阿罩霧與柳樹湳等貓羅溪東岸一帶；或向西南經下橋仔頭莊、樹仔腳莊至烏日莊等大肚溪北岸一帶；或是向東至東勢子、旱溪，至太平莊。而向西行，經公館莊、後壠子莊，田心莊至犁頭店街。村落北連葫蘆墩街的南北路線由大墩街向西經棋盤厝、土庫莊而達犁頭店街。貓霧捒巡檢駐守犁頭店街，為盆地內負責維持治安的官長，大墩街設汛佈防，為重要的軍事中心，二者之間的聯絡道路寓有官方控制彈壓的意涵。日治初期關口隆正編輯之《臺中沿革志》記載，二地之間僅一（日）里之隔，為便利往來，遂在途經的溪流上架設橋梁，日治初期橋雖不在，但碑碣猶存。日治初期所存碑碣如下：[6]

---

[6] 關口隆正，《臺中沿革志》，頁 14。本書現藏於國立臺灣圖書館，未具作者，打字內容剪貼於印有臺中廳紅色格線信紙上，裝訂成冊。比較關口隆正於臺灣慣習記事發表之臺中移住

新造安樂橋　道光 14 年（按：應為 15 年）乙未陽月[7]

新造永樂橋　咸豐元年陽月

重建最樂橋　道光 24 年 6 月

重建萬安橋　同治 11 年 8 月

犁頭店街與大墩街之間需橫越柳川、麻園頭溪、土庫溪與南屯溪，沿途特別興建四座橋梁以通往來，可見二地之間交通的重要。

大墩街的興起，除了交通因素外，亦與地形有關，洪敏麟分析大墩街由於鄰近邱厝溪，各籍移民聚集，居民以溪水為動力，設置水碓，碾製白米，使得大墩街逐漸發成為一農產集散加工中心，奠定其由農村轉換為具有工商基礎的商貿市鎮。再者，大墩街位於東大墩丘陵、其分水嶺偏西臨近柳川，使得大墩街街市的發展，大致沿河岸呈現東北西南的走向。[8]東大墩丘陵東側為柳川與綠川之沖積平原，因排水不佳，形成沼澤散佈之地。日治時期市街改正之際，大舉填補而成今日市區。

戴潮春事件後，大墩街的恢復，根據臺中廳參事林汝言的說法，與太平林志芳有關。林志芳隨林文察平定戴潮春事件，事後官方為彈壓地方，管理秩序，於犁頭店街設置保安局，以林志芳為局長。而大墩街一帶在兵亂之際房屋盡燬，數年未能復原，盡成草木叢生的荒野，匪徒藏匿其間，搶劫往來商客，造成治安的問題。林志芳認為大墩一帶平野可聚族數萬人，將來必有振興之一日，遂稟官倡議重建市街，招募民眾前往。於是官方將原來幅員遼闊的揀東上保重劃保甲，劃出藍興保，任命林志芳為藍興保保甲局守，負責藍興保的治安，旋舉為大墩街建設董事。[9]林志芳自己並率眾移住於東勢子開墾土地，建設店舖，指導莊民經營各種商業，數年間已成小市。

民史，內容頗多相同處，故以臺中沿革誌作者應為關口隆正。成文出版社將本書收錄於《臺中概況》內，作者名稱題為岡口隆正，疑誤。

[7] 臺中市文化局於民國 96 年（2007）指定新造安樂碑為古物，關於此碑之由來認為係捐建福德祠而立之捐題碑，惟經比對臺中沿革誌所載，特別是立碑時間與刊刻文字，疑此碑應為道光 15 年新造安樂橋時所立之捐題碑。

[8] 洪敏麟，〈從東大墩街到臺中市的都市發展經過〉，《臺灣文獻》，26：2（1975.6），頁 119-121。

[9] 臺灣總督府公文類纂，第 9349 冊，第 1 案，頁 192。《臺灣霧峰林氏族譜》，頁 121。孟祥瀚，〈藍張興庄與清代臺中盆地的拓墾〉，《興大歷史學報》17（2008），頁 421。

　　同治 7 年（1868）之後，大墩街景況逐漸復原，同治 12 年（1873）之際，街內已發展成出頂街、中街與下街等數個街廓（參見圖一）。中街所在商家連棟並立，以米穀買賣為大宗。[10]頂街或稱上街，約為今中區平等街、光復國小一帶，中街為以今萬春宮為中心之平等街與成功路一帶，下街約為今中區平等街與三民路間之臺灣大道 299 巷及中山路175 巷一帶。[11]頂街西側臨近柳川之地，尚有舊街，應為大墩街早期市街所在，舊街與頂街之間，另建有暗街。[12]舊街應係大墩街最早耕墾所在，其後街區向東邊延伸，以萬春宮為中心，另外形成街區。按東大墩之名通常說法係對應西大墩街而來，惟前引岸裡大社文書，乾隆 45 年（1780）已見東大墩莊名稱，東大墩之名可能指市街東移後的新市街所在。西大墩街發展於道光年間，應係相對於大墩街西側而興起的新街市。故東大墩街與西大墩街之名有其各自不同時空的指涉，並非直接彼此對應的稱呼。

10　氏平要，《臺中市史》，頁 59。

11　洪敏麟，〈從東大墩街到臺中市的都市發展經過〉，頁 123。

12　關口隆正引用林汝言的說法，暗街係光緒 9 年大墩街大火後，負責重建之林志芳，為維持舊街商貿繁榮，特意將建造彎曲的道路以使商旅停留，但日後暗街卻發展成風化場所林立的所在。關口隆正，《臺中沿革志》，頁 12。關口隆正，〈臺中地方移住民史〉，《臺灣慣習記事》，第 8 號（1901.8），頁 8。

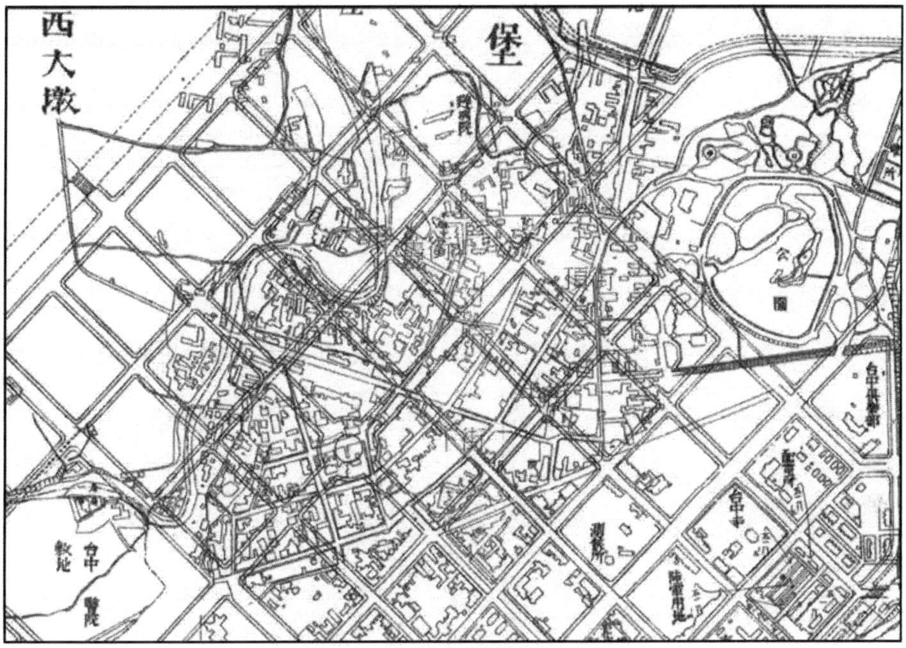

圖一：清代大墩街市街圖

資料來源：中央研究院地理資訊科學研究專題中心製作，臺灣百年歷史
地圖網站。紅字部分為作者所加。

　　商貿繁榮之外，頂街北側建有馬舍公廟，[13]中街為萬春宮，下街有
慎齋堂[14]。同治 13 年（1874），本地仕紳並獻地捐銀重修超然社文祠，[15]
按超然社已見錄於道光年間之《彰化縣志》，[16]同治年間重修，應與戴潮
春事件之際遭到損燬有關。可知大墩街雖然遭兵燹，但是市容、商況、
文教與信仰等機能或活動在事件後十餘年間即已恢復。

　　光緒 13 年（1887），劉銘傳奏請於橋仔頭設置臺灣省城，大墩街的
發展從此產生重大的變化。橋仔頭位於大墩街東南側，南臨旱溪，為盆
地南端出入大里杙、阿罩霧的門戶，乾隆年間已成聚落。但是省城實際
上是建立在在東大墩街東南方至橋仔頭莊與旱溪莊之間的土地上，此範

---

[13] 原址位於新富町六丁目。大正 8 年（1919），該處指定為學校用地，即今光復國小，廟遂遷
　　移至今址。氏平要，《臺中市史》，頁 727。

[14] 位於今平等街與民族路口一帶。

[15] 〈超然社重修文祠捐題碑〉，見臺灣銀行經濟研究室編，《臺灣中部碑文集成》（臺北：臺
　　灣銀行經濟研究室，1962），頁 158-159。

[16] 周璽，《彰化縣志》（臺北：行政院文化建設委員會，2006），頁 149。

圍內僅新庄子一帶為聚落，以及西側新修建之超然社文祠，其餘土地或為民有墾地或官有的抄封地與荒地。

　　新庄子為吳鸞旂所有之產業。吳鸞旂先祖吳文清於乾隆 40 年（1775）購入秦張江墾號所有之甲霧林與樂好等處租業。秦張江墾號為秦登鑑、張承祖、江長春等人於雍正 12 年（1725）合資向阿里史社贌墾甲霧林與樂好一帶的土地所成立的墾號。甲霧林與樂好即二分埔及東勢子一帶，吳文清購入秦張江墾號之租業後，即設館招佃開墾，後人吳國圭並遷移至新庄子一帶，管理二分埔與東勢子一帶的租業。吳家與萬春宮的關聯早在道光 4 年（1824），監生鄭卿雲等捐贈田產作為寺廟香火之資，其購置田產「坐落土名過溪仔莊，經丈一甲二分，……。年配納業戶吳大租粟五石，又配納大肚番租粟二石七斗五升。」[17]案業戶吳即東勢子一帶吳家的田業，其原先為大肚社所有。過溪仔莊即今東區東信里一帶。

　　吳國圭子吳懋建隨林文察征戰太平天國與平定戴潮春事件，為追隨林文察之十八大老之一，並娶霧峰林家林奠國之妹為妻，生子吳鸞旂。[18]林朝棟因協助劉銘傳抵抗法軍有功受到重用，委辦臺灣中路營務處，統領棟字等營，辦理中路撫墾與樟腦事務，並平定施九緞事件，儼然成為中部地區最具實權的人物。於是同光年間擔任藍興保保甲局守與大墩街建設董事之林志芳，加上地方豪族吳鸞旂與掌握實力之林朝棟，透過血緣與婚姻關係構成當時大墩街一帶最具有實力的集團。故省城的建立，亦牽動著地方勢力的消長，吳鸞旂家族與林志芳、林朝棟家族躍然而起，成為地方上重要的領導家族。

　　省城工程由臺灣知縣黃承乙負責監造，仕紳吳鸞旂為總理，棟軍統領林朝棟督率兵勇興建城垣，故實際上省城是在吳、林二家的鼎力支持下進行的。工程自光緒 15 年（1889）動工，但因經費拮据，城牆部分築以土牆，僅城門以磚料建造。光緒 17 年（1891）停工之際，大致完成西門經小北門至北門一段約 650 丈之城牆，其他城牆僅完成約一公尺

---

17 〈萬春宮廟產諭示碑〉，見臺灣銀行經濟研究室編，《臺灣中部碑文集成》，頁 91。
18 謝英從，《臺南吳郡山家族發展史》（南投市：國史館臺灣文獻館，2010），頁 41-42、51-54。

高之土城基座。[19]

　　省城城牆工程雖未完成，但做為統治的節點，相關規制仍需完備，除了具有統治意涵的城牆與官衙等建築外，具有教化作用之孔廟與祀壇等場所，亦不可或缺。劉銘傳奏摺謂：「惟郡縣既設，各工可緩，而城垣保障攸關，衙署、監獄為辦公羈禁之所，未可緩圖」，「此外廟祠、試院，由府縣邀商紳富先儘民捐，如果捐款難籌，再行籌助辦理。似此因陋就簡，草創開基，縱使撙節萬分，經始安能無備？」[20]劉銘傳認為城垣、衙署、監獄、廟祠與試院等在省城草創開基之際，即使經費不足，萬分撙節，這些衙署祠廟也不能無所備置。清代直隸各省府縣所在之壇祠包含社稷壇、先農壇、雲雨雷神祠、境內山川、城隍之神、風神、雷神專祠、龍神祠、火神祠、厲祭、先師廟、關帝廟、文昌廟、禦災捍患諸神、名臣忠節諸祠、賢良祠與昭忠祠等。[21]均由官府率同仕紳按時致祭，以崇教化與安地方。臺灣省城共建八門四樓，其中大北門外有接官亭，為官員往來接送之處，大西門通稱儀路，大東門為禮門。城內外除了縣衙之外，相關廟祠場所如下：[22]

　　社稷壇：位於東門外，光緒15年建。

　　風雲雷雨山川壇：位於東門外，光緒15年建。

　　先農壇：位於南門外，光緒15年建。

　　文廟：在府治小北門內，光緒15年建。中為大成殿、東西兩廡，後為崇聖祠，左為明倫堂，右為學廨。[23]曾作為衛戍病院所在。

　　天后宮：位於大墩街。

　　城隍廟：位於新莊仔，光緒15年建。曾作為衛戍病院附屬病室。

　　厲壇：位於北門外，光緒15年建。曾作為測候所。

　　名宦祠：位於文廟欞星門左側。

　　鄉賢祠：位於文廟欞星門右撤。

---

[19] 氏平要，《臺中市史》，頁740。

[20] 劉銘傳，《劉壯肅公奏議》（臺北市：臺灣銀行經濟研究室，1963），頁291-292。

[21] 整理自臺灣銀行經濟研究室編，《臺灣私法人事編》，頁201-209。

[22] 連橫，《臺灣通史》（臺北市：臺灣銀行經濟研究室，1963），頁261。

[23] 文廟位於靠近東門處，見氏平要，《臺中市史》，頁143。

　　林剛愍專祠：在北門內西小溪地方，光緒 18 年完工。第二旅團司
　　　　　　　令部所在。

　　其中除天后宮外，其他祠壇均為新築。大墩街之天后宮即今之萬春
宮，在建省之後，其性質即由地方的宮廟轉變成為由官府依時致祭的官
廟。此外，城內尚有同治 13 年（1874）捐建之超然社（或稱孔孟堂）。

　　除了廟祠之外，衙署也是城內的主要建築。根據關口隆正的調查，
這些官衙在日人進佔省城之後，曾被占為官署或駐軍之所在如下：[24]

　　試院：臺中縣廳。[25]

　　文巡捕廳：臺中醫院。[26]

　　武巡捕廳：臺中辨務署。[27]

　　供給署：臺中監獄。[28]

　　演武廳：有時作為禮房之用，初期作為臺中地方法院，後為縣廳宿
　　　　　　舍。[29]

　　臺灣縣儀門：第四、九大隊營舍。[30]

　　武營：西門外砲兵營舍。

　　省城內外主要之政軍機構有臺灣縣衙、考棚、宏文書院、文武巡捕
廳、供給署、演武廳、武營等。其城市的性質無疑的是以統治與教化的
機能為主。但是在生活機能與方便出入大街的考量下，考棚、超然社（孔
孟堂）、林剛愍專祠與臺灣縣衙均位於小北門一帶，新庄子原為大墩街
東側之聚落，自成一個生活區塊。（參見圖二）省城城牆與城門雖未全
然完成，但完工的城牆與未完成的土牆仍明顯標示出城內與城外的區

---

[24] 關口隆正，《臺中沿革志》，頁 10。

[25] 臺灣縣廳於明治 28 年（1895）12 月遷入考棚內。

[26] 巡捕為總督、巡撫、將軍之僚屬，文巡捕負責傳宣，武巡捕掌護衛。臺中醫院於明治 29 年
　　（1896）初設於清代考棚附屬之巡政廳內。見氏平要，《臺中市史》，頁 587。

[27] 明治 30 年（1897）臺灣縣改設為臺中縣，下轄臺中辨務署位於原考棚內。

[28] 供給署為置放舉行考試時所需各項用品之處。明治 29 年（1896）3 月，臺中縣監獄署設於於
　　考棚東南側角落。明治 36 年（1903）遷移至利國町 7 丁目。參考〈臺中刑務所沿革概要〉，
　　見《臺中刑務所刑務月報》，8：9（1933.1），無頁碼。

[29] 演武廳為將校操練武藝的廳堂，室外軍隊操練與檢閱的場所則稱教場。

[30] 即原臺灣縣衙所在。

域。城內新庄子為既有聚落，築城前與東勢子、三十張犁莊、二分埔莊連絡，或向東側與旱溪莊相連，再越旱溪至太平莊。新庄子在大墩街東側形成一個以吳家產業為主的生活區塊。越旱溪則為太平林家的拓墾勢力範圍。

除了官治機構外，大墩街與省城一帶尚屯駐林朝棟所轄之棟軍。光緒 14 年（1888），施九緞事件後，中路一帶的防務，由林朝棟之棟軍接手。光緒 17 年（1891），棟軍屯駐省城與大墩街一帶者，包含：（一）林朝棟自行統帶之棟字正營，原駐水長流、北港、龜仔頭等處，調紮東大墩省城一帶地方操練巡防候遣，下轄正副哨弁 8 員、勇丁 496 名、長夫 100 名。（二）棟字副營，駐紮橋仔頭、南北投與葫蘆墩一帶，副將佘保元統帶，正、左、右三哨弁勇 325 名、長夫 60 名。（三）棟字衛隊營，由儘先千總林青雲管帶，駐紮東大墩一帶地方操練巡防候遣，左、右哨官弁勇丁 209 名、長夫 40 名。[31]總計弁勇長夫人數達 1,238 名。這批部隊屯駐於此，應與省城的工程有關。整個省城的防務全由棟軍負責，屯駐三營於此，省城大墩街一帶可謂是棟軍的大本營。今萬春宮猶保存一面由棟軍衛隊營左哨所敬獻之「海晏河清」牌匾。另外中部還有棟字隘勇副營，原稱棟字後營，駐紮彰化一帶。棟字隘勇營駐紮中路大湖一帶。

建省初期，由於官廨未備，巡撫與布政使等藩司仍於臺北辦公，[32]臺灣知府則暫駐彰化，[33]省城內實際上僅臺灣知縣駐守。城內僅考棚側之小北門街稍見市肆外，城內的景況與商貿繁榮發達之大墩街竟有霄壤之別。

省城內之交通路線，短暫的成為省城市街的空間紋理。如圖二所顯示，城內的交通動線由北門至南門之南北道路與東門至西門之東西道路構成十字形幹道，但有趣的是這二條幹道沿線並非主要聚落與人群活動

[31] 劉銘傳，〈為臺灣留防勇練各營駐紮處所及統領管帶銜名兵勇數目遵旨開單仰祈聖鑒事〉，見國立臺灣大學，《臺灣歷史數位圖書館》，檔名：〈ntu-GCM0029-0012000145-0001111-a001.txt〉。

[32] 臺灣銀行經濟研究室編，《臺灣地輿全圖》（臺北市：臺灣銀行經濟研究室，1963），頁 30。

[33] 連橫，《臺灣通史》，頁 121。

的路線。城內人群主要聚集在東西幹線以北地區，再由南北幹線分為東西二個區塊。西側區塊為城內主要的政軍活動區域，包含考棚、林剛愍專祠、孔孟堂，而臺灣縣衙則偏東位於十字街口，大致位於省城的中心位置。日治初期考棚作為日人行政官署，其他建築則為軍隊佔駐，成為日人主要的居住地區。此區塊以小北門連接大墩街，經後壠仔、何厝至西大墩莊。出西門經下橋仔頭、樹仔腳、頭前厝、九張犁至烏日莊連接彰化。東側區塊包含新庄子、文廟與城隍廟。新庄子有小路連接通往北門的南北幹道，以及小東門的道路。文廟臨近小東門，出小東門即為旱溪莊。東、西二區塊的連接通道為自小北門起南下，經考棚與林剛愍專祠之間，轉折東向至城隍廟的道路。

　　此際省城主要的活動區域在於考棚，其城市動線以考棚至孔孟堂與林剛愍專祠之東西動線為主，臨近考棚地區並形成小北門街，由小北門出入，連結大墩街。由於主要的生活機能仍在大墩街，建省後都市的生活重心仍在大墩街，空間動線仍以大墩街之東西軸線為主。

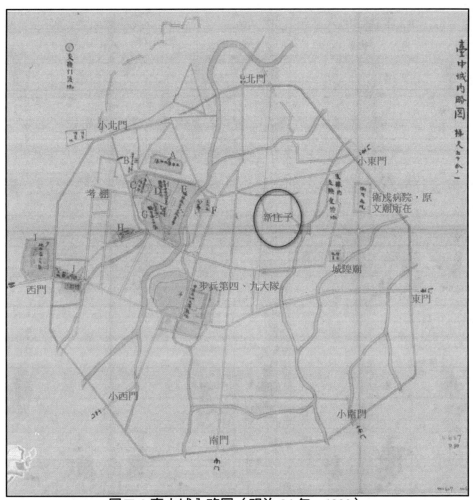

圖二：臺中城內略圖（明治 34 年，1900）

說明：紅線畫圈處為新庄子所在。A.工兵第二中隊（孔孟堂）。B.旅團司令部附屬宿舍 C.第十四憲兵本部 D.臺灣守備混成第二旅團司令部（林剛愍專祠）。E.補給廠臺中支場倉庫。F.衛戍病院分病室。G.臺灣守備騎兵第二中隊。H.補給廠臺中支廠。I.砲兵第二大隊（武營）J.臺中兵器支廠、步兵守備隊、經營部臺中出張所

資料來源：臺灣總督府公文類纂，第 627 冊，第 6 案。

三、自臺灣省城至臺中市

　　日軍佔領之後，省城內成為官廳與軍隊屯駐的所在，日人相繼移入，除了行政官員與駐屯軍人外，平民來者多以開設飲食料理商店為

主，其次則為雜貨店，主要分布於小北門街、小北門內、大墩街與舊街內。明治 29 年（1896）以後，大墩街西側靠近小北門的地方逐漸形成市街，日人稱之「新町」，向南延伸形成富貴街。[34]此際日人來者日眾，市況日盛，省城內外空間的重新規劃也日益迫切。

　　明治 33 年（1900），公告臺中市區改正計畫。此次計畫以省城為範圍，中心規劃為公園用地，東面約三分之一區域為陸軍用地。並且規劃了法院、專賣局、辦務署長官舍、郵便局與火車站等預定地。（參見圖三）計畫區域內除保留原考棚作為臺中縣廳所在外，其他所有建築均不予保留，廢棄舊有道路，規劃 45 度角之棋盤方格式道路，自北門至西門開闢一等街道（今自由路），作為聯通南北的縱貫道路。[35]本次改正計畫意味著省城的空間配置在棋盤方格式道路的規劃下，將完全改觀。但是就內涵而言，北門至西門之縱貫線北端，仍以清末省城小北門一帶為中心。縱貫線以南，則泯除舊有道路作棋盤式的道路規劃。

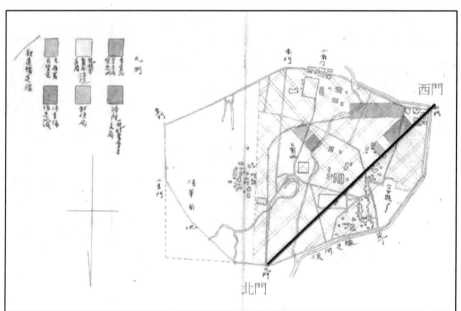

圖三：明治 33 年臺中市區改正道路與省城舊街道對照圖
　說明：北門至西門之粗線為規劃之縱貫道路

---

[34] 氏平要，《臺中市史》，頁 60。

[35] 《臺中廳報》198（明治 33 年 1 月 28 日），頁 7-8。賴志彰，〈日據明治時期臺中市的發展專輯〉，頁 74。

資料來源：臺灣總督府公文類纂，第 624 冊，第 20 案。

　　次年，臺中縣再公告市區改正區域及附屬區域，（參見圖四）將大墩街與舊街納入市區改正的範圍，首次將大墩街與省城統合起來，對於日後臺中市的發展影響深遠。原省城內部棋盤式道路的規劃仍維持不變。圖中斜線的部分為官衙預定地，包含公園地、臺中醫院、臺中縣廳與法院等。

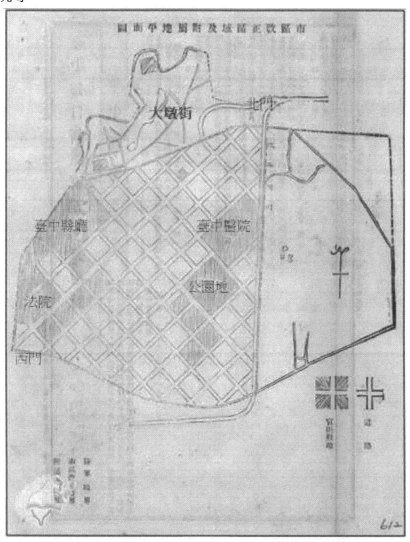

圖四：明治 34 年（1901）市區改正及附屬地平面圖
資料來源：臺灣總督府公文類纂，第 612 冊，第 37 案。

　　明治 35 年（1902），在土地調查的基礎上，臺中廳公布整併後之街庄名稱，查定後之「臺中街」包含「東大墩」與「臺中」二個「土名」，土名「臺中」則包含小北下街庄與新庄仔庄二個舊街庄。臺中街再與東勢子莊、旱溪莊、內新莊、頂橋仔頭莊、下橋仔頭莊、公館莊與後壟仔庄合併成為「臺中區」。[36]大正 9 年（1920），臺中區改制成為臺中市。如此，明治 34 年（1901）之市區改正範圍將大墩街與省城合併成一個市區改正範圍，次年，在行政區域上將二處合併。清末以來大墩街與省城形式上始結為一體。

　　明治 36 年（1903），市區改正開始施工，以土名「臺中」為施工範圍，開闢小北門內縣廳前的道路，並向西側開闢小北下街街道，向東側開闢新盛街道路。（參見圖五）次年並公告新闢地區街道名稱。本次市區改正以明治 33 年（1900）之市區規劃為藍本，以清末省城內小北下街一帶為主，此處為臺中廳所在，故以廳治側與前方作為最先改正的地方。就都市發展的脈絡而言，市區的規畫仍以原大墩街與省城為重心。

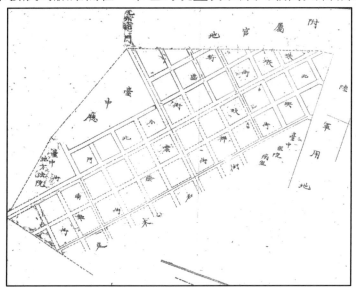

圖五：明治 37 年（1904）臺中街土名臺中市區改正地區街道名稱
說明：實線為已完成地區，虛線為未完成地區。
資料來源：《廳報》，第 579 號（1904.3.17），頁 1736。

---

[36] 明治 38 年，再併入樹仔腳莊、番婆莊與半坪厝庄。見孟祥瀚，《臺中市史·沿革志》（臺中市：臺中市政府，2008），頁 95、100。

　　明治44年（1911）8月17日，臺中廳再度公告市區改正計畫，（參見圖六）本次計畫大幅改變了清代以來大墩街的樣貌，拆除舊市街，大幅擴張市區規模，奠定日治時期以迄於今臺中市的市區格局。惟本次市區改正計畫係以明治33年的市區改正計畫為基礎，擴大延伸，將明治34年已納入市區改正區域的原大墩街併入改正範圍，原來以大墩街為重心的市街因此而大幅翻轉。

　　此市區改正計畫公告之際，已完成的街區與街道主要分布於圖六實線部分為已完成道路，即標示A、B、C、D、E所圍起來的區塊。A點為原小北門所在，由A向南延伸至B、C之間的道路，為明治36年（1903）所興闢，明治44年之際，D、E之間的縱貫線通道已然完成。是以明治44年（1911）之市區改正計畫具有承先啟後的意義，一方面其代表著清代大墩街作為市街中心地位的結束，按省城興建之後，考棚與縣衙均位於出入小北門的動線上，造就省城內小北門街的興起。日治初期以小北門街為主的市區改正，基本上是延續清末大墩街與省城相互依存的關係而來。此依存關係至日治初期仍然成為市區改正的規劃依據，小北門街與新闢之縱貫道基本上與大墩街成平行的走向。而本次市區改正以「臺中街」的思考格局，讓「臺中街」的市街體系脫離大墩街的傳統體系，開始翻轉都市的軸線，「市區」的意象取代凌駕了「府城」的意象。[37]

　　明治44年之市區改正計畫與明治33年的規劃相比，可看出新計畫的若干特色：

　　（一）原來陸軍要求將省城東側包含新庄子至城牆一帶，以及北門外東北側土地均劃歸軍方所有。對照圖六，軍方後來所有之土地僅為北門外東北側一帶的土地。北門經小東門至東門一帶城內的土地並未歸屬軍方。

　　（二）鐵路路線原先規畫由北門入城，繞經考棚與縣衙之間，再由西門而出，此與由總督府陸軍部及鐵道部規劃的縱貫鐵路不同，只好遷就鐵道部的規劃，如此一來，原規劃之公園地、臺中醫院與車站位置均

---

[37] 林良哲、袁興言，〈臺中市歷史建築發展回顧（1945以前）〉，《臺中文獻》6（2003），頁69。

必須重新規畫遷移。[38]鐵道自市區偏東北側穿越市區至西門而出,切斷了北門至西門縱貫道路東側市街的規劃,使其僅至鐵道而止。

（三）臺中街的街廓向北側擴展至柳川以西,以及重新劃設鐵道東南側之街區。主要公共建築集中於臺中廳一帶,如郵便局、臺中醫院、法院、監獄等,以及日後陸續設置之臺中銀行、州立圖書館、女子中學校等,形成日人集中的居住區塊。

（四）為推動市區改正工程,拆除或遷建新町、大墩街、富貴街與新盛街位於規劃道路上的建築。如大墩街上之媽祖廟,憲兵隊前之林家祖廟均被拆除。舊有之巷弄街道也因新的街廓形成而消失。市區改正區域內河道或因街廓需要而拉直或填埋,清代以來的市街景觀因而產生巨大變化。

（五）市區道路與公共空間重新配置規劃,除前述已完成道路外,原先以北門至西門（D、E 之間）縱貫道路以南,向省城內延伸的棋盤式道路規劃,受鐵路阻隔而止,但因將大墩街納入市區改正範圍,市區道路轉向由縱貫道路以北延伸,使得原先僅至縱貫道路北側小北門一帶的規劃,向西延伸至柳川以西的地方。此新劃設的區塊,包含為迎接縱貫鐵路通車典禮而進行市區改正工程之車站前至縱貫道路之間的地方（圖六中藍色線的範圍）,再加上縱貫道路北側原大墩街所在（圖六中紅色線的範圍）,大墩街因而消融於新的市街內。

市區改正工程於 11 月測定各道路計畫線後,即開始拓寬道路,拆除兩側房屋。次年進行火車站前（櫻橋直線向大和橋）道路拓寬工程,左側之房舍全數拆除。大正 3 年（1914）,各項工程達於顛峰,除了持續市區改正工程、鋪設下水道與闢建市街道路外,並興建臺中中學校校舍、臺中醫院新增病房、臺中廳舍與臺中公學校新增校舍等。帝國製糖會社也開始修築臺中與南投間之鐵路。至大正 10 年（1921）,市區道路長度累積至 202.7 公里。今臺中市區之規模已完全出現。

---

[38] 林良哲、袁興言,前引書,頁 67。

　　改正後的市區，綠川至柳川上各橋梁成為貫穿市街各町的南北道路，如干城橋至柳橋（今成功路）、櫻橋至大和橋（今中正路）、新盛橋至福星橋（今中山路）、榮橋至柳町河畔（今民族路）、與大正橋至平和橋（今民權路），此五條南北縱貫道連接市區，其中福星橋更往北聯通西大墩，大正橋往南經鐵道陸橋連接南臺中。其中臺中車站前至新盛橋之鈴蘭通尤為熱鬧。鈴蘭通西側以行政官署、銀行、郵局、圖書館、官員宿舍等公共建築所在為主，主要為日人的分布區。東側則為臺人的生活空間，以市場、商店與寺廟為主要的空間特色。市區的空間軸線已轉換為以五條南北貫通的道路為主，清初大墩街東西延伸的道路系統已然消失。

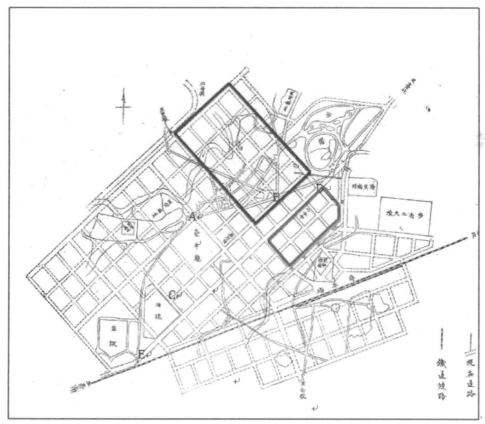

圖六：明治 44 年（1911）臺中市區計畫圖

說明：英文標示與紅、藍色線條為作者所加。

資料來源：《臺中廳報》，第 1253 號（1911.8.17），頁 239。

四、萬春宮背後的隱形城市

　　大正 9 年（1920），臺中區改制為臺中市，昭和 7 年（1932）10 月，將原屬大屯郡北屯庄之邱厝仔部分區域劃入臺中市新高町，賴厝廍劃入梅枝町。臺中市面積因之增加 20 餘萬坪，納入戶口計 517 戶，2021 人。昭和 10 年（1935）1 月，臺中州再度公布市區擴張計畫，以 15 萬人為規劃目標，並將東勢仔庄、邱厝仔、後壠仔庄、公館庄、頂橋仔頭庄、旱溪、半平厝、與賴厝廍等地納入都市計畫範圍，面積計 1801.8 公頃，超過明治 44 年（1944）都市計畫面積的三倍以上。昭和 18 年（1943），再併入北屯庄之水湳、二分埔與北屯，大里庄之內新與涼傘樹，與西屯庄之何厝一帶。臺中市區的範圍更形擴增。

　　臺中市區不斷擴大，人口也快速增加，但是在人口的分布上，臺日人口分布的差異也日益明顯。就下表觀之，今民權路與臺中路以西，沿鐵路南北二側為日人主要的分布區域。鐵路以北、今民權路以西之壽町、千歲町、明治町、幸町、村上町與旭町一帶（今建國路、自由路一段、市府路、府後街、三民路一段至樂群街一帶），日人數量比例高達 7 成以上，此區域主要為官衙、法院與宿舍地區。其中千歲町（今民權路以西、綠川西街二側）與壽町（今民權路以西、繼光街二側）甚至高達 9 成以上，此區域主要為日人商肆分布的區域。[39]鐵路以南，今臺中路以西之老松町、敷島町與木下町（今復興路至忠孝路之間）亦為日人集中的區域。

　　此外，火車站前之綠川町（今綠川東、西街，雙十路至民權路之間）、榮町（今繼光街，公園路至民權路之間）大正町（今自由路二段，今公園路至民權路之間），商家匯聚，市肆繁榮，日人之分布亦多。[40]高砂町（今振興路以東，臺中糖廠一帶）帝國製糖會社所在，員工眷屬多居之。

　　臺灣人主要分布的區塊，寶町（比例 64%）、錦町（77.8%）、新富町（71.3%）、柳町（75.2%），此區塊約為清代大墩街的範圍，即使在歷

---

[39] 參見溫振華，〈日據時期臺中市之都市化〉，《思與言》26：1（1988.5），頁 86。

[40] 參見賴志彰，〈1945 年以前臺中地域空間形式之轉化--一個政治生態群的分析〉，頁 195。

經市區改正後，仍然是臺人主要聚集居住的範圍。鐵道東側之櫻町、楠町、花園町、曙町為舊新庄子一帶，仍為臺人主要分布的地區。是以，幾使市區的空間結構改變了，但是在地居民的分布結構並未改變，形成臺中市區內，臺人與日人的分布明顯呈現不同區塊的特色。

　　在市中心區域之外，則為臺灣人的分布地區，愈往外圍，臺人愈多，日人愈少。周邊區域之頂橋子頭、公館、東勢子、旱溪、下橋子頭、樹子腳、番婆、半平厝與後壠子等地，臺灣人則高達96%以上，與市區內形成明顯差異。

表一：昭和10年（1935）臺中市區臺灣人與日本人數量、比例與分布表

	鐵路以北、民權路以東					鐵路以北、民權路以西			
	臺灣人		日本人			臺灣人		日本人	
	人數	比例	人數	比例		人數	比例	人數	比例
橘町	2,014	87.3%	293	12.7%	壽町	30	7.1%	393	92.9%
綠川町	606	59.3%	416	40.7%	千歲町	10	2.2%	441	97.8%
榮町	996	58.0%	720	42.0%	明治町	77	14.4%	458	85.6%
大正町	418	36.8%	718	63.2%	幸町	119	25.2%	354	74.8%
寶町	992	64.0%	557	36.0%	利國町	716	63.9%	405	36.1%
錦町	2,135	77.8%	608	22.2%	村上町	216	18.3%	966	81.7%
新富町	1,629	71.3%	656	28.7%	旭町	366	47.6%	403	52.4%
柳町	1,379	75.2%	454	24.8%	末廣町	1,007	69.9%	434	30.1%
初音町	1,270	82.5%	270	17.5%	川端町	629	63.5%	362	36.5%
若松町	2,753	92.7%	217	7.3%					
干城町	1,533	62.5%	921	37.5%					
新高町	2,908	80.0%	725	20.0%					
梅枝町	6,751	98.7%	89	1.3%					
小計	25,384	79.3%	6,644	20.7%	小計	3,170	42.9%	4,216	57.1%
	鐵路以南、臺中路以東					鐵路以南、臺中路以西			
	臺灣人		日本人			臺灣人		日本人	
	人數	比例	人數	比例		人數	比例	人數	比例
櫻町	2,165	81.0%	508	19.0%	老松町	589	26.3%	1,651	73.7%
楠町	1,180	71.3%	475	28.7%	敷島町	329	51.1%	315	48.9%

花園町	1,026	86.5%	160	13.5%	木下町	240	41.5%	339	58.5%
曙町	812	93.5%	56	6.5%	有明町	1,462	90.1%	161	9.9%
高砂町	370	39.7%	562	60.3%					
小計	5,553	75.9%	1,761	24.1%	小計	2,620	51.5%	2,466	48.5%

周邊區域				
	臺灣人		日本人	
	人數	比例	人數	比例
頂橋子頭	4,594	96.9%	148	3.1%
公館	733	99.2%	6	0.8%
東勢子	926	95.4%	45	4.6%
旱溪	3,169	96.8%	105	3.2%
下橋子頭	1,407	98.3%	24	1.7%
樹子腳	931	98.5%	14	1.5%
番婆	323	100.0%	0	0.0%
半平厝	577	100.0%	0	0.0%
後壠子	3,346	96.6%	116	3.4%
小計	16,006	97.2%	458	2.8%

資料來源：《國勢調查結果表》（昭和 10 年，1935）

　　萬春宮位於大墩街中街繁華熱鬧之處，昭和 5 年（1930）出版之《臺中市史》有關的敘述如下：乾隆 54 年（1789）建於臺中市錦町五丁目 75 番地，廟的面積約 151 坪，寺廟建地約 40 坪。信徒除臺中市外，尚包含太平、烏日、大里等處，人數約一萬人。最初由揀東貓羅二堡富豪所創建，其後因大墩街瘟疫流行，移民捐贈田產以求庇佑，延請僧侶主持，為地方安穩其念，信仰逐漸興旺，成為地方的信仰中心。[41]本段文字值得探討處如下：

　　1.創廟時間本書認為在乾隆 54 年，但大墩拓墾早在雍正初年，至遲於乾隆 25 年之際已出現市集，乾隆 54 年創廟之說，時間或嫌稍晚。乾隆中期之地圖大墩街內已出現媽祖宮，是故萬春宮之創建至遲不晚於乾隆中葉。

---

[41] 氏平要，《臺中市史》，頁 724。

2.寺廟位於錦町五丁目 75 番地，經比對日治時期地籍圖，錦町五丁目 75 番地所在即今萬春宮位置。本廟於大正初年市區改正之際因為於計畫道路上（今成功路）遭到拆除，經比對明治 44 年市區改正尚未動工之際所測繪的地圖，（參閱圖七）不僅可還原萬春宮原出所在的位置，尚能清楚看到廟宇及前埕。

3.最初由地方富豪創建，與歷史上藍興保業主藍家有關，其後因瘟疫流行，民眾捐田產，並延請僧人祈福消災的說法，說明該廟的性質由家廟轉換為公廟的歷程。而延請僧人舉辦各種法會，民眾在參與的過程中，也深化了民眾對寺廟的向心力，強化寺廟與地方的連結，使之成為大墩一帶的信仰中心。

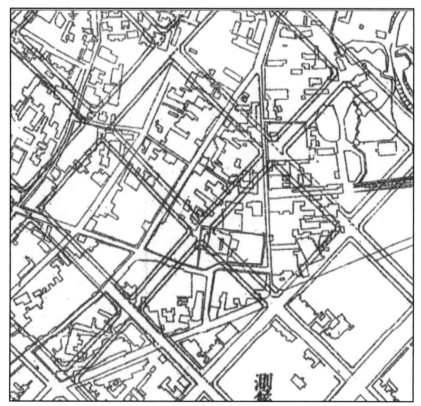

圖七：明治 44 年（1911 臺中街時測圖內萬春宮位置）
說明：紅線匡起來部分為萬春宮所在。紅線部分為作者所加。
資料來源：中央研究院地理資訊科學研究專題中心製作，臺灣百年歷史地圖網站。

　　道光年間，以萬春宮媽祖為奉祀對象成立了三個聖母會，直至昭和年間之百餘年仍然存在。

　　1.聖母會：位於錦町，以公館莊附近張姓農商業者為主，創立於道光10年（1830），會產位於北屯莊邱厝，年收32元。

　　2.聖母會：位於後壠子，以公館附近住民農業者為主，創立於道光10年（1830），會產位於旱溪與頂橋子頭，年收租穀5石。

　　3.聖母會：位於後壠仔，以後壠仔庄農商業者為主，創立於道光4年（1824）。會產五筆，年收租穀4石5斗。

　　此三處聖母會均成立於道光年間，與道光4年（1824）監生鄭卿雲等捐贈廟產的時間相當。道光4年捐贈廟產的原因為寺廟「風雨漂刮傾頹重建」，亦即道光2年（1822）寺廟因風雨而傾頹，是否發生《臺中市史》所謂發生瘟疫而民眾捐田產以求消災，三處聖母會是否因此而成立，目前不得知。但三處聖母會之成立可理解的是萬春宮媽祖與當地社會之間的連結關係更加緊密。而且此緊密的關係，長期持續至昭和年間。建省之後，萬春宮位於省城所在，官員依時祭祀，具有官廟的性質，使其在地方上更具有超然的地位。

　　日治初期，作為大墩街上臺人區域內主要的公共空間，成為執行地方公共事務的場所。明治34年（1901）2月，大墩街發生大火，焚毀房舍130餘間，臺中辦務署即於萬春宮辦理救恤事宜。[42]大正7年（1918）11月，中部爆發流行性感冒，臺人除尋醫治療外，多至媽祖廟求籤祈求庇佑。[43]

　　明治44年（1911）市區改正展開。萬春宮於大正2年（1913）遭到拆除，但是萬春宮的宗教活動並未因此而消失，其所舉辦或參與的活動屢次成為中部地區的盛舉。大正6年（1917）舉辦之七媽會，其舉辦之背景正對應著市區改正之後新興發展的都市氛圍而生，按市區改正後，市況一新，由卑濕泥濘的巷道轉換成為井然有序的街道，縱貫鐵路通車後，臺中儼然成為中部地區交通商貿的門戶，引領風潮振興商況與

[42] 臺灣日日新報，明治34年2月19日。

[43] 臺灣日日新報，大正7年11月8日。

帶動商機，便成為市街發展的首要工作，以「競豪鬥麗」展現商貿實力的七媽會於焉登場。[44]

　　大正 6 年（1917）6 月 8 日，七媽會正式開始。與會各廟神駕於 6 日搭乘火車至烏日，在樹仔腳過夜，次日再前往臺中市區，沿途隨駕迎接者將近 5000 餘人。[45]此行程之安排，雖與主辦之臺中街長林耀亭即樹仔腳人有關，但由烏日經樹仔腳至臺中，卻是清代以來省城前往彰化的道途，本次神轎由此而來，「重現」了清代以來的地方往來的方式。

　　神轎進入市區後，由臺人獻納之各式鼓樂、藝閣、陣頭集中於臺中公園前道路上輪流表演，各家祭旗迎風翻揚，相互爭艷。隨後神轎遊行臺中市區，隨駕繞境者約 5000 餘人，沿途二側人牆聚集爭睹盛況，直到下午四時方進入在新富町搭建之行宮駐蹕，並開始接受信眾之禮拜，行宮前有長三丈寬六丈之供物場，供民眾置放祭品，附近並建有戲臺與燒金亭。[46]行宮一帶並有各式活動，如話劇、活動電影、傳統曲藝、民俗活動等，日人商店也聯合設攤大賣，全市為之熱鬧異常，夜間電燈如晝，芳釀社亦為推銷其生產之清酒蝴蝶蘭銘酒而無限量供應參拜者。估計開幕當日參與人數高達 15,000 人以上，可謂空前盛況。[47]

　　臺灣日日新報引用搭車人數的資料來記錄當時熱烈的情況，臺中車站 7 日當天搭車者 4,230 人，下車者 7,225 人。8 日上車者 3,264 人，下車者 1,248 人，可見 8 日開幕當天人潮湧入臺中市的盛況，當時臺中市人口數為 29,494 人，搭車前來與隨轎進入的人口估計超過 10,000 人，其景況可謂萬人空巷。在臺中市舉行四日大祭後，各神轎並前往鄰近村落繞境。[48]由於民眾反應熱烈，原定 6 月 23 日結束之祭典，遂延至月底。

　　此次人潮聚集的大型廟會，官方也特予支持，鐵路部分自 6 月 7 日至 11 日間，苗栗與二八水之間車票九折，上下午增開一列往返列車，

44　張桓忠，〈摧毀與重建-以拆除萬春宮廟庭與舉辦七媽會為觀察的歷史分析〉，臺中教育大學，《臺中媽祖國際學術研討會大會手冊》，頁 270-274。

45　臺灣日日新報，大正 6 年 6 月 9 日。

46　臺灣日日新報，大正 6 年 6 月 8 日。漢文版，第 6 版。

47　臺灣日日新報，大正 6 年 6 月 8 日。日文版，第 7 版。

48　臺灣日日新報，大正 6 年 6 月 11 日。

臺中車站臨時增闢 10 坪之臨時接待所，調整增設加出口閘門，以利出入。臺中郵便局也特別於廟旁設置臨時代辦所，蓋用紀念戳記，同時專為臺人增設自動電話，以供需要。[49]體仁醫院（院長陳朔方）與博愛醫院（院長張蟲生）則於活動現場提供醫療服務。

　　有鑑於本次廟會成功塑造了臺中市繁華熱鬧的景況，該年 10 月，北白川宮成久親王（能久親王三子，繼承北白川宮爵位）來臺中巡視，臺中聽特別重演 6 月間迎媽祖盛會，由太鼓吹、銅鑼陣為前導、各式藝閣、舞龍舞獅、布袋戲、南管、北管、八音、武術表演等約 1500 人參加遊行。[50]

　　日治時期舉辦神明廟會活動常為提振地方商貿況成長的重要方式之一，[51]前述臺中市街湧入之人潮加上當地之民眾，構成了龐大的消費商機。而在此商機的背後，以原大墩街為中心之媽祖信仰，不僅未因市區改正而消失，即使廟宇被拆除，仍然是方信仰的中心，形成日治時期臺中市有神無廟，但相關習俗活動仍然繼續運作的特殊現象。

　　因此，從清代大墩街至日治時期之臺中市，市區的型態歷經翻轉，但大墩街所在仍為臺人社群主要的活動場域，生活內涵上仍然依循既有習俗脈絡而運作。城市的軸線雖然已經翻轉，但城市內在的生活軸線仍然有其變與不變，城市的文化樣貌就在這樣新舊交替之間不斷延續，從而形成新舊兼容的城市風貌。

五、結論

　　日治時期，臺中市透過市區改正計畫擴大整頓街區，興建公共設施，完善生活機能，臺中市逐漸由地方農商聚落轉型蛻變為具有現代化

---

[49] 臺灣日日新報，大正 6 年 6 月 8 日。漢文版，第 6 版。

[50] 臺灣日日新報，大正 6 年 10 月 26 日。日文版，第 7 版。

[51] 參見許雪姬，〈大稻埕霞海城隍廟之研究〉，《臺北文獻（直字）》102（81.12），頁 1-27。宋光宇，〈霞海城隍祭典與臺北大稻埕商業發展的關係〉，《中央研究院歷史語言研究所集刊》62:2（82.4），頁 291-336。宋光宇，〈1920 年代迎神賽會與臺北商業體系的形成〉，《宗教哲學》62（101.12），頁 113-147。

意涵的都市，與周遭的聚落呈現明顯的城鄉差距，奠定日後臺中市作為中部地區首要都會的基礎。由歷史的脈絡檢視此一發展變遷的歷程，可發現空間軸線的翻轉為造成臺中市蛻變的重要因素與特徵。但城市軸線逐漸翻轉，有形的物質生活也隨之改變，但做為生活方式的民俗節慶、宗教信仰、家族人物、宗祠家廟等基本元素，亦維持著社會的穩定。即使空間翻轉，但仍有部分並未隨之轉變的。

（原刊於國立臺中教育大學編，《世紀宏圖：臺中百年歷史回顧與展望－臺中驛、第二市場、七媽會和它的時代學術研討會論文集》（臺中：臺中市文化局，2017），頁 95-119。）

國家體制下的民間團體
——以一九三五年中部大地震為例*

一、前言

　　近年來臺灣民間團體普遍參與社會事務，令人印象深刻。民國 88
年（1999）九二一地震之際，社運、社福與宗教等非營利民間團體所發
揮之即時與充沛的力量，充分展現臺灣民間之生命力。上述民間團體平
時致力參與宗教活動、社會運動與弱勢族群關懷等課題，在政府部門的
另一邊扮演穩定社會人心、發揮社會公益與維持社會公義的角色。一旦
遭逢災變，這些民間團體則迅速動員，將資源投入受災地區，減緩災區
民眾的苦痛。其動員的效率，憑藉的是有形的組織動員與無形的精神信
念，使這批人能夠不計功利的投入救災事業。

　　有關民間參與救災的討論，九二一地震時的救災與重建可謂是民間
參與典範的建立，當時國內各民間團體紛紛投入之際，一開始以自身專
長特色投入，例如宗教團體之救災救護，社福團體之弱勢照護，社造團
體之社區重建等，但實際上上述問題彼此相關，各民間團體間橫向的思
考因而展開，跨越彼此領域，而由全方位的角度思考救災重建的課題。[1]

　　相較於解嚴後臺灣民間團體能量的充沛，過去臺灣社會面臨重大災
變時，民間如何動員投入救災是一個值得探討的課題。張仲禮探討傳統
中國士紳與中國社會的關係時，認為士紳為推動地方公益性的角色，如
排解糾紛、興修公共工程、組織團練與徵稅、賑濟災荒流離，以及上情
下達與下情上達等。[2]所謂民間團體的社會救援功能，並不明顯。清代
臺灣漢人社會拓墾初期，士紳階層未備，墾戶階層扮演了地方領袖的角

---

*本文原發表於國史館臺灣文獻館舉辦之「臺灣自然災害史與災害重建」學術研討會（2009.9）。

[1] 孟祥瀚，《九二一重建實錄●民間參與及貢獻》（南投：九二一震災基金清理小組，2006），
　　頁 2094-2095。

[2] 張仲禮原著，李榮昌譯，《中國紳士-關於其在 19 世紀中國社會作用的研究》（上海：上海
　　社會科學院，1991），頁 49-50。

色，直至 19 世紀士紳階層開始擔負傳統士紳的社會功能。惟由墾首至士紳，民間團體在公共事務上的角色，仍舊不突顯。若干社會救助事業仍是在官方的倡導下，由官方資助與地方士紳捐助而得維持。日治時期以後，國家體制下的警察與行政體系取代了傳統士紳的角色，地方社會事務也由官方所主導。

日治時期臺灣的民間團體，在性質上雖屬國家體制的輔助團體，目的在推展社會教育、維持治安與協助社會救助等，但在災難發生時，也展現另一種動員的形式，成為救災的力量。1920 年代以後，各類社會教化團體作為同化政策的手段之一，但這些在國家背景下組織的民間團體也是一種社會動員的力量。保甲體系原是控制人民動態的手段，目的在治安，將基層民眾納入警察的管制下，作為國家體制控制的一部分，也成為國家動員的末梢。而各類社會救濟團體的出現，如方面委員，則是臺灣社會面對弱勢與災難的新興組織。

1935 年中部大地震中民間團體的動員，見諸研究討論者先有森宣雄、吳瑞雲著，《臺灣大地震-1935 年中部大地震紀實》一書，指出在救援過程中青年團、愛國婦人會與方面委員等團體所扮演的積極角色。[3]陳正哲，《臺灣震災重建史-日治震害下建築與都市的新生》一書，認為社會事業對於推動震災復興運動具有推動的力量。[4]惟檢視歷史上民間團體在災害中的動員的模式與成效，不僅為臺灣災害史的重要環節，同時亦是觀察臺灣社會發展的一個側面，前者能夠累積更多社會動員的經驗，對於歷史上臺灣面對天災之際，如何克服與對應，提供了深廣的歷史視野與思考；後者則是在殖民體制下臺灣民間團體的運作，彼時雖然臺灣社會不乏聲望富豪之士，但在殖民體制下，必須在國家設定的體制下方能運作，而其互動過程則提供日治時期臺灣社會與殖民體制接觸互動的另一面向。

---

[3] 森宣雄、吳瑞雲，《臺灣大地震-1935 年中部大地震紀實》（臺北：遠流出版公司，1996），頁 94-115。

[4] 陳正哲，《臺灣震災重建史-日治震害下建築與都市的新生》（臺北：南天書局，1999），頁 139、141-142。

二、官方的救災措施

昭和 10 年（1935）4 月 21 日早上 6 時 2 分，臺灣中部發生規模 7.1
級的大地震。震央位於東經 120 度 49 分，北緯 24 度 21 分，相當今新
竹縣關刀山東南方 3 公里處。主要受災地區包含新竹州竹南郡、大湖
郡、苗栗郡與臺中州豐原郡與大甲郡。此次地震新竹州內死亡人數 1,367
人，臺中州內 1,910 人，合計 3,277 人；新竹州內傷者 4,591 人，臺中
州內 7,380 人，合計 11,917 人。住家全倒者 17,927 戶，半倒 11,446 戶。
其中臺中州豐原郡內埔庄與大甲郡之大甲、清水等地因為於斷層帶上，
受災最烈。內埔庄一庄死亡人數達 962 人，民宅全毀 1,694 戶，半毀 383
戶，比例與數量居各地之冠。庄長、庄助役、保甲聯合會長、壯丁團長
與保正等均罹難，內埔庄所在之屯子腳幾乎滅庄，故本次地震一般或稱
為屯子腳大地震。

表一：神岡內埔二庄大字傷亡與房屋損害一覽表

人員死傷數量與比例						房屋受損情況與比例					
總人口	死亡	重傷	輕傷	小計	比例	戶數	全壞	半壞	破損	小計	比例
內埔庄　屯子腳											
4,578	440	201	1,081	1,722	37.5%	735	509	46	128	683	92.9%
神岡庄　新庄子											
1,104	161	116	492	769	69.7%	150	150	-	-	-	100%
內埔庄　后里											
1,725	158	94	295	547	31.59%	297	266	19	11	296	100%
內埔庄　舊社											
1,394	129	94	364	587	42.1%	185	158	17	9	184	100%
內埔庄　圳堵											
2,071	188	99	549	836	40.4%	302	271	15	1	287	95%

資料來源：臺灣總督府，《昭和十年臺灣震災誌》，頁 166。

地方的產業，直接影響者如稻米損失金額 52,305 日圓，甘蔗 62,785
日圓，金額有限，但間接的損失則影響甚大，如后里圳圳道震壞、隧道

破損、土砂崩落埋沒等，造成供水停頓，5月初雖勉強修復，但供水量僅原來之一半，形成旱害。其次震後人力投入重建，使得產量減少，農具的損失也造成農業上的損失。商工部門的損失，臺中州內商家與商品的損失計634,780日圓，手工業影響巨大者為大甲郡內之製帽業，損失約151,680日圓，且製帽業人力多為家庭婦女，災後生活不安定，投入的人力減少，也使得產量減少。[5]其他道路、電信等毀損所造成的損失，對於災區的影響更是難以估計。

　　臺灣總督府方面初時由於電話線路不通，乃派出飛機前往新竹臺中一帶勘查，並由文教局社會課長王野代治郎前往新竹州內中港、頭份與尖山方面視察。當日下午3時，總督府召開緊急會議，此期間由於各地傷亡求助的訊息不斷湧入，因此總督府第一階段的作為係以救護與救助為主軸，相關措施如下：[6]

　　（一）由紅十字會、警務局衛生課與各地官立醫院組織救護班，迅速派往災區。

　　（二）募集救護物資與捐款。

　　（三）為緊急需要，各州之罹災救助基金可由國庫支出。

　　（四）受災地區稅金的減免，俟調查後商議決定。

　　22日，派遣內務局長小濱淨鑛搭火車至新竹，視察竹南、苗栗與大湖三郡情況，次日經海線再往大甲、清水、神岡、內埔、石岡、東勢一帶視察受災與救護情況。同日，文教局長深川繁治則搭乘飛機至鹿港，再轉赴臺中，聽取州知事日下辰太與州教育課長二宮力的受災狀況簡報，並視察豐原郡內埔庄、大甲郡清水街、梧棲、沙鹿等地的情況，次日返回臺北。透過小濱淨鑛與深川繁治的訪視瞭解，總督府獲得災區的一手情況，瞭解受災的嚴重性，作為規劃後續相關的對應措施的依據。[7]

　　在救護方面，震災次日總督府於文教局社會課內開設震災救護事務

5　臺灣總督府，《昭和十年臺灣震災志》（臺北：臺灣總督府，1936），頁102-107。

6　同上書，頁189。

7　同上書，頁189。

所，由總務長官石塚廣義主持，文教局長深川繁治擔任幹事長，任命文
教局社會課長王野代治郎、內務局地方課長石井龍猪、財務局主計課長
中島一郎、警務局警務課長森田俊介、警務局衛生課長高橋秀人、殖產
局商工課長須田一二三、營林署庶務課長佐治孝德、總督官房會計課長
中田榮次郎、總督官房文書課長高橋衛、總督官房秘書課長枡山保一等
為幹事，以及書記若干。[8]

　　震災救護事務所的成員大致分為三個系統，直接與地方事務有關者
為社會課、地方課、警務課與衛生課，與財務有關者為主計課、商工課、
會計課等，以及府內聯繫協調相關之文書課與秘書課等。由此可以看出
震災初期總督府的工作重心在於地方的救護、衛生與治安，以及財務的
支援調度等。根據震災救護事務所內規，該所為受災者救護事宜的中央
指揮中樞，所有救災救護的相關事務，諸如捐款與救濟物資之處理分
配、與新竹臺中二州之維持聯繫，救護相關之調查項目之指導等均歸其
指揮調度。

　　有關的捐款由庶務課與會計課負責管理支配。募集捐款與物資的單
位限定由各級行政機關（總督府、州、廳、郡、市、街、庄）與指定新
聞社（臺灣日日新報、臺灣新聞、臺南新報、臺灣新民報、東臺灣日報
等五家）負責，公私團體之捐款與物資，一律送交上述各級行政機關與
指定之新聞社。所有捐贈之救災物資須通報文教局社會課，由其指定送
交的地方。募集的期限以 5 月 20 為限。[9]透過震災救護所募集的物資，
食物多以醃漬類可保存存放者為多，例如白米、鹽魚、福神漬（醬菜）、
澤庵（醃蘿蔔）等，藥品則以外科用藥為多，建築材料方面則以亞鉛板、
丸太、板、釘等為主。

　　所有賑災的資源與控制運送，都由國家支配掌控，無論公家單位或
是民間團體甚至個人的關懷物資，都透過國家指定的單位收取並輸送到
災區。國家所扮演的窗口的角色，另一方面也反映出當時民間動員管道
的不足。在分配的過程中，完全由國家的角度來調度管理，雖可增加其

---

8 同上書，頁 193。
9 同上書，頁 195。

效率，卻可能與地方的需求產生落差。

　　震災救護事務所每天上午下午各召開一次會議，會中接收地方回報之受災狀況與救護情況，協調供應所需之救護器材、食物、建築材料、學用品等相關物資，以及島內外賑災物資如外科藥品、建築材料之鉛板、木料、板、釘等之運輸管制協調等。[10]4 月 26 日，各地緊急性的救護工作告一段落，總督府對於震災的善後處置走向復興重建的方向，事務所也宣佈停止運作。

　　對於災區的直接救援工作，則是以地方政府為主。

　　臺中州對於震災初期的對應方式可分為如下數端：

　　（一）警備與治安：1.4 月 21 日早晨，臺中州方面接獲受災情況後，立即緊急召集警察部與臺中、彰化警察署以及大屯、彰化、員林、北斗、南投等郡之警察，於 8 時派出第一支救援隊，由 42 名官警組成，前往大甲郡。豐原郡方面先派出 11 名，即後知曉內埔庄受創十分嚴重，於是加派 15 名警官前往。[11]本日調配至豐原、大甲與東勢三郡的警力達 310 名。這批警力成為災區最初維持秩序與協助挖掘罹難者的力量，一直到 5 月初以後，人數才逐漸減少。

　　2.防堵流言：地震經常引發民眾的恐慌，各種流言造成治安上的問題，對日人而言，在慌亂中也顧慮將引發「不逞分子」暗中策動各種「不逞事件」，因此調派大批警力進駐，維持地方秩序，避免引發騷動。

　　3.支援消防：震災引發清水街大火，臺中消防組緊急趕往支援，事後並特別警戒為防範縱火等意外之發生。

　　4.管制交通與徵用車輛：為緊急救護災民與維護治安，自 4 月 22 日中午 1 時開始，進行災區進出之人員車輛管制，除了災民、或是與受災者有特別關係者，需經警務部長同意方得出入。此項管制直到 5 月 1 日方解除。另一方面，也透過自動車協會，徵用車輛運送救難隊員、救護材料等。相關車輛均集中於臺中市內，以備調遣。

　　5.物價管制：災後相關食物與復健材料需求大增，各郡署特別向轄

---

[10] 同上書，頁 194。

[11] 臺中州，《臺中州震災志》（臺中：臺中州，1936），頁 135。

內各商工團體警告將嚴格取締,使得災後物價得以維持平穩。[12]

（二）醫療救護方面,臺中州先接到清水街震災的報告,以及緊急派遣救護班的要求。於是臺中醫院緊急派遣醫生 9 名、護士 22 名前往。其後豐原郡的災情傳來後,再緊急召集衛生課警察醫、技手、雇員等組成救護班,派往神岡庄與內埔庄一帶。以及召集州內公醫 14 名前往清水街與內埔庄,22 日再派公醫與護士前往東勢郡石岡與石圍牆等地。[13]另外,嘉義、臺南、高雄等總督府醫院、臺南州衛生課、高雄市、臺南衛戍病院等各地公立醫院之醫護人員陸續被徵調動員至災區。至 5 月初,緊急動員至災區的醫護班如下表:

表二：動員至災區之醫療救護班

醫療地區	醫療班來源	人數	駐地時間
巡迴內埔庄各地	臺中州警務部	18	4 月 21 日-5 月 1 日
后里、月眉、屯子腳	臺中開業醫	21	4 月 21 日-4 月 24 日
屯子腳	臺中市役所	4	4 月 21 日
巡迴公館、后里、七塊厝、月眉、舊社、四塊厝等地	臺南州警務部	12	4 月 21 日-5 月 1 日
巡迴公館、后里、七塊厝、月眉、舊社、四塊厝等地	臺南醫院	14	4 月 21 日-5 月 1 日
屯子腳	嘉義醫院	9	4 月 21 日-4 月 22 日移往清水街
屯子腳	日本紅十字會臺灣支部	20	4 月 22 日移往神岡、大突寮
屯子腳	臺中分屯第三大隊	32	4 月 21 日-4 月 24 日
屯子腳	衛戍病院臺南分院	8	4 月 22 日-4 月 24 日
屯子腳	虎尾郡開業醫	2	4 月 27 日-4 月 29 日

---

[12] 臺中州,《臺中州震災志》（臺中:臺中州,1936）,頁 135-140。

[13] 增田長宗,〈今回の震災に於ける救療班の活動に就て〉,《社會事業の友》79（1935.6）,頁 31。

神岡	臺中州警務部	9	4月21日-5月4日
神岡	開業醫	4	4月21日-4月22日
新庄子、圳堵	日本紅十字會臺灣支部	5	4月22日-4月30日
新庄子、圳堵	高雄醫院	11	4月22日-4月29日
神岡	臺中分屯第三大隊	16	4月21日-4月24日
神岡	海軍第十六驅逐隊	11	4月24日-4月27日
神岡	虎尾郡開業醫		4月29日-4月30日
巡迴清水、秀水、公館、沙鹿、梧棲、大突寮	臺中州警務部	16	4月21日-5月2日
清水、秀水、公館	嘉義醫院	9	4月22日-4月30日
沙鹿	開業醫	3	4月21日-4月30日
梧棲	公醫	1	4月21日-5月1日

資料來源：臺中州，《臺中州震災志》，頁149-151。

　　各地之救護隊主要集中於受災最嚴重之屯子腳與神岡一帶，初期以傷者的救護為主，待初步之緊急醫療工作告一段落之後，5月1日起，於內埔庄之屯子腳、神岡庄之神岡、清水街清水與東勢街石圍牆等4處以搭建臨時房舍開設診療所，其下再分設15處分診所，直到5月底方陸續關閉。後續的醫療事務，輕傷者需要繼續醫療者，發給免費治療券，可持往當地公醫或開業醫師處診療。重傷住院者則繼續於臺中醫院治療。[14]

二、民間團體的動員

　　震災期間，日人除了動員公部門的相關人力外，體制內的民間團體亦是動員的對象，青年團、方面委員、壯丁團、在鄉軍人等雖然組成的體系有所不同，平時負擔的功能與角色也不同，但是在災難之際，卻是官方，甚至是全臺能夠完整動員的民間力量。根據總督府的統計，震災

---

[14] 臺中州，《臺中州震災志》，頁152-153。

期間，上述民間團體動員的情況如下表：

表三：救災期間各種民間團體動員一覽表

	壯丁團	青年團	在鄉軍人	其他	小計
豐原郡	355 △571	102 △402	37 △35	138 △13	632 △1121
大甲郡	992	69 △102	12	58 △19	1131 △121
臺中市	74	8	135	13	230
彰化市	81	34			115
大屯郡	172				172
彰化郡	90	32			122
員林郡	50	317			367
北斗郡	49				49
南投郡	45	11			56
新高郡	10				10

△為編制外參與人員數
資料來源：臺灣總督府，《昭和十年臺灣震災誌》，頁 275-277。

　　由上表可知所動員的對象以青年團與壯丁團為主，其他項內則包含方面委員等，在震災初期青年團與壯丁團之人力，配合派駐的警察，成為救災的主要力量。這些民間團體的分佈區域具有明顯的地緣性，主要都是以臺中州內為主，為求救災之時效之故。震災之後，各地民間團體如方面委員、社會教化委員、青年團、壯丁團配合街庄役場日夜積極投入救災工作，成為救災動員第一線的重要力量。[15]

　　這些民間團體在災區擔負的任務如下：

　　（一）發掘傷患緊急救護：壯丁團與青年團協助支援的警察，在傾倒的殘磚破瓦中尋找罹難者與傷者，日人紀錄特別指出當時由於臺灣人對於屍體的忌諱，大多人不願碰觸或擔任發掘罹難者的工作，因此第一線的救災與挖掘工作，多由支援的警察與在鄉軍人負責。[16]若無這批團體進駐，有關罹難者的挖掘與監督檢視，交還遺屬等工作，不可能順利

---

[15] 王野代治郎，〈震災に對する措置〉，《社會事業の友》79（1935.6），頁 8。

[16] 王野代治郎，〈震災に對する措置〉，頁 3。

進行。大甲、東勢二郡有關罹難者的挖掘工作在 21 日震災當天便全數完成，22 日已開始進行埋葬。受災最重之內埔神岡地區，也在 23 日將罹難者全數埋葬。罹難者遺體安置以後，災區方能迅速清理。

　　豐原街方面委員則於震災當日協助街庄役場官員調查統計罹難者人數，協助開設救護所，動員醫生投入救護工作等。21 日當天並協調於街內小學校與公學校校園內搭建 400 坪左右之臨時小屋供災民棲身。次日於街役場內設置方面委員臨時事務所接受民眾捐款，一直到 30 日方結束。[17]

　　（二）災民的收容與救護：受災當日災民僅能尋找一安全處所棲身，22 日以後，透過來援之青年團與壯丁團等，開始搭建臨時住屋，使災民得有一暫時棲身之所，支援之女子青年團並負責煮飯供應災民食用。自 26 日以後，除屯子腳以外，內埔庄其他地方以改為供應白米，讓民眾領回自行炊煮，逐漸恢復正常生活。負責發放配給者，即是經由青年團等團體之協助。同時為防範火災竊盜等情事，東勢郡土牛驛地方的青年團與壯丁團也協助夜間警防的工作。

　　本次救災過程中壯丁團與青年團協助警察進行救災工作，主要以協助維持秩序、運送分配各項救濟物資、炊煮飲食、修復道路、協助救護班以及搭間臨時房舍，在此一緊急況狀下，成為警察能夠動員的主要力量。[18]這批壯丁團與青年團員均為臺人，可直接與當地災民溝通，也成為震災期間協助警察穩定地方秩序的重要力量。根據總督府的統計，震災期間總計動員臺中州各地壯丁團人數達 1,483 人，青年團人數達 797 人。[19]

　　（三）調查受災情況：25 日起，臺中市、彰化市、鹿港街、員林街、田中庄等地之方面委員 58 人組成 4 個調查班進駐災區，預定以一個星期的時間，協助官方調查災區每戶災民的受災實況，對於貧困的災

---

[17] 《社會事業の友》編輯部，〈震災當時方面委員及社會事業團體の活動狀況〉，《社會事業の友》79（1935.6），頁 149。

[18] 遠藤惇雄，〈震災記〉，《社會事業の友》79（1935.6），頁 55-57。

[19] 臺灣總督府，《昭和十年臺灣震災志》，頁 273-275。

民繼續給予相關的救護與照顧。[20]根據方面委員的調查結果，5 月 4 日起，救濟物資的發給僅限於貧困災民，一般民眾不再領取救濟物資。震災後根據罹災救助基金規則發給的救助費於 6 月 3 日停止，為使貧戶的救濟不致中斷，改由每月發給救濟金，各街庄組成救護委員會，街庄長擔任委員長，委員由街庄職員與方面委員擔任。每月調查街庄內貧戶的家族與生活情況，並製成卡片追蹤輔導，作為 6 月 4 日以後每月發放救濟金的依據。對於幼弱無依者，則由街庄長引介至相關社會事業團體開設之救濟院，如臺中慈惠院或方面事業助成會收容所等。[21]

　　此次震災的過程中，除了青年團與壯丁團的投入外，方面委員的角色，也值得注意，震災期間無論災區內或災區外的方面委員對於災後社會民生的穩定，均扮演了相當重要的角色。各地方面委員救災期間發揮的作用如下：

表四：各地方面委員從事救災工作內容一覽表

豐原街	1.災民救護：協助街庄役員清查受災情況，於街役場開設救護所，收容傷者。 2.災民收容：於小學校與公學校學園內搭建臨時棚舍，供災民棲身。 3.募集捐款：於街役場內開設臨時事務所，募集捐款。
清水街	1.災民救護：震災當日協助傷者至郡役所治療。 2.施予救助：提供受災者白米與各項救濟物品。 3.協助調查：協助受災者受災狀況調查，作為生活救助的準備。 4.提供就業機會：提供清理災區現場的工作機會，於役場內設置臨時相談所與職業介紹所。 5.醫療照顧：於清水醫院內設置臨時免費診療所。
梧棲街	1.提供食物：震災當日提供食物。 2.協助調查：協助受災者受災狀況調查，作為生活救助的準備。
東勢街	1.醫療救護：震災當日協同醫師前往受災地區，協助醫療工作。 2.協助調查：協助受災者受災狀況調查，作為生活救助的準備。
臺中市	1.提供食物：震災當日攜帶食物分成三組前往災區發放。 2.災民救護：協助發掘死傷者。
彰化市	1.募集捐款：募集捐款 1,000 餘元送交臺中州。 2.災民慰助：針對罹難者家屬發給慰問金。

---

[20] 《社會事業の友》編輯部，〈震災當時方面委員及社會事業團體の活動狀況〉，《社會事業の友》79（1935.6），頁 148。

[21] 臺灣總督府，《昭和十年臺灣震災志》，頁 316-317。

線西庄	1.募集捐款：募集捐款 569 元送交臺中州。
和美庄	1.協助調查：協助受災者受災狀況調查，作為生活救助的準備。 2.募集捐款：募集捐款 580 元送交臺中州。
鹿港街	1.提供慰助：提供白米、罐頭等配送到各災區。 2.募集捐款：募集捐款 2,733 元送交臺中州。 3.舉辦慰靈祭:5 月 19 日於鹿港公會堂由街內各廟共同舉辦慰靈祭。
溪湖庄	1.災童照顧：自行募籌經費於神岡庄辦理臨時托兒所一處。
員林街	1.提供食物：震災當日提供 1,000 人份之飯糰、鹽魚 250 斤及醃菜 100 斤，送往大甲郡各地災區。4 月 24 日再送白米與慰問品等至豐原郡與大甲郡。 2.免費診療：4 月 26 日起於豐原街、清水街一帶開設免費診所。 3.災童照顧：於內埔庄開設臨時托兒所一處。
二林庄	1.募集捐款：募集捐款 720 餘元送交臺中州。 2.提供慰助：募集各式衣服雇車送交各災區。
北斗街	1.募集捐款：募集捐款 342 元送交臺中州。 2.醫療救護：方面委員中擔任醫師者前災地區，協助醫療工作。
田尾庄	1.募集捐款：募集捐款 200 餘元送交臺中州。
草屯庄	1.募集捐款。 2.協助調查：協助受災者受災狀況調查，作為生活救助的準備。
名間庄	1.募集捐款：募集捐款 300 餘元送交臺中州。 2.提供慰助：提供白米、罐頭等配送到各災區。愛國婦人會與女子青年團協助募集衣類送往災區。
南投街	1.募集捐款：募集捐款 1,333 元。 2.提供慰助：提供白米、罐頭等配送到各災區。 3.協助調查：協助受災者受災狀況調查，作為生活救助的準備。
集集庄	1.提供慰助：提供白米、各類食品等配送到各災區。 2.募集捐款：愛國婦人會協助募集捐款。
竹山庄	1.提供慰助：提供各類食品自行雇車送往各災區。 2.募集捐款：募集捐款 1,800 餘元。 3.建築材料：無償提供竹材 10,000 餘枝作為災區復健之需。

資料來源：《社會事業の友》編輯部，〈震災當時方面委員及社會事業團體の活動狀況〉，《社會事業の友》79（1935.6），頁 149-153。

　　就上表來看，臺中州內除受災地區外，震災當天即動員臺中市、彰化市、鹿港街、員林街、田中庄等地方面委員前往現場瞭解災情，調查受災損失情況。27 日以後，州內各街庄更分批動員前往災區進行調查工作，將每戶需救助的情況記錄下來，成為進一步救助復建事業的基

礎。[22]就臺中州而言，本次救災過程中，共計動員了 300 多名方面委員前往災區，其中 60 多人在震災當天即趕赴災區協助救災工作，照顧傷患、安慰受災者，與協助安頓，其後陸續前來，或攜帶食物與慰問品等各項物資，發揮社會福利團體的精神。[23]其他各地，雖未派遣方面委員直接進入災區，但多擔負募集捐款的工作，如臺北市、臺南市、高雄州與屏東市等。[24]

4 月 29 日，總督府設置「震災地復興委員會」，展開重建的工作。同日頒布重建的方向：[25]

（一）州市街庄營造物復舊相關事項。

（二）小都市部落改善復興相關事項，包含災區市區計畫與家屋建築規則之研究。

（三）家屋建築組合資金貸款相關事項。

（四）水利團體營造物復舊相關事項。

（五）產業復興資金相關事項。

（六）災區州市街庄財政調查相關事項。

（七）災區民課稅減免調查相關事項。

（八）自力更生運動指導方法相關事項。

第八項所謂自力更生運動的精神在於避免災民因受救助而生倚賴之心，在重建的過程中，期盼災民能夠自力更生，以喚起奮發的精神。5 月 17 日，總督府對新竹臺中二州發布「震災地住民ノ自力更生運動ニ關スル件」，要求二州根據該件的內容擬定各自之更生計畫指導大綱。

臺中州據此擬定指導大綱，以部落振興會作為推動的中心，設置部落集會所，集會所推動的事項包括復興計畫有關的座談會、懇談會與演講會等、醫療事業、開設國語講習所、青少年團訓練所、職業指導所、開設托兒所、設置文庫（讀書館）、浴場、共同倉庫與娛樂設備。透過

---

[22] 臺灣總督府，《昭和十年臺灣震災志》，頁 274。

[23] 毛利寬，〈震災地をめぐりて〉，《社會事業の友》79（1935.6），頁 54。

[24] 臺灣總督府，《昭和十年臺灣震災志》，頁 348、352-353。

[25] 臺灣總督府，《昭和十年臺灣震災志》，頁 359。

共同進行災害房舍痕跡清理工作、整修道路橋樑、共同耕作與其他部落民共同作業的工作，希圖透過共同參與的過程，塑造部落一體的精神。部落內設置報時臺、成立早起會、設立升旗臺、告示板與規劃共同耕地等，透過生活作息的養成、國家精神的強化（每天進行升旗儀式）、社區告示板等形式，養成一種集體形式的生活型態，而充填其內部者則為國家主義精神。

臺中州災害復興運動宗旨在於振作人心，謀求個人精神與經濟生活之提昇，以建立模範更生部落為目標。在組織上以街庄為單位，街庄內再分為小部落，成立委員會。街庄復興委員由街庄長、協議會員、教化委員、部落振興會長與其他適當者擔任，在震災重建過程中振興人心的手段如收集並出版震災中感人故事，各種重建照片展覽等。[26]

三、民間團體與國家體制的互動

青年團、壯丁團與方面委員等團體可謂是日治時期臺灣新興的民間團體，與傳統臺灣民間團體最大的差異在於這些團體的背後，都有著國家的影子，亦即是在國家的統治需要下成立的團體。

壯丁團屬保甲體系的一部分，為警察機關的輔助團體，原初的作用在於維持治安，但警察功能包含維持秩序與災害救助，保甲與壯丁團的功能也隨之擴展，包含社會救助與災害救助等層面，但保甲與壯丁團功能的展開，必須在警察機關的指導下進行，係屬於警察功能的一部分，本次救災的過程中，隨著警察進入災區的壯丁團人數達 1,483 人，為救災過程中的重要力量。

根據「保甲條例施行規則（明治 36 年）」，壯丁團成員由保甲住民 17 歲至 40 歲的男子組成，職責為遇盜匪侵害、或水災風災震災時，聽從警察與團長的指揮，辦理警防相關事務。壯丁團遇區域外事變或接受通知赴警備所轄區域時，由警察官指揮互相應援。故壯丁團除擔負保內

---

26 臺灣總督府，《昭和十年臺灣震災志》，頁 464、471-477。

救護防禦任務外，也與其他壯丁團互相聯絡，相互支援。因此，壯丁團的性質為地方防範警戒外來危害的輔助機制，不論危害係屬人為或是天然災變，都屬壯丁團防範的職責。[27]壯丁團雖然是在警察的指揮下運作，在此次救災動員中，展現其作為臺灣社會動員的重要力量。

昭和 10 年（1935）之際，臺中州內保數計 1,254 個，壯丁團數 175 個，大多數的壯丁團是由數個保聯合組成，每個壯丁團人數不一，約為 25 人至 50 之間，總成員數 7,503 人。壯丁團長多由地方仕紳擔任，名義上雖由壯丁團成員推舉，實際上仍需地方首長批准。使得壯丁團長的身份如保正甲長一般，為地方社會的領袖，也是臺灣社會與官方組織互動的窗口。

表五：昭和 10 年臺中州保甲、壯丁團數量表

	保數	壯丁團數	團長	副團長	壯丁
臺中警察署	50	4	4	8	140
彰化警察署	63	9	9	56	368
大屯郡	116	14	14	111	659
豐原郡	98	12	12	80	591
東勢郡	42	8	8	42	295
大甲郡	138	23	23	138	831
彰化郡	182	22	22	149	1119
員林郡	202	19	19	185	1030
北斗郡	146	18	18	131	861
南投郡	104	16	16	98	738
新高郡	30	9	9	30	221
能高郡	35	9	9	29	297
竹山郡	48	12	12	48	353
小計	1254	175	175	1105	7503

資料來源：臺中州編，《臺中州統計書（昭和 10 年）》，頁 174。

青年團成立的背景，與壯丁團不同，原初的功能為推動社會教化的

[27] 賀嗣章纂修，《臺灣省通志稿・政事志・保安篇》（臺北市：捷幼出版社，1999 年根據臺灣省文獻委員會版本再版），頁 224-225。

團體。大正 8 年（1919），田健治郎就任臺灣總督，宣示「使臺灣民眾成為完全的日本臣民，效忠日本朝廷，加以教化善導以涵養其對國家之義務觀念。」[28]揭櫫同化主義的政策，臺灣社會開始推動一連串之社會教化運動。大正 9 年（1920），改正地方行政制度，街庄役場、警察官吏派出所與公學校成為行政、文化、教育、社會教化革新的基層機構。[29]昭和 5 年（1930）9 月，總督府頒布「臺灣青年團訓令」，次年 12 月，再頒布青年團要項，將各地青年會改為青年團，規定青年團設置的區域以小學校與公學校的學區為單位，團員資格為小學校或公學校畢業，年齡在 14 歲至 20 歲以下之男女青年。其目的為涵養國民精神、振作公共精神、陶養公民性格、培養自律精神、馴致創造風氣、研磨生活智識技能、養成勤儉質樸風氣、重視體育增進健康等。[30]

可知青年團係在同化主義的脈絡下設置，平時雖以教化（同化）活動為主，但其社會性仍不可忽略。青年團的精神重視公共精神與奉公精神（公事の奉仕）的涵養與行動。因此在地方上的作用，不僅止於教化教育的活動，也是配合實踐官方政策的重要團體。昭和 10 年（1935），臺中州內男女青年團的數量達 320 個，人數達 8,392 人（參閱下表），超過壯丁團的數目。是為當時一股有組織的龐大社會力量，且其成員均為受過教育之青年，向心力強，其動員參與的脈絡在於公共服務精神的實踐，與壯丁團職責所在有所不同。但參與的脈絡與意義雖然有所不同，但同樣都是震災救護重建過程中重要的力量。

表六：昭和 10 年臺中州青年團數量表

	男女青年團		女子青年團	
	團體數	團員數	團體數	團員數
臺中市	4	95	2	91
彰化市	5	143	3	94

---

28 郭輝編譯，《日據下之臺政》（臺中市：臺灣省文獻委員會，1977），頁 688。
29 王世慶，〈皇民化運動前的臺灣社會生活改善運動-以海山地區為例 1914-1937〉，《思與言》29：4（1991.12），頁 6。
30 臺灣總督府，《臺灣社會教育概要》（臺北：臺灣總督府，1935），頁 57-58。

大屯郡	9	792	9	280
豐原郡	10	362	8	193
東勢郡	6	394	6	332
大甲郡	16	793	13	320
彰化郡	18	675	4	114
員林郡	18	678	112	293
北斗郡	17	564	10	207
南投郡	11	685	9	249
新高郡	5	136	4	75
能高郡	7	189	2	27
竹山郡	8	472	4	139
小計	134	5978	186	2414

資料來源：臺中州編，《臺中州統計書（昭和 10 年）》，頁 161。

　　方面委員制度屬社會救濟制度的一環，與前述壯丁團與青年團的背景脈絡不同。臺灣方面委員制度於大正 12 年（1924）3 月，初創於臺南市與高雄市。其後各地陸續跟進辦理，臺中州於大正 14 年（1925）頒布方面委員規程，同年 5 月，臺中市與彰化街分別設立，其後臺中州內各街庄陸續設設。昭和 8 年（1933），臺中州頒布修正「臺中州方面委員規程」，訂定方面事業轉移由街庄負責，方面委員為名譽職，由知事任命街庄內善心熱誠之士擔任，任期二年，其設置、區域、人數、事務所等由市尹、街庄長訂定。[31]昭和 10 年之際，臺中州內各地設置方面委員的地區如下表。

表七：昭和十年臺中州方面委員數量表

	設立年月	方面數	方面委員人數		
			員額	員額外人員	小計
臺中市	大正 14 年 7 月	29	44	10	54
彰化市	大正 14 年 7 月	12	21	2	23
北屯庄	昭和 9 年 4 月	6	6	1	7

---

[31] 臺中州教育課編，《臺中州社會事業要覽》（臺中：該課，1936），頁 11-12。

豐原街	昭和 8 年 4 月	26	26	6	32
內埔庄	昭和 9 年 4 月	9	13	4	17
神岡庄	昭和 10 年 4 月	10	10	8	18
東勢街	昭和 9 年 4 月	6	9	4	13
清水街	昭和 8 年 4 月	11	11	1	12
梧棲街	昭和 10 年 4 月	3	3	2	5
大甲街	昭和 8 年 4 月	20	20	3	23
沙鹿庄	昭和 9 年 4 月	11	11	3	14
鹿港街	昭和 5 年 1 月	4	11	2	13
和美庄	昭和 9 年 4 月	11	17	2	19
線西庄	昭和 10 年 4 月	9	13	0	13
員林街	昭和 5 年 1 月	10	10	3	13
溪湖庄	昭和 9 年 4 月	10	14	0	14
田中庄	昭和 7 年 4 月	24	24	4	28
北斗街	昭和 8 年 4 月	10	10	0	10
田尾庄	昭和 10 年 4 月	8	8	0	8
埤頭庄	昭和 10 年 4 月	9	9	2	11
二林庄	昭和 9 年 4 月	13	13	4	17
溪州庄	昭和 10 年 4 月	9	9	1	10
南投街	昭和 8 年 4 月	12	12	7	19
草屯庄	昭和 9 年 4 月	14	14	7	21
名間庄	昭和 10 年 4 月	10	10	3	13
集集庄	昭和 9 年 4 月	11	11	1	12
埔里街	昭和 8 年 4 月	11	11	0	11
竹山庄	昭和 9 年 4 月	9	9	2	11
小計		327	379	82	461

資料來源：臺中州編，《臺中州統計書（昭和 10 年）》，頁 156。

方面委員的職責包含：[32]

（一）生活狀態調查：第一種貧戶（極貧）與第二種貧戶（貧窮）之調查。

（二）救護與救助：包含軍事救護、罹災救助、養老救助、殘疾者保護、施與救護、喪葬補助與其他救護救助相關的事務。

（三）保護治療：對象包含行旅病者、精神病者、結核病者、癩病患者、孕婦與其他保護治療相關的事務。

（四）福利增進：協助戶籍整理、家事指導、租賃房地之調節、日用品供需之協調、提供簡易或免費住宿、職業介紹、副業獎勵、小額資金融通等與其他福利增進相關的事務。

（五）兒童保護：有關棄兒、孤兒、虐童之保護，不良少年之保護、身心障礙孩童之教養與其他兒童保護相關的事務。

（六）教化事業：假釋犯保護、鄰保事業、矯風事業，辦理演講會、民眾娛樂活動等與其他教化事業相關的事務。

具體而言，方面委員處理的案件可分為指導相談、保健醫療、育兒講學、周旋介紹、戶籍整理、金錢給與、其他等類。方面委員每月各類工作案件數均刊載於臺中州報上，以宣示其實績。在各類處理案件中，數量最多者為保健醫療與金錢贈與，就震災期間而言，自昭和 10 年 4 月至 11 月間，方面委員處理之案件計 4,512 件，其中保健醫療類 1,924 件，佔 42.6%，金錢贈與類 1444 件，佔 32%，合計比例佔 74.6%。[33]這個比例反應出方面委員的工作性質在社會福利層面的特性。在本次震災的過程中，方面委員在救災之餘，協助調查災區民中受災損失的情況，作為官方制定救濟措施的依據，已如前述，對於災後復建的工作，扮演重要的角色，總督府方面也予以相當的肯定。

對方面委員角色的期待，當時已有人指出方面委員第一要務為社會情況的調查，認為此係社會事業能否發揮實效的前提，也是各種社會立法的基礎。透過方面委員在其負責區域內之每戶訪問，才能夠真實瞭解

---

[32] 中村摠一，〈方面委員制度に就いて〉，《臺灣警察時報》16（1930.9），頁 4-5。

[33] 臺中州教育課編，《臺中州社會事業要覽》，頁 17。

平民的生活狀態，以及貧窮的原因。[34]也就是期待方面委員的工作在福利濟民之外，能夠從事社會調查的工作，作為社會政策的基礎。本次震災的過程中，方面委員無疑的扮演了這樣的角色。

綜合以上討論，壯丁團、青年團與方面委員雖有其各自的成立與運作脈絡，但是在當時臺灣社會裡，卻是難得的組織性團體，與傳統的家族性與宗教性的團體不同，這些團體的成員彼此之間並非因為血緣的關聯，或是宗教的淵源而組成，而是在國家體制的脈絡中被動員，在近代臺灣社會團體的發展過程中，可是為是新興的組織。這些組織成員以社會公共目的為組成目的，雖然這些組成目的的背後，是在維持殖民地秩序，或是實踐同化的目的，但是另一方面，這些團體仍有其公共性與公益性的特質。平時這些公共性質的作為如維持治安、災害防治、產業振興、教育促進等，公益的性質如社會救助、災難救助等。災害之際，這些團體則轉換為國家可以立即動員的力量，小者防汛防洪，急難救助，嚴重者如此次震災，即能調動臺中州內相關團體前往災區，投入第一時間與第一線的救援工作。

對團體的成員而言，三類團體都具在地性，壯丁團成員為社會青年，青年團成員為年輕知識份子，方面委員為地方熱心公益人士。施添福曾指出日治時期臺灣民間社會生活在殖民體制下被劃分為三種層次，警察官空間、部落民空間與街庄民空間，[35]壯丁團、青年團與方面委員正可對應在這三種空間的運作中，個人在這三種層次的生活空間內，被國家所控制。另一方面，個人的力量也在這三種空間中被凝聚起來，或是轉換成為實踐國家意志的末梢，或是成為從事社會活動的機制。此次地震中救災的過程十足體現了近代臺灣民間社會動員的特徵。

---

[34] 森田共助，〈方面委員の重要任務〉，《臺灣地方行政》9（1936.9），頁 71-72。

[35] 參閱施添福，〈日治時代臺灣地域社會的空間結構及其發展機制-以民雄地方為例〉，《臺灣史研究》8：1（2001 年 6 月）。

四、結論

昭和 10 年（1935）臺灣中部地區大地震，傷亡慘重，一時之間官方與民間的救援力量紛紛進入，使災區的傷害得以減少，也推動加快重建的速度。在整個救災與復建的過程中，官方無疑的居於主導的角色，民間居於被動動員的位置，所有民間救災的資源都被納入官方的救災機制中，由官方決定分配的對象與區域。本文檢視當時前往災區救援的民間團體，發現壯丁團、青年團與方面委員為投入災區救援的力量，由此提供一省思日治時期民間團體的角度。

傳統臺灣民間社會中救災活動，除了來自官方的力量外，民間的動員機制以士紳豪強為主，宗教團體或因己力有限，少見如現代大規模的救災動作。日治時期以後，士紳豪強在地方公共事務的角色，為基層行政與警察體系所取代，民間力量開始被整合到國家機制控制下，在治安的脈絡下有壯丁團，在同化主義的脈絡下有青年團，在社會福利事業下有方面委員，這些團體都成為震災時被動員的民間力量。因此，日治時期民間團體是在官方的主導下展現其力量的。但是這些團體雖在國家體制的脈絡下運作，在功能上也呈現出公共性與公益性，對日後民間團體發展的方向，提供了啟發的作用。

九二一地震之際，投入救災與重建工作的民間團體，在性質上是自發的，成員是主動參與的，在功能上具專業取向，如心靈慰助、醫療、生活救助、社區重建等，為救災重建過程中重要的力量。日治時期的民間團體性質上屬國家的，由國家機關由上而下的動員，在專業的取向上並不明顯，屬人力協助性質的投入。但對於救災與重建的工作，卻已提供了一種新的模式，民間團體將在災後救災重建過程中扮演更積極的角色，自昭和 10 年（1935）中部大地震至民國 88 年（1999）九二一大地震，民間團體的投入由國家主導轉變為民間自發，亦深刻反應出臺灣社會的轉變。

（原刊於《臺灣文獻》60：4（2009.12），頁 389-412。）

林爽文、天地會與大里杙

　　清代大里杙之聚落位於大里杙溪北岸，東臨中央山脈西側山腳，迤北經涼傘樹渡旱溪至橋仔頭，或經內新渡旱溪至旱溪庄；往南越頭汴坑溪，則為塗城、草湖與詹厝園、阿罩霧、柳樹湳與吳厝等庄。大里杙位居大里杙溪、貓羅溪網狀水路與中央山脈西側山腳所構成之三角形區塊的北端中間的位置，為清代雍正乾隆年間漢人沿著大肚溪經烏日庄入墾大里溪與貓羅溪一帶的入口。或是由此沿大里溪或頭汴坑溪往東進入黃竹坑與車壠埔等沿山一帶拓墾，或是往北經頂橋仔頭或內新而進入臺中盆地東側。因此，大里杙庄以其交通條件之重要，早在清乾隆初年漢人便已陸續前來拓墾，例如霧峰林家先祖林石，於乾隆 11 年（1746）入墾大里杙，拓地四百餘甲。

　　大里杙庄所在，近鄰東界大山，原為平埔族洪雅族（Honya）領域以及水沙連社（今邵族）與泰雅族活動的地域，漢人入墾之後，時常發生糾紛衝突，使得大里杙庄的角色，不僅是漢人拓墾貓羅溪流域東側一帶土地的入口，更是沿山治安的前緣。乾隆年間漢人入墾者日眾，為防範生番攻擊，乾隆 3 年（1738），清廷於登臺、新庄設置義勝、永勝二寨，各安置鄉勇 30 名巡防，另建柳樹湳營盤，撥兵 100 名防守，以及設置南北投汛，駐兵 85 名。並於今日霧峰、大里與太平一帶設置隘寮，計有萬斗六、阿罩霧、黃竹坑、內新庄、外新庄、校栗林與大溪口等處，以攔查出入，保護漢人墾民的安全。隨著墾民的增加，衝突事件不時發生，乾隆 16 年 12 月（1752.1），北投社通事三甲唆使福骨社、哆咯嘓社與眉加臘社等攻擊內凹庄（今南投市內興里、內新里）與柳樹湳，殺害墾民與兵丁。乾隆 45 年 3 月，大里杙、內新、外新與大墩街一帶漢人林士慊、林圭、盧伯玉、林應祥、林依與林跳等糾眾焚劫阿里史社，打傷社眾，劫掠家畜，焚毀屋舍。而生事之林士慊等，岸裡社向官方提出之訟狀中指謫彼等「原本勢族豪強，素著搶劫之犯，案積山可查，四鄰之口，如川可鞠，衙門受厚賄，未便說其非，鄉保畏豪強，不敢實彰其短，迄今風鶴驚聞，流離號泣。」（岸裡社檔案）但事後僅由北路理

番同知與彰化知縣各贈恤賞銀兩若干結案，相關人等並未受到懲處。本案件反應出官員無力面對地方豪強的窘況，也使得地方豪強的勢力更加猖獗。

官員無力，豪族力強的情況，再加上大里杙「前京憑溪，後即岸里社番，門戶深阻。其中腴地百里，秋成後穀米狼戾，食不外求。以是罪魁渠首，常負險為巢穴。」（平臺記事本末）乾隆 47 年，彰化縣境發生大規模的漳泉移民械鬥，林士慊等即糾集附近各庄之漳州人攻擊泉州人所在之村落，與番仔溝庄泉州人謝笑等相互搶掠殺傷，事經水師提督黃士簡調派大軍壓制而平息，林士慊與謝笑等均被逮獲正法，但因從犯人眾未能盡獲，或又因賄而得免拘，使得地方益形輕視官兵。乾隆 51 年（1786）7 月，諸羅縣民楊光勛，因爭田聚毆，掠民戕官。福建按察使李永祺渡臺審訊，楊光勛被誅，其黨羽蔡福、葉省等逃入大里杙，受到林爽文庇護。因此，在林爽文起事前夕，大里杙的情勢，已非官方所能控制，官方以巡閱為名的動作，只有激發當地豪強起而反抗的後果。

根據林爽文與其父兄的供狀，其父林勸，原籍福建漳州府平和縣小溪火燒樓人，乾隆 38 年（1773），偕妻曾氏，與子林躍興、林爽文與林勇渡臺，在大里杙以趕車種田維生。林爽文在臺趕車維生，亦即從事於貨運業，往來四處遊走，因而得以結交各路人士。乾隆 53 年（1788）林爽文被擒獲後，清軍隨即訊問林爽文與其同遭擄獲之大小頭目，透過彼等之供狀，可以了解林爽文起事之前交往的部份情況。

51 年 8 月，林爽文與林泮、林水返與王芬等拜盟起會，根據林爽文的供狀，說明當時的情況：

> 據林爽文供，我年三十二歲，乾隆三十八年，隨父母來到臺灣，趕車度日。時常聽見說，漳、泉兩府，設有天地會，邀集多人，立誓結盟，患難相救。我同林泮、林水返、林領、何有志、張回、王芬、陳奉先、林里生等，平日意氣相投，遂於乾隆五十一年八月內，拜盟起會。（故宮軍機處檔案）

另外，福康安、海蘭察、鄂輝的奏摺，說明林爽文拜盟起事的經過

如下：

> 緣林爽文自幼來臺灣趕車度日，交結無賴，行竊為匪。乾隆五十一年八月十五日，林爽文與林泮、林領、林水返、張回、何有志等，在大里杙山內車輪埔飲酒結盟，互相約誓有難相救，結黨搶奪。（欽定平臺紀事本末）

根據上述的說法，林爽文與其父母於乾隆 38 年（1773）渡臺至大里杙，其選擇大里杙落腳的原因約有二端，一為受大里杙一帶交通與拓墾條件的吸引，二為受到本地林姓宗族的影響。

林爽文加入天地會的緣由，根據嚴烟的說法，是受其招引入會。天地會由於被認為是釀成巨案的重要因素，於是在臺傳布天地會之嚴烟遭擒獲後，即遭嚴訊，並再送北京嚴審。福康安等審訊的內容如下：

> 臣等親加研訊嚴烟，即係莊烟，又名嚴若海，係漳州平和縣人，於乾隆四十八年藉賣布為名，來至臺灣。四十九年在溪底阿密里庄傳授天地會，是年三月十五日林爽文聞知會內人眾便於糾搶，即聽從嚴烟入會。五十一年八月林爽文復約同林泮、林領、林水返、張回、何有志在車輪埔飲酒，約會各處村庄互相傳習，遂致拒捕戕官，釀成逆案。（宮中檔乾隆朝奏摺）

送至北京刑訊後的供狀如下：

> 嚴煙即嚴若海供，我係福建平和縣人，年二十七歲，父親嚴國，母親許氏，俱已身故。並無伯叔兄弟兒子，只有女人黃氏，在漳州家裡，向有瘋癲病症，如今不知下落。我向來賣布為生。乾隆四十七年，我村莊上有個行醫的陳彪，係廣東人，勸人入天地會，我也隨同入了他的會。於四十八年來至臺灣，在彰化地方開設布鋪，也時常引人入天地會。四十九年上，我在溪底阿密里莊遇見林爽文，與他往來熟識，他向我說也要入會。我就將從前陳彪傳我入會的話告訴他，說凡要入這會，須設立香案，在刀劍下鳴誓，遇有事情，同教之人大家出力，公同幫助。又恐人數太眾，不能認識，相約見人伸三指，並有洪字暗號，口稱五點二十一，便是

> 同教之人。林爽文又糾約林泮、林領、林水返等都來入會。我當
> 時原見林爽文為人慷慨，所以叫他入會，是真不料他後來造起反
> 來。（臺灣林爽文起義資料選編）

　　綜合上述二份供狀，嚴烟在來臺前加入天地會，乾隆 48（1783）
年來臺，在彰化地方開布鋪維生，勸誘引人加入天地會。49 年 3 月，
林爽文在阿密里庄（今烏日鄉光明村）加入天地會，嚴烟的供狀原稱是
林爽文聞知會內人眾，便於糾搶，於是聽從入會，北京覆審的說法則稱
是林爽文自行要求加入。可知林爽文聞知天地會會眾日增，聲勢日壯，
便聽從加入以糾眾壯大其聲勢。但天地會並未有統一組織，會眾散居各
地，各成勢力。林爽文欲藉天地會壯大自己的勢力，仍需擁有自己所屬
的力量。乾隆 51 年 8 月，林爽文遂邀林泮、林水返、林領、何有志、
張回、王芬、陳奉先、林里生等於在大里杙山內車輪埔飲酒結盟，互相
約誓有難相救，有事相助。按「大里杙山內車輪埔」即為「車壠埔」，
即今日太平區興隆、光隆里一帶，位於頭汴坑溪出山口南側的小沖積扇
上，與大里杙隔溪相鄰。林爽文等結盟立誓，選擇此處邊遠所在，不無
掩人耳目，避免驚動官府之意。11 月 2 日，王芬再邀約許溪、陳樵、
郭盞、吳帶、陳榜、吳卜、李積、郭卻、阮擇、薛指、林倚、趙榮、林
載生等人，至貓霧捒麻園莊王芬家入會。「貓霧捒麻園莊」即今臺中市
沙鹿區晉江寮、麻園一帶。林爽文招引入會者益增，黨羽益多，橫行無
忌，武斷一方，莫敢過問。林爽文結會日眾，終於引發官方注意，再加
上諸羅楊光勳事件雙方擁眾互鬥，官方以結會集匪為名，調兵圍捕，楊
光勳遭捕獲後被殺，其餘黨張烈、賴榮、葉省、蔡福、張員等逃入大里
杙，投奔林爽文，事聞於彰化知縣俞峻，於是稟報調兵征討，乾隆 51
年 11 月 27 日紮營大墩，諭令林爽文交出張烈等人犯，結果反遭會眾攻
入，29 日攻陷彰化縣城，林爽文事件正式爆發。

　　有關楊光勳案與攻擊大墩營盤等事件，林爽文的供狀提出了較細緻
的說明：

> 後來，斗六門地方，有楊光勳弟兄，因分家起釁，立會招人入夥，

被人告發，並牽連我們，一齊呈告。彰化文武官員，差人各處查辦，衙役等從中勒索，無論好人、歹人，紛紛亂拿，以致各村莊俱被滋擾。那時，林泮等房屋已被官兵燒毀，他同王芬、陳奉先、林領、林水返、陳傳、賴子玉、蔡福、李七、劉升等起意招集各莊民人，抗拒官兵，就來邀我。我的家長林繞、林石、林湖、林全等，將我藏匿山內，不許出來。後林泮又來逼迫，不得已才跟他到了彰化，攻破縣城。（故宮軍機處檔案）

上述內容提到楊光勳案因立會招人入夥，遭人告發，而使林爽文受到牽連，說明在楊光勳案中，林爽文同因立會招眾入盟而遭告發，而楊光勳餘黨躲避大里杙，更讓官方認為其與楊光勳案有所牽連，因而欲調兵搜剿。但官兵四處查辦之際，任意勒索，亂拿民眾，燒毀民房，滋擾各庄，引發反感，反而讓林爽文有可趁之機。

林爽文起事之幹部，就事後被擄獲之大小頭目之供狀來看，多以其族親或同籍之人為主，如其兄弟林躍興與林勇、大里杙林繞為其族叔、大墩林舊為其堂兄弟、大里杙林桂與林全為其族侄、阿必羅庄（阿密里）林家齊為其無服族兄、淡水林小文為其同祖堂兄、其他同籍者如大肚何有志、賴厝廓賴達、田中央林水返、諸羅蔡福、大排竹何泰、學官田何洪、大墩林扇、詹厝園林楓、莿桐腳朱開、牛波子（牛埔仔）賴子玉、三分埔賴應、大里杙林祖、林良、林茂、林水、林順、林棍等。其他各籍參與者以漳州府詔安縣、漳浦縣、南靖縣、龍溪縣等縣者為主，以及少數興化府與汀州府者，甚至包含部分泉州府同安、南安與惠安等縣人。如乾隆 51 年 8 月，林爽文第一批招盟入會者林領，住大肚，本籍為泉州府同安縣人。林爽文軍師之一者陳梅，為泉州府南安縣人。整體看來，偕同林爽文起事諸人仍是以漳州籍者為主。

然而，彰化縣境甫經乾隆 47 年之漳泉械鬥，雖經官方鎮壓，但民間疑慮猶存，林爽文以漳屬各庄起事，攻陷彰化縣城，隨即引發泉人與客民不安。時鹿港監生林文浚與林湊糾集當地泉眾與客民擊退來犯之林爽文部眾，並號召泉人響應，於是彰化埔心、二林一帶泉人呼應之，彰化縣城之泉民逃往鹿港者絡繹不絕。及林文浚攻入彰化縣城後，四處搜

捕漳屬從林爽文起事之人，焚其屋舍，漳人更形不安，於是縣內各屬漳庄紛紛投靠林爽文陣營以求自保。而林爽文部將陳泮與吳領守彰化虎仔坑，則盡焚泉人庄舍，於是縣境內泉人投奔鹿港者避難。林爽文事件在彰化縣境形成了漳泉對峙的局面。

林爽文為鞏固大里杙安全，沿大里杙東南掘壕 2,000 餘丈，壕內壘土垣，以所劫鎗　列垣內。又於斗六門、庵古坑、集集埔、水沙連等沿山入口各隘豎立木柵，以石築墻，分眾守之。為資糧食無缺，勒派農民每山田一畝，徵其一成，水田一畝，徵其二成。又絕山陂，遏山水，使大肚山西側各庄民田無水灌溉而無法耕種，造成米價騰貴，迫使民眾前來歸附。於是彰化之北大肚溪、烏日莊、九張犁、犁頭店、溝仔墘、西大墩、新庄仔、草官田，彰化之南虎仔坑、林紀埔、萬丹庄、崁頂庄、濁水庄、南北投、田中央、竹仔寮，又自大里杙往諸羅之水沙連、他里霧、九芎林、庵古坑各處，皆為所占之地，形成擁地自重之勢。

乾隆 52 年 11 月，福康安大軍進圍大里杙。22 日，清軍至水沙連山口，擒獲林爽文部將蔣挺，訊知林爽文已回大里杙固守，於是福康安部隨即趕赴大里杙，沿途焚勦虎仔溪、萬丹莊、南投、北投等處林爽文據點。24 日申時（約下午 3、4 時）至平臺莊（今霧峰區丁臺、南勢與北勢等村），北距大里杙約五公里，福康安先令海蘭察、恆瑞、普爾普等前往察看地勢情形。但見大里杙東倚大山，南繞溪河，砌築土城，密排大礮，內設竹柵兩重，城外溝墘重疊，防守極為謹密。

福康安命海蘭察、恆瑞、鄂輝、普爾普率領巴圖魯侍衛等進至溪邊，林爽文即於柵內施放大礮，並趁清軍渡溪未能集結時，三面圍裹攻擊。但清軍所部廣東、廣西屯練兵丁渡河趕到增援，雙方於溪邊往復衝殺，直至天色晚暗，清軍沿田墘溪邊分隊排開抵敵，此際清軍已渡河完成布署，林爽文欲趁其渡河之際攻擊的計畫已然失敗。是夜，林爽文軍以熟悉地形四處進攻清軍，福康安的奏摺描述整夜戰況激烈的情形：

> 移時果有賊匪潛來攻擾，見官兵屹立不動，鎗礮大震，旋即敗走。
> 未逾數刻，又自沿溪分路抄截，撲至墘邊，有賊目一人擊鼓儹催，

蜂擁前來，勢頗凶惡。賊目被我兵鎗斃，始稍退散。如此往返撲
壓五、六次，官兵奮勇攻擊，此處賊匪竄回，彼處又復踵至。迫
至丑刻（按：約凌晨一、二時），攻擾愈力，短兵相接，殺死賊
目、賊匪數百名。臣福康安、海蘭察、恆瑞、鄂輝、普爾普往來
督催，分投策應，自日暮直至次日黎明，官兵力戰一夜，痛殲賊
眾，鎗箭均無虛發。而我兵受傷者不過數人。（欽定平臺紀事本
末）

　　至 25 日卯刻（約凌晨 5、6 時），天色漸明，情勢較為明朗，福康
安一面派兵與林爽軍接仗，另一方面則分兵自由大里杙圍柵西南、西北
兩門分路進攻，破柵攻入，殺死張大、林素、林成、林快、江近、許三、
江陳及不知姓名騎馬部將二十餘人與部眾二百餘人，並生擒劉懷清、林
茂二人。經嚴訊劉懷清後，得知林爽文已於夜間迎拒官兵時潛回庄內，
帶同眷屬由東首僻路進入大山。因此，林爽文或趁清軍初至，不熟地當
地地形環境，藉由主動進攻將清軍注意力吸引於大里杙南方沿溪一帶，
自身沿溪東入內山，待清軍天明攻入大里杙時，林爽文早已走遠。此後
林爽文流竄於中部西側沿山一帶，清軍隨後緊緊追趕，並透過通事動員
水沙連社、屋鰲社、獅子社與沙里興社沿途封鎖與攔阻，最後林爽文於
乾隆 53 年 1 月在老衢崎（今苗栗縣竹南鎮崎頂）被捕獲。

　　林爽文事件就在地的觀點來看，涉及大里杙在清初臺灣中部拓墾過
程中的特殊性，地形條件上，其位於烏溪流域中段的入口位置，腹地包
含地形上所稱臺中盆地之八卦臺地以東至中央山脈西側山腳，烏溪以南
的範圍。其位於拓墾的邊區所在，使發展過程中呈現若干特色，例如以
家族豪強為中心的拓墾型態、與家族豪強利用民間宗教強化其地方領導
勢力，以及弱化的官方管理能力。本地東靠大山，漢人因拓墾沿山土地，
或與內山高山族建立商貿關係，使得山區成為發展上的另一層腹地。林
爽文事件的發展壯大，除了國家治理的因素外，實與在地的拓墾歷程有
關。

　　（原刊於《臺中鄉圖》14（2014.1），頁 20-27。）

清季西大墩廖有富案與牡丹社事件的交錯

前言

同治 12 年（1873）11 月發生之西大墩廖有富案，原為地方豪強爭田啟釁，毆殺人命的治安事件，官方為壓制地方豪強，維持統治秩序，乃自福建調兵赴臺征剿，進兵之際，發生日本興兵臺灣，進攻牡丹社之重大外交事件。清軍臨時將赴臺的軍隊轉調南部，以防堵日軍。而廖家為謀對抗清軍，亦奔赴楓港，向日軍要求出兵助其抵抗清軍，而日軍基於攻臺策略之考量，而予拒絕。廖家求援未成，事又為清軍探悉，牡丹社事件後，再遭清軍圍剿，廖有富因此潛赴內山，但勢力仍未歇，不時竄出擾亂，直至乙未割臺之後方止息。本文擬就廖案發生的原因與事件的歷程，以及廖家向日軍求援的前後經緯作一探討，以了解此一發生在筏子溪畔的地方案件，如何涉入近代臺灣重大的歷史案件中。

一、廖案的發生

廖有富為清彰化縣揀東上保江西厝人，江西厝位於清代西大墩街西側、水堀頭以南、下七張犁以北之間，今臺灣大道三段、福科路與安和路之筏子溪西側一帶。廖姓為西屯地區大姓，但廖有富家族由於土地遭沒收，人員遷離等因素，其家系已難查考。廖案發生於清同治 12 年（1873）11 月，其緣由根據當時臺灣總兵張其光與署理臺灣道夏獻綸的報告，廖有富「**佔地二十餘里，竹圍銃樓百餘座，黨羽甚眾，雄視一方，擄劫之案，屢見疊出。**」其弟廖江河與黨羽張南道因與民人陳古爭田，產生仇隙，遂將陳古竹圍攻破，殺斃陳古等 14 人，雖經彰化縣與地方營兵查拏，但廖等恃其營壘堅固，黨羽眾多，故敢率眾抗拒。清廷為免再釀成如戴潮春事件之地方豪強聚眾抗官的事件，遂自福建添調兵勇，來臺剿辦。上述官方的報告描述廖有富勢力占地 20 餘里，擁有銃

櫃百餘座,黨羽眾多,擄禁搶掠,已是地方一霸。陳古擁竹圍與廖家對抗,亦為地方豪強。就以上資料看來,本案係地方豪強為爭奪土地,導致衝突,毆斃人命,官方若不處置,待其勢力更加壯盛,則難以壓制,若生事端,往往難以收拾。

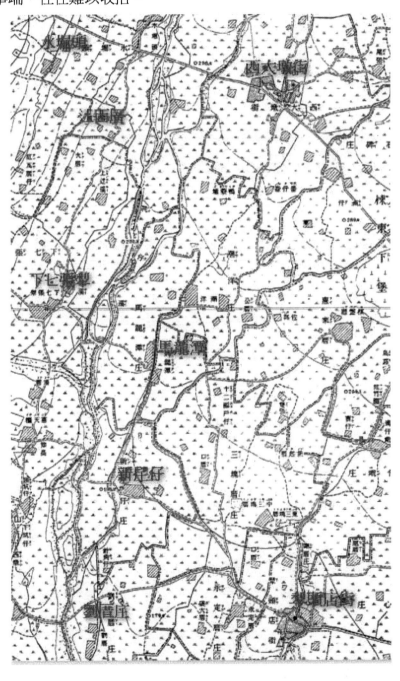

另根據同治 13 年（1874）廖有富向日軍求援時呈送的密稟則有另一種說法，其內容稱張南道原向陳古贌租田地，但事後陳古反悔，不願將田贌租，要求退還贌銀與歸還田地，結果引發張南道不滿，忿將陳古毆斃。上述內容印證官方報告中所言因田產紛爭肇啟釁端的說法。惟廖氏的說法不無避重就輕之嫌，其將衝突的原因推稱是張南道與與陳古發生田產糾紛，進而毆擊致命。此說法隱匿了張道南與廖江河的關係，否則張南道與陳古的土地紛爭，為何變成為廖有富與陳古的衝突？官方何以追究廖有富的責任，而非張南道？且所毆斃者不只陳古一人，而是十四人，以及雙方互據營壘相互攻殺的情況。

有關廖案發生的第三種說法，根據明治 38 年（1905）臨時臺灣土地調查局所編之《臺灣土地慣行一斑》一書所載土地調查之際，日人調查臺灣各地抄封租的由來，由於廖案發生後，其田產俱被官府抄沒，稱為抄封田，為官田的一種，耕種的農民向官府繳交的田賦，稱為抄封租。清同治 11 年（1872），廖有富廖江河兄弟欲娶劉厝庄富豪陳古之女姊妹二人，數度提親，均遭拒絕，遂心生怨恨，私下召集黨羽兇徒攻擊並放火焚燒陳家，將陳古一家盡皆殺害，並藉勢剽掠附近村落，遊手好事之徒紛紛風從其下。彰化知縣朱幹隆與犁頭店巡檢聞訊合力鎮壓未果，遂向臺灣道請求調派軍隊往剿。此說應為臨時土地調查局採錄自地方民眾的說法，其載事件發生於同治 11 年，而非清代檔案所載之 12 年，原因為求婚未遂，非土地衝突。但此因求婚未遂而造成傷斃人命的重大案件並未出現於知縣朱幹隆與地方營官的相關報告中，且朱幹隆彈壓未果要求調兵增援之事，見諸檔案者，為上述同治 12 年廖有富與陳古因土地紛爭造成衝突之事。《臺灣土地慣行一斑》一書提出了有關廖案發生原因的另一種不同的說法。

第四種說法為陳炎正指出廖有富因欲強娶水崛頭附近農家陳古（又稱陳落胎）女兒未成，遂殺害陳古全家 10 餘口，後來廖有富又霸佔鄰近 12 庄土地，這些土地案後均遭官方抄沒。陳炎正亦指出案件的發生與求婚不遂有關，此部分與臨時土地調查局的說法相同，惟對陳古的敘述，一為劉厝庄富豪，一為水堀頭附近農家，此部分的落差，仍待搜求

相關資料進一步探索。且廖有富強佔 12 庄之地，其事發生於光緒元年
（1875），亦即廖氏求婚未遂襲殺陳氏全家與強佔 12 庄土地為分別發生
在不同時間的二件事。

　　上述四種有關廖有富案發生原因的敘述，同治年間的二筆資料均記
載廖家為地方豪強，與夥黨張南道因土地與陳古發生糾紛，因而攻殺陳
古一家。日治初期的調查與陳炎正的說法，則指出廖家因逼婚不遂，因
而襲殺陳氏全家。但此四種說法均提及廖有富藉勢剽剝地方霸佔田產的
事蹟，無論土地紛爭或是求婚未遂，廖有富動輒糾眾圍殺對方，霸田掠
財的行徑，亦說明其橫行鄉里的實況。

　　廖案發生尚有其政治社會背景的因素，根據廖有富的說法，與戴潮
春案有關。牡丹社事件之際，廖有富向日軍求援的密稟言稱：「曩年戴
萬興（按戴萬生即戴潮春）造亂逆匪，我等諸鄉皆仁里之區，秋毫無犯。
不意累次嚴究重辦我同侄廖有富窩藏逆匪，查確並無此情。若夫歷年更
覺加增供稅。」前往求援之廖仕強（廖有富之叔）亦向日軍陳述反抗的
原因，在於同治 3 年（1864）戴潮春謀反失敗，曾逃避於覓霧沙（貓霧
捒）依附廖家，後逃至寶斗仔（彰化北斗）被擒殺，以是清軍遂惡廖氏，
屢屢藉事索求財貨，廖氏因而反抗。廖仕強的說法承認戴潮春逃往之際
曾「依附」廖家，而廖有富則強調並無「窩藏」情事。廖家實際或無窩
藏之事，卻有資助其依附之實，成為事後受到官方嫉惡，屢遭勒索的把
柄。

　　另一方面，戴潮春起事之際，西大墩一帶均為其控制地區，林豪《東
瀛紀事》便記載捒東有廖有譽、廖安然等參與其事，皆稱將軍，除據地
呼應外，亦隨戴潮春四處征戰，廖有譽便曾隨攻嘉義縣城。廖有譽（官
方資料亦稱廖友于）與廖有富（陳炎正指其亦稱廖友有）二人地緣相同，
均居於捒東，排行字輩相同，應屬同一世系之族親。戴潮春敗亡後，廖
有譽仍聚眾未降，直至同治 4 年（1865），方與據有五城之吳文鳳歸降
清軍。而廖有富則未參與舉事，此由其田產在戴案後並未被官府沒收可
知。但因族親，仍遭官方關注，再加上曾經資助戴潮春，使得其身分特
別敏感。因此，廖有富所謂官府的苛斂朘削，除官方藉事報復外，亦不

無有刻意裁抑之意，然而卻因此引發廖有富之不滿，忿而反抗。

是以就廖有富而言，其認為衝突的根源在於官方之苛斂，卻將強奪土地毆斃人命或強婚未遂戕命燒屋的衝突淡化或蓄意隱沒。但就官方而言，廖有富為戴案餘黨的親族，廖有譽雖然歸降但未遭拿緝，廖家仍然擁有廣大田業與眾多徒眾，且行事囂張跋扈，橫行地方，坐擁百座竹圍銃樓，私蓄武器，毆殺人命，隱為地方土霸，危害治安，卻是事實。官方為維持地方治安與統治威信，唯有興兵征討，以免其勢擴大蔓延，再生事端。

二、官軍進剿

廖有富聚眾毆斃人命攻掠地方諸庄，經彰化知縣朱幹隆與犁頭店巡檢彈壓未果，臺灣總兵張其光與署理臺灣道夏獻綸乃報請閩浙總督李鶴年調兵支援。李鶴年據報後，除命飭臺灣鎮、道添派兵勇外，並調總兵戴德祥與游擊王開俊管帶兵勇各五百人渡臺，隨同拏辦。同治 13 年 3 月 4 日（1874.4.19），總兵張其光率兵三路進擊，副將謝復雲、參將李學祥一軍由犁頭店直攻，遊擊郝富有、都司張天德一軍由水堀頭繞擊其後，總兵戴德祥、遊擊王開俊一軍由大肚山橫擊之。諸軍會集於廖有富圍柵時，廖有富眾即四出迎拒，官軍迎頭奮擊，傷斃多人，始各退入竹圍。5 日上午（4.20），各軍會合進攻，攻燬砲樓 30 餘處，當即移營進紮。6 日黎明（4.21），各軍攻破附近竹圍數十座，乘勝急攻，壓斃焚死者無數，廖有富餘眾退入江西厝，該處兩重竹圍，勢極堅固，外有橫溪環繞，內則密排槍砲，清軍一時未能攻入。7 日早晨（4.22），清軍渡溪砍圍而進，攻破江西厝圍柵，統計連日殺斃焚死者 200 餘人，生擒數 10 人，清軍各營士卒陣亡受傷者，亦有 70 餘人。廖有富、廖江河帶傷逃往內山，餘眾則四散逃走。

廖有富抵抗失利，與其弟廖江河逃入內山，依附五城（今南投縣魚池鄉五城村）吳文鳳。吳文鳳者，戴潮春事件之際，曾據五城響應舉事，戴潮春封以將軍稱號，及戴潮春敗死，仍據五城，官軍數度進剿，皆因

內山難以深入而未克建功。同治 4 年（1865），見清軍勢盛，與廖有譽
向清軍投降歸順，仍歸五城，但始終未曾實心降服，時有蠢動之意。此
際廖有富遭官軍新敗，逃奔五城，說明廖家與吳文鳳之間深厚的關係。
廖有譽與廖文富皆曾託庇於吳文鳳，由此亦透露出廖有譽與廖有富二人
彼此之間有所關連的證據。

　　廖有富潛匿內山，清軍雖四處防堵緝拿，但廖有富蹤跡靡定，於沿
山一帶糾結黨羽，不時竄出。光緒元年 10 月 24 日（1875.11.21）夜，
廖有富突竄回西大墩一帶，號召民眾，佔據附近 12 庄，聲勢復振，可
見廖有富在當地仍具相當的影響力。官方聞報後，除飭諭紳董調集地方
丁壯分途攔截外，並調福銳新右營都司楊金寶帶兵前來剿辦。廖有富眾
據有馬龍潭、江西厝、中庄仔與七分埔等 12 庄，並於犁頭店街口、新
庄仔一帶設置竹圍營壘防範官軍。10 月 30 日（11.27），署北路協副將
秦懷亮與署彰化知縣朱幹隆督率兵勇進攻新庄仔，攻破竹圍，廖有富眾
雖憑銃櫃固守，仍被官軍攻破，70 餘人戰死。11 月 1 日（11.28），官軍
進攻中庄仔，鏖戰竟日，廖有富寡不敵眾，夜間乘隙遁去，潛回內山，
官軍四出截堵，並無所獲。此後廖有富即潛匿內山，少有活動，官方之
追捕，亦不了了之。

　　光緒 21 年（1895）8 月，日軍自葫蘆墩南下，欲入臺灣府城，於
頭家厝與民軍激戰，地方民情洶洶，風聞廖有富眾蜂起，欲出搶掠。吳
德功《讓臺記》一書載當時情況：

> 前臺中縣葉意深胸無經濟，身握縣篆，不能利用紳富，催勇保守
> 地方秩序，犁頭店廖有富餘黨、北投（按：今草屯一帶）土匪蜂
> 起，二處欲搶官租，功時在局中，聞風令在地局首安頓，即請黎
> 府（按：臺灣民主國所派臺灣知府黎景崧）各派勇百名鎮壓之，
> 卒令鴟喙不張，不然先搶官租，後搶民租，弱肉強食，其地方不
> 堪設想焉。

　　按廖家產業在同治 12 年抗官後，即遭沒收，成為抄封田。《臺灣土
地慣行一斑》調查廖案沒入的抄封田，主要分布於鎮平、蔴糍埔、三塊

厝、新庄仔、上石碑、西大墩等庄。劉枝萬之《南投縣教育志稿》根據
彰化知縣朱幹隆所著之《兼善集》指出，廖有富案抄沒土地所徵收的官
租，朱幹隆以之充作書院膏火、義學、義倉、義渡、育嬰等教育與社會
福利經費。另一方面，林文龍亦曾指出，抄沒之際，官員卻將鄰近非廖
家田產一起沒入，造成民眾怨恨，此亦為官方愈辦理廖案，卻愈引發民
眾反彈的原因，是以廖有富雖然逃匿內山，但仍牽動著地方的民情。光
緒乙未日軍入城之際，吳德功書中所言欲搶官租之事，或即為原被抄沒
土地之地主怨忿之情的反彈。

三、與牡丹社事件的交錯

　　清同治 13 年 3 月 22 日（1874.5.7），日軍登陸琅嶠，此後數日，日
軍陸續登岸，揭開牡丹社事件的序幕。6 月 21 日（8.3），廖有富其叔廖
仕強向日軍求援。日人依田學海所撰之《征番紀勳》載廖仕強與日軍交
涉情狀：

> 臺灣彰化縣人廖仕強上書都督曰：『清官貪虐，誅求無已。加以
> 客歲用讒言，謂臣姪有富窩藏賊匪，舉兵襲擊。今年三月，復侵
> 我；事逼危急，會日本二大人辱臨，慰藉甚殷。不幸清兵猖獗，
> 燒燬有富家，並收奪二十餘鄉熟禾。臣等痛憤切骨，誓欲報讎。
> 近聞都督率兵南伐，天賜機會，伏望愛憐，臣等首尾相應，以除
> 貪官污吏，以活我小民』。所謂二大人者，我海軍士樺山資紀、
> 水野遵也。先是，征番師未發，使二子探偵番情往。至彰化縣廖
> 有富家，有富大喜，饗待甚恭；欲推二子為將，拒清兵。二子諭
> 以『我與清同盟，不得相仇』，乃辭去。至是，從道亦斥其書，
> 不納。

　　上述內容可分二個層面討論，一為樺山資紀與水野遵往訪廖有富的
過程，二為廖仕強銜命與日軍交涉的情況。

1.樺山資紀、水野遵與廖有富之會面

　　樺山資紀即日人領臺後第一任總督，時為陸軍少佐，水野遵為領臺後第一任民政長官，二人早在日軍登陸之前，便已來臺探察民情地形，其行蹤均在地方官員的監看之下，惟當時尚未聞日軍侵臺訊息，故官方並未有進一步的動作。清同治 13 年 2 月 5 日（1874.3.22），樺山資紀與水野遵二人自打狗登陸，乘舟往南，先後探查東港、枋寮與琅𤩝等地。2 月 18 日（4.4）方經楓港、東港回到打狗。根據樺山資紀之日記，二人在打狗獲知由於彰化發生民眾抗官的暴動，官方準備自府城出兵，以及將由福建調派軍隊 1,600 人渡臺鎮壓的消息。2 月 21 日（4.7）二人至臺灣府城，於英國領事處確認彰化民眾抗官，官軍行將出發征討的訊息。二人欲藉此機會觀察清軍作戰的方式，乃有彰化之行。2 月 24 日（4.10）二人由府城英國領事館出發，2 月 28 日（4.14）抵達彰化，時縣城內外人員雜沓，四處均屯紮著前來征討廖有富的清軍。二人為探事件原委，遂決定前往探訪廖有富，次日雇轎前往犁頭店，因雨止宿於此。3 月 1 日（4.16）至廖有富處，但見其所在乃周圍約 400 公尺中開一石門的小型城寨。樺山資紀與水野遵二人受到廖有富熱烈歡迎，盛陳酒餚以款待之，並將秘購於外商之銃器鉛彈等展示給二人觀看，以示其對抗官軍之準備。酒席之間，廖有富申辯其之起事係因官吏苛斂橫暴不止，只得揭竿而起，以求自保。並提議與二人約為兄弟，請二人代其向官府陳明實狀，昭雪其冤屈。若是二人願意留駐庄內，則推載二人為盟主，將庄內所有部眾歸其統領，授以方略，以與官軍對抗。廖有富言情熱切，數度強請，二人考量若是不從其請，可能被懷疑為清政府派來的奸細，恐罹不測，只得佯作同意。次日一早，樺山資紀與水野遵顧不得觀戰，隨即匆忙離開，向大甲而去。按結拜常為邀盟入會的一種儀式，廖有富此舉不無援引外人支持之意，其欲推載二人為盟主，將部眾歸其統領之詞，無非表面謙讓之詞，由此亦見廖有富行事深具江湖草莽作風。

　　二人於 3 月 2 日（4.17）一早離開，清軍隨即於 3 月 4 日（4.19）進攻，二人與戰事擦身而過。二人之所以匆促離開，係因清軍行將進攻，

二人不僅將歷險境，且二人均具有現職官員身分，若被查出，勢將引發嚴重的政治與外交紛爭，甚至影響已如箭在弦上之攻臺計畫。二人原計畫以旁觀者的角色觀察清軍作戰的調度方式，未料自身卻可能變成戰事的當事人，此為二人原先所未意料到的情況。是故這場戲劇性的會面，僅以匆匆走避收場。

2.廖仕強向日軍求援始末

日軍登陸後，臺灣情勢緊張，內有廖有富尚未緝獲歸案，外有日軍威脅，清廷除加強沿海戒備，調兵嚴防外，對廖有富案的態度則是諭令臺灣鎮道持續查拿，務必按名戈獲，按法懲治，毋令死灰復燃，「**致與外人勾結，致生事端。**」可知官方於日軍登陸後即注意到廖有富可能援引日軍力量對抗清軍進剿以求自保的作為，故要求臺灣鎮道除持續追討查拿外，並要防範其與日軍的勾連。後來發展果如清廷所料，發生廖有富遣人與日軍聯絡爭求支援之事。

日軍猝然登陸，清軍調防不及，只得先就在臺兵力分撥部署，遂將先前來臺剿辦廖有富案之王開俊一營調防東港、枋寮一帶，戴德祥所部與都司張天德管帶鎮標營三哨原來留防彰化，但亦於4月9日（5.24）調返府城，戴德祥部駐紮鳳山，張天德部僅留一哨於彰化，其餘二哨亦隨戴德祥駐防鳳山，後亦調防枋寮一帶。可知清軍受到日軍登陸的牽制，將進剿廖有富的軍隊抽調南下增援，使逃匿於內山的廖有富因而稍事喘息並得重整其勢力，而有次年重返江西厝占有12庄與清軍再度對戰的情事。且因前述樺山資紀與水野遵之會面，雖然二人未通姓名，亦未告以日軍將攻臺之事，但廖有富探知日軍登陸之訊息，為掙脫被清軍圍困的情勢，遂遣人前往日軍處試探是否可以支援。

根據駐守風港（即楓港）之日軍上尉橫田棄所留存之《風港營所雜記》記載，廖仕強於6月21日（8.3）至風港日軍兵營求援。廖仕強稱其係受其侄廖有富之請前來請援，並呈遞密稟一封。廖仕強首先說明前來緣由，緣因3月1日（4.16）有二日人住宿其家，廖有富告以常遭清

朝官員凌辱之情，此二人告以待諸四月將救護之。二日後，清軍圍攻其家，廖氏敗走，與黨羽逃避至生番地域五城，依靠頭人吳文鳳，清軍又向五城進兵，情勢甚為危急，因聞日軍在南部「掃除兇番」，遂來求援。並承諾日軍若果前來救援，將準備樟腦四千擔，茶心四百擔為謝，希望日軍能先頒發令旗一枝、證書一紙，或私章一個以為憑證，日後與清軍交戰緊急時，可作為與日軍書信往來聯絡之用。

次日，日軍詳細盤問廖有富抗清的始末，廖仕強的對答，對於廖有富的在地背景與抗清原因提供更清晰的脈絡。廖仕強供稱廖有富居住於西大墩庄江西厝，家中務農，僮僕 70 餘人，歲收粟 4 萬餘擔。因戴萬生（戴潮春）謀反，為清軍所敗，曾逃避於廖家，事後清軍因此常藉端勒索金銀，甚至田宅家產，因不堪其擾，忿而舉兵，因而招致清軍圍剿，逃往五城，依於吳文鳳。至於要求號旗印章的目的在於日軍來時作為憑證，並希求日軍能於近期起兵助其攻回江西厝。

對於廖仕強的請求，日軍明確回應，由於彼係大清國民，無法為其出兵，且若給與號旗印章，則有誘導鄰國民眾反抗之嫌，故不能授與。但吳文鳳若要歸降，因其非漢人，日軍則可授與號旗印章。最後日軍贈與手巾扇子各一，以慰其遠來，於 6 月 24 日（8.6），雇舟遣送至東港而歸。

按廖氏謂留宿廖有富家中之二位日人曾告以待諸四月知說法，並非實情，以樺山等人的身分層級不可知悉軍事行動的細節。但廖氏的說詞與其密稟的內容對於起事的原因，則強調係因清軍對其橫徵暴斂田產被奪所致。廖士強雖承認清軍掠奪其田產與戴潮春案有關，卻又否認其與戴案有所關聯，此一矛盾的說詞，反而使日軍懷疑廖氏即為戴潮春的黨羽，清軍之苛斂應為事後報復的手段。

日軍未同意廖有富的請求，乃與其攻臺策略有關。日本以先前琉球民眾於臺灣「生番地界」被殺，故以臺灣「生番地區」不屬清朝政府管轄為藉口，興兵征討臺灣「生番」，並揚言其出兵行為與清朝政府及其轄屬之人民無關。因此，為彰顯其出兵係針對「生番」，非與清朝為敵的策略，日軍在臺便須明確界定其武力行為的對象為「生番」，並非清

朝政府及其人民。日軍若同意支援廖有富與清軍對抗，協助其攻回江西曆，便違背其出兵對象非清朝政府管轄人民的說詞，從而失去出兵的藉口。是故日軍瞭解廖有富案屬清廷管轄區域內的民眾抗官事件後，便拒絕廖仕強所請，並將其遣回，以免自毀其立場。

另一方面，清軍於日軍登陸後的行動一直持續監控，廖仕強往訪日軍的行動，亦為清軍所探知。王元穉輯之《甲戌公牘鈔存》便載楓港民人林發稟稱有彰化廖有富之叔名廖供（即廖仕強），寓於本莊民人王馬首（日軍稱為王媽守）處，往日營誓約為內應。日人給以利刃為符信。廖供當即領旂 6 面，並許送細茶 400 擔、樟腦 4,000 斤等。牡丹社事件期間奉調來臺之署福建陸路提督羅大春所編之《臺灣倭兵紀事》一書於 6 月 25 日（8.7）條亦載廖有富之叔廖供自彰化來，寓風港庄民王馬首家，往日營約為內應，日人給旂六面，並剖鈔給為符信。廖供許以再來時，送細茶 400 斤，樟腦 4,000 斤等。上述二書的記載除日人給以利刃為憑與剖鈔為符信的說法當係傳聞外，其他大體屬實。王馬首（王媽守）於日軍佔領期間，為日軍奔走聯絡策應，早為清軍探悉，事後為王開俊率部擒殺，家產全部充公。

奉旨辦理臺灣等處海防事務大臣沈葆楨於日軍尚未退去之時，即積極推動「開山撫番」政策，分北中南三路開山鑿路，通達東部，以杜覬覦。沈葆楨曾特別指出中路的重要性，其奏摺謂中路所經之水沙連秀姑巒一帶，為全臺適中之區，腹背膏腴之壤，故外人之在臺者，「每雇奸民帶往煽惑番眾」，以致該處竟有教堂數處，「且深林疊嶂之中，罪人積匪，往往逋匿其間，如逆匪廖有富等，即恃以藏身，而彰化之集集街，近復有紮厝斃命之事，安保日後不為倭族勾通，斷我南北之路。」故須一面撫番緝拏，一面開路設防。是故牡丹社事件後開通中路，其考量除防範外人入山外，亦與防阻匪徒藏匿有關，特別指明廖有富藏匿其間，並企圖與日軍勾結出兵等事例。故知中路之開闢，亦與當時清軍防堵廖有富交結外援的策略有關。

四、結語

　　廖有富案原初為地方豪紳恃勢爭地，據壘互攻，擊殺人命的治安事件，但因其背後涉及戴潮春案後清廷對於地方豪強的壓制態度，官方為免地方豪強勢力坐大，日後難以收拾，遂藉此案強力鎮壓。而廖有富則藉口官方苛斂其田產為由，舉兵抗官。故究本案之原，實具國家力量與地方勢力相互對抗之本質。惟在對抗之際，先有樺山資紀與水野遵探訪廖有富於前，後有廖仕強前往楓港聯絡求援日軍於後，使得本案戲劇性地被捲入此一影響臺灣近代歷史發展的事件中。日軍之登陸，牽制清軍對廖有富之追擊，使廖之勢力得以再起，樺山資紀二人的探訪，使廖有富對日軍懷有期待，以為可藉為外援。對日軍而言，若接受其請，則攻臺策略將因而瓦解，是當時之局勢與未來之歷史均牽動於此一線之間，廖有富案因緣際會與臺灣重大的歷史事件擦身交錯，更憑添此一地方案件之傳奇色彩。

參考資料

國立故宮博物院，同治朝軍機檔，引自臺灣大學臺灣歷史數位圖書館明清臺灣行政檔案全文資料庫。

國立故宮博物院，光緒朝月摺檔，引自臺灣大學臺灣歷史數位圖書館明清臺灣行政檔案全文資料庫。

文慶等，《籌辦夷務始末（同治朝）》，上海市：上海古籍出版社，1997。

王元穉，《甲戌公牘鈔存》，臺北市：臺灣銀行經濟研究室，1959。

羅大春，《臺灣倭兵紀事》，收錄於陳支平主編，《臺灣文獻匯刊》，第六輯第七冊，九州出版社、廈門大學出版社，2004。

羅大春，《臺灣海防並開山日記》，臺北市：臺灣銀行經濟研究室，1972。

吳德功《讓臺紀》，臺北市：臺灣銀行經濟研究室，1959。

大路會編，《大路水野遵先生》，臺北市：大路會事務所，1930。

水野遵，《臺灣征蕃紀》，出版項不詳。

《樺山資紀日記》，出版項不詳。

臨時臺灣土地調查局，《臺灣土地慣行一斑》，臺北市：南天書局，1998。

王學新譯，《風港營所雜記》，南投市：國史館臺灣文獻館，2003。

劉枝萬，《南投縣教育志稿》南投市：南投縣文獻委員會，1960。

陳炎正，〈清末西大墩江西曆廖有富事件初探〉，《臺灣源流》64、65 期合刊，2013.10。

林文龍，〈彰化知縣朱幹隆歷史評價的爭議〉，《臺灣文獻》別冊，第 48 期，2014.3。

附件

密稟

具密約人臺灣府彰化縣西大墩庄廖有富之同叔廖□□為曩年戴萬星造亂逆匪，我等諸鄉皆仁里之區，秋毫無犯，不意累次嚴究重辦我同侄廖有富窩藏逆匪，查確並無此情。若夫歷年更覺加增供稅，似此昔先王徹法不遵條例所為，西大墩眾業戶拒命不由曾聞。客歲八月間，與甲兵構戰，問罪我廖有富，何意往年十月間，均屬彰化縣居民張南道贌過業主陳古之田，詎料陳古反經消銀返田，南道情實不甘，撲（毆）斃陳古之命，禍總緣我廖有富，□何幸。今年三月初一日，大日本國有二位大人聞知此情，火速到西江厝廖有富厰家，為維持保護，是以臨事難為，清國眾官兵刻即三月初六日，臨庄圍困攻擊，有富自奮不顧身家，與官兵交戰一日連夜，退守山間五城，然則官兵通書於有富，命有富布告連鄉諸庄，暫移逃避，申文上司銷案護衛無事，□料清官人面獸心，偽計百出，即行皆庄燒毀，將二十□鄉禾熟盡收，田園贌過他庄，是有富實屬不堪，無處可伸。近聞大日本國大人帶兵南討野番，聞者莫不嘆服絕倒，熟思清官乃貪財汙吏，羅害百姓，雖然如此無道殘暴，我現今頭戴青天足屨清地，焉敢忍為此事，今聞大日本與清官□不相投，勢同冰炭，若有意於清官，我同侄有富前來投到，大日本大人給出密憑暗號，首尾相應，如或不然，萬望大人為官民從中辦理，相安無事。若得成其妙處，願覆謝樟槐梌四千桓，茶心四百桓，以表大人勸慰之勞，不特如此，□生當啣環，死當結草。若大日本國大人不以兩途辦理，我等諸庄決斷與清官，□拒敵構戰，誓不□戴天。未審大日本大人如何示諭，但煩急出密信，蒙聞一線示知，廖仕強窺伺到此地山水遠涉，急要還鄉，近日託跡風港庄，與日本國一大人密通情事，未稔有送信到龜山貴營交乎否，所特修密言，伏蒙大日本國都督大人下車□政，恩沾四海，澤披萬民，切叩。甲戌年六月廿六日　廖仕強謹稟叩首

2010 年區域史、族群史的回顧[*]

一、前言

　　區域史與族群史的研究向為臺灣歷史研究中的主要課題，區域史的研究脈絡來自過去臺灣開發史，討論自 17 世紀漢人入臺以來在各地拓墾的歷程，其探討重心主要放在漢人社會建立的歷程，但隨著研究層面的延伸，不同學門的投入，觀察思考的面向愈深更廣，單一族群或單一區域的研究被放入更寬廣的社會史脈絡加以探討。因此，區域史的內涵由土地、聚落與家族延伸為當地政治、社會、經濟與文化發展的歷程，全史的概念成為區域史的特色。另一方面，將區域史的課題放在整體國家社會發展的脈絡加以思考，亦是近年來區域史發展的趨勢，地方的歷史議題常是整體國家與社會議題的一環，透過相關議題的研究，國家與地方的關係或是地方與地方的關係更能清楚的呈現與釐清。地方史的意義由全史的探討，進而擴展到一個更廣泛的層面，透過地方所看見的是國家權力與地方社會互動的結果。因此，地方社會成為一個動態的概念，在不同的時間與不同的政策背景下，呈現不同的風貌。

　　本年度區域史研究的成果，在相當程度上回應了上述二種研究的趨勢，以小區域為中心的全史討論形態，在於針對區域內的各種現象的演變做深入的探討，透過個別區域性質的差異，將更能瞭解臺灣社會文化豐富多元的特性。國家與地方社會的互動在上年度的研究成果中，主要還是呈現在桃竹苗沿山地區的拓墾過程，由區域史的角度檢視清代開山撫番政策前後理番政策的轉變對的方社會的影響，在此過程中，國家政策在地方落實的實況，以及地方的對應歷程都被詳細的討論。

　　在族群史部份，分為二個層面，一為某族群在臺拓墾發展的歷程，二為族群間互動的關係，例如原漢關係，其中原民部份再分高山族與平

---

* 本文原發表於中央研究院臺灣史研究所、政治大學臺灣史研究所、臺灣師範大學臺灣史研究所合辦之「2010 臺灣史研究的回顧與展望研討會」（2011.12）。

埔族，漢人部份再分各籍漢人，原漢之間因而呈現各種不同的對應關係。或者漢人依祖籍或省籍分，分別探討彼此的互動關係。臺灣社會發展主要由不同歷史階段移民的移入所構成，因此不同背景的移民彼此之間的關係，或是移民與在地住民之間互動的關係，均構成臺灣社會複雜多元的歷史樣貌，族群史的研究，亦正足以呈現此豐富多元的特色。

二、上年度研究成果之特色

　　回顧上年度在區域史與族群史的研究成果，在討論議題、研究方法上都有若干值得關注的所在。本文擬以（一）隘墾區域與地方社會、（二）臺江內海浮覆區域、（三）客家族群、（四）特定族群與（五）小區域研究等面向討論上年度的研究成果。

（一）隘墾區域與地方社會

　　隘墾制度為清代臺灣特殊的土地拓墾制度，背後涉及國家力量對於邊區的治理態度與政策、地方社會的發展，以及原漢關係的互動。在戴炎輝根據淡新檔案探討臺灣隘墾制度的基礎上，吳學明整理金廣福文書將隘墾制與地區的開發歷程細緻的探討，施添福再將新竹地區的發展歷程分為漢墾區、隘墾區與保留區。因此自戴炎輝、吳學明與施添福以降，為本地的研究開啟了一個新的研究架構，國家政策、原漢關係、族群特色、地方社會、產業發展等面向均包含其中，再輔以淡新檔案與古文書契之解讀發掘，配合田野調查，使得本區域研究能量得以快速累積。本年度的研究成果在於國家政策轉變對於隘墾制度的影響，以及隘墾制度下官方與地方社會領導階層的關係，以及上述背景與地方的發展的關係等。

　　上年度隘墾區域的研究成果，陳志豪之《機會之庄：十九、二十世紀之際新竹關西地區之歷史變遷》[1]探討關西地區在 18 世紀為維持治

---

[1] 陳志豪，《機會之庄：十九、二十世紀之際新竹關西地區之歷史變遷》，新竹：新竹縣政府

安，允許漢人與熟番合作，進入番界從事守隘工作。結果卻造成墾隘地區成為國家制度內的曖昧地帶，淡水同知與理番同知職權歸屬的曖昧，以及複雜多樣的地租關係，如正供與隘租、番大租與隘租並存的現象等。但十九世紀樟腦利益加深隘墾區內地方勢力的爭奪，以及漢人與生番的衝突，使得官方藉開山撫番之際將統治力量延伸而入，地方精英必須與撫墾局合作，才有機會進入拓墾。但撫墾局卻屢遭地方社會的抗拒，透別是在劉銘傳去職後，撫墾局功能與地位即一落千丈。日治時期以後，國家力量大幅進入，隘勇與警察再度成為統治力量進入山地的利器，高山族也被迫逐漸開放山區的資源。土地調查讓統治當局確立土地的利權，並進而推動土地租稅改革，礦產業與林業在國家的主導下陸續興起。行政體系與教育體系的建立，也讓國家的控制力，進一步影響地方社會。另一方面，地方精英也透過對於新式事業的參與，以及積極從事文化與教育活動，成為地方社會新的領袖人物。但地方精英的地位卻是建立在對於國家體制的依附關係上，國家制度對地方的影響也就愈深。

　　陳志豪另一篇論文則討論撫墾總局成立後，將鹹菜甕庄之十寮地區交給新城立的墾號「金廣成」前往開墾，說明撫墾總局接管隘租之事，不僅是取得規劃開墾事業經費來源，亦取得了隘租清冊，成為核發新墾單的單位。[2]撫墾局的角色係在過去已知的墾地上，建立一套新的開墾秩序。地方勢力為了面對新的開墾制度，重新整合並配合撫墾局的政策而成立金廣福墾號。金廣成墾號開發的十分寮地區，為重要的樟腦產地，亦即官方意圖透過撫墾局控制山區的樟腦資源與產地。但金廣成墾號入墾後，卻與當地既有之拓墾家族因土地發生土地糾紛，這些糾紛的本質涉及到裁隘後建立的隘租清冊與清賦事業後的清賦丈單對土地面積認知產生若干誤差，使得邊區的土地秩序因為政策的落差而產生矛盾

文化局，2010。本段內容主要徵引自該書。

[2]　陳志豪，〈晚清「開番撫番」事業下山區開發與地方社會-以竹塹地區的「金廣成」墾號為例〉，《臺灣學研究》10（2010.12），頁 11。

或爭訟。[3]

　　金廣成墾號的成員主要由當地佃戶參與組成分成四大股,各股每年須繳交費用給輪值擔任觀音嘗的爐主,因此觀音嘗對金廣福墾號而言,是作為整合各股的重要象徵性活動。但觀音嘗信仰並非當地的主要信仰,可能是因主事者的構想而被創造出來的新信仰,在 19 世紀末政權交替時消失。

　　溫林文的論文〈清代新竹橫山地區隘墾社會的發展〉(嘉義大學史地系碩士論文,2010)以新竹橫山地區為例,期以透過對清代國家隘墾政策的觀察,瞭解本地隘墾社會的建立,與其間互動的影響、在隘墾政策轉變過程中,隘墾社會經營型態的改變、以及本地社會組織呈現的特色與樣貌。橫山地區於嘉慶年間粵籍墾戶劉阿富建立中興庄之墾區庄,之後閩粵籍人陸續鳩資招徠民眾建立聯興與合興二庄,以及由熟番擔任墾首的金興庄。漢人墾首初以防範兇番為由,向官方申請建隘開墾,但土地所在為社番的養贍埔地,因此常需同時負擔隘租與番租。隘首入墾時常以合股經營的形式取的資金,方能社隘禦堵,開墾土地。拓墾初期,墾首經由官方頒發諭戳的方式強化自身的安全性與合法性,道光以後,貲力漸增的佃戶與墾首之間為爭取墾隘的領導權而纏訟不休,官方的力量並不能有效平息紛爭,顯示官方在墾隘事務上難以介入的情境。光緒年間裁撤墾隘,期以撫墾局主導的政策,由於未受到墾首的支持,成效有限。

　　橫山地區社會的組成以粵籍墾民為主,其中又以廣東惠州籍為多,其次為嘉應州。在此幾乎純客的社會中,居民無械鬥之事,亦無異姓相爭之事,亦即社會內部少有衝突,而得以全力應付高山原住民的攻擊。墾首除主導土地開發外,也透過水利建設、宗教活動與社會救濟等事業,強化家族在地方上的影響力。在宗教活動上,本地神明祭祀與拓墾過程中防範生番攻擊有關,以三山國王、三官大地與觀音信仰為主,呈現出族群信仰的特色。

---

[3] 同上文,頁 16-17。

　　鄭威聖之〈清代臺灣街庄總理與地方社會：以吞霄街庄總理為中心〉（中央大學歷史研究所碩士論文，2010）則考察總理的設置與移墾社會的關係。作者認為嘉慶道光以後，由於地方治安的需要，開始設置總理與地保共同維護社會治安，道光初年，地方動亂愈烈，總理的職權因而被擴充，清庄、聯庄與團練等業務逐漸由總理負責籌組推動。本文以吞霄地區之總理為例，吞霄地區自嘉慶以來即屢遭械鬥與盜匪攻擊，治安極為不穩，粵人鄭媽觀身為拓墾土地的墾首，倡建慈惠宮、壽公祠等奠定其地方領袖的地位。自嘉慶初年至道光末年陸續擔任地方總理，但因被認為未積極籌辦清庄聯庄而遭斥革。後在官方的主導下，任命劉振德接充總理，並籌設吞霄聯庄組織，但仍遭以辦事不前為由遭吊銷戳記。劉振德由地方鋪戶推舉，說明總理的人選是由地方某一特定勢力共同商議推舉，總理的人選必須合乎自身階層的利益，方可能在其領導下推動聯庄的事務。咸豐同治年間地方總理為主要為張阿晨，他透過戴潮春事件中保庄禦敵的功勞遮蔽先前包庇抗租的案件。因此，國家在地方秩序的維持上需要總理的協助，但總理在街庄事務的經營運作上，官方基本上是不干預玉的。

　　總理與吞霄地方的發展主要在於維持治安方面，聯庄清庄組織成功的強化了地方治安，維持社會秩序的穩定，使得地方商業得以發展。

（二）臺江內海浮覆區域

　　臺江內海原為臺灣南部的潟湖，由外海沙洲與海岸線所環繞，南北長約為數十公里。直至清道光年間，因曾文溪數次改道氾濫而逐漸淤積，外島沙洲漸與陸地相連，潟湖因而消失。道光以後，原潟湖所在逐漸浮覆為陸地，拓墾與聚落逐漸出現，地形景觀在近數百年變化甚巨。17 世紀荷蘭人與漢人陸續來臺經商貿易與拓墾活動的場域因而消失，新浮覆的土地在自然環境的變化下，造成當地新的人文景觀，故瞭解當時的地理環境及其後的變化，對於當時歷史的發展與後續的變遷，以及臺南地區歷史的演變與空間變化之間關係的釐清，具有相當重要的意

義。

　　高祥雯的論文將荷蘭時期的地圖透過影像幾何校正的技術，與不同時期的地圖套疊，並根據文獻資料，探討臺江內海的範圍，以及不同歷史階段曾文溪改道變遷的情況。高文以 1636 年荷蘭人繪製的臺灣西海岸手繪海圖，經 AutoCAD 軟體進行尺度改正，根據原圖比例尺、圖廓與圖內方格作 4 參數轉換，[4]將所得的向量圖平移、旋轉並套疊在 1904 年繪製的臺灣堡圖上，則可得出 1636 年地圖上臺南外海沙洲在臺灣堡圖上的位置。經比對得知若干訊息，如倒風內海與臺江內海之南北分布與距離、鹿耳門的位置、當時海岸線所在與相關聚落的位置。

　　在地圖解讀過城中，作者特別指出 17 世紀歐洲各國繪製的航海圖未必免淪入敵對（競爭）國家之手，圖上的比例尺經常會故意標注錯誤的比例，因此如何正確解讀比例尺的單位，實乃瞭解地圖空間方位的關鍵。作者以 1652 年之熱蘭遮市鎮海圖為例，若依圖上比例尺說明文字計算圖面上相關聚落位置，將會造成誤導，例如鹿耳門位置的誤差，作者以比例尺長度以 1 德哩計算重繪的向量圖，即與 1632 年重繪的地圖相吻合，再套疊到臺灣堡圖上，潟湖、海岸線與聚落的演變更加清楚。

　　臺江內海浮覆後，作者再經與歷年測繪的地形圖套疊的結果，與文獻資料的印證，說明曾文溪在清代、日治時期四度改道，造成地貌改變，造成七股溪、曾文溪、鹿耳門溪與鹽水溪水道分流頻繁，形成浮覆後之土地在不同歷史的社會經濟發展風貌。

　　將不同時期的地圖加以套疊，並非新的技術，近年來中央研究院人文社會科學研究中心地理資訊科學專題研究中心已有許多成果，古今地圖的套疊正成為思考理解區域發展的新利器，再與文獻史料相印證，則更能釐清區域歷史發展的脈絡。自古地圖的套疊探討臺江內海區域變遷的論文，可見高祥雯〈荷據時期大員的空間變遷〉（成功大學建築研究所碩論，2007）與王超國〈以時間序列地圖分析臺江內海地形變遷與演

---

[4] 有關比例尺校正的相關方法可參閱高祥雯〈荷據時期大員的空間變遷〉（成功大學建築研究所碩論，2007）與與王超國〈以時間序列地圖分析臺江內海地形變遷與演育〉（成功大學地球科學研究所碩論，2009）相關之討論。

育〉（成功大學地球科學研究所碩論，2009），二者均非歷史背景出身，但藉由地圖測繪的專業領域重新檢視古地圖，並配合文獻史料，進行小區域的科技整合研究，對文史領域的研究，具有相當的啟發性。

　　理解臺江內海的空間變遷後，臺江內海浮覆前後區域的變遷則是本年度小區域研究的特色。吳建昇〈道光三年以前臺江內海及周圍地區歷史變遷之研究〉（成功大學歷史學系博士論文，2010)探討道光三年（1823）之前臺江內海及周圍地區的歷史變遷。按道光三年以前臺江內海仍為淺海水域，海與陸構成當地歷史活動的舞臺，本篇論文意圖探討河道與海岸線的變遷與官府經營、聚落發展、地方開發的關係。官府經營的層面包含地方建置、軍事防衛、原住民管理、交通文教事業等；土地經營層面包含土地利用的型態、鹽業、漁業的發展等；以及聚落發展過程中的信仰、族群與商貿關係等。本論文鳥瞰式的探討史前至清嘉慶道光年間臺江沿岸地區的政治、社會與經濟變遷，亦即以 17 世紀以降以臺南府城為中心的歷史演變。對於臺江地區在 19 世紀中葉以前的歷史發展提供了整體的瞭解。

　　道光以後臺江內海逐漸浮覆的土地，主要位於今臺南市七股區與安南區一帶，清代以鹿耳門溪為界，溪南稱外武定里，歸臺灣縣管轄，溪北屬安定里西港仔堡以及曾文溪以北之蕭壠堡，俱歸嘉義縣管轄。日治時期，曾文溪以南之地先後併入臺南州新豐郡內，戰後則併入臺南市安南區。曾文溪以北之地則併入北門郡，戰後歸屬原臺南縣七股鄉。近年有關臺江浮覆地區的研究，已見陳素雯〈臺江內海浮覆地社會經濟變遷之研究-以臺南市安南區為例〉（臺南大學臺灣文化研究所碩論，2005)與林春美〈臺南市安南區聚落的發展與變遷〉（臺南大學臺灣文化研究所碩論，2009)論文，該文以安南區為對象，討論自清代至戰後的變遷與發展。本年度該所延續臺江內海的議題，陸續以該區內聚落為對象，進行更小區域的研究。

　　本年度討論臺江內海一帶歷史變遷之相關論文包含呂瑞祥討論鹿耳門溪沿岸地方開發的歷史變遷（臺南大學臺灣文化研究所碩論，2010)、西港地區人文聚落的變遷、陳彥文之七股鄉頂山村的發展（臺

南大學臺灣文化研究所碩論，2010)、永康市的發展與演變等數篇。以及原屬倒風內海之北門鄉蚵寮聚落的討論。上述論文的特色均以長期的歷史演變為探討脈絡，透過不同歷史階段的政治、社會與經濟發展構築該區域長期演變的過程，對於臺江內海浮覆後的區域數百年來的發展，提供清晰的檢視觀點，從而作為探討臺江內海此一新興土地的整體長期變遷基礎。

其中鹿耳門溪沿岸、七股鄉頂山村與北門鄉蚵寮三處位居沿海，轄境均為浮覆的土地。呂瑞祥的論文討論在臺江浮覆以前鹿耳門原為濱外沙洲所在，作為漁商往來的短暫棲息地與軍事海防要地。道光年間臺江浮覆後，軍事機能降低，鄰近居民陸續前來，從事魚塭養殖與漁撈事業，但受曾文溪河道變動的影響，聚落時遭沖毀。直到日治昭和 13 年（1938）曾文堤岸完工，河道方穩定下來，但鹿耳門溪上游水源也遭截斷，僅剩下由的排水功能。當地產業在日治時期產業政策下，增闢鹽田與鹼氯工廠，生產化工原料以供軍方之用。戰後，鹽田與鹼業陸續廢曬裁撤後，最大的改變則是臺南科技工業區設置於此，以及成立四草野生動物保護區，並以本地特殊的歷史文化背景，籌辦文化觀光季，打造新的生存形態。陳彥文的論文則討論與鹿耳門溪情境類似的七股鄉頂山村的發展，臺江浮覆前，頂山村原為海上的突起的小島，居民以捕魚養蚶為生，臺江浮覆後，居民生計改以養殖為主，人口漸多。但昭和 12 年（1937），日人成立南日本製鹽株式會社，強行徵收魚塭，闢為鹽田，頂山村一帶即達 994 餘甲，即今七股鹽場第一區至第七區所在，居民並因此而淪為會社的鹽戶。

（三）客家族群

本年度客家族群議題的討論，就地域來看，高屏地區六堆客家族群的研究為最大區塊，其他包含新竹、東勢與花東等地。在議題的處理上，客家族群意識為主要的課題。臺灣的客家議題除延續清代移墾社會中械鬥問題中的閩粵關係外，空間分布的差異是否也呈現在客家族群之自我

認同、社會文化與產業差異上，均是歷年客家議題討論的重心。本年度客家族群議題討論的特色在於探討客家作為一「族群」，其內部是否為均質的狀態，或是在名為客家的族群中，內部事實上也存在著相當的差異。例如北客與南客相對的概念，南遷的北客自我認同與南客對彼之認知，或是戰後移入之外省客家或自國外移入的華僑客家等，探討這些由於遷移所造成的差異，除了能釐清客家族群與社會文化的特色外，更顯現臺灣族群文化的層次性與多元性。

　　陳麗華以六堆地區客家宗族的建構與客家地域聯盟的族群認同有著密切的關係。而嘗會是地方社會以宗族形式發展出來的特殊控產機構。[5]作者以六堆地區邱姓與林姓兩大嘗會為例，前者以邱姓家族為中心，與周圍村落的邱姓結合起來而形成的祭祀組織，後者以林姓宗族為中心，以原鄉認同為核心的祭祀組織。嘗會透過經營租賃、資金借貸、與祭祖活動發揮整合的功能。在六堆組織的運作過程中，各姓氏與嘗會也扮演重要角色。[6]嘗會派下各股或各房透過捐派錢糧與召請壯丁參與六堆的運作，內埔鄉的天后宮的重修，捐題者當中也包含大量的嘗會，充分顯示出嘗會作為客家地域社會連結機制的重要性。[7]日治以後，嘗會的活動持續發展，但地方士紳的地位已為國家所取代，建立祠堂與編修族譜便成為凝聚族群關係與彰顯社會地位的重要手段。戰後，在特殊的政治情境下，宗親會等組織成為國族與宗族連結的管道，族譜也成為連接臺灣內外不同正體的同姓人，以及社會內部新舊移民的方式，在客家人關於廣東祖先的歷史記憶上，加疊上中原移民的歷史記憶。[8]

　　劉正元則討論以高雄六龜里與甲仙埔為例，討論當地福佬客的歷史變遷與族群認同。作者認為無論過去學界討論福佬客的自我認同議題，無論是否定或是肯定自身為客家人的結果，都忽視了福佬客在日常生活

---

[5] 陳麗華，〈客家人的宗族建構與歷史記憶塑造-以臺灣六堆地區為例〉，《臺灣史研究》17：4（2010.12），頁 5。

[6] 同上文，頁 10。

[7] 同上文，頁 11。

[8] 同上文，頁 27。

實踐上所展現的彈性認同行為。[9]日治時期,北部地區客家人因開採樟腦入住高雄湳仔仙溪與荖濃溪中游一帶,由於與當地閩南人與平埔族人共處,在社會經濟活動的過程中,逐漸習慣使用閩南語,成為不會說客語的福佬客。

雖然甲仙與旗美均由新竹枋寮義民廟分香而來,義民廟信仰的地域性已超越原初的族群性,已非當地福佬客主要祭祀的對象,其信仰形態已從原鄉的信仰轉換為與當地社會結合的民間信仰系統。[10]在信仰轉換的過程中,保有或失去客家認同的現象在歷史文化重置的過程中是同時發生的。

有關客家義民的信仰課題尚見張正田分析新竹與苗栗義民信仰的強度差異,認為苗栗因族群關係不若新竹地區緊張,械鬥機會較少,義民信仰作為區隔閩粵與強調粵人忠義精神的族群認同需求較低,故苗栗義民廟信仰未如新竹枋寮義民廟般興盛。但苗栗義民信仰的特色在於義民祭,以表彰在林爽文事件殉難的義民。因此義民信仰的強弱視乎地方的族群關係與共同需求而定。[11]林秀昭亦指出北客在向南部遷移時,雖然常以分香的方式將新竹枋寮義民廟的信仰擴散至聚居的所在,但歷經長時期的發展後,原初南移的義民信仰不是祭拜對象轉換為當地住民,信仰的對象與方式甚至也福佬化了。[12]

林淑鈴接受國史館臺灣文獻館委託進行之「臺灣客家族群史系列」,以屏東縣內埔鄉與萬巒鄉為範圍,探討當地客家族群的聚落、宗族與信仰,其中第四篇討論清代至戰後當地閩南、客家與平埔族之間的接觸互動,說明族群觀感與族群關係,再由市場交易及宗教活動觀察其族群界線之劃定與鬆動。並運用戶籍資料,探討日治時期族群間的混

[9] 劉正元,〈福佬客的歷史變遷及族群認同(1900年迄今):以高雄六龜里、甲仙埔之北客為主的要調查分析〉,《高雄師大學報》28(2010),頁5。

[10] 同上文,頁108。

[11] 張正田,〈從族群關係看清代臺灣桃竹苗地區義民信仰區域差異:以清代苗栗堡為觀察中心〉,國立政治大學歷史研究所博士論文,2010。

[12] 林秀昭,〈新埔義民信仰在地化之研究-以南臺灣為例〉,收錄於簡文敏編,《南臺灣歷史與文化論文集》,高雄:高雄縣自然史教育館,2010,頁169-202。

居、異族通婚與收養的現象。[13]第五篇則著重客家族群與外省籍移民、新移民的互動關係，經由文獻探討與田野訪談，分析族群觀感、經濟因素、族群身分、使用語言等原因對婚姻關係的影響，以及新移民在當地的適應問題。[14]林淑英的論文則以屏東縣萬巒鄉之鹿寮村為範圍，討論當地的拓墾與聚落發展，以及聚落與周遭之族群關係。[15]本論文指出本地原為施長齡的墾業，僱請來自潮州與嘉應州等地的客籍佃戶前來拓墾，相對於六堆其他地區，鹿寮莊內許多家族，係由六堆其他聚落遷移而來撲田為生，地方宗族透過嘗會運作維持其內部關係。[16]

在閩客關係的討論上，張馨方討論高雄縣美濃吉洋地區閩客的互動關係指出，吉洋地區位於美濃旗山交界處，適位於西邊旗山閩人與東側美濃客人交界混居的地帶，但當地歷次的閩粵械鬥卻鮮少波及吉洋一帶。日治時期，透過鹽水港製糖會社與三五公司南隆農場拓墾事業的吸引，美濃的客家人陸續移入，甚至招墾新竹州一帶的客家人也陸續遷入，形成當地南客、北客與閩人混居的狀態。透過地方上的祭祀活動如祭河江及義塚祭祀，將各聚落連結在一起，但通婚的情況，日治時期通婚多在同籍內，或如南客與北客的聯姻，戰後福佬家庭與客家家庭的通婚才逐漸普遍。當地的語言主要以四縣客語為主，甚至閩南族群也幾乎都會說客語，成為族群間主要的連絡語言。[17]

東勢地區客家族群的討論，上年度見吳嘉貿探討清代東勢角設屯後地方社會的整合與社會秩序的建立，並透過各村落寺廟的建立與信仰活動討論寺廟與聚落的關係，以檢視地方領導階層與地方宮廟的互動關係。[18]乾隆年間東勢角地區位處邊區，地方家族透過經濟合作、宗族建

---

[13] 林淑鈴主持，《臺灣客家族群關係史研究-以屏東縣內埔鄉與萬巒鄉為例》（臺北市：客家委員會，2010），頁 214-215。

[14] 同上書，頁 351-352。

[15] 林淑英，〈六堆鹿寮庄的拓墾與發展之研究〉（國立高雄師範大學客家文化研究所碩士論文，2010），頁 3。

[16] 同上文，頁 114-115。

[17] 張馨方，〈美濃鎮吉洋地區閩客關係之研究〉（國立臺南大學臺灣文化研究所碩士論文，2010），頁 191-121。

[18] 吳嘉貿，〈寺廟、家族與東勢地區的客家社會（1683—1920）〉（逢甲大學歷史與文物管理

立與從事地方公共事務，建構出以地方家族為中心的社會秩序。同時於沿山鄰近「生番」地區招佃設庄，合股開墾。[19]地方信仰上，以三山國王與太子爺為主，但祖籍神明的性質不強，而是在防番、醫療等需求成為主要的信仰動機。[20]其中仙師廟原先作為軍工匠人聚會交流的會館，代表國家與地方連結的象徵。但在歷經匠館、公館廟、義民廟等定位轉換後，日治期間將三山國王、媽祖與城隍等神明移入共祀，透過繞境、神明誕辰與建醮等祭祀活動，使仙公廟成為東勢地區信仰與祭祀的中心。[21]

　　黃學堂、黃宣衛以臺東縣村里、聚落為對象，探討東臺灣客家族群的分布及其產業、信仰等社會文化特色。本調查依據客家族群遷移背景、產業類別與地形差異條件，將臺東地區分為平原區、縱谷區與海岸區三大類型。指出平原區之客家族群主要位於該區西南側之農業區，如豐源、豐里、康樂與知本等地，臺東市區比例偏低，但為客籍人材薈萃所在，公教、文化人士、工商實業人才輩出，大多來自高屏六堆地區。[22]縱谷區為臺東縣內客籍人口的主要分布區，鹿野、關山與池上三鄉鎮的客家族群以北部客為主，大多為日治後期至光復初期自苗栗、新竹與桃園一帶移入。當地客家族群活躍於農會、水利會等組織，並成立山歌班、鑼鼓班、北管八音班等，為縣內最具客家文化氣息的地區。[23]整體看來，臺東縣客家人口以以北部客佔多數，主要以務農為主，南部六堆客家人口居次，以從事公教與工商業為主，集中於臺東市區。在產業方面，縱谷區河谷平原以種植水稻為主，丘陵臺地以經濟作物之鳳梨、釋迦與茶葉為主。臺東平原以水稻、釋迦與荖葉為主。海岸區南以釋迦，北以柑橘香蕉為主。太麻里一帶則以釋迦與荖葉為主。[24]在信仰方面長濱鄉城

所碩士論文，2010)，頁 2。

[19] 同上文，頁 66。

[20] 同上文，頁

[21] 同上文，頁 84-85。

[22] 黃學堂、黃宣衛，〈臺東縣客家族群之分布及其社會文化特色〉，《東臺灣研究》14（2010），頁 109。

[23] 同上文，頁 127。

[24] 同上文，頁 143。

山之寧城宮為本縣最早的三山國王廟，但目前信眾已轉為以當地平埔族為主，義民信仰僅以私廟或民眾在家中以供奉令旗的形式祭拜，神農大帝為主的信仰反而形成許多聚落內客家族群為主的祭祀圈。以客家人口遷移的歷史來看，早先各籍人口先後到臺影響居住分布的說法，是否適用本地仍待商榷，而是原鄉的生活習慣使其選擇水源充足適合種植水稻的地區。在社會文化上，以語言為例，當地客語因四縣腔與海陸腔長期混用而形成所謂「四海話」，顯示當地客家族群既保存原鄉的傳承，又因在地而形成新的文化特色。[25]

此外，1950 年代末期，由於印尼屢次發生排華運動，當地華人屢遭攻擊，不少印尼華人避逃海外，其中約有 1500 人來到臺灣，這批印尼華僑本籍主要為廣東的客家人，故又稱為「印尼客僑」，來臺後被分別安置在桃園、新竹、苗栗與嘉義屏東等縣市，部份印尼客僑即選擇居住在桃園龍潭之九龍村與上華村一帶。本篇論文即探討這批印尼客僑在臺的生活變遷，進一步思考臺灣社會族群多樣性的課題。[26]

這批印尼客僑祖籍多為廣東梅縣、蕉嶺與大埔，客家人的背景是使其選擇龍潭一帶居住的主要考量。[27]在遷入龍潭後，除了謀生問題外，在日常生活上如何融入當地，成為移民初期的主要課題。如謀生方式上由經商轉為農耕與勞動工作，在信仰上僅固定參與當地的廟會活動，但對普渡與義民爺的信仰仍少接觸。在長時期的族群互動下，這批印尼客僑的生活習慣呈現緩慢的變化，也形成當地獨特的客僑文化。[28]

（四）特定族群

本年度族群史議題除一直以來受到關注的客家研究上，在其他的族群研究上也有若干值得探討的研究成果。民國 38 年以後撤遷到臺灣來

---

[25] 同上文，頁 147-148。

[26] 葉欣玟，〈蟄伏於歷史的記憶：龍潭鄉內的印尼客僑〉（國立高雄師範大學客家文化研究所碩士論文，2010)，頁 3、6。

[27] 同上文，頁 53。

[28] 同上文，頁 88-89。

的外省軍民在臺的分布與生活文化乃近年受到重視的課題。李桂芬認為
外省軍民在花蓮的分布歷程可分為二個階段，第一波為民國 38 年以後
隨部隊撤遷移入，包括軍人及其眷屬，以及其他相關的公教人員等。第
二波為民國 43 年行政院退除役官兵輔導委員會成立後，輔導在地軍人
轉業留住，或是吸引外縣市退役人員移住。於是外省人口的分布並逐漸
形成三種類型，一為眷村，安置現役軍人及其眷屬，主要在軍營附近。
二為兵工墾區，安置待退的官士兵開墾河川地，從事農耕。三為輔導會
成立的農場，經營高山或平地的農場工作。在就業與就養的過程中，逐
漸形成本地的外省聚落。使得花蓮縣內眷村人口遠低於居住於一般鄉鎮
的人口，大部份外省人口均散居於縣內各鄉鎮內。當時本地的外省及人
口主要經由軍眷村自治會、榮民之家、農場、同鄉會、國民黨黨部等組
織彼此聯繫，構成綿密的社群網絡。[29]

　　另外在臺外國人的歷史變遷亦是值得關注的另一課題。陳姃湲探討
日治時期臺灣的朝鮮人娼妓業如何在臺灣的色情市場上占有商機，及其
適應、發展的歷程，並進而討論日治時期臺灣殖民地社會所呈現的複雜
性與多樣性。[30]作者首先探討本議題在不同國別之間被放在不同的研究
脈絡中去呈現，如臺灣學界的關懷，主要在臺灣人自身社會內部來探
討，如相關法規的引進與演變等過程。韓國學界則是放在朝鮮人民的海
外移民史研究，但相關研究仍然不多。日治時期朝鮮娼妓業發展的背景
是在臺灣實行公娼制後被引入，而 1920 年代朝鮮經濟困境惡化造成婦
女賣身的問題擴大，甚至遭人口買賣集團賣宋國外，而日本在統治地區
實施的公娼制度便成為跨國人口買賣的溫床。但在臺的朝鮮娼妓卻始終
少與臺灣人互動與交流，而是依賴殖民地中少數日本人而維持生計，且
同業之間的朝鮮人與日本人也曾相互提供擔保等金錢上的互動。[31]但當
時臺灣的色情行業與娼妓市場則屬日本人與臺灣人隔離難以交疊的場

---

[29] 李桂芬，〈花蓮地區外省人口分佈研究〉（國立東華大學鄉土文化學系碩士論文，2010），
　　頁 64、73、102。

[30] 陳姃湲，〈在殖民地臺灣社會夾縫中的朝鮮人娼妓業〉，《臺灣史研究》17：3（2010.9），
　　頁 109。

[31] 同上文，頁 124-125、134。

域，日本人為維持自身內地式的享樂文化與色情服務，實施公娼制度的背後正是為統治者中軍人來臺所設計移植性產業，公娼制度並非為臺人所考量，而是為少數日本男性的需求而設，故僅實行於日本人口密度較高的都市，而非全臺各地。故朝鮮娼妓業在臺灣的經營發展，可由社會的側面說明統治者與被統治者之間的隔絕狀態。[32]

　　本年度戰後在臺外國人的探討主要有二篇，一為民國 38 年以後外國神父來臺對的方發展的貢獻，二為 1950 年代印尼排華運動下，遷居來臺的印尼華僑的探討。鄭仲烜討論天主教白冷會與臺東地區的發展，指出在民國 38 年後原本在中國大陸東北地區傳教的白冷會神父遭中共驅逐後輾轉來臺，並獲教廷同意成立花東教區，民國 42 年白冷會宣教事業進入臺東，先後在漢人社區與原住民部落設立教堂，開始在臺東地區長達六十年的宣教服務事業。這批主要來自瑞士的神父前後約三十餘人，由於先前在中國東北的傳教經驗使得部份神父通曉日語，這個背景使得白冷會得以切入原住民的社會，建立宣教的事業。白冷會在臺東地區的貢獻，包含數個層面，一為當地原住民語言、宗教與風俗的研究，並予尊重與包容。二為社會服務工作，此部份又可在分為教育、醫療、經濟與家庭等面向。在教育方面，成立培質院，提供高中學生住宿與學業的協助，讓臺東偏遠地區或弱勢的學生有個升學的機會，培植地方人才功不可沒。再者為創辦職業教育，白冷會摹仿瑞士的技藝學校成立公東高工，自瑞士、德國及奧地利延攬師資，重視實用精神，培養出色的工業技術人才，屢奪世界技能競賽獎項，大幅提升當地學生的就業能力。在醫療方面，成立關山聖十字架醫院，為東部最早唯一以老年重症照顧醫療為主的醫院，以及成立聖母醫院與救星教養院，照顧身心障礙孩童。在經濟扶助部份，白冷會神父協助協助部落成立互助社，改善部落內部經濟情況等。[33]在號稱偏遠地區的後山，白冷會長期關注當地偏遠弱勢族群與課題，並具體提出辦法改善，這批來自歐洲的神父在臺五

32　同上文，頁 138、142。

33　鄭仲烜，〈傳教會與區域發展：以臺東白冷會為例〉，《東臺灣研究》14（2010.2），頁 53-88。

十餘年，早已融入本地社會，成為當地族群關係的一段佳話。[34]

（五）小區域研究成果

　　小區域的研究為區域史研究的重要環節，本年度區域史與族群使的研究成果概如下表。誠如本文先前的討論，區域史研究的方式分為全史式的研究架構，在長時期的歷史過程中，劃分變遷的段落，並於各時間段落中分析齊發展的特色或重心。下表中或以行政區域為範圍，或以自然空間以及人文景觀為對象，探討各歷史階段的變遷。此種寫法優點可以讓讀者迅速掌握該地長期變遷的軌跡，但各歷史階段的發展特色若未能在一更寬廣的歷史脈絡中予以理解與說明，則可能變成僅是現狀的紀錄，於造成變遷的內外因素的探討，反而是需要增加討論。另一方面，以特定事件切入區域研究，詳細論述其背景原由與發展，以及與地方變遷的關連，亦為上年度的研究成果的特色。相關切入的議題包括都市治理、人口變遷、家族、國家政策、地方精英、地方領袖、空間機能、國際市場、特定產業、特定族群等，透過這些議題或許更能發掘出地方變遷的特色。

　　近年來古文書契的收集整理與解讀，一直是臺灣史上廣受重視的趨勢，上年度陳秋坤即以屏東萬丹李棟家族之土地契約文書為基礎，探討萬丹街庄李姓家族土地的擴張、當地信仰的變遷與上下淡水社人的離散等社會文化發展與變遷的歷史。[35]經由古文書契的解讀對應區域歷史變遷的脈絡，為區域史研究上的新途徑，近年臺灣古文書收集數量已達數萬件，相關之數位典藏平臺亦相繼設置，如何將這批古文書契結合既有的研究成果與官書檔案文集等史料，開拓新的研究視野與議題，將是一個可期待的趨勢。

　　跨學科學門的研究成果受到重視，上年度之成果中，有以古地圖套

---

[34] 白冷會在東部地區的傳教與貢獻另可參閱范毅舜，《海岸山脈的瑞士人》，臺北：積木出版公司 2008。

[35] 陳秋坤，〈清代萬丹地域的地主、神明信仰與下淡水社人的離散，1720-1900：以萬丹李家古文書為中心〉，《臺灣史研究》17：3（2010.9），頁 1-37。

疊再現歷史空間，並討論其變遷者;或是以不同時間階段之地圖影像討論地形地貌變化的影響:或以地理資訊系統（GIS）整理呈現地方人文景觀的內涵;以及探討氣候條件與都市規劃的關係。歷史的發展常受長期因素的影響，其中自然因素的轉變與會人文的變遷關連甚巨，科技工具可提供更清晰的歷史時空的變遷軌跡與協助分析相關人文現象，對於小區域長期時空演變與地方社會文化現象的觀察與分析，具有相當的助益。另一方面，近年來頗受社會大眾關注的生態環境議題相關聯，深化區域研究的當代價值。而上年度有關區域史中僅見一篇由環境與歷史互動的角度探討清代臺灣野生鹿群消失的原因，相關的研究取向亦是應該被鼓勵的。

金門地區的研究在上年度金門縣文化局舉辦之第二屆金門學學術研討會中提出若干篇論文，為持續發展的研究趨勢。金門在行政區域上屬福建省，且過去受戰地因素拘限，直至近年戰地政務解除後，軍事管制的色彩逐漸淡化後，相關的研究成果輩出。早先金廈與臺澎的關係是在明鄭時期被論述，清領之後，金門的角色逐漸淡出臺灣歷史舞臺，戰後金門地區歷史與社會文化的發展特色長期被後反共堡壘與前線戰地等政治面貌所掩蓋，但其豐富的社會人文背景，與在近代海外移民史與清代閩臺關係上均仍有許多尚待開展的研究課題，金門學的興起如何與臺灣史研究綰合，是一件值得探討的課題。

北部地區

作者	題目
臺北市文獻委員會	〈寶藏巖的前世今生與共生聚落〉，《臺北文獻》174（2010.12），頁 269-278。
王慧瑜	〈日治初期臺北地區日本人之居住問題：以官舍和租屋為中心(1895~1905)〉，《臺北文獻》，173（2010.9），頁 177-213。
張琬琳	〈被壓抑的本土文化主導場域:殖民時期臺北城市空間治理政策對地方文化意識形塑之影響〉，見國立嘉義大學史地學系編，《第二屆區域史地研究學術研討會論文集》，嘉義:該系，2010，頁 155-192。
張雅芳	〈清代大臺北地區聚落空間分布及其商業網絡〉，國立東華大學鄉土文化學系碩士論文，2010。

| 蔡金惠 | 〈臺北都會區都市人口變遷之研究〉，國立臺灣師範大學地理學系碩士論文，2010。 |

桃園地區

傅寶玉	〈日治時期鄉村家族的社會文化網絡：龍潭黃泥塘李家與福善祠〉，《臺灣風物》60：3（2010.9），頁85-116。
傅寶玉	〈一個鄉村市鎮的社群建構-以清代日治初期大嵙崁為例的觀察〉，見國立嘉義大學史地學系編，《第二屆區域史地研究學術研討會論文集》，嘉義：該系，2010。
葉欣玟	〈蟄伏於歷史的記憶：龍潭鄉內的印尼客僑〉，國立高雄師範大學客家文化研究所碩士論文，2010。

新竹地區

陳志豪	《機會之庄：十九、二十世紀之際新竹關西地區之歷史變遷》，新竹：新竹縣政府文化局，2010。
陳志豪	〈晚清「開山撫番」下的山區開發與地方社會：以竹塹地區的「金廣成」墾號為例〉，《臺灣學研究》10（2010.12），頁1-24。
陳志豪	〈契約文書與歷史研究：從土地契約談嘉慶年間的番屯清釐與地方社會〉，收錄於行政院文化建設委員會文化資產總管理處籌備處等編，《第四屆臺灣古文書與歷史研究學術研討會論文集》，臺中：逢甲大學出版社，2010，頁275-299。
溫林文	〈清代新竹橫山地區隘墾社會的發展〉，國立嘉義大學史地學系學系碩士班碩士論文，2010。

苗栗地區

| 張正田 | 〈從族群關係看清代臺灣桃竹苗地區義民信仰區域差異：以清代苗栗堡為觀察中心〉，國立政治大學歷史研究所博士論文，2010。 |
| 鄭威聖 | 〈清代臺灣街庄總理與地方總理：以吞霄街庄總理為中心〉，國立中央大學歷史研究所碩士論文，2010。 |

臺中地區

作者	題目
張家綸	〈日治時期草屯地區的臺人菁英與土地開發(1905-1921)〉，《臺灣風物》60：3（2010.9），頁117-154。
吳嘉貿	〈寺廟、家族與東勢地區的客家社會（1683—1920）〉，逢甲大學歷史與文物管理所碩士論文，2010。

彰化地區

謝英從	《臺南吳郡山家族發展史：以彰化平原的開發為中心》，南投：國史館臺灣文獻館，2010。
郭書源	〈彰化縣田中市街商業機能與空間分布之研究(1988~2008)〉，國立東華大學鄉土文化學系碩士論文，2010。

雲林地區

丁淑婉	〈日治時期臺灣邊際土地的開發與利用：以雲林地區為例〉，淡江大學歷史學系碩士班碩士論文，2010。
廖珠伶	〈西螺：一個農業市鎮的社會經濟變遷（1895-1945）〉，國立中央大學歷史研究所碩士論文，2010。

嘉義地區

陳碧芳	〈朴子市街歷史變遷〉，國立臺南大學臺灣文化研究所碩士論文，2010。
黃瀅純	〈烏山頭水庫遷村聚落的發展〉，國立臺南大學臺灣文化研究所碩士論文，2010。

臺南地區

簡辰全	《終戰前歸仁市街之發展》，臺南：臺南縣政府，2010。
楊書濠	〈清代西港地區人文聚落的發展與變遷〉，《臺灣文獻》61：3（2010.9），頁465-492。
陳美玲	〈學甲地區的集村結構與區域化〉，收錄於戴文鋒編，《南瀛歷史、社會與文化（II）》，臺南：臺南縣政府，2010，頁355-406。
高祥雯	〈時間序列地圖探討臺江內海的空間變遷〉，收錄於簡文敏編，《南臺灣歷史與文化論文集》，高雄：高雄縣自然史教育館，2010，頁43-72。
吳建昇	〈道光三年以前臺江內海及周圍地區歷史變遷之研究〉，國立成功大學歷史學系博士論文，2010。
王俊凱	〈北門地區的發展與聚落變遷〉，國立臺南大學臺灣文化研究所碩士論文，2010。
呂瑞祥	〈鹿耳門溪沿岸地方開發的歷史變遷〉，國立臺南大學臺灣文化研究所碩士論文，2010。
李怡瑩	〈永安鄉域發展的歷史變遷〉，國立臺南大學臺灣文化研究所碩士論文，2010。
林佳蕙	〈戰後歸仁市街的發展〉，國立臺南大學臺灣文化研究所碩士論文，2010。

林美惠	〈新化市街的歷史變遷〉，國立臺南大學臺灣文化研究所碩士論文，2010。
陳彥文	〈頂山村聚落發展的歷史變遷〉，國立臺南大學臺灣文化研究所碩士論文，2010。
陳麗年	〈荷鄭以來永康的發展與演變〉，國立臺南大學臺灣文化研究所碩士論文，2010。
蔡志祥	〈北門鄉蚵寮聚落歷史變遷〉，國立臺南大學臺灣文化研究所碩士論文，2010。

高雄地區

杜正宇	〈岡山水道的發展與變遷〉，《臺灣風物》60：2（2010.6），頁17-62。
劉正元	〈福佬客的歷史變遷及族群認同（1900年迄今）：以高雄六龜里、甲仙埔之北客為主的調查分析〉，《高雄師大學報》，28：1（2010.6），頁93-112。
翁毓穗	〈從多期圖資影像探討 1904-2009 年間旗山溪氾濫原的地形變遷〉，國立臺灣師範大學地理學系碩士論文，2010。
黃瓊玉	〈路竹鄉域的發展與變遷〉，國立臺南大學臺灣文化研究所碩士論文，2010。
楊嘉琪	〈楠西鄉域發展的歷史變遷〉，國立臺南大學臺灣文化研究所碩士論文，2010。
張馨方	〈美濃鎮吉洋地區閩客關係之研究〉，國立臺南大學臺灣文化研究所碩士論文，2010。
蕭穎鴻	〈高雄縣林園鄉汕尾地區的開發與社會變遷之研究〉，長榮大學臺灣研究所碩士論文，2010。
林秀昭	〈新埔義民信仰在地化之研究-以南臺灣為例〉，收錄於簡文敏編，《南臺灣歷史與文化論文集》，高雄：高雄縣自然史教育館，2010，頁169-202。

屏東地區

林淑玲主持	《臺灣客家族群關係研究：以屏東縣內埔鄉、萬巒鄉為例》，南投：國史館臺灣文獻館，2010。
林淑瑛	〈六堆鹿寮庄的拓墾與發展之研究〉，國立高雄師範大學客家文化研究所碩士論文，2010。
陳秋坤	〈清代萬丹地域的地主、神明信仰與下淡水社人的離散，1720-1900：以萬丹李家古文書為中心〉，《臺灣史研究》17：3（2010.9），頁1-37。
陳麗華	〈客家人的宗族建構與歷史記憶塑造：以臺灣六堆地區為例〉，《臺灣史研究》17：4（2010.12），頁1-31。
張光誠	〈以土地所有權登記形態探討客家人理財觀-以日治時期六堆竹田閩客聚落為例〉，收錄於簡文敏編，《南臺灣歷史與文化論文集》，

| | 高雄：高雄縣自然史教育館，2010，頁 141-167。 |

宜蘭地區

張智欽	〈羅東市街商業機能及其空間結構之變遷(1979-2009 年)〉，國立東華大學鄉土文化學系碩士論文，2010。
陳文立	〈從自然到人文空間的轉化：宜蘭員山地區的拓墾行動（1802-1945）〉，國立臺灣師範大學臺灣史研究所碩士論文，2010。
羅元佑	〈宜蘭縣大元山林場運材路線與聚落關係之研究〉，國立臺北藝術大學建築與古蹟保存研究所碩士論文，2010。

花東地區

林祥偉	〈人文地理資訊系統視野下的東臺灣歷史圖像〉，《東華人文學報》17（2010.7），頁 157-173。
鄭仲烜	〈傳教會與區域發展：以臺東白冷會為例〉，《東臺灣研究》14（2010.2），頁 53-88。
黃學堂、黃宣衛	〈臺東縣客家族群之分布及其社會文化特色〉，《東臺灣研究》14（2010.2），頁 89-149。
李桂芬	〈花蓮地區外省人口分佈研究〉，國立東華大學鄉土文化學系碩士論文，2010。
紀佳均	〈全球化時代鄉村地區經濟活動的變遷：以 1992-2008 年花蓮縣富里鄉為例〉，國立東華大學鄉土文化學系碩士論文，2010。

金門地區

洪曉聰	〈烈嶼傳統聚落之研究-村落領域關係、擇址和空間組織的探討〉，見李錫隆，《金門學學術研討會論文集・第三屆（2010 年）》，金門：金門縣文化局，2010。
呂祝義	〈我從金門來-澎湖東衛呂氏源流暨族譜之研究〉，見李錫隆，《金門學學術研討會論文集・第三屆（2010 年）》，金門：金門縣文化局，2010。
黃子娟	〈從落葉歸根到落地生根-新加坡金門人的族群意識與認同變遷〉，見李錫隆，《金門學學術研討會論文集・第三屆（2010 年）》，金門：金門縣文化局，2010。
許美玉	〈前線女性在臺灣-永和地區金門婦女生活研究（1949-2001）〉，見李錫隆，《金門學學術研討會論文集・第三屆（2010 年）》，金門：金門縣文化局，2010。
陳書文	〈金門縣夏興村傳統聚落變遷之研究〉，見李錫隆，《金門學學術研討會論文集・第三屆（2010 年）》，金門：金門縣文化局，2010。

族群與環境生態

王榕呵	〈日本華僑社會的形成與發展：以山口縣臺灣移民為例〉，國立中興大學歷史學系碩士論文，2010。
陳姃湲	〈在殖民地臺灣社會夾縫中的朝鮮人娼妓業〉，《臺灣史研究》17：3（2010.9），頁 107-149。
楊志遠	〈環境與歷史：清代臺灣野生鹿消失的原因分析〉，《高雄師大學報》，28：1（2010.6），頁 79-92。
鄭涵娟	〈日本時代臺灣城市規畫的氣候條件分析〉，國立臺灣師範大學地理學系碩士論文，2010。

三、結語

　　綜觀上年度在區域史與族群史的研究成果，有承續近年來臺灣史研究課題而發展出來者，但作者多能在先前的研究成果上提出新的討論方向，讓既有的研究架構與思考得以擴大延伸，也更深刻的瞭解影響地方社會變遷的內外因素。而在既有的研究議題上亦見若干新的研究方向與思考，對於未來區域史與族群史的研究，亦具有開創的意義。

國家圖書館出版品預行編目資料

孟祥瀚臺灣史研究名家論集 / 孟祥瀚　著者. -- 初版. -
臺北市：蘭臺, 2021.06
　面；　　公分. -- (臺灣史研究名家論集；3)
　ISBN 978-986-06430-4-6(全套：精裝)

1.臺灣研究　2.臺灣史　3.文集

　　733.09　　　　　　　　　　　　　110007832

臺灣史研究名家論集 3

孟祥瀚臺灣史研究名家論集

著　　　者：孟祥瀚
主　　　編：卓克華
編　　　輯：沈彥伶、陳嬿竹
封面設計：塗宇樵
出 版 者：蘭臺出版社
發　　　行：蘭臺出版社
地　　　址：台北市中正區重慶南路 1 段 121 號 8 樓之 14
電　　　話：(02)2331-1675 或(02)2331-1691
傳　　　真：(02)2382-6225
E—MAIL：books5w@gmail.com 或 books5w@yahoo.com.tw
網路書店：http://5w.com.tw/、https://www.pcstore.com.tw/yesbooks/
　　　　　　https://shopee.tw/books5w
　　　　　　博客來網路書店、博客思網路書店
　　　　　　三民書局、金石堂書店
經　　　銷：聯合發行股份有限公司
電　　　話：(02) 2917-8022　　　　傳　真：(02) 2915-7212
劃撥戶名：蘭臺出版社　　　　帳號：18995335
香港代理：香港聯合零售有限公司
電　　　話：(852)2150-2100　　　　傳真：(852)2356-0735
出版日期：2021 年 6 月 初版
定　　　價：新臺幣 30000 元整（套書，不零售）
ISBN：978-986-06430-4-6

《臺灣史研究名家論集》

這套叢書是研究台灣史的必備文獻！

　　這套叢書是兩岸台灣史的權威歷史名家的著述精華，精采可期，將是臺灣史研究的一座豐功碑及里程碑，可以藏諸名山，垂範後世，開啟門徑，臺灣史的未來新方向即孕育在這套叢書中。展視書稿，披卷流連，略綴數語以說明叢刊的成書經過，及對臺灣史的一些想法，期待與焦慮。

三編

尹章義、林滿紅、林翠鳳、武之璋、孟祥瀚、洪健榮、張崑振、張勝彥、戚嘉林、許世融、連心豪、葉乃齊、趙祐志、賴志彰、闞正宗

二編 ISBN：978-986-5633-70-7

尹章義、李乾朗、吳學明、
周翔鶴、林文龍、邱榮裕、
徐曉望、康　豹、陳小沖、
陳孔立、黃卓權、黃美英、
楊彥杰、蔡相輝、王見川

9 789865 633707　30000

臺灣史名家研究論集二編（精裝）NT$：30000

一編 ISBN：978-986-5633-47-9

王志宇、汪毅夫、卓克華、
周宗賢、林仁川、林國平、
韋煙灶、徐亞湘、陳支平、
陳哲三、陳進傳、鄭喜夫、
鄧孔昭、戴文鋒

9 789865 633479　28000

臺灣史研究名家論集（套書）　定價：28000

100台北市重慶南路一段121號8樓之14

TEL：(8862)2331 1675　FAX：(8862)2382 6225

E-mail：books5w@gmail.com

網址：http://5w.com.tw/